北京高校电子信息类专业群全国院校教育教学研究成果论文集

白文乐 赵 慧 主 编

北京邮电大学出版社
www.buptpress.com

内 容 简 介

北京市教委为推动地区高校间专业建设,实现资源共享和优势互补,启动支持了专业群共建项目。北京邮电大学和北方工业大学牵头电子信息类专业群建设项目开展工作已7年。参与项目的单位除十余所北京市属高校外,还有外地相关高校,竞赛与教学成果也辐射到全国各省市院校,并形成了良好的互动协作机制和校企合作机制,开展了多类多方协同育人的教学实践活动。北京高校电子信息类专业群建设项目的成果经验将为国家的教育体制改革提供参考借鉴。为更好地总结北京高校电子信息类专业群院校教育教学的相关经验,荟萃教育教学改革的成果,推动专业群工作的深化与提升,专业群决定出版本论文集。本论文集主要涉及的内容有:专业群建设、人才培养、课程建设、课程思政、教学研究、竞赛实践、校企合作、教师发展等。

图书在版编目(CIP)数据

北京高校电子信息类专业群全国院校教育教学研究成果论文集 / 白文乐,赵慧主编. -- 北京:北京邮电大学出版社,2020.12
ISBN 978-7-5635-6263-3

Ⅰ. ①北… Ⅱ. ①白… ②赵… Ⅲ. ①电子信息—教学研究—高等学校—文集 Ⅳ. ①G203-53

中国版本图书馆 CIP 数据核字(2020)第 229944 号

策划编辑:彭 楠　　责任编辑:刘 颖　　封面设计:七星博纳

出版发行:北京邮电大学出版社
社　　址:北京市海淀区西土城路 10 号
邮政编码:100876
发 行 部:电话:010-62282185　传真:010-62283578
E-mail:publish@bupt.edu.cn
经　　销:各地新华书店
印　　刷:北京九州迅驰传媒文化有限公司
开　　本:787 mm×1 092 mm　1/16
印　　张:22.75
字　　数:593 千字
版　　次:2020 年 12 月第 1 版
印　　次:2020 年 12 月第 1 次印刷

ISBN 978-7-5635-6263-3　　　　　　　　　　　　　　　定价:96.00 元

・如有印装质量问题,请与北京邮电大学出版社发行部联系・

前　言

教育教学改革是高等院校永恒的话题,是高等教育发展的不竭动力。作为"十二五"期间北京市教委人才培养的创新举措,专业群建设承载着推动首都地方高校和教育部属院校协作发展、资源共享的重要使命。2013年,北京邮电大学和北方工业大学作为牵头院校的电子信息类专业群在北京市教委的指导下成立,七年来专业群协同首都地方高校紧密合作、群策群力、共同努力,在教育教学创新、校企合作、专业学科竞赛等多个领域开展了卓有成效的工作,受到教育同行和行业企业的广泛认可。电子信息类专业群正在逐渐发展成为一个立足北京、辐射全国的所有电信类专业的家园和纽带,有越来越多来自全国的兄弟院校加入我们专业群的各项建设活动中来。

专业群的工作做得越多,就越深刻地感受到教育教学改革没有最好,只有更好,专业建设任重道远。为了更加主动地应对新一轮科技革命与产业变革,支撑服务创新驱动发展和长远的国家发展战略,教育部积极推进新工科建设,先后形成了"复旦共识""天大行动"和"北京指南",全力探索形成领跑全球工程教育的中国模式、中国经验,高校的未来更多地是负重前行。

现在,北京高校电子信息类专业群也在努力适应"新工科建设"的新形势、新要求、新使命,从专业建设向专业集群建设过渡和转型,以"双一流"建设为契机,以"双师型"教师培训基地等建设为牵引,与大唐电信产业集团等多家产业背景深厚的企业开展产教研学等多领域的深度融合,努力打造更多有影响力与口碑的专业群教育教学改革和创新的项目与活动。近几年,在新工科建设的浪潮中,很多高校老师从多种维度和层面对教育教学改革进行了有意义的探索和研究,开拓新思路、尝试新办法、采取新举措、健全新机制、挖掘新力量,打造特色、创新亮点,由此形成的很多经验和模式非常值得借鉴。

时隔三年,专业群再次集结出版教改论文集,就是想为来自全国高校的一线教师提供一个思想碰撞的广阔舞台。令人欣慰的是,论文集的投稿非常踊跃,论文质量佳,都是从事教育教学一线教师的用心之作,读来让人深受启发。最后定稿的50多篇论文围绕教学创新改革、产教融合基地建设、应用型人才培养、实验新技术等多个主题进行了广泛而深入的探讨,很多思想、观点和路径等读来都有耳目一新之感,非常值得推荐。

在本论文集成书的过程中,得到了北京邮电大学和首都地方兄弟院校的大力支持与帮助。特别感谢北京邮电大学尹长川副院长、北方工业大学宋威副院长、北方工业大学教务处、北京邮电大学出版社彭楠编辑对本论文集内容的总体指导和良多的建议,此外专业群各兄弟院校的院长、主任和众多教师的鼎力相助也让论文集能以高质量及时地与读者见面,在此一并表示感谢。本论文集出版得到北京高校专业群建设(市级)(218051360020XN096)的资金支持。

由于水平所限,书中难免存在错误和疏漏。欢迎广大读者多提宝贵意见和建议,对书中错误、疏漏之处请批评指正,也欢迎就书中论文的思想、观点等与作者多交流沟通,有任何的意见和建议都可发送至邮箱 bwl@ncut.edu.cn,我们将不胜感激。

编者
2020 年 10 月

目 录

疫情背景下的"计算机原理与应用"新工科建设探讨
.... 侯延昭 田 辉/ 1

电路原理课程网络直播教学的实践和反思
.... 陈媛媛/ 5
The practice and reflection of live online teaching of circuit principle course
.... Chen Yuanyuan/ 5

基于仿真技术的电子线路实验教学探索
.... 付 扬/ 10
Exploration of electroniccircuit experiment teaching based on simulation technology
.... Fu Yang/ 10

电路电工技术线上实验课程教学实践
.... 付艳萍 鞠艳杰 于双和 金巨扬/ 17
Practice of On-line Experiment of Circuits & Electrician
.... Fu Yanping Ju Yanjie Yu Shuanghe Jin Juyang/ 17

虚实结合智能型实验或引发电工电子实验"颠覆性"变革
.... 于双和 倪春香/ 23
Combining virtual reality with intelligent experiments may lead to "disruptive" changes in electrical and electronic experiments
.... Yu Shuanghe Ni Chunxiang/ 23

新冠疫情下局内交换仿真实验设计
.... 许登元 吴仕勋/ 28
The simulation experiment design of local exchange under coVID-19
.... Xu Dengyuan Wu Shixun/ 28

模拟电子实验课程网络实践教学技术探索
.... 刘元超/ 33
Exploration of network practice teaching technology for Analog Electronic Experiment Course
.... Liu Yuanchao/ 33

通信原理课程改革与实践
.... 赵晓旭 赵中原 袁慧梅 王 凡/ 39
Teaching Reform and Practice on 'Principles of Communications'
.... Zhao Xiaoxu Zhao Zhongyuan Yuan Huimei Wang Fan/ 39

人工智能在嵌入式系统课程中融合的教学探索

·· 职如昕　徐　湛/ 44

Exploration of the Integration of Artificial Intelligence in Embedded System Teaching

··· Zhi Ruxin　Xu Zhan/ 44

电类基础课程教学改革的探讨

·· 梁　丽/ 49

Discussion on the teaching reform of electrical basic course

·· Liang Li/ 49

基于 OBE 和项目驱动的"微机原理与接口技术"课程改革

·············· 郭书军　蔡希昌　武梦龙　庞枫骞　韩宇龙/ 54

OBE and Project-driven Curriculum Reform of Microcomputer Principles and Interface Techniques

·········· Guo Shujun　Cai Xichang　Wu Menglong　Pang Fengqian　Han Yulong/ 54

通信网传输技术课程建设和 ICT 人才培养创新实践

······················· 郝丽丽　许洪奎　张明玉/ 61

Course Construction of Communication Network Transmission Technology and Innovative Practice of ICT Talent Training

························ Hao Lili　Xu Hongkui　Zhang Mingyu/ 61

基于微课设计的"电磁场与电磁波"课堂教学

·· 周守利　白文乐/ 68

新工科理念下"电路原理"课程教学方法探讨

·· 李　文/ 71

Teaching Methods Exploration on Electrical Circuit Principle Course under the Concept of Emerging Engineering Education

·· Li Wen/ 71

"通信原理"教学研究与思考

·· 黄　琳　曹杉杉　张大亮/ 76

Communication Principle Teaching Research and Thinking

··················· Huang Lin　Cao Shanshan　Zhang Daliang/ 76

应用型本科电子专业引导就业创业类课程的建设

············ 韩宇龙　白文乐　刘文楷　武梦龙　蔡希昌　黄　明/ 80

Construction of Curriculum Guiding Employment and Entrepreneurship for Application-oriented Undergraduate about Electronics Major

··········· Han Yulong　Bai Wenle　Liu Wenkai　Wu Menglong　Cai Xichang　Huang Ming/ 80

eNodeX 软件无线电平台在通信原理教学中的应用

·· 曾维浩　沈瑞华/ 86

培养解决"复杂工程问题"能力的探索与思考

·· 梅小山/ 94

Exploration and Thinking on Training the Ability to Solve "Complex Engineering Problems"
·· Mei Xiaoshan/ 94

应用型本科提升学生实践能力切实有效的途径
·· 郑剑海/ 101

The most effective way for application-oriented undergraduate to improve students' practical ability
·· Zheng Jianhai/ 101

新工科背景下通信工程专业实践教学改革探索
·· 柯 强 祝远锋 王一凡/ 107

Exploration on Practical Teaching Reform for Communication Engineering under the Background of Emerging Engineering Education
·· Ke Qiang Zhu Yuanfeng Wang Yifan/ 107

基于 Matlab GUI "数字信号处理"教学辅助实验平台
·· 白亮亮 连江龙/ 113

Teaching aid experiment platform based on Matlab GUI "Digital Signal Processing"
·· Bai Liangliang Lian Jianglong/ 113

产教融合背景下的通信实训基地建设研究
·· 马 玲/ 121

Research on Construction of Communication Training Base under Background of Industry Education Tntegration
·· Ma Ling/ 121

电子技术实验教学问题分析与改革探索
·· 董小伟 叶 青 崔 健 黄 明/ 125

Problems Analysis and Reform Exploration of Electronic Technology Experimental Teaching
·· Dong Xiaowei Ye Qing Cui Jian Huang Ming/ 125

"以用为本"的电路理论与实验课程教学案例初探
·· 李云栋 白文乐 吴小林 盛智勇/ 129

A Case Study on the Courses of Circuit Theory and Experiment Inspired by Learning-for-Use
·· Li Yundong Bai Wenle Wu Xiaolin Sheng Zhiyong/ 129

基于 LiFi 的三通道音乐传输系统研究
·· 田小平 赵家江 王开悦 任梦瑶/ 133

Research on three channels music transmission system based on LiFi
·· Tian Xiaoping* Zhao Jiajiang Wang Kaiyue Ren Mengyao/ 133

载货式自平衡车重心偏移时的 PID 仿真实现
·· 邓莹鑫 田小平 黄舟平 李思呈/ 139

Realization of PID Simulation for Center of Gravity Deviation of Truck Self Balancing Vehicle
·· Deng Yingxin Tian Xiaoping Huang Zhouping Li Sicheng/ 139

基于 ZigBee 和 CNN 的智能蔬菜大棚管理系统设计
·· 井贝贝 赵一帆 朱元静 郭 嘉 丁洪伟/ 147

Design of Intelligent Vegetable Shed Management Experiment System Based on ZigBee
.... Jing Beibei　Zhao Yifan　Zhu Yuanjing　Guo Jia　Ding Hongwei/ 147

基于 RFID 技术的实验室设备管理系统
.... 孙大智/ 159

Laboratory Equipment Management System Based on RFID Technology
.... Sun Dazhi/ 159

越疆机械臂的 SDK 运动控制实验及运动分析
.... 邢湘瑞　赵一帆　朱元静　郭　嘉　丁洪伟/ 164

SDK motion control experiment and motion analysis of Yuejiang robotic arm
.... Xing Xiangrui　Zhao Yifan　Zhu Yuanjing　Guo Jia　Ding Hongwei/ 164

基于电力线载波通信的智能家居系统
.... 赵徐森　韩宇龙　刘元超　洪　浩　张　怡/ 173

Smart Home System Based on Power Line Carrier Communication
.... Zhao Xusen　Han Yulong　Liu Yuanchao　Hong Hao　Zhang Yi/ 173

通信电子线路实验 EDA 演示系统研发
.... 傅　林　陈思利　李冯轩　刘婉月　张晨歆/ 182

Research and development of EDA demonstration system for communication electronic circuit experiment
.... Fu Lin　Chen Sili　Li Fengxuan　Liu Wanyue　Zhang Chenxin/ 182

基于树莓派的视频遥控智能车实验设计
.... 蒋欣秀　赵一帆　李　波　郭　嘉　丁洪伟/ 191

Experimental Design of Video Remote Control Intelligent Car Based on Raspberry Pie
.... Jiang Xinxiu　Zhao Yifan　Li Bo　Guo Jia　Ding Hongwei/ 191

基于 ZXCTN 6300 设备的 PTN 网络配置及组网应用
.... 彭家和/ 199

PTN Network Configuration and Networking Applications Based on ZXCTN 6300 Equipment
.... Peng Jiahe/ 199

基于单片机的电子音乐播放器的教学实验设计
.... 赵兴兵　赵一帆　朱园静　郭　嘉　丁洪伟/ 207

Design of Teaching Experiment of Electronic Music Player Based on Single Chip Computer
.... Zhao Xingbing　Zhao Yifan　Zhu Yuanjing　Guo Jia　Ding Hongwei/ 207

智能探测系统的设计
.... 寇倩兰　杨志军　杨俊东　丁洪伟　保利勇/ 214

Design of Intelligent Detection System
.... Kou Qianlan　Yang Zhijun　Yang Jundong　Ding Hongwei　Bao Liyong/ 214

从植物宝 APP 到互联网＋大赛
.... 袁　征　曾　明　谢　伦　陈　蝶　周先军/ 224

FromZhiwubao APP to Internet plus contest
.... Yuan Zheng　Zeng Ming　Xie Lun　Chen Die　Zhou Xianjun/ 224

基于综合实战的电信类本科生实践能力培养探索
.... 蔡希昌 黄 明 韩宇龙 武梦龙 白文乐 / 229
Exploration on the cultivation of practical ability for telecommunication students based on comprehensive practicalproject
.... Cai Xichang Huang Ming Han Yulong Wu Menglong Bai Wenle / 229

新工科下地方高校人才创新实践能力培养研究
.... 程 钦 钱志文 肖淑艳 / 236
On the Cultivation of Innovative Practical Ability of Local Colleges under the Emergent Engineering
.... Cheng Qin Qian Zhiwen Xiao Shuyan / 236

以学科竞赛为抓手,推进通信工程专业的教学改革
.... 张 静 苏 颖 王 斌 / 240
Promoting Teaching Reform of Communication Engineering Specialty by Discipline Competition
.... Zhang Jing Su Ying Wang Bin / 240

线上线下混合式翻转课堂教学方法探索与实践
.... 苏 飞 张 涛 / 244
Exploration And Practice on Hybrid Online And Offline Teaching Method of Flipped Classroom
.... Su Fei Zhang Tao / 244

基于工程教育专业认证的创新型导论课课程达成度评价方法研究
.... 潘 峰 吴振宇 纪 阳 / 251
Research on the Achievement Evaluation of A Novel Introduction Courseware under Engineering Education Professional Certification
.... Pan Feng Wu Zhenyu Ji Yang / 251

面向科研创新的应急通信技术教学模式改革探索
.... 李 岷 王荣海 钟乐海 罗金生 赵丽梅 / 259
Exploration on Teaching Mode Reform of Communication Major Facing Scientific Research and Innovation in the Field of Emergency Communication
.... Li Min Wang Ronghai Zhong Lehai Luo Jinsheng Zhao Limei / 259

新工科现代学徒制育人新模式的探索
.... 张庆海 / 264
Exploration on the new mode of modern apprenticeship in new engineering
.... Zhang Qinghai / 264

电磁场课程教学方法探索
.... 杨 志 / 269
TheExploration of Teaching Methodology of Electromagnetic Field
.... Yang Zhi / 269

留学生专业教学融入中国文化的方法研究
.... 崔鸿雁 张 瑞 白雪涵 杨鸿文 / 274
A Study on the Ideological and Political Methods of International Students' Specialized Course
.... Cui Hongyan Zhang Rui Bai Xuehan Yang Hongwen / 274

计算机视觉类课程思政建设方案探究

.... 姜竹青　门爱东　尹长川　苏　菲/ 282

Research on theideological and political construction scheme of computer vision courses

.... Jiang Zhuqing　Men Aidong　Yin Changchuan　Su Fei/ 282

关于电信专业人才培养融入精准扶贫工作的实践探索

.... 吴妮妮/ 289

On the Practical Exploration of Integrating Targeted Poverty Alleviation into the Cultivation of Telecom Professional Personnel

.... Wu Nini/ 289

探寻 5G 新基建大潮中校企合作新契机

.... 孙中亮　刘洹君　王　福　闫光辉　袁　兴　夏成龙/ 295

Exploring new opportunities for school enterprise cooperation based the trend of 5G new infrastructure construction

.... Sun Zhongliang　Liu Huanjun　Wang Fu　Yan Guanghui　Yuan Xing　Xia Chenglong/ 295

高职通信人才培养模式改革与实践

.... 李　雪/ 304

Reform and practice of Higher Vocational Communication Talents Training Mode

.... Li Xue/ 304

疫情背景下信息学院创新人才的教、学、考三位一体培养模式的探索与实践

.... 宋　娜　刘剑武　陈　玮/ 311

The Exploration and Practice of Trinity Training Model ——The Teaching, Learning, and Evaluation of Innovative Talents in the Information College During COVID-19

.... Song Na　Liu Jianwu　Chen Wei/ 311

"互联网＋教育"背景下应用型人才的职业素质培养

.... 章　慧　蒋　峰/ 316

Professional Quality Training of applied talents under the background of "Internet ＋ Education"

.... Zhang Hui　Jang Feng/ 316

通信工程专业教学改革的探索与思考

.... 李春晖/ 322

Exploration and reflection on teaching reform of Communication Engineering Specialty

.... Li Chunhui/ 322

研究生专业主干课科研创新能力培养初探

.... 缪　旻/ 326

Preliminary Considerations on Development of Research Innovation Capabilities for Postgraduates during Basic Courses Teaching

.... Miao Min/ 326

新工科建设背景下基于创新创业项目平台的纺织特色人才培养体系研究

.... 张　轶　肖　适　李　劲　王　骏　夏　舸　丁　磊/ 331

Cultivation of textile features talents based on innovation training platform in the view of new engineering education
…………………… Zhang Yi　Xiao Shi　Li Jin　Wang Jun　Xia Ge　Ding Lei/ 331

物联网专业"1+X"书证融通路径探索与实践
………………………………………………………………………… 陈　锋/ 337

Internet of Things "1+x" Exploration and practice on the path of Documentary evidence accommodation
………………………………………………………………………… Chen Feng/ 337

新冠疫情下武汉高职学生顶岗实习与就业现状调查
………………………………………………………………………… 曲萧扬/ 341

Investigation on internship and Employment status of Polytechnic Students in Wuhan under coVID-19
………………………………………………………………………… Qu Xiaoyang/ 341

浅析应用型本科高校师资队伍建设问题及改进措施
………………………………………………………………………… 汪普庆/ 347

The preliminary analysis on the problems and the measures in improving the construction of teaching staff in application-oriented universities
………………………………………………………………………… Wang Puqing/ 347

疫情背景下的"计算机原理与应用"新工科建设探讨

侯延昭　田　辉

(北京邮电大学信息与通信工程学院,北京,100876)

摘　要：受新型冠状病毒肺炎疫情的影响,全国各地高校延迟开学。但教育部要求"停课不停教,停课不停学",多地高校采用线上视频的方式来开展教学活动。本文探讨了在此次疫情背景下,针对教程改革不久的"计算机原理与应用"课程,探索利用在线平台的授课方式,来改进教学方法和手段,培养满足新工科建设要求的创新型、综合化高素质人才。

关键词：计算机原理与应用；新工科；在线教学；课程改革

0　引言

"计算机原理与应用"是一门综合性和技术性较强的专业必修课,其前身是"微机原理与接口技术"课,"计算机原理与应用"是通信工程、电子信息、信息工程等专业的重要知识基础。课程内容涉及计算机原理理论知识及实验两个大部分,主要包括微型计算机工作原理、处理器架构、指令系统、程序设计、存储器、总线、中断、输入输出接口等。通过本课程,培养学生具备一定的软硬件开发能力,为学生从事相关的软硬件设计工作奠定的基础。根据应用型创新人才的培养目标,本文从"计算机原理与应用"课程的理论与实验结合,探索了信息化的在线教学方法,并改进课程的授课内容和考核方式,提高学生的学习能力与创新能力,培养高素质新工科人才。

1　"计算机原理与应用"课程教学现状

根据国家普通本科高校注重培养实践型、技能型、创新型人才这一目标的指导意见,各高等院校积极开展教学改革研究[1-2],深化产教融合,推进教学改革,加快培养复合型技术技能人才,但是在理论教学和实验教学中仍然存在不少问题,亟待解决。

1.1　课堂理论教学中存在的问题

理论知识的学习为实践操作和技能拓展学习奠定基础,是该课程的重要环节。然而,在理论教学中存在一些问题,如课程内容枯燥、课时量少、教学模式单调、考核单一化等。

(1) 课程知识点多、课时少

"计算机原理与应用"涉及的知识点多,理论上需要记忆的知识也比较多。但在教学过程中,学生往往无法将复杂且繁多的知识点建立起逻辑联系,导致知识点碎片化理解,很难建立起系统的概念。例如,在汇编指令学习时,学生更加侧重指令语法的记忆和使用,而往往忽略了指令与处理器架构之间的联系;处理器架构与芯片等硬件电路一般是静态的图片,很难引导学生建立起时序上的概念,从而无法深化对系统运行过程的理解。

（2）以讲代练,形式单一,内容枯燥

目前,本课程仍以传统讲授为主,教师需要对芯片的架构、指令格式、执行过程等进行细致讲述,以期学生掌握计算机系统的原理。但本课程的特点是软硬不分家,需要紧扣理论进行实践技能的学习才能加深学生对于理论体系的理解。但目前以 PPT 进行讲授的形式单一,学生的积极性和主动性不高,未引入合理的信息化手段,严重影响了学习效果。且理论与实践联动不足,导致学生解决实际问题的能力差,无法形成可持续化的学习发展能力。

（3）考核形式单一

"计算机原理与应用"仍以闭卷考试,综合平时和实验情况,按照一定比例形成最终的期末成绩。但在新工科背景下,这种考核方式具有一定的局限性:一是过程性的评价不足,无法体现学习过程中学生理论联系实际等能力的考察;二是需求导向不足,没有结合技术发展趋势、市场应用需求,不利于培养学生的创新创业能力和可持续性发展。

1.2 实验教学在疫情背景下受到挑战

在传统的课堂实验中,通过利用开发板和芯片进行编程实现某一具体功能,来锻炼学生对计算机系统的理解能力和动手能力。一方面,在新冠肺炎疫情背景下,在线授课使得实验教学面临着无开发板可用的窘境,很难在硬件缺失的条件下培养学生硬件电路的调试能力。另一方面,受限于软件版权,学生计算机无法安装正版的仿真模拟软件,试用版和盗版软件功能不全,这也给实验课程的开展带来了挑战。

综上所述,在新冠肺炎疫情背景下,需进一步探索新的授课方式,并不断深化课程改革,来满足新工科对综合型素质人才培养的要求。

2 基于信息化手段的在线课堂探索

目前,已有不少课程开展了 MOOC 教学,但因为其本身的建设环节烦琐,且无法在授课过程中获取过程性的学生行为数据,导致大部分 MOOC 教学成为完成学习指标、获取证书的工具,实际教学效果并不理想。因此在疫情期间,大部分高校采用了互联网平台进行在线授课。但需要注意的是,互联网授课并非只是简单地利用已有的教育信息化资源和平台,教师在授课时不能脱离课堂这一载体,将教学的组织、师生的互动等全部教学要素融入进来,才能高效地打造出高质量的线上课程[3]。

在新冠肺炎疫情背景下,高校学生无法返校,且考虑到前述"计算机原理与应用"课的课程特点及其在理论和实验等教学环节遇到的问题和挑战,本文讨论了如何有效利用信息化手段,开展"计算机原理与应用"课程的改革和在线教学,以期解决疫情期间远程授课的难题,提高教学质量。

2.1 多个在线平台结合使用

经过了一个学期的探索和在线测试,教师们已经对各个平台的实时在线人数峰值和功能特点有了深入的了解。因此,为了保证授课平台的稳定性,一方面,学校在进行课程安排时,进行全局统筹优化,尽量避免出现全部理论课或实验课同时进行的情况,导致在线授课平台服务器的流量负载不均;另一方面,授课教师也可以根据课堂人数的情况,选择一个或多个平台同时使用。例如,可以安排不同的班级分别通过腾讯会议和腾讯课堂进行接入,避免接入同一个平台造成平台流量过大导致课程出现中断。此外,授课教师应对每次授课过程进行录制,可以解决学生因网络等原因遗漏课程而需要重复观看授课视频的问题。

2.2 利用在线课堂促进理论与实践的贯通

基于半导体的摩尔定律,经过几十年的发展,微型计算机系统与嵌入式系统的界限越来越模糊。目前,生活中普及的智能手机、平板计算机,大多是基于ARM内核的嵌入式系统。因此,目前"计算机原理与应用"改革的方向是将重点转向嵌入式系统,讲授嵌入式系统内部结构及核心部件的工作原理。在此基础上,以嵌入式汇编语言讲授嵌入式系统程序设计方法。同时,为了更好地落实新工科建设要求,切实培养大学生的应用系统设计和开发能力,本课程设置了嵌入式系统实验,使学生基于嵌入式开发平台,设计并实现相应的嵌入式功能单元。为使学生能更好地理解系统的原理和运行过程,可借助在线平台与学生实时互动的优势,在理论授课中加入一定的动手操作讲解和演示,打破传统的静态PPT授课模式,使学生更好地理解嵌入式系统的工作过程和原理,提高实际的授课效果。

2.3 搭建远程数字平台,克服远程教学实验短板

如前所述,由于学生无法返校,不能借助嵌入式平台完成实验课程的学习,且学生计算机无实验软件可用,因此面临着实验课程硬件和软件均缺失的困境。教师仅靠播放视频和电路讲解,无法达到锻炼学生系统设计和调试能力的目的。因此,可以利用学校机房或闲置服务器,搭建远程实验中心,构建镜像服务器。学生通过远程登录的方式登录实验中心,操作诸如Quartus、Keil等编译器进行ARM汇编程序的设计和仿真,解决实验软件环境搭建的难题。同时,根据本课程实验中所需的嵌入式硬件平台,如可基于Proteus等EDA(Electronic Design Automation,电子设计自动化)工具,搭建嵌入式平台电路,并完成与Keil等仿真软件的联调,从而实现嵌入式系统的运行和结果展示。这种方式可以解决学生无硬件可用的窘境,并加深学生对电路连线、芯片选型等实际系统开发过程中相关任务和模块的理解。

2.4 优化考核内容,引入开放性的考核方式

在理论考核方面,突破传统的以零散知识点进行卷面考试的方式,注重加强对相关资料的分析、推理、设计等能力。在内容设计上,不再局限于书本例题的延伸,可借助开放的互联网环境,引入更加开放性的考查内容,如引入更加前沿的新技术、以项目为导向的知识点考查等。这样既避免了在期末在线考试中理论知识点在网上容易获取的风险,又实现了学生对系统理解的考查。同时,该考查方式也可以促进学生将被动学习变为主动学习,满足新工科建设中对学生创新能力培养的要求。在实验考核方面,可引导学生发散思维,加强学生代码编写的规范性、系统调试能力和系统扩展能力等方面的考核。此外,还应注重把过程性考核和结果性考核相结合、线上考核和线下考核相结合、现状考核和发展性评价相结合、学生自我考核和学校考核相结合,实现多元化的考核方式。教师应通过上述考核方式的改革,总结经验教训,进一步改进教学方式,并不断培养学生的主动性、创造性,激发学生潜能,提高学生的综合素质。

3　结语

新冠肺炎疫情对国民正常的工作、学习、生活都带来了不同程度的影响。在这个非常时期,通过引入手段和方式更加丰富的在线教学形式,将挑战变成机遇,将大大促进信息技术与教育教学的深度融合。同时,新工科的建设仍在路上,我们不应因疫情而停止对新的教学模式、内容、方法的探索。我们相信,通过开展科学、合理的在线课堂授课,不仅能丰富学生的学习方式和教师的授课方式,也能对学生创新能力、综合素质的培养起到巨大的促进作用。

参考文献

[1] 刘军芳,孙金萍.应用型复合型人才培养模式的研究与实践——基于项目驱动的"微机原理与接口技术"实验教学改革[J].廊坊师范学院学报(自然科学版),2019(4):100-102.

[2] 易晨晖.基于"互联网+"的"微机原理与接口技术"课程理实一体化教学研究[J].无线互联科技,2020(8):76,77.

[3] 谭清立,关颖妍,李煜.新型冠状病毒肺炎疫情下大规模在线视频教学存在问题及对策[J].学周刊,2020(21):173,174.

电路原理课程网络直播教学的实践和反思

陈媛媛

(北京工商大学人工智能学院,北京,100048)

摘 要:基于腾讯会议嵌套雨课堂平台进行了电路原理课程的网络直播教学。首先介绍了网课教学平台和教学设计方面的准备工作。其次对网课上课流程、课堂互动和课前课后环节的操作方式进行了讲解。最后对网课教学存在的问题加以反思并提出了可行的改进措施。

关键词:电路;雨课堂;网课

The practice and reflection of live online teaching of circuit principle course

Chen Yuanyuan

(College of artificial intelligence, Beijing University of technology and Industry, Beijing, 100048)

Abstract: Based on Tencent conference and rain classroom platform, the live online teaching of circuit principle course is carried out. First of all, the preparation work of teaching platform and teaching design of online course are introduced. Secondly, the process of online class, the interaction in class and the operation of the links before and after class are explained. In the end, the problems existing in the online course teaching are reflected and some feasible improvement measures are put forward.

Key words: circuit; rain classroom; online course

2020年一场前所未有的新冠疫情席卷了全球。为了应对疫情,保障师生安全,根据防疫要求,国内各高校师生都无法正常返校。为了保证教学工作的继续开展,高校老师们采取了不同形式的网络教学,做到了"停课不停教,停课不停学"。本文就笔者在教学一线对电路原理课程的网络直播教学的教学实践谈一谈自己的经验和教训,对后续可能出现的线上线下混合教学提出了一些合理的准备措施。

1 网课准备工作

1.1 平台准备

接到远程网上教学的任务之后,首先需要寻找合适的网络教学平台。本校[1]原来就一直在使用 bb 网络平台作为与线下教学配套的线上教学辅助平台,虽然 bb 平台具有功能稳定等优点,但是实时互动性不足,所以依然只能作为辅助平台,上传一些上课资料,如课件 PPT、教学大纲、教学日历、作业练习题、教学参考资料和仿真软件安装包等。而组建的实名制课程微信群则具有联系便捷、快速稳定的特点,但不能作为直播上课平台。

疫情爆发以来,雨课堂[2]、腾讯会议、腾讯课堂和钉钉课堂等直播软件纷纷放开了使用,所以网络直播课程平台的考察主要还是集中在这几种常用直播软件上。雨课堂依托 PPT 插件和微信小程序,具有使用方便、互动性好、可以回放、数据统计功能强大等优点,但初期的雨课堂在使用高峰期会出现拥堵、卡顿现象,为了保证上课过程的稳定性,最后在实际操作上选择了腾讯会议嵌套雨课堂的方式直播上课。

从传统的课堂到网络直播教学,是一个全新的探索。所以需要进行充足的准备。除认真学习了雨课堂的各项功能和腾讯会议的基础操作外,在开课前还召集部分学生进行多次试播,老师和学生一起熟悉网课平台的基本操作,保证了正常开课时直播教学的顺利进行。

1.2 教学设计

网课直播教学不能和学生面对面,教师不太容易掌握学生的学习状况。而学生只能看到屏幕,看不到老师,也比较容易走神溜号。所以教学设计的安排也需要做适当的调整。

在线授课时学生绝大部分时间只能通过听来学习,看不到老师的肢体语言动作,所以老师的语音、语调就显得尤其重要。对课程的重点、难点处要加重语气反复强调。另外,课堂还需要增强一点趣味性,确保学生听课精神饱满、振奋。雨课堂弹幕功能是一种非常好的互动交流手段。在保持课堂严肃认真的同时,通过雨课堂弹幕功能加强和学生的互动,可以使网络课堂不沉闷。在线下雨课堂应用中,弹幕功能只在提问时偶尔开放,避免打断课堂正常节奏。但是在网络课堂中完全可以全程开放弹幕。

网课教学中学生对着计算机屏幕,容易注意力分散。而老师又不能像平时课堂教学一样对学生们的反应一目了然。为了更好地保持学生的专注力,掌握学生实时的学习状态,老师需要对原有每节课 50 分钟的课堂时间安排做出调整。可采取的方式是在原有 PPT 课件中每隔 20 分钟(半节课的时间)左右就使用雨课堂插入 1~2 道选择题。题目难度较低,大部分听课的学生在 1~2 分钟内都能够正确回答。让学生做做题,一方面检查学生对当前讲述知识点的理解程度如何,另一方面也帮助学生把涣散的注意力拉回来。同时,可在课程教学中增加板书,将课程的讲授节奏放得慢一些,使学生更容易跟上老师的思路。

2 直播教学

2.1 上课流程

上课前 15 分钟,提前打开计算机上的腾讯会议,把会议邀请链接发到学生微信群,让学生点击进入会议。学生进入后使用全体静音关闭学生麦克,避免杂音干扰。之后打开 PPT 扫码登录雨课堂。在腾讯会议中共享桌面给学生。学生就可以看见教师的计算机桌面了。

共享屏幕功能充分体现了腾讯会议的优势。早期雨课堂版本播放PPT的时候有动画会黑屏,而且老师PPT上用手写板或手写笔写出来的墨迹注释学生并不能实时看见。雨课堂的这个问题用腾讯会议的共享屏幕可以完美地解决。教师的计算机屏幕完全展现给学生,老师在PPT上用笔写字或者切换成激光笔来强调指示,学生都可以实时看到。而且在切换计算机界面进行仿真软件讲解的时候,共享屏幕功能把教师的操作详细展示给学生,学生可以清楚地看到老师的每一步操作,软件操作讲解得更为细致清楚。老师上课的板书也非常方便。板书内容比较少的时候可以直接在PPT上用墨迹注释。板书多的时候就打开雨课堂的白板进行板书,白板可以有很多块,不受黑板数目的限制,也省掉了反复擦黑板的功夫,使用比黑板更为方便。

在PPT中开启雨课堂授课,进入上课页面,学生进入雨课堂签到,这个过程中老师可以跟学生用音频打招呼,提醒学生及时进入雨课堂,学生一般都会弹幕回复,无形中也增加课堂中师生的亲和度。在雨课堂中签到可以看到签到学生的姓名、学号、签到时间、学生是否缺勤或迟到。

上课过程中学生有问题可以通过弹幕或者投稿提问,课间学生也可以在腾讯会议中提问,学生还可以通过腾讯会议共享他的屏幕给老师,告知老师他哪个地方不明白,老师则用语音解答他的问题。学生可以在雨课堂的PPT中标注不懂之处,老师可以查看到学生的标注,给予针对性的讲解。

2.2 课堂互动

网课没有师生之间面对面的交流,所以如何有效地进行课堂互动就显得更为重要。

和课堂教学不一样,网课教学中口头提问变得较为复杂,学生要是同时打开麦克风回答问题会有延时且秩序会比较混乱。所以对希望全班同学都能集体回答的问题,可以利用雨课堂线上实时远程提交的互动优势,预先在雨课堂PPT里加入选择题。PPT播放发送选择题让学生回答,老师可以设定回答时间并且可以随时修改答题时间。答题情况老师可以实时查看,通过快速统计每一选项的结果,针对性地为同学们分析和解答。老师也可以把答题情况分享给学生,学生就知道自己班级整体的答题情况如何,最后答对了多少,增加答题竞争的趣味性。雨课堂还会统计学生答题得分和速度评出来本堂课的优秀学生和预警学生。对优秀学生老师可以提出表扬,鼓励学生争当优秀。对预警学生,老师则可以更多地关心他的学习状态,看看是否存在学习困难。对一些比较复杂的问题,不适合设置成选择题的,则可以在雨课堂中发布主观题,在规定的时间内让学生把解题过程拍照上传。老师可以有选择地分享错误或正确的答案,当场进行点评。这不仅可以督促学生认真听课,而且能够及时了解学生们对知识点的掌握情况。每次布置题目后,同学们都是非常积极参与答题的。答题成绩统计也为平时成绩的过程管理提供了数据支撑。

但是这种预设题目的灵活性比较差。对于课堂上临时增加的问题,或者是学生听课过程中提出的问题以及一些可以引起讨论的话题,可以使用雨课堂弹幕功能实现授课过程中的实时交流。老师语音提问后,学生用弹幕回答。弹幕从屏幕中闪过,只显示答案,不会显示回答学生的姓名,这可规避有的学生不好意思怕答错的问题。弹幕闪现太快时,学生可能会看漏,这时可以查看手机雨课堂的弹幕记录。对于弹幕无法回答的复杂问题,学生可以在纸上做答后拍照使用投稿功能发送给老师,老师有选择地共享给全班。学生在上课过程中遇到的问题也可以通过弹幕提出来,有共性有意义的问题老师可以直接回答。如果是暂时不需要回答的后面会讲到的问题,老师也可以不用停下来回答(以免打断讲课节奏),暂时忽略问题,后面再去解释。对于讨论性的问题,要鼓励学生积极参与讨论,以活跃课堂气氛。如果所讨论的问题比较发散,老师要能够及时应对(这也要求老师备课要充分)。另外,课堂讨论时话题有可能会跑偏,老师要及时地把话题拉回来,掌控好课堂,在轻松活泼和严谨认真间拿捏好尺度,课堂讨论可以活跃但不能偏离主题。

当然上课过程中老师还可以对个别特别关注的学生随机提问。这种随机提问可以防止部分学生挂网不听课,起到监督学生的作用。但是学生开麦克风会比较慢,因此使用次数要适量。

2.3 课前课后环节

教师课前可以通过课程微信群和雨课堂发布预习任务,推送学习资料。雨课堂可以很方便地链接学堂在线的相关慕课资源。教师可以整理好实例应用、知识点延伸的慕课资源作为预习或者扩展学习内容,对课堂教学加以必要的补充。课后答疑部分,可以固定时间使用腾讯会议进行答疑,也可以分散地在微信上进行答疑,都很方便。作业部分直接使用雨课堂。教师在雨课堂发布作业后,学生在纸上作答拍照上传。之后教师可以在雨课堂网页版批阅学生作业,可以圈画、给分并写评语。每个学生的交作业情况、交作业时间、得分,雨课堂都可以统计,统计功能非常强大。网络教学也有优点,学生观看PPT更清晰。而且雨课堂自带回放功能,课堂上学生没有听懂的地方,还可以通过回放进行复习。

3 反思和改进

经过调查,所有学生对网络直播教学的方式都表示认可,虽然八成的学生仍然表示课堂教学效果会更好,但也有三分之一的学生表示喜欢网课教学。但尽管如此,网课依然有其固有局限性。

对电路课程来说,一个重要的不足就是实验教学开展。目前的网络直播课程中,对实验教学部分只开展了 Multisum 软件仿真实验的教学。但仿真实验和学生在电路实验室中进行实物的硬件实验还是有差别的。仿真实验可以锻炼学生独立实验和初步设计实验、处理实验数据的能力,但是会导致学生对常用电子元件、常用仪器设备的使用缺乏认识。为了解决这个问题,一种方案是购置小型的口袋仪器发放到每一个学生手上,保证学生可以进行一些基本实验。但是成本较高,管理也比较复杂。另一种解决方案是购置远程实验教学装置,学生通过网络远程操作实验设备来做实验。学生虽然是在网络上操作,但是却是测试的实物的硬件实验,可以极大地弥补仿真实验的不足。但这两种方式都需要提前做好设备购置工作。

网课的另一个不足之处是现有慕课资源不能和教师教学完全匹配。虽然上课过程中整理了课堂在线中的一些慕课资源发送给学生作为预习或者扩展学习内容,但现成的慕课资源毕竟不能和自己的教学设计完全匹配。教师还需要制作适合自己网课的相关慕课,才能完成具有自己教学特色的教学工作。这需要教师在慕课录制工作上做出努力。

疫情终究会过去。未来恢复线下正常的课堂教学后,线上教学的一些好的手段方法依然可以在线下教学中应用。比如雨课堂的签到、答题、回放等功能,学生都十分喜欢。相信线下、线上的混合式教学[3]会给我们的教学工作带来更大的改进,成为未来的主流教学方式。

参 考 文 献

[1] 付扬. 电路原理课程教学改革与实践[J]. 中国教育技术装备, 2019, 17: 90, 91.
[2] 张谦, 李春燕, 肖冬萍, 等. 基于雨课堂的"电路原理"课程混合式教学改革与实践[J]. 工业和信息化教育, 2020, 2: 37-42.
[3] 于歆杰. 论混合式教学的六大关系[J]. 中国大学教学, 2019, 5: 14-18, 28.

作者简介

陈媛媛:女,1979 年生,副教授,主要从事半导体光电子技术研究。

基于仿真技术的电子线路实验教学探索

付 扬

(北京工商大学 人工智能学院,北京,100048)

摘 要:电子线路实验教学是培养学生实践创新能力的重要环节,针对实验教学存在的问题,探索将 Multisim 仿真技术引入电子线路实验教学。研究 Multisim 仿真设计方法,结合负反馈放大电路实例,给出 Multisim 技术在电子线路设计中的具体应用,分析总结了 Multisim 仿真在电子线路分析设计中的优势。实践表明,Multisim 技术在电子线路实验中优势凸显,提升了学生创新能力。

关键词:Multisim 仿真;电子线路;实验教学;创新能力

Exploration of electroniccircuit experiment teaching based on simulation technology

Fu Yang

(College of Artificial Intelligence Beijing Technology and Business University, Beijing 100048, China)

Abstract: Experimental teaching of electronic circuit is an important link to cultivate students' ability of practice and innovation. Aiming at the existing problems in experimental teaching, the paper explores the introduction of Multisim simulation technology into electronic circuit experimental teaching. The simulation design method of Multisim is studied. Combined with the example of negative feedback amplifying circuit, the specific application of Multisim technology in electronic circuit design is given, and the advantages of Multisim simulation in electronic circuit analysis and design are analyzed and summarized. Practice shows that Multisim has prominent advantages in electronic circuit experiments, enhances students' innovation ability.

Key words: Multisim simulation; Electronic circuit; experimental teaching; innovation ability

1 引言

电子线路实验教学是重要的实践环节,为电类各专业学生开设,其涉及的学生面广、实践性强,该实践环节对于工科学生素质的提高,特别是对学生学习兴趣的提升以及创新能力的培养至关重要。但很多学生感觉该实验动手较难,没有信心,学生兴趣和积极性不高。学生课内完成不了的实验,受其他课程时间的限制常常不能及时完成,学生完成实验的时间明显不足,因此实践环节的实施远没有达到对学生能力培养的期许。如何让学生对该实践环节感兴趣,并有效提升其实践效果和能力,是长期困扰教师的一个难题。

计算机技术的快速发展,催生了具有强大而丰富仿真分析能力的电阻电路仿真软件,它使得电子线路实践环节变得简单化、兴趣化和自动化。Multisim 虚拟仿真软件提供了全面集成化的设计环境,它可完成原理图设计输入、电路仿真分析、电路功能测试等工作。它提供了特别广泛的元器件和齐全的、超出实验室配置的虚拟电子设备种类,操作这些设备如同操作真实设备一样,还提供了的全面分析工具,可以完成对电路仿真设计分析。

2 基于 Multisim 技术的研究方法

基于 Multisim 技术的实践研究方法如图 1 所示。首先,根据设计任务查找资料,根据所学的理论确定设计方案,进行原理电路图设计;其次,进入 Multisim 软件环境,在 Multisim 下构建设计的电路,建立模型后仿真,研究仿真结果,通过各种虚拟仪器检验技术指标,若结果不合适,则修改方案、参数、原理图等;最后,在该环境下不断地设计、调试、修改、完善,直到达到设计要求。仿真设计达到要求后,即可实际到实验室进行操作。

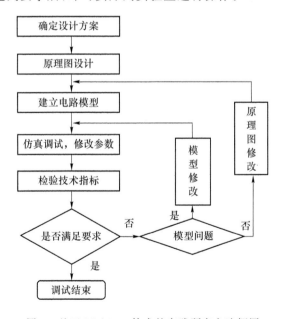

图 1 基于 Multisim 技术的实践研究方法框图

3 基于 Multisim 仿真的实验教学举例

3.1 设计任务和方案

设计任务:用分立元件设计两级具有电压串联负反馈的放大电路,要求合理设置静态工作点,观测输入输出波形,分析有、无反馈时的放大倍数和频率特性。信号源为正弦信号,其有效值为 5 mV,频率为 1 kHz。

Multisim 环境中的电压串联负反馈放大电路如图 2 所示,无反馈时的基本放大电路,应考虑反馈网络的负载效应,电路如图 3 所示。

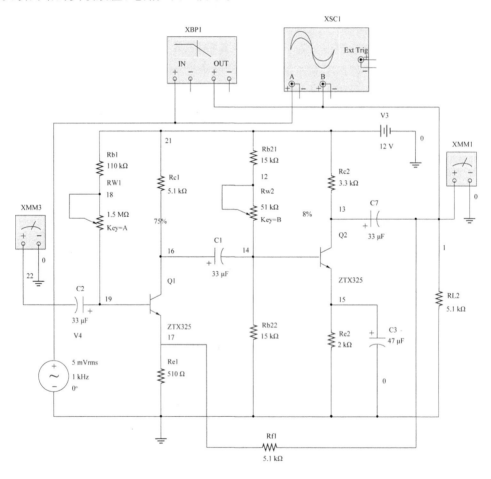

图 2 电压串联负反馈放大电路

3.2 无反馈——基本放大电路设计分析

3.2.1 静态工作点调试

在图 3 基本放大电路中,调节 Rw1 和 Rw2,使静态工作点合适,当 Rw1 为 75% 和 Rw2 为 23% 时,启动 Simulate/Analysis/DC Operating Point Analysis,选择要分析的节点,单击"Simulate",静态工作点分析结果如图 4 所示,由各点的电压值可以判断晶体管工作在放大区,也可以采用电压表、电流表测量静态电压和电流。

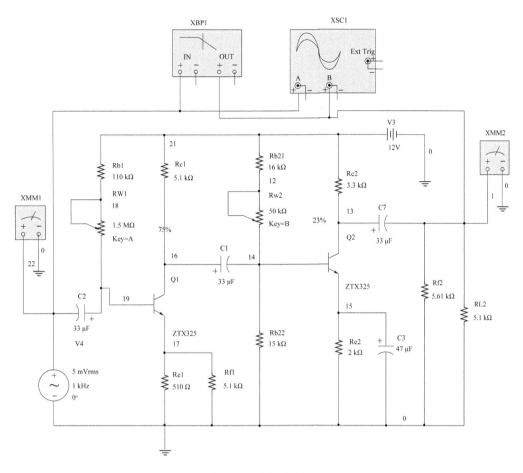

图 3 基本放大电路

图 4 基本放大电路静态工作点设置

3.2.2 动态测试

加正弦交流信号有效值为 5 mV,频率为 1 kHz,打开仿真开关,示波器观察输入波形和输出波形如图 5 所示,可以看到输出波形与输入波形的同相,且输出有放大,电压放大倍数约为 154,输入、输出有效值也可用万用表测量。

采用波特图仪测量其频率特性,幅频特性仿真结果如图 6 所示。首先,将游标居中,测量中频段电压放大倍数 A_{um} 为 44.068 dB,然后移动游标寻找电压放大倍数下降 3 dB 时对应的频率,测得下限截止频率和上限截止频率,分别为 63.1 Hz 和 1.3 MHz,则其带宽 BW 约为 1.3 MHz。

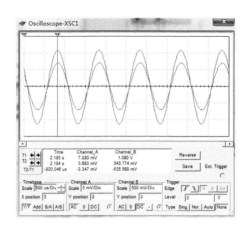

图 5　无负反馈时的输入输出波形

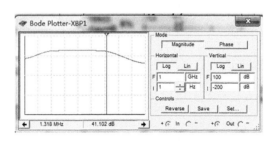

图 6　无负反馈时的波特图

3.2.3　失真观测

调节静态工作点可使输出波形失真,如调节第二级放大电路 Rw2,观测饱和失真时的输出波形(如图 7 所示),此时对应的静态工作点如图 8 所示,从第二级基级和集电极的电压可以看出确实进入了饱和状态。

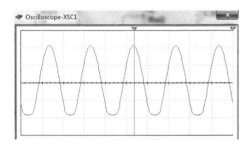

图 7　饱和失真时的输出波形　　　　　　图 8　饱和失真时的静态工作点

3.3　有反馈——电压串联负反馈放大电路分析

分立元件构成的两级电压串联负反馈放大电路如图 2 所示,静态工作点同基本放大电路。以下对其进行动态测试如下。

用示波器观察输入波形和输出波形如图 9 所示,根据输入和输出得到电压放大倍数 $A=10.31$。

可以计算该负反馈下反馈系数、反馈深度为 $F=\dfrac{R_{e1}}{R_{e1}+R_{f1}} \approx 0.091, 1+AF=15.014$,因此

得负反馈放大电路放大倍数的验算值为 $A_{uf}=\dfrac{1}{1+AF}\approx 10.3$，可见仿真测量与验算值一致。

观察放大电路的频率特性(如图 10 所示)。中频段电压放大倍数 A_{um} 为 20.246 dB，然后用游标寻找电压放大倍数下降 3 dB 时对应的频率，下限截止频率和上限截止频率分别约为 4.41 Hz 和 19.1 MHz，频带展宽、带宽 BW_F 约为 19.1 MHz，根据理论，负反馈带宽验算值为 $BW_F=(1+AF)BW\approx 19.5\ MHz$，可见仿真测量与验算值一致。

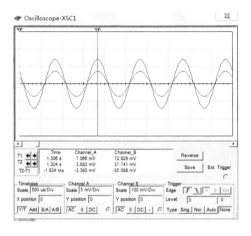

图 9 有负反馈时的输入输出波形

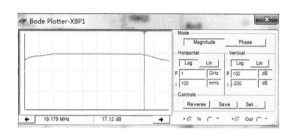

图 10 有负反馈时的波特图

根据仿真设计分析得出，静态工作点合适与否决定了放大电路是否能不失真地放大输入信号，放大电路引入负反馈使得放大倍数减小了，频带展宽了，减小和展宽均为反馈深度倍数。同理还可以进行有无反馈放大电路输入、输出电阻的测量和比较。

4 应用仿真技术进行电子线路设计的优势

通过 Multisim 实验研究的方法和电子线路实例可以看出，Multisim 仿真技术在电子电路实验教学中具有很大优势：

(1) 可提升学生电子电路实验的兴趣和积极性，可增强学生的自信心，可以极大地发挥学生的主观能动性、积极性和创造性。学生使用鼠标和键盘就可以反复修改电路，调换器件，修改参数，不必担心实验失败，器件选择范围广，参数修改方便，每一步实验任务设计的实现，都带来了成就感和自信心。

(2) 仿真的时间和空间更加灵活和方便，提高了学生设计分析的效率。实验不再局限于实验室完成，只要有计算机，学生即可见缝插针，随时找空余时间在教室或宿舍进行仿真设计，设计可以随时随地进行。

(3) 仿真软件提供了各种仪器和各种分析功能。Multisim 弥补了实验室的缺陷，如实验室缺少的失真分析仪、波特仪等仪器，弥补了实验室缺少的各种分析功能，如参数扫描分析、灵敏度分析等，这些在实验室都是无法完成的，并且仿真非常直观地加强了学生对设计电路的全面理解，极大地提升了学生分析问题和解决问题的能力。

(4) 仿真软件大幅度减少了实验器件和仪器的损坏，减少了实验室经费开支。由于整个设计是在仿真中进行反复调试和更换器件，最终得出的是一个最优的实验方案，在进实验室用硬件实战演练时就不会盲目,可做到又快又好。

(5)仿真软件可以带来实践环节的安全性。对于一些强电实验,通过仿真设计分析调试成功后,再到实验室动手搭建电路,可有效地保障学生和设备的安全。

通过应用仿真技术探索电子线路实验教学改革,弥补了传统电子线路实践模式的不足,学生的积极主动性充分被调动起来,学生对电子线路实验以及相关实践环节产生了浓厚的兴趣,实践动手能力和创新设计能力显著提升,并积极参与到电子竞赛等赛事之中,取得了良好的竞赛成绩。

参 考 文 献

[1] 贺占魁,黄涛. 虚拟仿真实验教学项目建设探索[J]. 实验技术与管理,2018,35(2):108-111,116.

[2] 刘亚丰,苏莉,吴元喜,等. 虚拟仿真实验教案设计及实践[J]. 实验室研究与探索,2017,36(3):185-188.

[3] 华成英,童诗白. 模拟电子技术基础[M]. 北京:高等教育出版社,2006.

作者简介

付扬:女,1962年生,副教授,主要从事电工电子基础课教学和研究。

通信地址

北京海淀区阜成路11号耕耘楼816室(邮编:100048)
北京工商大学 人工智能学院 电子信息系
电　　话:13522671168
E-mail:fsfy988@126.com

电路电工技术线上实验课程教学实践

付艳萍[①]　鞠艳杰[①]

[①]（大连交通大学电气信息工程学院，大连，116028）

于双和[②]　金巨扬[②]

[②]（大连通科应用技术有限公司，大连，116000）

摘　要：本文介绍电路电工线上实验课程的教学实践过程。通过产学合作，学校根据课程教学目标设计课程教学模式、评价体系，建设线上课程；企业整合实验教学资源，设计实验仿真软件，合作完成了一次线上实验的教学实践探索。此次教学实践基本上实现了课程的教学目标，学生对线上实验课程认可度较高，为今后线上线下混合模式实验教学工作奠定基础。

关键词：产学合作；教学设计；教学评价；线上线下混合模式

Practice of On-line Experiment of Circuits & Electrician

Fu Yanping[①]　Ju Yanjie[①]

[①](School of Electrical and Information Engineering, Dalian Jiaotong University, Dalian 116028, China)

Yu Shuanghe[②]　Jin Juyang[②]

[②](Dalian Tongke Applied Technology Co., LTD, Dalian 116000, China)

Abstract: Practice of online experiment of circuits & electrician is introduced in this paper. The online teaching model and evaluation system are designed according to the teaching aims. The experiment course is set up on the online teaching platform. The virtual experiment software is designed by the technology company. Through the effort of industry and university, this online experiment course is applied. Investigations show that the teaching aims are realized basically, and the online course gets a relatively high acceptance from students. This work sets the basis for future online and offline mixed mode teaching of experiment course.

Key words: collaboration between industry and university; instructional design; instructional evaluation; online and offline mixed mode

1 引言

实验课程是实践性很强的一门课程,目前更多地倾向线上线下混合模式教学[1]。此次受疫情影响,客观条件不允许线下实验或者混合模式实验教学。我校电基础教研中心教师负责线上实验课程设计、建设,通科有限技术公司(以下简称通科公司)负责对交互仿真实验教学资源的整合,通过产学合作[2],进行了一次完全线上电路电工实验课程的教学实践。通过合理设计课程评价体系和实验教学资源内容,较好地实现了教学目标,评价过程客观具体,也获得了学生较高的认可度。本次的教学实践探索,为我校后续的线上线下混合模式实验教学奠定了基础。

2 线上实验课程实践过程

在课程建设过程中,我们的原则是尽量简化工作过程,先有框架,再完善,所以在设计之初,线上实验课程和仿真软件在功能上大部分采用了减法。

大纲是后续工作的纲领性文件,所以在课程建设的最初,根据我校的实验课程大纲和线上实验的特点,还有通科公司的原有仿真实验资源,首先就课程大纲进行修订,随后通科公司制定了仿真软件的研发大纲。下面对线上课程和仿真软件的构成进行简单的说明。

2.1 线上课程设计

将线下课程迁移至线上,线上实验课程基本上是线下实验课程的映射。

利用超星泛雅平台创建了线上实验课程。图1为超星平台的课程门户(https://mooc1-1.chaoxing.com/course/213770442.html)。

图1 超星平台课程门户

实验1~7对应原有的7个实验项目,继电接触控制电路设计对应原来的综合设计考试,原设计考试的设计内容需要一个在实验室实现并运行的过程,因为无法实现,调整为实验基本知识点考核。

根据布鲁姆教学目标分类理论[3],3个层次的教学目标在线上实验课程中用不同的方式实现。

- 认知层面,需要记忆、理解的理论知识方面分成两个部分:①理论教学内容,在实验指导书中简单介绍,起到复习巩固的作用;②非理论教学内容,在实验指导书中指定参考书,引导学生发现理论学习的必要性和重要性,从而自主阅读,并深入学习。
- 应用层面,主要通过线上课程的实验报告,在实验报告中设计了"数据分析""现象描述"等环节,使学生在固定模式下学习实验数据分析方法、实验现象描述的文本方式,评价过程客观性较高;而"心得体会"环节的设置是让学生自行发挥,针对实验和自身学习情况进行分析、评价,该环节也是评价系统中相对主观性的部分。
- 创造层面,在线上课程中加入继电接触控制设计考试,学生学会查阅相关参考资料,巩固自主学习内容,培养学生创新能力,促进题目相同的同学协同合作。

依据课程教学目标,建立科学、客观、具体的评价体系,可以有效地评价教学效果。

根据课程教学大纲,在设计评价体系时,将成绩分为平时和考试两大项。平时成绩是由7个实验成绩构成,每一个实验成绩又包括预习、操作、实验报告3个部分。考试分实验基本知识考核和综合设计考试。

平时成绩:

(1) 预习

要求学习实验指导书和实验操作过程的讲解视频,了解实验操作报告和实验报告的基本内容,明确实验操作中需要保留的实验操作记录、观察的现象、记录处理的数据。

(2) 操作报告

要求将实验操作截屏图片上传至线上课程,形成操作报告。实验操作报告在线上课程中以章节测验形式,发布在课程章节中。

(3) 实验报告

实验报告通过线上课程以作业形式发放。学生按要求回答报告中的主、客观题。

考试:

(1) 综合设计实验考试

按要求设计继电接触控制电路,允许学生查阅参考资料,合作完成。设计题目以试卷形式发放,设计报告在试卷中完成。

(2) 实验基本知识点考核

将实验中的操作要点、验证性实验的相关理论知识、低压电器知识、控制电路的联锁方式等知识点作为考核内容。利用超星考试系统考试。

所有项目设定好权重,超星平台会计算出学生的综合评定成绩及等级。

2.2 仿真软件设计

根据课程教学大纲,通过对通科公司现有资源的优选与迁移,形成的电路电工技术线上实验课堂仿真软件,线上实验课堂主界面如图2所示,其中的三相异步电动机模块和低压电器模块是额外设计的自主学习基础认知模块。

三个层次的教学目标在线上实验课堂软件中的体现方式:

认知层面,需要记忆、理解的理论知识在仿真软件中以图片、视频或动画形式演示。相对实验项目之外,对于自主学习内容,特别设计增加了两个模块巩固相关知识点。

应用层面,在仿真软件中,电路实验增加实验操作内容,弥补原有实验资源偏演示性和过于简单的缺点,电工实验部分除必须的实验任务、工作原理、电路接线外,还设计了"仿真运行""故障排除""接线实操"等环节。在"仿真运行"页面,可以观察仿真实验现象,"故障现象"和

"故障排除"步骤锻炼学生分析、排除故障的能力。而"接线实操"更接近职场环境,由于同时完成主电路和控制电路,接线更加复杂,如果学生想在该步骤快速、准确地完成接线,必须在前面的"电路接线"步骤反复练习,熟悉控制电器接线端子对应的部件或触点。

图 2　电路电工技术线上实验课堂主界面

仿真软件在相关步骤完成后都会显示提示页面,设计截图按钮将结果页面截图,方便形成操作报告,同时每个实验模块中都有"考考你"环节,方便学生自行测试,强化巩固基本知识点。

3　线上实验课程实践及总结

3.1　课程实践过程简介

在实验课程启动前,由指导教师进行一次预授课,建立软件传输通道,做软件安装调试指导工作;明确课程的性质、目标、内容、考核方式;给出实验课程进行的时间节点;进行线下实验室的安全教育等。

在线上实验课程进行期间,全部依靠学生自行安排时间,探索学习,有问题时指导教师给出反馈。

学生登录线上实验课堂有两种方式。

(1) 练习模式

平时练习,可随意输入学号、姓名等信息登录。

(2) 考核模式

正式实验操作,需要正确输入个人信息,方便保留实验记录。

两种方式都需要联网,获得学生登录的网卡信息,防止作弊发生。

而上在线平台课时,学生在学习通手机端或计算机端,将考核模式获得的截图上传形成操作报告,完成实验报告。在综合设计考试试卷中按要求完成设计报告。这三类报告均由实验指导教师批阅,给出成绩。实验中期,进行一次关于线上实验仿真软件使用体验调查。课程结束时,做课程质量问卷调查。

截至目前为止,我们的线上实验课程已经基本完成,正在进行后续的成绩统计和课程总结。

3.2 课程实践总结与思考

（1）仿真软件评价：从课程中期的仿真软件问卷结果看，学生对仿真软件的形式接受度比较高，能够发现其中的优缺点，给予非常客观的评价，能够发现隐藏任务，较好地进行自主学习。

（2）线上实验课程质量调查：线上课程评价的优越性在于其客观性，不受实验室环境内主客观因素的影响，所以评价更合理，成绩区分度好。对于线上实验课程的质量问卷显示，大部分学生认为各考核环节能够体现学生真实学习水平，帮助巩固所学知识和能力；对课程教学目标和毕业要求标准的达成度也比较高。值得一提的是，大部分同学认同能够与团队成员合作共事，分享成果这一标准，可见线上课程的课堂之外，学生的信息交流也是非常频繁的。

（3）课程建设经验：课程建设过程可以循序渐进，从简单到复杂，逐渐积累进化，实现从量变到质变，形成完整课程体系的同时，加深对各种先进教育体系和教育理念的理解，进而反馈到课程建设中。我们现在处于建设的初级阶段。

（4）后续展望：建设初期做减法，后续的工作要做加法，一方面仿真软件功能完善化，内容先进化；另一方面，丰富课程资源，课程评价体系更加客观。主要是使操作报告和实验报告内容更客观，减少教师批阅报告的工作量。

（5）电工与电子技术实验课程是一门实践性很强的课程。疫情期间的特殊性确实为实验课程线上实践提供了现实基础。

在后疫情时代，线下实验恢复是必然的，线上课程、仿真软件可以转换功能，作为线下课程的有益补充，实现线上线下混合模式教学是课程建设的主要的发展方向之一。学生通过仿真软件的学习巩固理论知识，熟悉实验操作流程、电路连接过程，减少实验室占用时间，提高实验室利用率，减少硬件损耗，有很高的时间效益和经济效益。

（6）加强产学合作：此次实验是产学合作一次成功的尝试。仿真软件的应用是此次线上电路电工课程能够顺利完成的关键要素，通过产学合作实现共赢发展。

4 小结

主要介绍了线上实验课程和实验仿真软件的设计思想和基本内容，对课程实践过程进行了介绍，总结此次线上实验的成果、经验和发展方向等。通过产学合作，设计开发实验仿真软件，提高实验教学质量。

参 考 文 献

[1] 吴霞.实验课程线上线下相结合的教学模式设计与实践[J].实验室研究与探索,2019,38(5):173-176.

[2] 林健.校企全程合作培养卓越工程师[J].高等工程教育研究,2012(03):7-23.

[3] （美）B.S布鲁姆,等.教育目标分类学[M].上海:华东师范大学出版社,1986.

作者简介

付艳萍:女,1974年生,讲师,主要从事电工与电子技术研究。

鞠艳杰:女,1975年生,讲师,主要从事电路与系统理论、智能控制系统及现代电子设计研究。

于双和:男,1947年生,教授,主要从事电路与系统,语声图像处理技术研究。

金巨扬:男,1983年生,工程师,主要从事系统合成研究。

虚实结合智能型实验或引发电工电子实验"颠覆性"变革

于双和　倪春香

(大连通科应用技术有限公司,大连,116000)

摘　要：实践教学是实现培养目标的重要环节,而实践装备是实践教学中必不可少的一部分。目前学校配置的实践装备,无论箱式、台式还是架式,都不会说话,没有意识,使得实践教学环节老师累,学生愁,老师劳而无功,学生不能有效学到技能。为了应对这些问题,在教育信息化2.0思想指导下,协同高校教学名师开发了TK40系列虚实结合智能型电工电子实验平台。本文通过对TK40系列虚实结合智能型电工电子实验平台的结构、研制思想、优势与特色进行了阐述,以期为培养应用型人才的高校教师提供帮助。

关键词：实践教学;实践装备;虚实结合;智能;电工电子

Combining virtual reality with intelligent experiments may lead to "disruptive" changes in electrical and electronic experiments

Yu Shuanghe　Ni Chunxiang

(Dalian Tongke Applied Technology Co., Ltd, Dalian 116000, China)

Abstract: Practical teaching is an important link of achieving training goals, and practical equipment is an indispensable part of practical teaching. At present, the school's practical equipment, whether in box type, desktop type or rack type, can't speak and has no consciousness, which makes the teachers tired and the students worried. As a result, the teachers in the practical teaching link are exhausted and the students cannot effectively learn the skills. In order to cope with these problems, under the guidance of the educational information 2.0 ideology, the TK40 series of virtual-real combined intelligent electrical and electronic experimental platforms have been developed in cooperation with the teaching teachers of universities. This article expounds the structure, development ideas, advantages and characteristics with a view to providing help for college teachers who cultivate application-oriented talents and making them widely used.

Key words：Practical teaching；practical equipment；combination of virtual and reality；intelligence；electrical and electronic

1 结构设计

TK40 系列虚实结合智能实验平台由 4 个部分组成,其总体结构如图 1 所示。

1.1 智能实验装置

由实验台、一体计算机组成。贯彻以项目为引领,以任务为驱动,以过程为主线的思想,以模块化结构实现。

实验模块按照需要可以选择不同的类型,如单体挂箱、组合挂箱、网孔板、共用实验单元等。

- 单体挂箱:以印制电路或 PVC 板为载体,以挂箱形式为结构,通常一个挂箱可支持一个或若干个实验。
- 组合挂箱:如电力拖动实验,需要开关、熔断器、接触器等多种部件,它们分别安装在 PVC 板上,实验时需要将几个单体挂箱组合起来支持一个实验。
- 网孔板:以网孔接线板为载体,可将部件、线槽、接线端子等在板上布局、接线,完成电气系统,类似电气控制机柜的装配,可适应 1+X 证书的要求。
- 共用实验单元:实验经常使用的设备,如电工技术实验共用的三相电源,电子技术使用的各种直流电源,电气控制共用的 PLC、变频器、触摸屏等,作为不同实验实训的共用组件,可合理固定安置在实验台上,一般不经常移动。共用实验单元既可置于特殊位置,也可以与其他挂箱安置在一起。

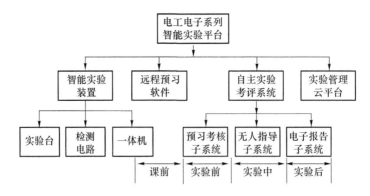

图 1 电工电子系列智能实验平台结构示意图

总之,模块化结构使用灵活,组合方便,占空间小,既可进行单个实验,又可组合起来完成较大的实验,既可以为职业技能培训与鉴定型实训服务,也可用作机房、一体化教室等,一机多用,一室多用。

1.2 远程仿真实验预习系统软件

针对实践教学而设计,采用 H5 技术开发,可实现不拘泥于时间地点的学习与训练,多用于实验实训前。设有任务目标、认识电路、工作原理、实验材、电路 DIY、排除故障、仿真实训、考考你等模块,内容涵盖规定实践教学的完整知识点与技能点。实现泛在的学习,为实验实训前的预习考核奠定基础。

1.3 自主实验考评系统软件

包括预习考核子系统、实验指导子系统、报告生成评价子系统。

(1) 预习考核子系统

由信息采集、随机考试、自动上电三个模块组成。登录后即可进行预习测试,成绩达标者实验台电路得电,不达标者可继续学习,以保证实验实训的安全与效果。

(2) 实验指导子系统

由实验指导软件、实验数据检测系统等组成。学生自主操作,实验进程、计时与得分均有屏幕显示;遇到问题可单击"帮助"键,即可由智能系统提供一对一的指导,从而完成实验全过程的"无人"指导。

(3) 报告生成与评价子系统

实验全部过程由系统自动记录,实验数据与采集的图片等由系统自动提取以生成符合标准格式的实验报告;系统能逐项对所得数据、结果讨论、实验技能、信息化能力、实验纪律等进行评价、计分。

1.4 实验系统管理云平台

运行于局域网、校园网,组成实验管理系统,以实现实验各种数据的传输、监控、读取等。

2 研制思想

2.1 将信息技术嵌入教学设备

TK40系列产品以教育信息化2.0的思想为指导,以电专业实践教学信息化为突破口,从改造实验装备入手,通过把现代信息技术嵌入传统实验装备,实现实践教学全过程用信息技术支撑,从而达到实践教学信息化、现代化的目标。目前,TK40系列产品涵盖电路基础、电工技术、电力拖动、电子工艺、模拟电子技术、数字电子技术、电工与电子技术、电气控制、传感器等电类专业多门实践课程。

2.2 虚实结合,能实不虚

TK40系列产品将实物嵌入仿真教学,二者深度融合在一起,从而可收到更逼真的实践效果,既可利用可视化的优势来获得形象化的学习效果,又可通过对实物的动手训练获得深入地体验。在这个过程中,引入互联网+可视化+智能化+物联网+大数据技术,实现最大限度地友善人机学习界面,化解重难点,调动学习者的主观能动性;最大限度地精准评判,杜绝抄袭,营造教育教学的公平公正;最大限度地减轻教师的重复性劳动,让教书育人得以回归与升华。

2.3 尽显自主实验,实现学生为主体

由于借助于互联网与移动终端(手机、平板电脑等),学生可通过远程仿真预习软件实现异地泛在的学习,扫清了实验的知识点与技能点的障碍,教师在课堂上完全可以不讲,实验前做预习测试即可;由于借助于数据通信技术,预习通过才可以将设备自动上电,杜绝了盲目实验的可能,降低了实验的故障与设备的损坏率;由于借助于可视化技术,遇到了难题,学生可以自己向Help求助,化解了难点和重点,提高了学习实践效果;由于借助于大数据技术将试验

全过程的信息记录下来进行分析,从而做到了评价公平、科学、合理,有效地促进了教育生态的公平;由于物联网技术可以在后台实时记录真实的数据为学生录入的测试数据做评判,现场自动生成实验报告并自动评分,杜绝了实验报告的抄袭,使评价结果科学合理;由于借助于人工智能技术,教师可以将精细的教学设计融入整个实验过程中,实现了实时跟踪监测与指导,从而将自己从繁重的重复性的劳动中解脱出来,回归教书育人。

3 优势与特色

可见,TK40系列虚实结合智能实验平台,以信息化为特色,实现了对实践教学的全面支撑。

3.1 全环节

(1)可用于助教。仿真教学贯穿始终,智能指导胜似教师。(2)可用于助学。课前预习超越时空,疑难问题随时求助。(3)可用于助练。能实不虚,虚实结合;三维互动,提高技能。(4)可用于助考。所测数据因机而异,实验成绩当场汇总。(5)可用于助评。实验报告自动生成,评价体系科学透明。

3.2 全过程

课前远程仿真实验软件自主预习,实验前预习情况考试(占15～20分),实验中自主实验,实验后总结与自动生成电子实验报告,给出实验评价,从而实现了对课程的嵌入式支撑。使本实验平台具有如下四项优势:

(1) 能使学生找回自信回归主体,自主创新得以体现;
(2) 能使教师从重复劳动中解脱,育人本职得以回归;
(3) 能使专业建设向现代化进军,智能绿色不再遥远;
(4) 能使考试评价更加公平公正,生态和谐有望实现。

使用本实验平台,一举解决传统实验实训长期困扰的如下难题:(1)解决教师重复性劳动的问题,让教师有时间有精力从事更有意义的工作;(2)解决师资力量不足的问题,免去学生举手、等待的尴尬,使教育生态发生变化;(3)解决报告重复批改的问题:全方位(科学性、技能水平、信息化能力、实验纪律、爱护设备等)的综合性实验评价,免去了抄袭实验报告的现象,科学、公平。(4)解决场地设备不足的问题:远程虚拟实验系统打破了实验室的壁垒及时间的限制,实现了泛在的实验与实训。

4 总结

华东师范大学终身教授陈玉琨指出,教育是一个最难被技术撬动的领域。在互联网改变社会方方面面的时候,"教育是这一时代的例外",没有产生多少令人振奋的变革。然而,教育一旦被撬动,很可能就是一场翻天覆地的变革。在智能化教育推行的过程中,是否可以把"教书"的职能交给机器,把"育人"的重任留给教师。教师无疑是受益者,当然,他们更应当是这场变革的推动者。

目前,TK40系列成果与产品已在我国多所院校使用,通科仿真雄厚的教学研究队伍与虚拟现实技术开发队伍,可以为不同用户量身定做最适于本校专业特色的实验实训平台,欢迎院校老师与通科合作,量身定做在 21 世纪 20 年代由信息技术实现深度融合的实践教学产品,走出"设备+资源+教改"的新路,为推进我国实践教学的信息化、现代化,实现教育新生态做出自己的贡献!

参考文献

[1] 陈玉琨,田爱丽.智能化时代的学校教育[N].中国教育报,2018-09-13[2020-09-08]. http://www.ict.edu.cn/html/web+edu/zhineng/n20180913_52471.shtml.

作者简介

于双和:男,1947 年生,教授,主要从事电路与系统、语声图像处理技术研究。

倪春香:女,1990.12.20,硕士,主要从事电子科学与技术研究。

新冠疫情下局内交换仿真实验设计

许登元 吴仕勋

(重庆交通大学信息科学与工程学院,南岸,重庆,400074)

摘 要:为解决新冠疫情下学生在家开展软交换实验的问题,本文基于开源的FreeSwitch软件设计了软交换实验,学生利用一台联网的计算机、一部手机就可以进行相关实验。本设计包括了软交换实验环境的搭建、局内呼叫的实验、通过抓包分析局内呼叫的信令流程等,从实验效果来看,虽然学生在实验过程中遇到不少问题,但是通过该实验,学生深入地理解了完整局内呼叫的流程。在实验条件有限的情况下,完成了实验目标。

关键词:软交换;FreeSwitch 平台;SIP 协议

The simulation experiment design of local exchange under coVID-19

Xu Dengyuan Wu Shixun

(School of Information Science and Engineering, Chongqing Jiaotong University, Chongqing 400074, China)

Abstract: In order to help students carry out soft-switch experiments at home under the coVID-19 epidemic, this paper attempts to use the open source FreeSwitch platform to carry out the experiments with a networked computer and a mobile phone. The design includes the construction of the softswitch experimental environment, the experimental results of the local exchange call and the signaling process of the local exchange call through packet capture. From the experimental results, although students encountered some problems during the experiment, students have a deep understanding of the complete process of local exchange call and the experimental objectives are achieved.

Key-words: SoftSwitch; FreeSwitch Platform; SIP protocol

基金项目:本文受重庆市高等教育教学改革研究项目(193118)和重庆交通大学重点教改课题(1602004)资助。

多年来我校的软交换实验一直采用硬件在实验室进行,但今年由于新冠疫情的影响,不得不将软交换实验以软件形式开展,经过多方查阅资料,我们选择了免费的 FreeSwitch 平台并设计了软交换实验。

1 FreeSwitch 平台介绍

FreeSwitch 是一款开源的软交换平台,可以运行多种操作系统上,支持 SIP[1]、H.323[2]、Skype 等多种通信协议。FreeSwitch 基于 IP 网进行通信,可将一台普通的个人计算机变成一台功能强大的电话交换机[3]。作为一个一流的 VoIP 软交换平台,FreeSwitch 支持多种主流传输协议和音视频编解码协议[4]。

FreeSwitch 采用了 B2BUA 架构,服务器可作为背靠背的用户代理以帮助通信的双方进行实时的语音和视频通信[5]。目前在交通、金融、教育、石油等行业领域,FreeSwitch 已经成为处理大并发通话的软交换设备。其典型的功能包括作为多点会议服务器,电话路由语/音转码服务器,IVR、语音通知服务器,在线计费、SIP 网间互联网关等。

2 实验环境搭建

本实验在 VMWare 上搭建 Centos 7 操作系统,进而搭建 FreeSwitch 平台。在 Centos 7 下安装 FreeSwitch 主要分为源码安装和二进制包安装两种方法。本实验采用源码安装方式。FreeSwitch 环境的搭建流程如下:

(1) 虚拟软件安装:虚拟化软件有很多,本实验使用的是 VMWare 虚拟化软件。

(2) 操作系统安装:基于 VMWare 安装 Centos 7 操作系统,并进行相应的参数设置,如内存大小、硬盘大小、网络连接方式。操作系统采取桥接的方式连接外网,使虚拟机与物理机(Windows 系统)处于同一个局域网下。

(3) 依赖包安装:编译源码并安装 FreeSwitch,需要编译工具(如 gcc-c++等)及其他依赖库(如 ldns-devel、libcodec2-devel 等)。

(4) 源码获取:获取 FreeSwitch 的源代码,可以从网上下载,本文使用的是 FreeSwitch 1.8 版本的源码。

(5) 编译:解压源码后并进入源码,使用./bootstrap.sh、./configure 命令编译配置源码,若配置成功,会出现成功的界面。若安装失败,根据提示信息解决问题,一般是缺少依赖包,安装相应的依赖包即可。

3 基于 FreeSwitch 的局内交换仿真实验设计

疫情期间由于学生在家开展实验,实验条件只有计算机、无线局域网和手机,因此我们设计局内交换的逻辑拓扑结构如图 1 所示。

主叫:主叫 A(IP 地址:192.168.43.101,账号:1001),使用 Windows 下的软件 X-Lite。

被叫:被叫 B(IP 地址:192.168.43.1,账号:1004),使用手机 APP 软件 Zoiper。

SIP 服务器:利用 VMWare 下搭建虚拟机 CentOS7+FreeSwitch(IP 地址:192.168.43.126)建立通话。

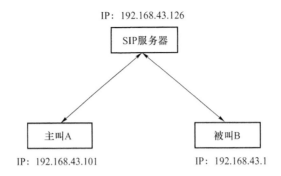

图 1 基于 FreeSwitch 的局内呼叫逻辑拓扑结构图

4 信令流程抓包分析

4.1 局内呼叫原理分析

由于 FreeSwitch 是 B2BUA 方式,局内呼叫的通话建立过程可分为两部分进行分析。

第一部分为主叫 A 与 SIP 服务器之间的交互:SIP 服务器收到主叫 A 的 INVITE 请求后,需要先对主叫进行身份验证,先向主叫 A 回送 407 Authentication 身份认证响应,表示该用户的身份需要验证,主叫 A 收到响应消息后会将身份信息进行计算并重新发送 INVITE 请求中。待认证成功后,向用户代理 A 返回 100 Trying 的消息,表明会话正在进行,然后边进入下一个部分。

第二个部分为 SIP 服务器与用户代理 B 之间的交互:SIP 服务器向被叫 B 发送 INVITE 请求,被叫 B 回送 100 Trying、180 Trying 等响应,其中 100 表示通话正在建立过程中,180 表示用户代理 B 正在振铃。待通话建立成功后便可进行通话过程。通话完成后,便进行 BYE 请求的发送与响应。

在进行通话建立过程中,主叫 A 和被叫 B 之间需要进行媒体协商,确保双方都采用相同的媒体格式,否则通话建立失败。如果 SIP 消息的消息体中的数据不为空,那么包含媒体协商的信息,包括用户代理发送接收媒体流的端口、IP 地址、媒体处理能力。

4.2 信令流程抓包并分析

在 SIP 服务器上安装 WireShark 进行抓包分析,如图 2 所示。

根据抓包可以看出呼叫的信令流程:主叫代理 A(IP 地址:192.168.43.101)首先向 SIP 服务器(IP 地址:192.168.43.126)发送 INVITE 请求,SIP 服务器返回 407 响应(需要密码验证),主叫 A 发送 ACK 请求。然后主叫重新发起 INVITE 请求(并携带账号密码),SIP 服务器回送 100 Tring 响应,告诉主叫 A 正在转发 INVITE 请求。接着 SIP 服务器向被叫代理 B (IP 地址:192.168.43.1)转发 INVITE 请求消息,被叫 B 回送 100 Tring 和 180 Ring 响应,一旦被叫摘机,被叫 B 回送 200 OK,主叫 A 发送 ACK 请求消息,通话建立完成,进行正常通话过程,通话完毕,被叫 B 先挂机,向 SIP 服务器发送 BYE 请求,SIP 服务器回送 200 OK 响应,同时向主叫转发 BYE 请求,主叫回送 200 OK ,至此完成的局内呼叫过程结束。

根据抓包分析,可以画出局内呼叫的信令流程图,如图 3 所示。图 3 中,A 为主叫代理,FS 为 FreeSwitch 的 SIP 服务器,B 为被叫代理。

No.	Time	Source	Destination	Protocol	Length	Info
14	4.121800	192.168.43.101	192.168.43.126	SIP/SDP	957	Request: INVITE sip:1004@192.168.43.126…
15	4.125842	192.168.43.126	192.168.43.101	SIP	944	Status: 407 Proxy Authentication Requir…
16	4.134149	192.168.43.101	192.168.43.126	SIP	419	Request: ACK sip:1004@192.168.43.126;tr…
17	4.134518	192.168.43.101	192.168.43.126	SIP/SDP	1235	Request: INVITE sip:1004@192.168.43.126…
18	4.147414	192.168.43.126	192.168.43.101	SIP	439	Status: 100 Trying |
19	4.160469	192.168.43.126	192.168.43.1	SIP/SDP	1335	Request: INVITE sip:1004@192.168.43.1:6…
21	4.249627	192.168.43.1	192.168.43.126	SIP	369	Status: 100 Trying |
22	4.352945	192.168.43.1	192.168.43.126	SIP	490	Status: 180 Ringing |
26	4.391563	192.168.43.126	192.168.43.101	SIP/SDP	1236	Status: 183 Session Progress |
447	8.139500	192.168.43.1	192.168.43.126	SIP/SDP	948	Status: 200 OK |
452	8.150767	192.168.43.126	192.168.43.1	SIP	500	Request: ACK sip:1004@192.168.43.1:6070…
456	8.163802	192.168.43.126	192.168.43.101	SIP/SDP	1206	Status: 200 OK |
458	8.172676	192.168.43.101	192.168.43.126	SIP	785	Request: ACK sip:1004@192.168.43.126:50…
1699	14.283781	192.168.43.1	192.168.43.126	SIP	546	Request: BYE sip:mod_sofia@192.168.43.1…
1700	14.290153	192.168.43.126	192.168.43.1	SIP	617	Status: 200 OK |
1702	14.304851	192.168.43.126	192.168.43.101	SIP	672	Request: BYE sip:1001@192.168.43.101:55…
1708	14.445397	192.168.43.101	192.168.43.126	SIP	432	Status: 200 OK |

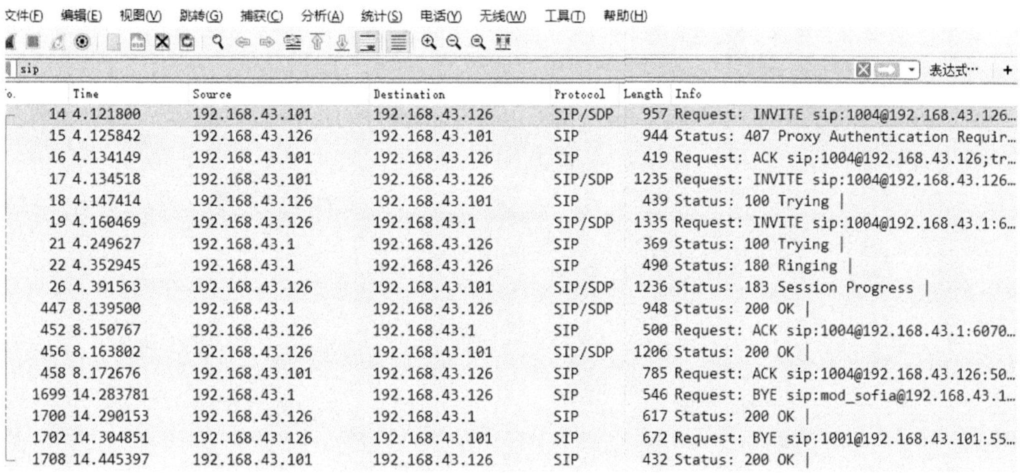

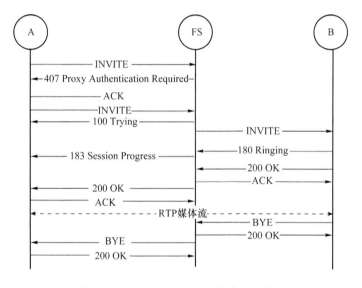

图 2　基于 SIP 服务器的通话建立过程

图 3　基于 SIP 服务器的通话建立流程图

5　结论

本设计完成了基于开源 FreeSwitch 搭建软交换实验环境，并完成了正常情况下的局内呼叫和通过抓包完成信令分析等。通过自主实验，学生深入理解了 SIP 协议的信令流程，同时学生在实验过程中发挥了主体作用，提高了综合分析能力和创新能力。

参考文献

[1]　RFC3261. SIP：Session Initiation Protocol[S]. 2002.

[2]　ITU-T Recommendation：The multimedia communications standard for local area

networks[S]. 1996.
- [3] 孙涛,秦雅娟,杨冬,等. 基于 FreeSwitch 的会议电话系统研究与实现[J]. 铁道通信信号,2011,47(9):59-62.
- [4] Maruzzelli G. Mastering FreeSwitch[M]. Birmingham:Packt Publishing,2016:151,152.
- [5] 杜金房,张令考. FreeSwitch 权威指南[M]. 北京:机械工业出版社,2014.

模拟电子实验课程网络实践教学技术探索

刘元超

（北方工业大学信息学院，北京，100144）

摘　要：网络教学时代的来临使电子信息类专业的实践教学面临了新挑战，实现网络实践教学，提高实践教学质量，完成教学结果验收是需要直面的问题。本文针对模拟电子实验课程，提出了视频录像和仿真技术相辅的方式实现网络实践教学；通过讲述实践过程细节提高学生对实践过程的了解，通过合适的仿真软件选择和细化仿真要求，加深学生对知识的理解；规范实验报告细节，在实验报告添加思考题，严格保证报告批改以保证网络实践教学效果。所使用方法可以较好地完成网络实践教学。

关键词：网络实践教学；教学质量；仿真技术；实验报告

Exploration of network practice teaching technology for Analog Electronic Experiment Course

Liu Yuanchao

(School of Information Science and Technology, North China University of Technology, Beijing 100144, China)

Abstract: With the coming of the era of network teaching, the practice teaching of electronic information specialty is facing new challenges. To realize the network practice teaching, improve the teaching quality, and check the teaching results are the problems that need to be faced directly. In this paper, aims at analog electronic experiment course, video recording and simulation technology are used to realize network practice teaching; the details of the practice process are introduced to improve students' understanding of it; selecting the appropriate simulation software and refine the simulation requirements to deepen students' understanding of knowledge; questions are added to the practice report, the details of the experiment report are standardized, and strictly correcting the report to ensure the effect of network practice Teaching. The method can complete the network practice teaching well.

Key words: Network practice teaching; teaching quality; simulation technology; experiment report

1 网络教学时代对电子信息类专业实践教学的新挑战

自网络技术迅速推广以来,网络教学就逐步发展起来。中国的网络教学在 2000 年前后得到大力发展,逐步与传统教学争夺教育市场。2012 年之后,网络教学发展迅速,对传统教学产生了强大的冲击,大学课程的网络教学也逐渐兴起,有许多课程都建立了网络教学资源,对学生开放,甚至免费或收费对大众开放。对于电子信息类专业来说,以往的网络教学,多以理论课为主,实践教学因为牵扯到实验设备等原因,一般没有网络课程,大家还是选择在实验室里进行实践教学。

今年,因为新冠状病毒的影响,实践教学不得不离开实验室,进行网络实践教学。电子信息类专业的大学实验课教师,在教学中发现,电子类实践课程经过合理设计后进行网络实践教学,也可以实现较好的实践教学效果,并得到学生的承认。

事实上,网络实践教学的需要一直存在。或许网络实践教学的学习者因为缺乏实验设备不能完全理想地复现实践教学的过程,但经过合适的网络学习,通过观看实验过程录像,仿真分析复现部分实践教学内容,仍然可以提高实践能力。并且,网络实践教学可以更好地应对各种突发情况,只要学生有网络和时间,就可以进行实践学习,即使在正常的教学环境中,也可以作为在校学生实践学习的补充,并且可以为非在校学生提供实践教学资源。

电子类课程的网络实践教学已经成为一个新的趋势,这对大学实践课教师提出了新的挑战。本文针对模拟电子实验课程的网络教学进行了设计,探索如何上好电子信息类网络实践课程,以迎接这个挑战。

2 模拟电子实验课程的网络课设计

线下的模拟电子实验,需要告诉学生实验目的何在,教学生如何进行实验,告知学生有哪些注意事项,如何确认实验结果的对错,并且对实验报告提出要求,对学生的实验报告给予反馈。那在网络教学中,同样需要这些过程,但要根据具体情况做出改变,以适应不能实地操作的情况,保证实践教学质量。

一个模电实验网络实践课程的教学可以分为以下几个步骤。

2.1 提供实践过程录像

线下实践教学中,让学生认识实验材料,熟悉设备的使用是一个重要目的。学生需要使用电子元件搭成实验电路,使用电源、信号发生器等支持电路工作,再使用示波器、万用表等观察记录实验数据和波形;而网络教学中缺乏相应的设备,学生不能实地接触实验材料和设备,对实践过程缺乏直观认识,必须提供实践过程录像以弥补这一缺陷,并把讲解做详细,让学生认识到线下实验中可能出现的问题。

在实践过程录像的过程中,同线下上课一样,首先教师要展示实验目的并布置实验任务,进行基本讲解。这一部分主要是统一实验的指导思想,可以另外提供任务书给同学,不必过于详细。毕竟实验所验证的知识的讲授,应该在理论课上,不应该在实践课程中。

之后应进行实践过程的展示,并同步进行讲解。第一个实验需要讲述很多细节,一些多个实验中共同用到的电路、设备都要仔细讲解,后面几个实验再用到时即可简单带过,只讲重点注意事项即可。

以第一个模电实验——三极管放大电路实验为例,首先要认识实验元件及实验电路板。实验课教师需要给使用的三极管特写镜头,重点讲述三极管 e、b、c 三个管脚的辨识方法,之后再简单展示使用的电阻、电容元件;再带领学生认识实验电路板,告知电路板各部分的布局和功能,哪些部分是要使用的,哪些部分是不使用的,哪些点是相连的,哪些点是独立的,等等;还要讲解电路板的电源线、信号线、输出线应该以什么样的原则进行布置等。

然后按照实验电路的要求搭建电路。实验课教师非常熟悉授课内容,自己搭建电路会很快,布局也漂亮,但如果仅这样录制,学生可能理解不深入,难于提高实践能力。录像中教师需要讲述一下学生实验中常出现的错误,比如漏接线或接错线,并给出避免这种错误的方法。教师可以在电路图中标好节点和支路,按照支路完成电路搭建就不容易出错误。教师还需要展示一些连线的技巧,避免虚接,防止导线过多破坏所搭建电路的稳定性。教师可以将搭建的简洁明快的电路连线和一些比较混乱的电路连线作一个对比,强烈对比会激发学生精益求精的心理意愿。图 1 为运算放大器电路实验的连线演示,连线比较清晰,可以为学生提供参考。

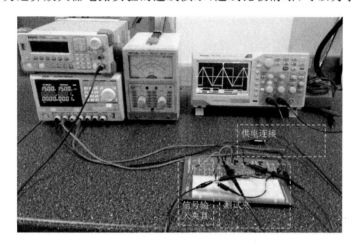

图 1 运算放大器电路实验的连线

再后是教师讲解电源和信号源等输入设备的使用方法和接入电路方式,除讲解正常操作外,教师还需要讲解学生常出现的错误操作及其危害。

最后是教师讲解测量设备的使用方法、实际测量的过程和数据记录方法。测量设备的挡位选择、接入方法、读数方法都应该清晰明确,可以配备设备部分使用手册作为参考资料。例如,用示波器读取波形时,一定要注意接线的共地问题,读出的波形是直流耦合模式还是交流耦合模式,记录的数据是峰值、峰峰值还是有效值等。测量设备接入,按照实验流程逐个记录数据,按照要求填入数据记录表。

这些录像是学生认识实际实验的唯一途径,对保障实践教学质量有无可替代的作用。

2.2 细化实验电路仿真要求

学生通过实验录像认识了实验过程,却无法亲手做实验,需要使用仿真的方式模拟实验过程。实验仿真软件的选择至关重要,不同的课程可以根据需求选择不同的软件。模电实验中所使用的电路规模很小,关注点在于电路细节,因此可以选择 OrCAD PSpice 软件。这个软件提供了大量的实际元件数据库,并且可以修改库文件,能够演示实验电路工作的各个细节。

在仿真中,可以给学生规定详细的实验步骤,让他们去更改实验电路参数,自行观察实验结果。比如观察放大电路的失真现象时,实际实验采用电位器调节三极管 b 极输入电流,仿中可以通过修改 b 极电阻数值来实现。三极管放大电路的仿真电路图如图 2 所示,通过调节 R_1 电阻的阻值即可改变 b 极输入电流大小,调整放大电路工作状态,使之工作于线性放大区、截止失真区和饱和失真区,其输出波形对比如图 3 所示。教师在要求中可以给定几个基准值,学生可以自行增设更多的数值或者使用扫描功能来得到更多的结果。通过仿真,学生可以非常直观地找到 R_1 电阻大小与电路工作状态的关系,并与输出波形对应起来,其效果甚至超过实际实验的效果。一个好的实验步骤设计,可以让学生认识到电路调试的方法,在以后遇到实际电路的问题时,可以迅速找到问题根源,并找到解决方法。

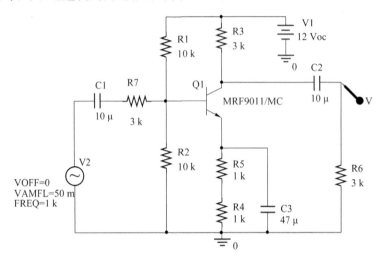

图 2　三极管放大电路的仿真图

模电课程是理论和实践相结合的课程,具有独特的思维方式,不追求精确的数字求解,更习惯于使用估算的方式求解,在估算结果上进行微调以达到设计的要求,允许存在一定的误差。线下的模电实验课程在电路调试和数据处理过程中,也反映了这种思维方式。网络教学使用仿真实验代替实际实验,实验结果通过数值运算得到,通过改变电路参数很容易调整输出指标,通过比较输出数值也容易找到变化的规律,通过设置实验步骤进行引导,先粗算求解,再细调参数到规定的允许误差范围,能够较好地体现出模电的思维方式。

仿真输出结果的记录(包括波形、幅度和频率等)都要给出具体要求,形成固定的表格。有心的同学可以非常容易地通过数据的对比得到实验的结论,结合理论课学习的知识,可以加深对知识的理解。

2.3　规范实验报告要求及批改

实验报告是实验的重要一环,帮助学生理解实验内容,巩固理论知识。在网络教学中,过多的文字会增加实验报告批改的工作量,无益于学生的学习。通过规范报告格式,可简化报告内容,将重点放在让学生写出数据分析过程和实验结论,从而使学生对实验原理的认识更清晰。

在实验报告中还可以增加一些思考题,让学生通过思考加深理论知识的认识和实践能力的训练。以下是几个简单而有效的问题:如果实验条件发生某种变化,实验的结果会发生什么变化？如果实验操作者使用设备不当,实验数据出现了特定的不合理情况,那么实验操作者出的错误是什么？

对于实验报告的批改,教师可以规定固定的时间段让学生上传报告,在约定的时间之后发还批改后的报告。教师批改报告要认真,对于优秀的报告要给与表扬鼓励,对于不认真的报告需要明确提出批评,要求其修改或重新撰写。如果课程对于非在校生开放,可以提供一份标准的实验报告,为其提供对比参考。

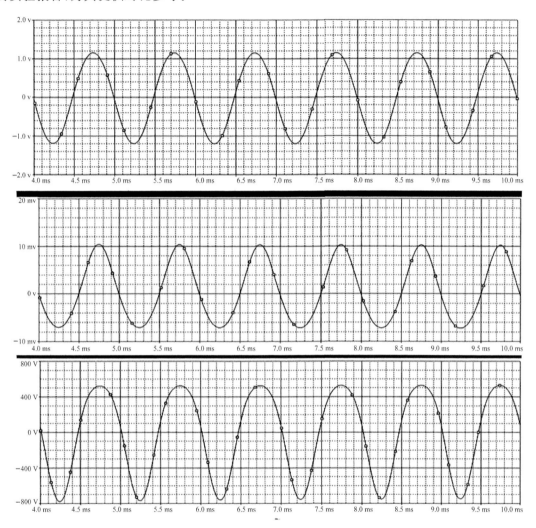

图 3　三极管放大电路不同工况输出波形

3　电子信息类专业网络实践教学的展望

电子信息类实践课程的网络实践教学,对于一个电子课程实验课教师来说已经成为一个绕不开的课题。实验课教师要做的是在实际网络实践教学中,总结经验和教训,尽力做好网络实践课程教学。利用网络信息量大,传输方便的优点,提供更多的有指向性的资料,扩展学生学习知识的渠道,引导学生有目的的学习,提高学习效率。同时,也要通过细致地工作,尽力使学生得到更多的实践知识感观,弥补不能实际操作的缺憾。这是一个挑战,也是一个机遇,做好一门电子信息类实践课程的网络实践教学,会对在校生的实践教学提供有力补助,也可能成为全民实践教育中有益的一环。

参 考 文 献

[1] 杨维东,董小玉.高校网络课程建设的困境与优化路径[J].中国高等教育,2019,(10):48-50.
[2] 谢楠.远程教育实践模式下的教师角色和专业素养[J].现代经济信息,2018,(01):420.
[3] 于秋红,张妍."互联网＋"时代教学方式变革中存在的问题及对策分析[J].通讯世界,2019,26(04):233,234.
[4] 谢晴,卜伟.互联网教学背景下教师角色转换研究[J].淮南职业技术学院学报,2020,20(02):95,96.
[5] 周林茂.网络环境下计算机教学的研究[J].黑龙江科学,2017,8(05):124,125.
[6] 戴鹏飞.网络教育时代的教师角色的再定位与重构[J].知识经济,2014,(24):169.
[7] 刘元超,张卫平.北方工业大学:以学科竞赛促工科实践能力培养[J].中国电力教育,2014,(25):25-27.
[8] 王兴柱,刘春花.结合网络教学的高校教师角色定位及其发展探讨[J].科教导刊(中旬刊),2014,(03):47,48.
[9] 蔡兴泉,韦欢,苏志同,等.数字媒体设计竞赛促进实验教学改革[J].计算机教育,2008,(15):84-86.

作者简介

刘元超:男,1979年生,高级实验师,主要从事功率电子技术研究。

通信原理课程改革与实践

赵晓旭[①]　赵中原[②]　袁慧梅[①]　王凡[①]

[①](首都师范大学信息工程学院,北京,100048)

[②](北京邮电大学信息与通信工程学院,北京,100876)

摘　要：本文分析了通信原理教学工作中存在的问题,针对该课程实施了一系列教改探索与实践。将寻找课程主线、划分知识点、线上线下相结合等多种教学方式和教学手段相融合;改进实验教学理念、采用虚拟仿真和硬件相结合,加强课程实践延伸;鼓励参加竞赛,提升实践应用能力。这些措施有助于激发学生的学习兴趣,提高创新能力和实践动手能力。

关键词：通信原理;教学改革;线上线下

Teaching Reform and Practice on 'Principles of Communications'

Zhao Xiaoxu[①]　Zhao Zhongyuan[②]　Yuan Huimei[①]　Wang Fan[①]

[①](College of Information Engineering, Capital Normal University, Beijing 100048, China)

[②](School of Information and Communication Engineering, Beijing 100876, China)

Abstract: This paper analyzes the problems in the teaching of principles of communications, and introduces a series of teaching reform explorations and practices. We integrate some teaching methods such as finding the course main line, dividing knowledge points and combining online and offline. We expand the course experiment by combining computer simulation with hardware. At the same time, students are encouraged to participate the competitions so as to enhance the practical ability These teaching reform can stimulate students' research interest, and enhance their innovation ability and practical hands-on ability.

Key words: Principles of Communications; Teaching Reform; Online and offline

由于信息技术、互联网的高速发展,物联网、云计算等新兴技术的出现,电子信息技术和信息的传递作为其中必不可少的核心环节,展现出越来越重要的作用。通信原理课程在电子信息行业具有承上启下的作用,是信息处理和通信的重要环节,重要性也越来越突出[1,2]。课程的主要特点一是理论性和实践性都很强,涉及的知识面非常广泛;二是先修课程起点较高,其先修课程为信号与系统、高频电子线路、信息论等专业基础课[3,4];三是对数学基础及其应用能力要求较高,概念抽象,学生不易理解。再加上学时有限,在教学过程中存在一定的困难。因此我们需要更新教育教学观念,与时俱进,对课堂教学模式进行深层次的改革,不仅要教会学生学会学习,而且要注重培养学生的自主学习能力、独立思考和独立解决问题能力[5,6]。

1 精选教学内容

通信的发展日新月异,教材的内容相对比较经典和基础。为了满足新时代"新工科"的人才培养需求,对通信与电子信息行业的最新发展方向进行调研,课程组对目前通信行业的发展热点技术领域进行跟踪,将行业对人才培养的最新要求引入教学过程中;针对重要知识点设立教学情境,实时调整课程的知识结构与教学内容,启发学生进行知识扩散,实现"提出问题—探索学习—解决问题"的探究式学习过程。针对课程和学生的特点进行分析,对课程内容进行的改进,既重视通信的基本理论和基本概念的学习,又兼顾对当前通信技术的热点内容以及发展趋势的介绍,并尽可能使两者相辅相成。比如在教学内容中增加了跟日常生活息息相关的内容——"关于手机的发展和关键技术",并且把手机发展作为课程讲解的主线,学生对手机比较关注,那自然而然就对讲课内容产生了兴趣。

通信原理课程中涉及的数学推导复杂,公式的推导是教学中的难点。经过分析,对一些不影响整体理解的数学公式的推导过程进行删减和简化,把教学重点放在基本原理和思想的讲解上,既可以节约课时,也适当降低了课程难度。比如,基带信号功率谱的推导过程非常复杂,对于公式的推导需要花费将近一节课,并且要求对随机过程的相关知识非常熟悉,对于学生来说,非常难于理解;考虑在后续知识的讲解中,只使用了功率谱的最终结论,学生即使不掌握推导过程,对于整个课程体系的理解也没有障碍,因此对于类似的公式推导,在课堂上只讲述相关方法及结论,淡化公式的推导过程。

2 多种教学手段和教学方法相融合

信息技术、多媒体技术的广泛使用,使得教学手段和教学方法更加丰富,在课程中充分利用新技术和网络的优势,可以起到事半功倍的效果。

2.1 找课程内容主线,分知识点讲解

经过课程内容的分析,以手机通信的发展作为课程主线进行内容讲授。课程主要分为四大模块内容:基础理论部分、模拟通信系统分析、模拟信号的数字传输(信源编码)和数字通信系统分析。具体课程体系结构如图1所示。

手机通信是当前通信的发展热点之一。1G通信是模拟通信,关键技术是频分复用,从而引出第5章模拟调制系统的重要知识点;从2G通信开始到4G通信是数字通信,语音信号是模拟信号,模拟信号要通过数字通信系统传输,必须完成语音信号的数字化,引出第10章信源编码的知识点;语音信号实现了数字化之后,进行数字通信,关键技术有频移键控、码分多址等,引出数字通信系统相关章节关键知识点。通过讲述手机通信从1G到4G的发展历程,引

出通信技术所涉及的关键技术,通过对关键技术的讲解,把每个章节对应的知识点都涵盖了,整门课程关键技术的讲述也围绕不同时代手机通信所采用的技术展开。通过对课程主线的梳理,既激发了学生的兴趣,又可以很顺畅地把各章节的内容做了分割,学生对于这门课的整体的脉络就可以轻松把握了。

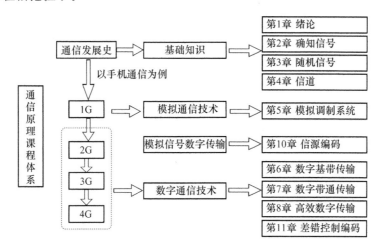

图 1　通信原理课程体系

2.2　抽象概念运用类比学习法

通信原理课程专业术语较多,内容抽象且枯燥,学生理解起来较困难。为了加深学生记忆,提升教学效果,采用类比的学习方法,形象生动地引入生活实例,或者将概念生活化,也就是"接地气"。"接地气"是教学设计中非常重要的一个环节,可以增加教学内容的趣味性,教学效果明显提升。

在讲述概念的时候,引用生活中出现的例子,会更容易得到学生的认同,也更好接受。比如在抽样定理的讲解中,学生从时域的直观角度不容易理解,就使用时下流行的音乐信号举例,通过对标准 CD 格式音频信号的采样频率进行分析,再播放 4 种不同抽样频率条件下的音乐效果,学生就可以从听到的几种不同音乐效果的对比,很直观地理解抽样定理的基本原理和应用。教师通过音乐信号的文件大小对比(质量和文件大小成正比),分析文件质量和采样频率之间的关系,引出有损压缩、信源编码、信道匹配等知识点,这样就把日常应用和理论联系起来,学生对于理论的接受度明显提高。

采用类比的教学方式,把生活中的实例结合到具体知识点中,通俗易懂,提高了学生对知识点的吸收兴趣,知识接受度明显提升,学生变被动学习为主动吸收,教学效果有了显著提高。

2.3　线上线下混合教学

随着信息技术的发展以及在教学中的广泛应用,各种新兴事物层出不穷,线上教学作为一种新型的教育方式,包含丰富的视频信息量,学生可以暂停、回顾任何一个知识点,是一种非常高效的信息传递方式,在高校中应用广泛[7]。本课程采用线上线下混合教学模式,结合了两者的优点,既能够体现教师在课堂教学中的主导作用,也突出了学生的主体地位,进行自主学习[8]。

首先,通过线上教学,学生利用超星的师星学堂进行课前预习,师星学堂上目前已建立 70 个知识点小视频,已经具备完备的知识点视频讲解和 PPT 课件。学生可通过平台进行自主预习,独立思考,带着问题进入实际课堂,提升了学习效率和学习的积极性。

其次,在课堂讲授环节,教师可依据预习时提出的问题进行提问,检验学生的预习效果,再对出现的问题进行有针对性地讲解。课堂讲授通过主线讲述知识点之间的逻辑关系,重点讲授课程难点和重点,采用提问、引导的方式进行互动,PPT与板书相结合,采用启发式教学方式,在知识的关键点提出问题,也可以根据实际情况实现翻转课堂的方式进行授课。

最后,课后知识点巩固,通过课后布置作业、答疑讨论等方面帮助学生总结、巩固学习成果。在师星学堂中发布小测试,供学生对学习效果进行检验,评估学习效果,通过在线讨论和答疑保证学生在学习中遇到的问题可以实时得到解决,避免了问题的累积,帮助学生巩固知识,提升学习效果。

3 加强实验环节

理论教学与实践教学是相辅相成的,实验教学形象直观的特点是理论教学无法比拟的,是培养学生的基本技能和综合运用所学知识分析、解决问题的能力的一种教学手段和途径。因此,加强实验环节,鼓励学生独立自主进行系统的设计,增强学生独立工作的能力和创新能力,是实现培养目标的重要保证,对提高学生的专业素质,培养适应社会发展的高质量专业人才起着不可替代的作用[9]。

3.1 改进实验教学理念

在以往的实验项目中多以验证性实验为主,这当然是实验教学的重要组成部分,应予以肯定。但这种实验模式往往过于追求原理的验证而忽略了实践能力的培养,项目过于详细,学生处于被动学习,积极性不高。目前社会需求的是创新型人才,尤其要求学生具有独立思考、独立解决问题能力以及动手能力。因此,我们尽量减少验证性实验,逐步把验证性实验转换为综合性实验,增加系统设计性实验,使得学生可以独立自主的进行系统的设计,让学生自己面对问题、解决问题,增强了学生独立工作的能力和创新能力。

3.2 采用虚拟仿真和硬件设计相结合的实验方式,产学合作

传统的实验教学方法是:教师示教+学生练习,这种现象存在很大的弊端。学生在做这类实验时往往是在制作好的实验板上测试已预留好的测试点,按实验讲义上的步骤直接测试数据和波形,忽略了实验的基本原理,动手多,动脑少,学生甚至可以在没弄懂实验原理的情况下进行测试并写出实验报告。

针对这种情况,我们引入仿真的手段,通过武汉凌特公司提供的云端平台设备和虚拟仿真资源,增加课程中虚拟仿真实验的设计,鼓励学生独立自主地进行系统的设计。通过虚拟仿真资源,鼓励学生进行综合型的通信系统的设计,学生可以基于仿真实验平台,提前在仿真平台上进行系统设计,然后在实验室平台中实现与验证。通过虚拟仿真+硬件实验,拓展学生的知识面,培养学生分析问题和解决问题的能力,增强学生独立工作的能力和创新能力,从而提升学生的综合素质。

通过近几年的实践,我们不断改进实验教学理念,将虚拟仿真和硬件设计相结合,引导并鼓励学生多问"为什么",不仅要关注实验现象,更要能从理论分析的角度来解释实验结果,这大幅度提高了学生的动手能力和独立分析问题的能力,学生参加学科相关竞赛的积极性有了显著提升,学科竞赛参与人数和获奖比例逐年增加。

4　实践拓展,课程延伸

课程的延伸是实践,学以致用是学习的目标。鼓励学生参加各种学科竞赛,参与竞赛可以进一步培养电子信息类学生工程技术能力,激发学生积极参与通信前沿知识学习与创新的热情,将学科竞赛与常规教学相结合,相互促进,可以激发学生理论联系实际和独立工作的能力,培养学生的实践动手能力、创新能力和团队协作精神等,实现教学相长。经过近几年的改革,学生参加"大唐杯"大学生移动通信工程技术大赛的人数逐年增加,取得了一定的效果。通过近几年的竞赛参与,学生们口口相传,学习的积极性和竞赛的参与度都有了很大提高,每年都有多人次获得北京市和国家级奖项。

5　结束语

在通信原理的教学过程中,如何激发学生兴趣、提升教学效果至关重要。通过对通信原理课程内容和特点进行分析,将当前通信与电子信息产业的热点技术引入课堂,对课程的教学内容和结构做出适当的调整和优化,以兴趣为导向,以任务为驱动,提高学生的学习积极性,培养创新意识;在教学设计中采用"接地气"的教学方式,采用类比的方法实例教学,线上线下相结合,动态完善教学手段;加强实验环节,产学研合作;鼓励学生竞赛参与,理论联系实践,提升了学生分析问题、解决问题的能力。

参 考 文 献

[1] 陈冬英.基于综合能力培养的通信原理课程教学改革[J].高师理科学刊,2017,8(37):95-99.
[2] 杨小凤.通信原理课程教学改革与实践[J].高师理科学刊,2017,37(1):95-97.
[3] 樊昌信,曹丽娜.通信原理[M].7版.北京:国防工业出版社,2015.
[4] 欧阳晓慧."现代通信原理"的参与式课堂设计[J].教育教学论坛,2019,3(12):211,212.
[5] 白文乐,王月海,冯良,等.非主动学习背景下"通信原理"课程兴趣教学方法研究[J].高教学刊,2016,9:70,71.
[6] 梅中辉."通信原理"课程的教学实践及探索[J].教育教学论坛,2019,5(19):139,140.
[7] 李保国,黄英,王翔."通信原理"教学中的微课应用探索[J].电气电子教学学报,2019,41(6):4-7,28.
[8] 刘嫱,常侃,张振荣,等."通信原理"教学改革中的探索与思考[J].大众科技,2018(3):75,76,113.
[9] 程春霞,宫锦文,高建宁.通信原理设计型实验的探索与实践[J].实验科学与技术,2019,17(3):55-58.

作者简介

赵晓旭:女,1977年生,讲师,主要从事信号、信息处理研究。

人工智能在嵌入式系统课程中融合的教学探索

职如昕　徐　湛

(北京信息科技大学信息与通信工程学院,北京,100101)

摘　要：5G、物联网与人工智能的快速发展对嵌入式系统产生了巨大的影响,为了实现高素质应用型人才培养的目标,本文针对基于人工智能的嵌入式系统课程内容更新和实验教学改革进行了讨论。通过引入人工智能实验教学平台以及赛课结合的教学方式,进行不同层次的课程难度课程内容设计。目前的教学效果表明,课程设计能够充分调动学生学习的积极性,有利于提高课程总体的教学质量。

关键词：嵌入式系统；人工智能；实验教学设计

Exploration of the Integration of Artificial Intelligence in Embedded System Teaching

Zhi Ruxin　Xu Zhan

(Institute of Telecommunication Engineering, Beijing Information Science & Technology University, Beijing 100101, China)

Abstract: The rapid development of 5G, Internet of things and artificial intelligence has a great impact on embedded system. In order to achieve the goal of cultivating high-quality application-oriented talents, this paper discusses the content updating and experimental teaching reform of embedded system based on artificial intelligence. Through the introduction of artificial intelligence experimental platform and course-competition teaching method, the course content with different difficulty-level is designed. The teaching effect shows that the current curriculum experiment design can mobilize students' learning enthusiasm and improve the overall teaching quality of the course.

Key words: embedded system; artificial intelligence; design of experimental teaching

1 引言

我校通信专业的嵌入式系统及应用课程重视应用和实践相结合,与培养高素质应用型人才的总体目标相一致。5G、物联网与人工智能时代的到来对嵌入式系统行业产生了巨大的影响,也带来了巨大的市场需求和技术革新,将新技术更新融合到课程教学内容中是实现高素质应用型人才培养目标的重要途径。

20世纪70年代单片机诞生,嵌入式系统开启了人类工具的智能化历史进程。从单片机的传统电子智能化改造,到智能化工具创新,再到新兴嵌入式系统应用创新,在物联网时代迎来了嵌入式系统的一次重大变革——从独立的产业时代变革到为物联网应用服务的时代。嵌入式系统在物联网应用中承担了物联网大系统底层感知与控制的基础服务,成为物联网应用中不可或缺的智能化终端,并迅速将人工智能推进到大数据、云计算时代。快速的应用需求增长为嵌入式系统产业带来了新的发展机遇和挑战,与之相随的是技术更新日新月异。高校嵌入式内容课程设置需要紧密跟随产业现状,将最新的技术融入课堂教学和实践中,才能让学生在课堂上的收获能够和未来的工作和科研不脱节。

2 嵌入式系统课程教学现状

在高校中,嵌入式相关课程的开课学院和专业覆盖面比较大,包括电子信息、自动化、机电一体化、通信、计算机、应用电子、电子技术、测控等。通过对不同类型高校嵌入式开课内容的调研和分析,总结现有嵌入式课程教学的现状主要有以下特点。

2.1 开课形式和内容多样化

目前嵌入式课程在不同层次的高校和专业中有不同的教学目标和组织形式。科研型大学会开设理论内容占比较大的嵌入式课程,对学生的理论知识储备和能力都有较高的提升目标。应用型大学开设的课程比较重视应用,理论与实践并重,讲授多种主流嵌入式系统的共通技术及不同应用的嵌入式系统共性和特性问题,强调学生能适应不同的嵌入式系统和技术的变化。职业院校的开课类型重视就业实用性,即面向特定行业或企业的需求,针对某一具体的技术平台进行讲解,培养出的学生可以直接服务于某一企业。按照教授内容的应用背景可以分为偏硬件设计、偏软件设计和软硬结合的综合型课程。

2.2 课程体系涵盖内容繁多

从嵌入式技术的发展历程来看,在不同的发展阶段衍生出的技术都可以作为嵌入式课程的教学内容中心,如单片机、可编程逻辑器件(FPGA)、数字信号处理(DSP)、可编程片上系统(SOPC)等。一门嵌入式的课程设计包括的理论知识点以及相对应的实践环节,如何分配课时内容非常关键,直接影响到教学效果。因此在嵌入式课程的教学目标的设计中要以教学成果为导向,围绕成果展开教学环节设置。

2.3 理论教学形式单一、实践教学深度浅

在目前的嵌入式课程理论教学中,主要还是以课堂上老师讲、学生听的模式教学,课后学生提交作业的形式。由于理论课时的限制,难以做到知识体系的深度和广度并重,很容易造成满堂灌的授课方式,缺乏互动,课程枯燥。实践教学部分大部分的课程设计都是以实验验证为

主要形式,硬件平台更新频率低,不利于提高学生的自主设计和创新能力,不利于学生接触科技前沿知识,限制了学生的视野和思维。

3 基于 OBE 的教学改革探索

嵌入式系统授课对象是通信专业大三学生,我院通信工程专业已经通过工程教育认证,在嵌入式的课程教学中贯彻 OBE(Outcomes-based Education,成果导向)理念是实现工程教育目标的重要体现,也符合通信工程专业"人工智能＋通信"的发展方向定位。根据我校的建校特色和专业定位,通信工程专业嵌入式课程应是以应用型为目标、软硬件相结合、理论实践并重,能适应不同的嵌入式系统和技术的快速变化。

如何在嵌入式课程的教学内容和教学方式的设置中,以课程学习成果为导向,是人工智能在嵌入式课程中融合要解决的一个重要问题。本课程的一大教学特色是理论和实践相结合,实验课时占总课时数的三分之一,在实验课程的设置中又重视应用导向。目前实验课程内容设置主要包括硬件和软件两大方向,存在硬件平台和软件程序的设置无法适应物联网和人工智能新的应用需求的问题,在理论课的教学中增加嵌入式人工智能技术,实验部分增加机器学习程序设计,同时利用百度等人工智能开放技术平台 AI Studio、PaddlePaddle 框架、智能终端运算模块 PaddlePi、多媒体及云端网络教学资源等,将课堂教学和实验教学结合,理论和实验内容同步更新,实行讲授与实验一体化的教学。

3.1 课程内容更新设计

以学习成果为导向,系统梳理嵌入式课程知识点,重点整理人工智能、物联网与嵌入式系统相结合的知识点,重新设计教学大纲和教学内容。嵌入式系统在物联网应用中承担了物联网大系统底层感知与控制的基础服务,成为物联网应用中不可或缺的智能化终端。因此人工智能和物联网的发展对嵌入式系统的影响是多层次多方面的,课程内容更新包括教学重点、难点、案例和实验的重新设计,将嵌入式系统设计案例有机融入课堂教学,将理论教学和实践环节联系在一起,实现学生工程能力的训练培养。具有"人工智能"特色的嵌入式课程内容设计,包括以人工智能和物联网为技术背景,形成涵盖云侧、边缘侧和终端侧的嵌入式系统的硬件和软件的课程更新内容设计。课程内容设计应能呈现嵌入式系统最新的技术发展现状,并设计相应的嵌入式人工智能系统设计实践案例,使学生深入理解人工智能、机器学习等技术,提高学生跨学科跨专业的综合创新和工程实践能力。

3.2 教学方法更新设计

充分利用人工智能开放技术平台、多媒体及云端网络资源,将实验室和课堂教学有机整合,实行讲授与实验一体化的教学。让学生了解一个完整的嵌入式人工智能设计流程与工作机理,通过实际动手操作来学习硬件的体系结构和系统软件的原理。基于和百度的校企合作计划,充分利用百度提供的丰富嵌入式人工智能的教学资源,把握行业发展最新动态,提升课程教学的生动性和实用性。

3.3 基于 OBE 的实验教学内容设计

嵌入式系统课程的设置中实践课程的教学比重较大,目的是培养学生实践动手能力和创新意识。基于 OBE 理念,强化学生在实践教学环境的学习效果,有利于提高实践教学质量,提升学生的工程实践能力、创新意识和团队合作能力。在嵌入式课程的实践教学改革探索中,结合大创项目、开放实验项目、科研自主实践课、专业竞赛、毕业设计等成果输出形式，形成从大二到大四的系统的课程内容设计，学生可以通过参与不同形式的课程，逐渐提高能力和水平。

在课程实验教学环节设计中，针对学生个性化发展的目标，以 OBE 为基本原则，根据学生不同的兴趣方向和能力水平，设计不同难易程度的、不同侧重方向的实践内容。使学生在有限的实验课时内完成富有成效的学习成果。首先根据实验的难易程度分为基础验证类、提升设计类和挑战比赛类。针对学有余力主动性较强的同学，提供课外延伸全国性比赛的指导。每一层次的实验内容又分为软件和硬件两大方向，具体内容详见表 1。另外，基于赛课合一的课程设计导向，鼓励学生可以组队参加课程推荐的各类比赛，能成功完赛即可等于完成了课程的实验部分内容。

表 1 多层次的实验教学内容设计

	基础类	提升类	挑战类	课外延伸
软件方向	机器学习程序实践—鸢尾花分类 深度学习程序实践—手写数字识别	卷积神经网络设计—猫狗分类 深度学习计算机视觉实践—目标检测	百度常规挑战赛	中国大学生计算机大赛（人工智能）、百度之星开发者大赛等
硬件方向	嵌入式系统的内核编译和应用程序设计	基于百度智能硬件 PaddlePi 的百度识花案例实践	基于百度智能硬件 PaddlePi 的人脸识别程序设计与实现	大学生电子设计竞赛及嵌入式邀请赛等

目前 2018 年和 2019 年在通信工程大三专业的嵌入式系统及应用课程中，通过在理论和实践教学中加入百度人工智能平台相关技术背景和机器学习案例的实践，扩宽学生对嵌入式人工智能工作机理与设计流程的认知，并通过实践案例掌握机器学习算法的设计方法。另外，在小规模的科研自主实践课中，设置嵌入式人工智能系统的软硬件协同设计案例，培养学生软硬件协同设计和解决复杂工程问题的能力。以上课程教学实践的综合效果较好，能激发学生的学习兴趣，形成良好的学习成果，基本达到了预期的教学目标。在未来的课程中计划继续加大课程设计的精细度和覆盖面，使所有学生的学习效果有质的提高。

图 1 学生利用百度深度学习开发平台 AI Studio 完成课程实验

图 2 学生利用百度 PaddlePi-K210 终端运算模块完成深度学习案例的实验

4 结束语

通过将人工智能和物联网快速发展带来的嵌入式系统的技术革新,有机地与通信工程专业的嵌入式系统课程的教学内容相结合,解决课程内容陈旧,学生无法获得行业前沿技术知识的问题。针对传统的教学理念、教学模式等不能满足学生实践创新和解决复杂工程问题能力的需要,通过推进赛课结合、以赛促教的实验教学模式,培养学生实践动手能力和创新意识,激发学生学习兴趣和主动性,达到提高教学质量的目的。

参 考 文 献

[1] 吕东潞,朱佰成,崔桂梅,等. 基于 CDIO 理念的嵌入式系统教学探索[J]. 实验室研究与探索,2019,38(1):183-185.
[2] 姚睿,崔江,周翟和,等. 云桌面下嵌入式技术课程实验环境建设与教学模式探索[J]. 实验技术与管理,2019,36(7):50-53.
[3] 徐兴梅,刘佳慧,谢飞. "双创"视域下嵌入式课程教学改革研究[J]. 现代信息科技,2019,3(9):122-124.

作者简介

职如昕:女,1985 年生,实验师,主要从事物联网资源管理研究。
徐湛:男,1982 年生,教授,主要从事宽带无线通信研究。

电类基础课程教学改革的探讨

梁 丽

(北京工商大学 人工智能学院,北京,100048)

摘 要:以坚持拓宽基础、加强素质教育和能力培养为指导,提出了对电类基础课程教学改革的思路,从课程体系的构建、教学内容的优化、教学方法的改进、教学手段的创新以及实验教学的强化等方面进行了研究与探讨,形成了适应时代需求的教学模式,对于提高教学质量和效率、培养学生综合素质具有重要的意义。

关键词:电类基础课程;教学改革;实践教学;创新能力

Discussion on the teaching reform of electrical basic course

Liang Li

(College of Artificial Intelligence, Beijing Technology and Business University, Beijing 100048, China)

Abstract: This paper puts forward the idea of teaching reform of electricity basic course under the guidance of widening foundation, strengthening quality education and ability cultivation. Research and discussion are carried out from several aspects such as the course system construction, the teaching content optimization, the teaching method improvement, the teaching means innovation and the strengthening of experimental teaching. It has formed a teaching model to meets the needs of the contemporary, which is of great significance for improving teaching quality and efficiency and cultivating students' comprehensive quality.

Key words: Electrical basic course; Teaching reform; Practice teaching; Innovative ability

1 引言

随着我国教育事业的不断发展,对于教育质量的要求越来越高,进一步深化高等教育本科教学改革、深入开展创新教育和素质教育、全面提高教学质量已成为高校教育的重要内容。我校以"提高教育质量、促进内涵发展"为核心,秉承"育人为本,理论为基,应用为重,创新为先"的教育教学理念,力争在创新人才培养模式、凝练专业特色、加强课程建设、提升课堂教学质量和强化实践教学等方面实现突破,促进人才培养水平的整体提升[1]。

电类基础课程是是高等学校很多工科专业的重要专业基础课程,它涵盖了多门专业基础课程的内容,包括"电路原理""模拟电子技术""数字电子技术""电子技术课程设计"及"电子技能训练(Ⅰ,Ⅱ)"等课程,是理论性和实践性并重的技术基础课程,具有信息量大、知识面广、实践性强、应用性广的特点,它的基本理论和实践技能是DSP原理及应用、单片机原理及应用和数字信号处理等后续课程学习的基础,在整个专业课程体系中具有基础和中心地位。

随着现代电子技术的迅猛发展,新理论、新器件和新技术的不断涌现,其应用已经渗透到了人类活动的一切领域。为此,我院在电类基础课程的教学实践中大胆改革与创新,从课程体系、教学内容、教学方法、教学手段和实践教学等环节进行多层次的改革,形成了适应现代教学和人才培养需求的教学模式。

2 完善课程体系,适应个性化需要

电类基础课程涵盖的专业很多,包括信息工程、自动化、电气工程及其自动化、电子科学与技术等专业。为此,根据人才培养目标以及现代科学技术发展的需要,建立了适合各专业培养计划的课程体系,确定了电类基础课程的模块化体系结构,并将教学内容的调整纳入整个课程体系的改革中。根据加强基础、整体优化和循序渐进的原则,重组原有的电类基础课程模块,确定各课程模块的教学内容和基本要求,在保证核心课程模块完整性、科学性和先进性的情况下,努力提高课程设置的灵活性,进行各课程模块的优化配置,实现了课程与人才培养体系整体的有机融合。

3 优化教学内容,提高竞争能力

教学内容改革是高校教学改革的难点和重点,也是课程体系改革的落脚点。为了适应电子技术的不断发展和应用水平的不断提高,随着课时变换和内容更新,电类基础课程教学大纲几经修改,重点抓模块间教学内容的优化和衔接,削减了课程中陈旧的、繁杂的和重复的内容。基础理论知识的讲授以应用为目的,精选内容,以"必需、够用"为度;以器件为核心,强调"管路结合,管为路用"原则,注意介绍新型电子器件、高性能集成器件以及实用电子电路。

在保证覆盖基本概念、基本理论、基本方法的前提下:(1)数字电子技术课程大幅度地压缩和删减了对集成电路内部结构的详细介绍,尽可能多地介绍中大规模集成电路及其应用,增加引导性背景知识,增加新器件和新技术的教学内容。(2)模拟电子技术课程加强了电路产生背景、电路结构构思过程以及模拟电子电路的故障诊断、电路设计、EDA技术应用等方面的内容;力图使学生站在电子系统的高度认识电路,以便学以致用;从设计的角度讲述部分电路,以便学习科学的思维方法;从结构特点阐明基本电路,以便掌握其精髓、举一反三;增加EDA方面的内容,以提高电子电路现代化分析和设计工具的应用能力。

开设电子技能训练实践课,培养学生电子工程技术的基本素质和能力,架设从课堂教学通向工程实际的桥梁;将虚拟仪器技术、电子设计自动化技术引入教学中,及时反映本学科领域的最新科技成果。

通过不断充实和完善电类基础课程教学内容,恰当地解决好理论与实践、基础与先进、硬件与软件、讲授内容与学时数之间的矛盾,使课程内容体系具有系统性、科学性、前沿性、时代性、实用性,跟踪电子技术最新发展、最新技术,满足应用型人才培养及市场需求。

4 改进教学方法,增强教学效果

运用科学的教学方法对于提高教学质量是十分重要的。电类基础课程在教学过程中,重视教师为主导、学生为主体的教育理念,灵活运用启发式、讨论式、提问式、互动式、自学式等多样化的教学方法,有效地调动学生学习积极性、主动性,把传授知识、培养学生能力贯穿在教学过程的始终,促进学生积极思考,激发学生潜能,提高授课质量和教学效率。

提问式与启发式相结合。对一些重点难点内容,在课堂上通过提问、启发、思考、讨论、演示、总结等一系列步骤,循序渐进,进行互动式教学,使学生变被动的学习状态为主动思考,从而积极参与到教学中,学生通过启发教学可以对同一问题在不同层次上举一反三。

讲授与讨论相结合。组织阶段性的讨论课,根据教学内容的基本要求及学生在学习中的疑难,教师精心选择讨论题,引导学生大胆思考,鼓励学生发表不同见解,进行讨论和争辩,分析并最终解决问题。课堂讨论活跃了教学气氛,开拓了思维的深度与广度,加深了学生对知识的理解。

讲授与自学相结合。对于某些相对较容易、教材上又分析得较详细的内容,可让学生自学,教师只对个别难点进行讲解。这样既能培养学生的自学能力,又可节省课内学时,缓解学时少、内容多的矛盾。

融合 EDA 技术的教学方法。将先进的 EDA 技术真正融合到理论、实验和课程设计三个教学环节,使教学方式有了新的突破。融合 EDA 技术后的理论教学,可以边讲解边仿真,学生更容易理解;融合 EDA 技术后的实验教学,可以"软硬兼施",有助于加强学生实验技能以及 EDA 技术的应用能力,变被动实验为主动实验,提高学生实验兴趣;融合 EDA 技术后的课程设计,有助于学生了解当前电子设计领域的先进技术,接受贴近工程实际的新的设计思想和方法,培养创新精神和工程实践能力。

5 更新教学手段,提高教学质量

教学手段是完成教学内容的重要途径,融合多种方式辅助教学,在教学过程中充分利用录像、投影、计算机多媒体技术、仿真技术以及计算机网络技术等现代化教学手段实现立体化教学,是实施素质教育的必要条件,能更好地激发学生学习热情和兴趣。

开发研制 CAI 多媒体课件,根据讲解内容需要,结合板书、课件、动画或虚拟实验,形成声、图、文并茂的形象化教学,使教学过程更加生动、更富有感染力,增大了课堂教学信息量,开阔了学生的视野,缓解了内容多、学时少的矛盾,使学生轻松愉快地学习,提高了对知识的掌握程度,改善了课堂教学效果。

以 EDA 技术作为突破口,充分利用各种工具软件 Labview、Matlab、Pspice 和 Multisim 等进行设计仿真,一方面引导学生课下自主开展虚拟实验,预习或拓展实验内容,培养学生运用现代化设计工具的能力;另一方面增设综合型、设计型实际实验项目,完成电路设计、EDA 仿真验证、电路图绘制、电路板制作及调试整个电子系统设计工程训练,教授学生新的设计思想和方法,培养学生动手能力和创新精神,培养学生电子电路综合设计能力和工程设计能力。

Blackboard教学管理平台是一个集网络教学、数字资源管理、在线视频课堂和学习社区诸功能于一体的综合性网络教学平台,借助网络教学平台辅助教学,旨在加强虚拟学习环境、补充课堂教学和提供远程教学平台。BB平台是一个开放的课堂,通过Blog、WiKi、消息、讨论板等互动交流工具,开展灵活多样的教学组织形式,便于师生进行课程讨论、答疑交流,BB平台适于学生自主学习、探究学习和协作学习,实施"以学生为中心"的现代教学理念,学生可以突破时空的限制轻松学习、快乐交流,使教与学更有趣,更有效果。丰富的网上资源使学生的学习课堂拓宽,为学生创造了一个多角度学习、多方位交流的平台。

6 强化实验教学环节,突出能力培养

电类基础课程实验教学是培养学生实践能力、创新能力和提高综合素质的重要环节,分为基础性实验、综合设计性实验和研究创新性实验三个层次,减少验证性实验,增加综合性、设计性实验,加强综合应用、创新和工程实践能力培养,实现由基础验证性实验向研究创新性实验转变、由规定性实验向自主探索性实验转变、由实验单一模式向实验多元模式转变,循序渐进地提高学生的实践能力。

基础性实验侧重掌握基本实验方法、训练基本操作技能、培养基本实践能力。比如,电路原理课程实验内容以基础性实验为主,可适当设置一些设计性实验,如基尔霍夫定律应用设计、电压源与电流源的等效变换等。实验环节采取教师授课指导的方式,学生按照确定的实验内容和步骤进行实验,侧重于元器件的识别、测量仪器的使用、各种电参数测量、电路调试与故障检测、数据处理、实验结果分析、实验报告的书写等基本实验方法和技能的训练,培养学生认知能力和动手能力。

综合设计性实验侧重于知识综合、融会贯通和应用设计,掌握电子系统设计的基本方法,强化专业操作技能。比如,电子技术课程设计可以设置函数信号发生器、交通灯控制器、水温控制系统和数字电压表等综合设计训练项目。综合设计性实验采取开放式自主实验方式,采用"EDA仿真设计+实物制作"相结合的教学模式,教师只提出设计任务及要求,引导学生通过查阅资料、方案设计、设计仿真、线路设计、电路制作、安装调试、性能测试、数据分析和设计报告撰写等环节独立完成设计项目,使学生真实体验科学研究构思、设计、实现和运作的全过程,加强了学生工程实践能力的培养。

研究创新性实验采取研究性学习方式,主要针对各类学科竞赛、电子设计大赛和参与开放的科研项目等,强调对学生自主实践能力、科研能力、创新能力和综合素质的培养。把科研成果和新技术引入教学中,结合典型案例引导学生根据学科前沿和工程实际学习分析问题、解决问题的方法。

7 结束语

经过多年来教学改革研究与实践,电类基础课程形成了理论教学、实验教学、课程设计和工程实训的模块化课程体系,体现了"夯实基础,强化实践,内容先进"的课程建设原则。通过理论教学与实践相结合,实验教学与虚拟软件相结合,课程设计与工程实训相结合,使课程体系更具系统性、实用性和先进性。

参 考 文 献

[1] 张秀敏,朱颖,蒲孝文,等."数字电子技术"课程实验教学模式探讨[J]. 实验技术与管理,2014,31(9):298-300.

作者简介

梁丽:女,1963年生,副教授,主要从事电子技术应用方面的研究。

基于 OBE 和项目驱动的"微机原理与接口技术"课程改革

郭书军　蔡希昌　武梦龙　庞枫骞　韩宇龙

（北方工业大学信息学院，北京，100144）

摘　要：为满足线上教学与教学形式多样化的需求，将专业工程教育认证提倡的"学习产出导向的教育模式"（Outcomes-based Education，OBE）和项目驱动理念引入"微机原理与接口技术"教学。由此，采用双线教学理念，将教学内容分为接口技术和微机原理两条线。其中，接口技术为主线，采用 Proteus 技术讲解各种接口的基本原理和应用；微机原理为副线，讲解微机的基本概念和基本原理。为解释具体过程，本文着重讲解了一个典型案例的实施。分析表明，Proteus 技术的引入使得教学具有较强的灵活性，有利于线上讲授和线下学习。

关键词：学习产出导向；项目驱动；微机原理；接口技术；Proteus

OBE and Project-driven Curriculum Reform of Microcomputer Principles and Interface Techniques

Guo Shujun　Cai Xichang　Wu Menglong　Pang Fengqian　Han Yulong

(School of Information, North China University of Technology, Beijing 100144, China)

Abstract: In order to meet the needs of online teaching and diversified teaching forms, the concept of outcomes-based education coming from engineering education certification, is introduced into teaching of Microcomputer Principles and Interface Techniques with project-driven idea. Consequently, two lines are conduced to the teaching of this course, including interface techniques and microcomputer principles. The interface techniques are adopted as the main line to explain basic principles and applications of different interfaces with Proteus technology, mean while the other is microcomputer principles containing basic concepts and principles of the microcomputer. One typical instance is analyzed to show the process of teaching. Finally, it shows Proteus technology has more flexibility to both teaching and studying, that could be benefit to on-line teaching and off-line self-study.

Key words: Outcomes-based learning; Project-driven; Microcomputer principle; Interface technique; Proteus

1 引言

"微机原理与接口技术"是电类专业一门重要的专业课程,同时也是一门理论与实践密切联系的课程,它直接面向应用。此课程通过对 8086 CPU 内部结构、8086 汇编指令介绍,帮助学生掌握微型机的基本组成、CPU 的工作过程及常见问题的汇编程序的编写技能;通过对存储器结构和存储芯片的介绍,帮助学生掌握存储器的组成及与 CPU 的连接方法;通过对输入输出技术、中断技术和接口芯片的使用等知识的介绍,帮助学生掌握利用微型机进行简单应用开发的方法;通过对微型机新发展的介绍,帮助学生了解微型机的发展动向。该课程的学习可为后续其他课程的学习打基础,同时也可培养学生分析和解决复杂问题的能力。

在长期的教学过程中,我们总结了讲授这门课面临的问题。首先,因为这是一门强烈需要理论教学和实践教学紧密结合的课程,同时该课程教学内容多、涉及面广,所以在单位时间内要传授给学生的内容非常多,逐渐造成学生对本课程内容理解上的困难,最终失去对本课程的兴趣。其次,本课程所开设的实验项目均是在现成的实验箱上完成,仅仅是对课程内容进行简单验证,不能从根本上训练学生分析和解决实际复杂问题的能力。最后,目前线上教学与学生自学的重要性越来越高。所以,如何把握和组织该课程的教学环节,使学生系统地学习和掌握相关技能及满足新形势的发展显得十分重要。

2 改革思路

通过分析"微机原理与接口技术"传统课程教学存在的不足,提出"基于 OBE(Outcomes-based Education,学习产出导向的教育模式)和项目驱动"等多元教学模式相结合的课程改革思路。

OBE 是专业工程教育认证提倡的教育模式。在 OBE 教育系统中,教育者必须对学生毕业时应达到的能力及其水平有清楚的构想,然后寻求设计适宜的教育结构来保证学生达到这些预期目标。学生产出而非教科书或教师经验成为驱动教育系统运作的动力,这显然同传统的内容驱动和重视投入的教育形成了鲜明对比。

如果说 OBE 是一种"反向设计和正向实施"的思路,项目驱动正是采用这样的思路对"微机原理与接口技术"的教学过程进行改革。具体方法是将教学内容分为接口技术和微机原理两条线:以接口技术为主线,采用 Proteus 技术讲解各种接口的基本原理和应用;以微机原理为副线,讲解微机的基本概念和基本原理。

传统的讲解方法在讲解基本概念和基本原理时,学生往往不知道这些东西有什么用处,在讲解接口技术时又不知道如何用。分成两条线后,以接口技术为主线,重点介绍接口的应用,对于其中涉及的基本概念和原理,再在副线中有针对性地进行介绍,这样才能体现 OBE 和项目驱动的优势。

3 具体措施

接口技术线注重项目实施和应用,通过典型案例使学生掌握相关程序设计,理解接口电路的设计;微机原理注重计算机组成的基本理论、指令系统及 CPU 内部学习,通过 8086 的主要知识点理解 CPU 和微机系统的工作原理。

3.1 以接口技术为主线

采用 Proteus 技术讲解各种接口的基本原理和应用,具体项目案例包括:

(1) 8086 Demo Board:Proteus 提供的综合例程,可以作为演示例程。接口包括 8253、8255 和 8251,其中 8255 连接矩阵键盘和数码管,可以实现加、减、乘和除四则运算,源代码用 C 语言实现。

(2) 基本 I/O 应用——I/O 译码:4-16 译码器 74154,8 路双向缓冲器 74245 接按键,8 路锁存器 74373 接 LED,用按键控制 LED 显示,源代码用汇编语言实现。

(3) 定时/计数器 8253 应用——波形发生器:用 8253 输出 1Hz 矩形波,控制 LED 闪烁。

(4) 并行接口芯片 8255 应用——键盘与数码管:用 8255 连接 4*4 键盘、数码管和 LED,用数码管和 LED 显示按键值。

(5) 中断应用——8259 芯片使用:用按键触发中断,控制 LED 亮灭。

(6) A/D 转换——ADC0808 使用:用 ADC0808 检测可变电阻电压值,用数码管显示电压值。

(7) D/A 转换——DAC0832 使用:用 DAC0832 产生锯齿波,用示波器进行观察。

(8) 串行通信——8251 使用:用 8251 实现串行数据输出,用示波器进行观察。

(9) 字符输出——字符型 LCD 使用:用 LM032 显示字符串。

对于每个项目:首先演示结果;接着介绍硬件组成,包括 8086、译码电路、可编程接口芯片和外部设备等;然后介绍软件设计,包括寻址方式、指令系统和汇编语言程序设计等;最后让学生对程序进行调试,同时观察硬件的状态变化。

项目案例的设计包含接口技术的核心内容:先以 Proteus 提供的综合例程作为演示,使学生对接口技术有初步和全面的认识;然后从简单到复杂、从易到难介绍常用的接口技术。通过对这些案例的学习,期望学生能够全面综合地掌握接口的基本原理和应用,掌握解决复杂工程问题所需的工程基础和计算机基础知识和原理,能够应用其基本概念、基本理论和基本方法分析实际问题,能够将专业知识用于解决信息与通信工程领域复杂工程问题。

3.2 以微机原理为副线

结合接口的使用,介绍微机原理的项目内容,包括:

(1) 数的表示与应用:数制、二进制的表示与运算、BCD 码的表示与运算和字符的表示。

(2) 8086 微机系统:结构、引脚、时序和硬件组成与组织。

(3) 8086 寻址方式与指令系统:7 种寻址方式和 6 类指令。

(4) 8086 汇编语言程序设计:顺序、分支、循环和子程序设计。

4 实施示例

下面以"字符输出——字符型 LCD 使用"为例介绍项目的具体实施。这个示例中通过地址线与数据线扩展,让学生理解总线扩展的接口电路设计及 LCD 的编程。

项目的电路图如图 1 所示,项目的运行结果是在 LCD 上显示两行字符。

项目硬件包括 8086(U1)、3 个地址锁存器 74273(U2~U4)、4-16 译码器(U6)、LCD 选择电路(U8 和 U9)和 LCD 等。8086 和地址锁存器的详细内容在"8086 微机系统"中介绍,地址

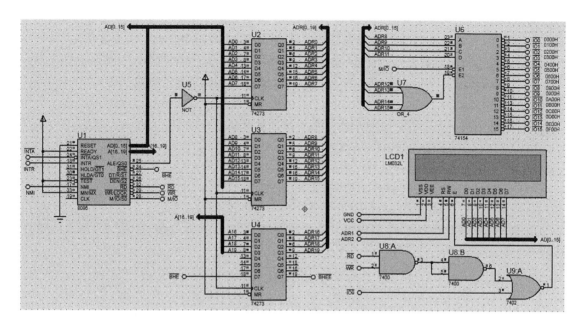

图 1 "字符输出——字符型 LCD 使用"项目电路图

锁存器、4-16 译码器和 LCD 选择电路都是数字电路课程的内容,本项目的重点内容是 LCD 的使用和操作,LCD 功能如表 1 所示,LCD 操作如表 2 所示。

表 1 LCD 功能

引脚	功能
RS	寄存器选择:0-命令/状态寄存器,1-数据寄存器
RW	读写选择:0-写入,1-读出
E	允许(1)
D0~D7	数据

表 2 LCD 操作

序号	操作	RS	RW	D7	D6	D5	D4	D3	D2	D1	D0
1	清除显示	0	0	0	0	0	0	0	0	0	1
2	光标返回	0	0	0	0	0	0	0	0	1	*
3	设置输入模式	0	0	0	0	0	0	0	1	I/D	S
4	显示开关控制	0	0	0	0	0	0	1	D	C	B
5	光标或字符移位	0	0	0	0	0	1	S/C	R/L	*	*
6	设置功能	0	0	0	0	1	DL	N	F	*	*
7	设置字符发生存储器地址	0	0	0	1	字符发生存储器地址					
8	设置数据存储器地址	0	0	1	显示数据存储器地址						
9	读忙标志或地址	0	1	BF	计数器地址						
10	写入数据到 CGRAM 或 DDRAM	1	0	写入的数据内容							
11	从 CGRAM 或 DDRAM 读出数据	1	1	读出的数据内容							

其中:I/D 为光标移动方向(0-左移,1-右移),S 为字符是否移动(0-不移动,1-移动);
D 为显示开关(0-关,1-开),C 为光标开关(0-关,1-开),B 为闪烁开关(0-关,1-开);
S/C 为光标或字符移位(0-光标移位,1-字符移动),R/L 为移位方向(0-右移,1-左移);
DL 为数据长度(0-4 位,1-8 位),N 为行数(0-1 行,1-2 行),F 为点阵数(0-5*7,1-5*10);
BF 为忙标志。

通过分析电路,可以得到 LCD 的 4 个端口地址定义如下:

LCD_CMD_WR EQU 0900H ;写入命令

LCD_DATA_WR EQU 0902H ;写入数据

LCD_STAT_RD EQU 0904H ;读出状态

LCD_DATA_RD EQU 0906H ;读出数据

项目的流程图如图 2 所示,其中包含两个重要的操作:写入命令和写入数据,两者的核心代码如下:

```
WRCMD    PROC        ;入口参数:AL-命令字
         MOV         DX, LCD_CMD_WR
         OUT         DX, AL
         CALL        DELAY
         RET
WRCMD    ENDP


WRDATA PROC   ;入口参数:AL-行地址,CX-字符数,DI-字符首地址
         CALL        WRCMD      ;确定行地址:首行 80H,次行 0C0H
         MOV         DX, LCD_DATA_WR
WRCHAR:MOV   AL, [DI]
         OUT         DX, AL
         CALL        DELAY
         INC         DI
         LOOP        WRCHAR
         RET
WRDATA ENDP
```

用 Proteus 的调试功能对程序进行单步执行,可以观察电路的状态,单步执行 OUT DX, AL 后的电路状态如图 3 所示(DX=0900H)。

根据"8086 微机系统"的介绍,执行 OUT DX, AL 的信号状态如下:

(1) ADR8 和 ADR11 为 1,U6 的 23 和 20 脚为高电平(红色指示),其他地址位为 0(蓝色指示),U6-E2 有效,LCD1-RS 和 RW 均为 0(写入命令)。

(2) M/IO 为 0(IO 操作),U6-E1 有效,在 M/IO 和 ADR8~ADR15 的共同作用下,IO9 有效(U6 的 9 脚为低电平)。

(3) WR 为 0(指令执行后变为 1),U8:A 的输出为 1,U8:B 的输出为 0,U9:A 的输出为 1,LCD1-E 有效,AD0~AD7 对应的命令写入 LCD1(指令执行后 AD0~AD7 变为无效状态,灰色指示)。

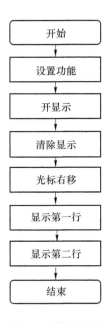

图 2 程序流程图

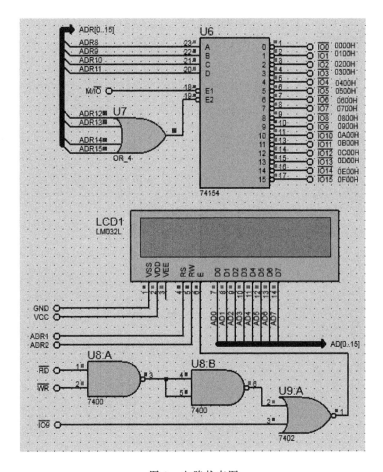

图 3 电路状态图

5 小结

将专业工程教育认证提倡的 OBE 和项目驱动理念引入"微机原理与接口技术"教学,将教学内容分为接口技术和微机原理两条线。以接口技术为主线,采用 Proteus 技术讲解各种接口的基本原理和应用;以微机原理为副线,讲解微机的基本概念和基本原理,可以方便学生对课程内容的理解和掌握。实际应用与理论教学相结合以及仿真手段(Proteus 软件)的引入更有利于线上讲授和线下学习,能够较大地激发学生的学习兴趣和钻研精神,是值得努力的探索方向。

参 考 文 献

[1] 顾晖,陈越,梁惺彦. 微机原理与接口技术——基于 8086 和 Proteus 仿真[M]. 3 版. 北京:电子工业出版社,2019.

作者简介

郭书军:男,1963 年生,教授,主要从事嵌入式系统应用、物联网开发研究。

通信网传输技术课程建设和 ICT 人才培养创新实践

郝丽丽　许洪奎　张明玉

(山东建筑大学信息与电气工程学院,济南,250101)

摘　要：在 5G 行业迅猛发展的背景下,针对应用型人才培养目标,研究了 ICT 融合下通信网传输技术课程的建设方案,并对人才培养模式进行了创新实践。将传统的"光纤通信"课程和计算机网络课程进行整合,教学内容上改为基于 4G 和 5G 的光传输网和网络技术基础两部分,以"一体化"原则设置课程,构建了与预期培养目标相匹配的课程体系。同时以就业为导向,深化校企合作,搭建了"以学生为本"的实验教学和评价体系。结合实训部分针对典型的传输网络、典型业务、典型场景配置方法进行设计。通过以上措施进行了课程综合改革实践。

关键词：5G；ICT 融合；通信网传输技术；光传输网

Course Construction of Communication Network Transmission Technology and Innovative Practice of ICT Talent Training

Hao Lili　Xu Hongkui　Zhang Mingyu

(School of Information and Electrical Engineering, Shandong Jianzhu University, Jinan 250101, China)

Abstract: Aiming at the training objective of application-oriented talents under the background of the rapid development of 5G industry, this paper studies the course construction scheme of transmission network technology under the integration of ICT and the innovative practice of talent training model. The traditional courses of "Optical Fiber Communication" and "Computer Network" are integrated and changed into two parts: the optical transmission network based on 4G and 5G network and the basic network technology. The course is set according to the principle of "integration" principle, and the course system is constructed according to the expected training objectives. At the same time, a "student-oriented" experimental teaching system is built based on the deep cooperation between schools and enterprises. The typical transmission network, typical business and typical scenario configuration methods are designed in the professional training. Through the above measures, the curriculum reform has been carried out.

Key words：5G；ICT integration；Transmission network Technology；Optical transmission network

引言

随着电信行业的快速发展,当前通信专业教学及工程实训、实践在某些方面已不能适应当前实际发展,已经无法满足社会对通信类人才的实际需求。为了培养熟练的"第一线"应用型人才,在教学过程中迫切需要对当前旧的教学与实践环节进行改革以适应不断变化的市场需求。

课程改革是提高教育质量的重要环节,也是学校和专业办学特色的具体再现。突出特色,紧跟行业发展,塑造精品是教学改革的目标。"通信网传输技术"课程是通信类一门专业核心课程,在 5G 行业和 ICT 融合[1,2]背景下传输网络始终与无线通信技术协同发展,支撑网络以实现更高的速率要求,更低的时延以及更大的系统容量。目前运营商需要大量传输网络工程建设和维护人员,因此课程改革从培养传输网络工程师的角度出发,以理论知识与实际应用相结合,培养传输网络专用人才。而实际系统需要学生熟悉和掌握典型的传网络、典型业务和典型场景配置方法。因此,传统的"光纤通信"课程急需从内容、实验以及实训环节进行整合而形成一门全新专业课程。为此以培养学生能力为出发点,配套购置了完整的 4G LTE 核心、接入和传输网络设备,结合实训环节进行了通信网传输技络课程的建设与改革。

1 原有课程存在的问题

1.1 课程内容设置与"应用型人才培养"[3]目标差距明显

课程是培养学生知识、能力、素质的重要载体,课程必须体现行业的发展趋势,融入行业技术领域和职业岗位的技能需求,改革课程体系和教学内容。传统的光纤通信课程以光器件的原理和光网络为知识体系的主线,强调知识的完整性、系统性,缺少实际的工程设计项目来驱动教学。两部分课时分配基本上是平均的,哪一部分讲得都不够深入和具体。这些既与学生毕业时应达到的能力及水平有明确预期目标存在差异,更不利于应用型人才培养目标的达成。

1.2 课程的教育模式单一,评价体系单一

原有课程教学模式采用课堂教学,以"内容为本",注重理论基础的讲授,教材较为注重原理,缺乏工程应用的内容,教师也缺乏工程意识和工程经验,同时课程考核中采用单一的课程评价体系,难以动态地把握学生知识、能力和应用水平,更不利于激发学生主动学习的热情和创新能力的培养。

1.3 ICT 实践教学与工程教育目标的差距明显

实践教学作为教学过程的重要环节,是培养大学生创新精神和创造能力的重要手段,是实现人才培养目标的有效途径和重要保证,有着理论教学不可替代的特殊作用。现阶段国内各大高校通信信息类实验课程体系是根据通信电子类专业课程体系设置的,实验课包含在理论课中,教师根据课程的进度安排实验时间,一般开设的实验是验证性实验项目,主要存在的问题包括:

(1) 实验内容大多数是进行一些基于本课程的验证性实验,各门课程的实验之间互相分割、相对独立,实验项目有重叠,学生缺少综合性的整体概念,没有进行纵向和横向的有机整合,缺少综合、设计性实验。

(2) 由于学时的限制,一个实验项目一般设为2学时,而设计性实验项目往往不可能在短短的2节实验课内完成。因此学生不能亲自参与实验的全过程,只能流于形式,实验教学的效果不理想,不利于发挥学生的主体作用和创造性。

(3) 由于实验教学的从属地位,实验教学没有独立和科学的考核体系,不能充分调动学生的主动性,学生普遍存在重理论轻实验的现象。

(4) 各实验室资源不能很好地实现共享,实验设备利用率低。

2 课程建设与改革措施

本课程的改革应遵循通信工程专业实践教学改革的总体思路,应以市场需求为导向,以培养学生工程素质和实践创新能力为根本,坚持"知识、技能、素质"协调发展,更新实践教学理念,统筹规划理论教学和实践教学工作,加大实践教学投入,提高实践教学质量及水平,培养"高素质、应用型、复合型、创新型"的高级应用型人才。基于以上课程建设和改革要求,制定相应改革措施如下。

2.1 制定明确的课程目标,不断与行业需求相结合

通信工程专业教学改革的总体目标则是实践教学理念符合应用型人才培养要求,进一步优化人才培养方案,不断创新人才培养模式,适时整合实践教学资源,优化实践教学队伍,规范实践教学管理,努力构建产学研一体化、以培养学生能力为根本、为区域经济和社会发展培养高级应用型人才的实践教学体系。

目前新一代移动通信产业已经成为我国政府、产业界和高校持续关注和参与的热点,为了推进网络强国建设,促进通信产业发展,急需加强高等院校通信相关专业的建设和发展,高等院校在教学中需重视提高大学生的创新能力和工程实践能力,才能为企业和行业培养和选拔优秀通信领域的技术人才。因此课程建设中必须明确课程培养目标是电子信息类学生的工程技术能力,提升高校服务信息技术产业的能力。课程目标的制定要秉持工程教育认证的以"应用型""技能型"人才培养为目标,这就要求在课程教学中应以人才输出为导向强化培养工程实践能力和创新能力,实现教育模式由"内容为本"向"学生为本"转变[3]。课程改革之初,首先组织教师下到通信企业针对人才培养目标进行调研,收集人才培养目标确定的第一手材料,根据通信工种,分析确定职业岗位,归纳岗位能力;对当前电信的网络现状进行调研,针对性地制定课程的总体改革建设方案如图1所示。

2.2 深化教学内容改革,构建"以学生为本"的课程教学体系

课程体系改革的目标是建立基于实际岗位分析,学校现状为导向的人才培养体制和针对性的课程体系,最终形成亮点教育模式和精品课程体系。

教学内容既要符合行业企业发展需要,又要体现合理的知识结构,加强学生实践能力的培养。在分析当前通信网传输技术发展趋势、学生的就业形势和企业对学生的要求后,我们将课程名称改为"通信网传输技术",把重心放在了依托4G和5G中光传输网络部分,并且将课程体系特别是和计算机网络课程进行了整合,融合了计算机网络课程中网络技术基础的内容,让

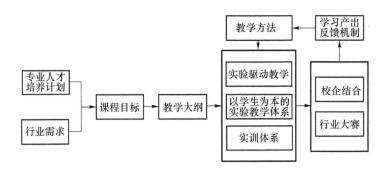

图 1　课程总体改革建设方案

学生了解整个通信网扁平化、IP化的过程,在通信网中服务器内容主要涉及传输网的主流应用技术和主流承载技术,增加了以太网技术、IP、虚拟局域网、QinQ 技术原理、QoS 技术以及相关设备(包括服务器、路由器、交换机、防火墙和组网配置等内容),对光学器件的讲授仅限于够用。这就使学生可以更有针对性地学习,更深入地理解所学知识。教材选用华为现用的移动通信技术系列教程,更接近工程实际。同时按照"一体化"原则设置课程,明确各门课程对于专业培养目标矩阵的贡献及程度,打破原有课程内容的归属性,通过实现课程群间教授内容和重点的有效协调,避免知识点不必要的重复,并将原本零散的知识点组成一张网的概念加强课程群课程[4]的关联,加深学生对通信网络的基本理论和通信新技术的理解。

根据专业课程改革需求,我们同时进行了教材、讲义、教案、实验手册、课件、动画以及教学方法的编写,并根据企业考核标准,制定以理论考核、实验考核、实践考核相结合的评价体系,课程改革内容如图2所示。

图 2　课程改革内容

2.3　加强教学互动,有效组织教学环节

教师要根据"输出应用型人才培养目标"的要求,实现教学目标、教学过程、教学内容、教学方法和教学评价的有机结合。教学过程使用多样化的教学方法。例如,采取任务驱动的教学方法和案例驱动法等,学生在掌握必要的光传输专业知识基础上,通过一系列实际项目进行学习,具备能根据实际情况选择合适的设备,分析、设计光传输网络的能力。以通信网传输技术为例,PTN 和 OTN 业务承载解决方案等综合应用案例的采用,结合现网优秀的案例实践,分层次、分场景、分业务对比传输网在通信网中的实际应用,让学生在课堂和实验教学的同时结合工程实际进行学习,有效培养学生的工程意识[5]。学生在学习中逐渐总结组网的方法经验,学会具体问题具体分析,在学习中培养学生的学习技巧和能力,培养学生的职业素质和习惯,实现教学目的。

采取分组教学的教学组织形式,在教学过程中以学生为中心,以小组为单位考核学习成果,培养学生的团结协作能力和参与精神。同时教师在教学环节中注重完善评价体系,提升教学反馈在实验教学的作用。建立毕业生持续跟踪反馈机制[6],不断与产业紧密结合。

2.4 构建"实验+实训"的实验教学体系,创造开放式教学环境

学院先后购置了华为交换设备、4G LTE 光传输设备以及移动通信设备,不断完善通信与网络实验平台。通过搭建综合实验实训平台,引导学生进一步联系实际,认识与把握现代通信网全程全网的精髓,具备全程全网的实践能力,成为通信技术复合型人才。

采用大量的开放试验项目[7,8]和课后集中的实训环节,加快高水平设计实验的开发,满足学生个性发展的需求,在实训过程中引导学生自主地发现问题,并分析和解决实际问题,提高学生的综合素质,同时提升教学反馈在实验教学的作用。实验教学模式如图 3 所示。

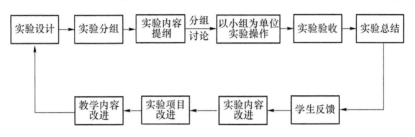

图 3 实验教学模式

另外,现阶段高校实验教学的评价体系主要依附于学生的实验结果,根据实验结果评判实验课程教学效果的优劣,但是还有很多与实验教学课程直接相关的内容,没有在目前的学生学质量评价中完全体现,如团队协作能力、创造能力及分析问题、解决问题的能力等。这些部分在学生实验的过程中是逐渐体现的,所以评价内容应该是多元化的。在实训环节评价中,教师要和学生进行多种形式的"面对面"交流。另外,采用多个教师评价和师生自我评价的多元化评价方式,并贯穿于实验教学的所有环节和过程中。具体实验评价体系如图 4 所示。

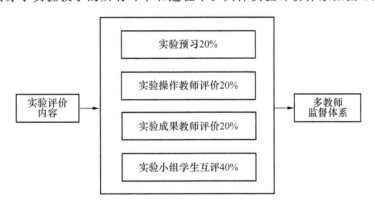

图 4 实验评价体系

2.5 以大赛带动学习,深化校企合作

基于以上当代高校 ICT 人才培养现状整体情况存在的诸多问题,如高校相关专业教学内容滞后、高校不具备专业实验室建设经验等,在这种情况下,校企合作便成了高校培养 ICT 人才的最佳途径。

通过与相关通信企业合作办学,实现"定单式"人才培养。校企合作模式的实践教学是提高学校教育质量的有效手段。为了加强学生通信网传输技术的学习,推动学生就业,我们一方面密切校企合作,建立开放的先进实验平台和高水平的教师队伍,每年带学生赴中兴通信培训基地进行实训,另一方面尝试将课程教学从实验室转移到企业现场,在山东省移动规划设计院

泰安地区深入机房,让学生体验从教学课堂走向职业岗位,使他们更深刻地理解通信网传输技术及其在通信技术行业中的位置,更深刻地明白本课程的意义。

同时依托与山东移动规划设计院,大唐移动和讯方通信公司的长期深入合作,已连续组织课程负责人进行了教育部产学合作、协同育人师资培训,大唐移动 DCNE 双师型教师提升培养,山东省 5G 知识更新工程等师资培训项目,通过教师行业水平的提升促进教学效果的改进。

上述举措既能满足通信企业对通信行业技能型人才的需求,又能将通信企业的实用技术引入实践教学中。由教师、企业人员和学生共同搭建通信技术综合实训平台,模拟企业实际的运行维护环境;基于通信技术综合实践平台,进行通信技术综合实训教学体系架构的研究。对实践教学内容进行创新,实践教学方法进行改革,实践教材进行更新。构建一套适应通信发展对"一站式"综合性通信技术人才需求的实践教学模式,最终形成一个适应于高等教育动态的综合实训教学模式,培养出与企业"无缝"对接的通信技术应用性人才,实现毕业生零距离上岗。我校建设的 ICT 创新实践中心如图 5 所示。

图 5　山东建筑大学 ICT 创新实践中心

另外,在课程结束后组织学生多次参加"大唐杯"移动通信技术大赛和"IUV 杯"通信网络部署和优化设计大赛,以赛带学,促进学生的学习兴趣和热情。

3　结束语

秉承以学生为本的教育理念,结合面向输出应用型人才培养目标,探讨了在 5G 和 ICT 融合背景下通信网传输技术在工程教育课程改革中的实施方案。通过不断加强课程教材建设、教学内容的更新和教学方法的不断创新,加强学生学习过程管理,有效激发学生学习兴趣和技能,以工程设计项目驱动教学,从而实现教育目标由知识传授向能力培养的转变。另外,通过深入的校企合作,不断与产业发展紧密结合,完善协同育人实践教学机制,课程综合改革取得较大进展。

参 考 文 献

[1] 史红彦. ICT技术融合背景下通信技术专业课程体系的建设与完善[J]. 教育观察, 2017, 6(2).
[2] 孙秀英. ICT技术融合背景下高职院校宽带通信技术专业建设的探讨[J]. 教育教学论坛, 2015(46):146,147.
[3] 杨毅刚, 孟斌, 王伟楠. 基于OBE模式的技术创新能力培养[J]. 高等工程教育研究, 2015(6):24-30.
[4] 滕玮, 吴健康, 钱萍, 等. 面向工程教育认证的通信工程专业实践教学课程体系改革研究[J]. 科教导刊(中旬刊), 2018(2).
[5] 赵睿. 工程教育认证背景下通信工程专业教学改革思考[J]. 科技展望, 2017, 27(16).
[6] 李琦, 武睿, 武一, 等. 基于ICT认证的通信网络课程群建设与改革[J]. 高教学刊, 2018,83(11):135-137.
[7] 蔡久评. 开放型计算机网络实验室建设[J]. 实验室研究与探索, 2011, 30(5):166-170.
[8] 石幼生. 计算机网络实验室建设与实验教学的探讨[J]. 中国现代教育装备, 2006(8):29-31.

作者简介

郝丽丽:女,1981年生,副教授,主持或参加过国家自然科学基金、山东省自然科学基金、山东省科技发展计划项目等科学研究项目,作为主要研究人员曾获得山东省科技进步二等奖等奖项。近年论文发表在 *Lighting researh and technology*, *Optics Communication*, *Applied Sciences* 等国外SCI期刊,主要从事室内可见光通信多目标优化方面的研究。

许洪奎,男,1963年生,副教授,主持或参加过国家自然科学基金、山东省自然科学基金、山东省科技发展计划项目以及校博士基金等科学研究项目,作为主要研究人员曾获得济南市科技进步二等奖和山东省科技进步三等奖等奖项。近年发表的论文涉及信息处理、图像处理、无线传感器网络及应用,发表在国外SCI期刊和电子学报、中国生物医学工程学报、中国邮电高校学报、光学工程与应用、计算机工程、山东建筑大学学报等国内EI和核心期刊。主要研究方向是智能信息处理、数据挖掘、人工智能等。积极开展产学研活动,联合企业申请了山东省重大科技创新工程项目(2019JZZY010120)——面向5G网络及大数据的人工智能算法研究与应用,学校项目经费200余万元。主要从事5G系统研究。

张明玉,女,1978年生,讲师,主要从事5G智能天线方面的研究。

基于微课设计的"电磁场与电磁波"课堂教学

周守利　白文乐

（浙江工业大学信息工程学院,杭州,310023）

（北方工业大学信息学院,北京,100043）

摘　要："电磁场与电磁波"是电力、电子信息类专业的一门重要的基础课,对学生的数理基础要求高,是公认最难学的课程之一。我们结合微课设计,对"电磁场与电磁波"传统的课堂教学进行了改革,取得了较好的教学效果。

关键词：微课；电磁场与电磁波；课堂教学

1 引言

"电磁场与电磁波"是我校信息工程学院电子科学与技术、通信工程、电子信息工程和电力系统与自动化四个专业均开设的一门重要的专业基础上,课程围绕麦克斯韦方程组,重点讲述宏观电磁场和电磁波的基本概念和规律。正如多数工科院校一样,我校相关本科专业也没有开设数学物理方法这类专门讲授偏微分方程不同解法的先修课程,而"电磁场与电磁波"求解的拉普拉斯方程、泊松方程、波动方程和达郎迫尔方程等都是由麦克斯韦方程衍生出来的偏微分方程,数学物理方法课程中讲解的分离变量法、格林函数解法和积分变换法等求解方法均在"电磁场与电磁波"课程中有所体现。由于没有系统学习过数学物理方法,学生普遍反映学习"电磁场与电磁波"所具备的数学基础不够牢固,数学推导烦琐,再加上电磁场看不见摸不着,场与波的立体空间分布抽象,理论难懂。因此,"电磁场与电磁波"是公认的最难学的课程之一。

"电磁场与电磁波"多年的教学实践表明,传统的以教师为主的满堂灌讲授方法存在很大的弊端。由于学生数学基础普遍不够,抽象的概念经常理解不到位,一次而过不再重复的传统课堂讲授一旦学生听不懂或者概念理解得不透彻,随着课程内容的深入,积累的问题越来越多。因此,虽然大多数学生知晓本课程的重要性,课程学习的初始阶段通常每位学生都有足够的信心和学习的兴趣,但课程学习到中后期,发现越来越多的学生的学习逐级变为被动式和应付式,不少学生反映听不懂。

为了让教与学不再困难,考虑重要抽象的知识点讲授和具有一定难度的公式推导过程让学生有自由的不限次数的翻转性的学习显然有很大的必要。当前的工科教育大背景是培养宽口径复合型的工程技术人才,多数课程教学内容及教学计划未做大的调整,而课时得到了一定的压缩。因此,"电磁场与电磁波"课程讲授中引入微课已迫在眉睫。

2 微课的特点与应用

微课是指以视频为主要载体,教师围绕某一个知识点或者重点、难点、疑点而事先录制的十多分钟的教学视频,具有内容聚集、有明确的教学目标、主题突出,集中说明一个专门性或者综合问题的小课程[1,2]。微课作为传统课堂教学的有益补充,结合网络教学平台,学生在线学习抽象知识点和具有一定难度的公式推导的微课教学视频基础上,采用翻转学习、混合学习、移动学习、碎片化学习等多种学习方式,结合课堂师生互动,是一种创新的教与学的方法[2]。今年的教学反馈和考试结果表明,传统课堂教授结合微课视频教学,效果非常好。

微课教学视频设计要求时间和内容节奏紧凑、引人入胜,包括问题引入、概念诠释、问题解答和总结等环节[3],本文结合平面电磁波在导电媒质传播的性质的微课设计加以说明。

3 "平面电磁波在导电媒质中传播"的微课设计

电磁波从真空垂直入射导电媒质模型如图 1 所示,$x<0$ 为半无限大的真空,$x>0$ 为半无限大的导电媒质。考虑一角频率为 ω 的沿 z 方向极化的平面电磁波从真空垂直入射到半无限大的导电媒质上。启发学生讨论当电磁波角频率为 ω 从足够低到足够高变化时,导电媒质中的传导电流和位移电流会发生什么样的变化?导电媒质的性能会有什么变化?

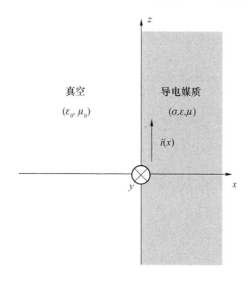

图 1 电磁波从真空垂直入射导电媒质模型

抛出问题后,首先让学生结合电磁场边界条件确定导电媒质中传导电流和位移电流是什么方向的,以复习巩固之前学过的知识。然后着重让学生思考电磁波角频率 ω 从低到高变化时传导电流和位移电流的大小随空间坐标怎么变化,进而讨论为什么频率比较低的情况下导电媒质的位移电流可以忽略,而传导电流是无源场(散度为 0),并让学生自己证明。之后,在教师的启发互动下让学生推导传导电流在导电媒质中满足的方程,并对推导出的方程结合边

资助项目:2019 浙江工业大学课程教学改革项目(PX-77192544)。

界条件进行求解,从而进一步引导学生讨论电磁场能量在媒质中转化为热能损耗有什么样的规律。通过对这个问题模型在低频情况下的详细分析,教师成功地把学生带到学习内容中,最后对相关问题在频率足够高的情况下进行分析与讨论。

在教学过程中,注意教师与学生要做好良性互动,如果一开始就讨论导电媒质中电磁波能量损耗情况,学生感觉问题过于复杂和笼统。通过将学生带入预先设计好的一步步的简化问题中,并做好简化原理分析、概念诠释、问题解答和必要时概括总结,对于传统课堂教学中的教学难点问题,通过微课互动很容易让学生消化吸收。

整个课堂教学做好视频后,经与专业团队合作,最后制作出一段优良的微课课程。

4 结束语

在一学期的"电磁场与电磁波"教学中,通过二十多个疑难知识点或综合问题的微课设计,以互动讨论为核心,将疑难问题步步简化,分析与综合相结合,取得了非常好的效果,极大地提高了学生的学习自主性和积极性。微课设计实现了以学生为主体,以教师为促进者,真正做到了教师和学生课堂的教与学有机地相互融合,这是"电磁场与电磁波"课堂教学改革的一个有益的尝试。

参 考 文 献

[1] 郑娟,顾涓涓,陈琛. 基于建构主义学习理论的微课设计[J]. 辽宁广播电视大学学报,2016,04:26-27.

[2] 黎加厚. 微课程教学法与翻转课堂的中国本土化行动[J]. 中国教育信息化,2014,7:7-9.

[3] 郑小军,张霞. 微课的六点质疑及回应[J]. 现代远程教育研究,2014,2:48-54.

新工科理念下"电路原理"课程教学方法探讨

李 文

(北京工商大学人工智能学院,北京,100048)

摘 要:"新工科"人才培养方案对工科专业教学提出了新要求,作者结合"电路原理"课程在传统教学中存在的问题,在课堂教学方法和形式上进行了探讨。教改重点是培养学生的工程师意识,并充分利用现代学习工具,拓宽学生学习空间。本文为培养学生的工程实践能力与创新思维能力提供有益参考。

关键词:新工科;电路原理;教学改革

Teaching Methods Exploration on Electrical Circuit Principle Course under the Concept of Emerging Engineering Education

Li Wen

(School of Artificial Intelligence, Beijing Technology and Business University Beijing 100048 China)

Abstract: The talents cultivation plan of Emerging Engineering Education puts forward the new requirements for the teaching of engineering majors. The author discusses the methods and forms of classroom teaching based on the problems existing in the traditional teaching of electrical circuit principle course. The emphasis of teaching reform is cultivating students' awareness of engineers and making full use of modern learning tools to broaden students' learning space. The paper provides useful reference for cultivating students' engineering practice ability and innovative thinking ability.

Key words: Emerging Engineering Education; Electrical Circuit Principle; Teaching Reform

1 引言

当今科技革命和产业变革面临新的机遇和挑战,各类工程专业技术人才已经成为当今社会人才需求的热点。培养大量优秀工程科技人才,为我国产业发展和国际竞争提供智力支持和人才保障是我国高等工程教育的新任务。自 2017 年以来,新工科理念逐渐形成并达成共识,未来几十年,高等教育必须面向未来产业发展,提前进行人才布局,培养具有创新创业意识、数字化思维和跨界整合能力的"新工科"人才。为此,大数据、人工智能、网络空间安全等一批新工科专业相继出现,为传统工科专业建设引入新技术提供了新途径,促进了传统工科专业向新工科专业转化。

在新一轮的新工科建设热潮中,作为工科专业教师,只有坚持以学生为中心的基本理念,积极探索新工科人才培养模式,努力培养具有核心竞争力的新人才,才能体现"新工科精神",适应时代发展的需要。电路作为电类专业学生的专业基础课,不仅为学生提供紧跟技术前沿的理论基础,还可以训练学生的工程实践能力,为培养新型工程科技人才奠定良好的基础。本文针对教学过程中存在的主要问题及相应的解决方法进行探讨,为新工科理念下的教学改革提供参考。

2 教学现状

目前,我国高等院校的培养模式已从精英教育转向大众教育,促使高等教育从整体上考虑人才培养模式和课程体系结构的改革。尤其近年来,各高校普遍实行以"厚基础、宽口径"的大类招生原则,这就要求教师首先树立"大基础、大工程"的教育理念,为学生构建循序渐进提升工程能力的大平台。

2.1 内容繁多

"电路原理"虽然偏向于理论知识,但它几乎是本科生第一门培养工程师思维的课程。其内容除直流电路和交流电路分析外,还涉及动态电路的时域分析、谐振、二端口网络、耦合电感、三相电等专门章节的知识。交流电路中又涉及相量、复数、正弦波、微积分等数学知识,这对于刚进入大学的学生而言是很大的考验,因为很多同学仍然停留在高中的思维模式中。此外,其后续课程(包含模电、数电、电磁场、信号与系统、电机学等专业课程),电路原理覆盖这些课程的基础理论,可以拓展和延伸的内容非常多。

2.2 难度偏大

该课程是物理学和数学及电子工程相结合的学科,主要的理论基础是物理,分析电路的基本工具是数学,而低年级的学生普遍缺乏系统的物理学和高等数学的知识储备,使得学习难度增大。此外,由于专业技术的迅猛发展和知识的不断积累,学生的课程内容也相应增加,势必压缩传统课程的学时。在课时减少的情况下,教师只能讲授主干知识和关键部分,对于一些细节难以兼顾,学生无法当场理解和记忆许多知识。

2.3 兴趣点少

"电路原理"偏理论,实验环节薄弱,和实际联系较少是造成学生感觉内容枯燥的主要原因。教师仍以讲解灌输为主,而学生缺少主动学习的意识,对教师课前预习、课后巩固的要求积极性不高。由于课程自身的特点,讲授内容易于理论化而忽略相关的应用实例,使得理论学习与实践应用相脱离,难以激发学生兴趣。课程考核方式单一化,注重期末成绩而忽略了学习的过程性评价,使很多学生平时松懈怠慢,考前临时突击。

3 教改方法

3.1 转换学习方法和思维方式

"电路原理"涉及多个概念和解题方法,电路形式变化多样,分析问题灵活性强。学生要把握的确是"以不变应万变"的方法,重要的一点就是思维的规范化,在规范的基础上再讲究灵活变通。实际问题中用哪种方法好,需要宏观地统筹把握,而不是把精力都放在细节的方法上。要建构所学知识的宏观框架,把问题进行归类,找到每类问题最佳的解题方法,并对每种方法之间的包含关系以及适用范围进行总结。学生在复习完后可以自己试着列出知识结构图,给出全书的知识框架,做整体的理解和把握。

例如,支路电流法、回路电流法、节点电压法都是基尔霍夫定律的变形。而回路电流法、节点电压法有列方程的固定思路,初衷是快而稳地列出方程解决问题,而这套思路对初学者来说不容易记准确,自电阻、互电阻前的符号,支路中含有电源时,电源电压或电流的符号很容易记错。因此,要引导学生理解这两个方法的本质,在基尔霍夫定律自行推导过程中体会每部分符号的来由,在理解、熟练的基础上再记住规律。再如,这门课程处处体现着"符号法则"。电流、电压、功率的值都有符号,列各种电压、电流方程时也要考虑系数前的符号,很多学生感觉抽象而混乱,其实这是引入参考方向的原因。而为什么要引入参考方向以及关联参考方向并不难理解,但有些学生却常常忽略,从而转向死记硬背,这是要和学生多次强调的。

3.2 加强教学层次感

要把枯燥的内容尽量形象化,帮助学生融会贯通。比如正弦交流电路的分析,对学生是一个难点,主要体现在相位的变化上,讲解方法时要强调电路由时域到频域的转化,这可以看成是电路的一次升华,只要交流量上打个点变成相量,接下来又回到直流电路的知识了。电路中所有电压、电流量都以一个频率变化,就像相对静止一样,但电容和电感元件受到了影响,因为它们的电流和电压之间有微分和积分的关系把电感看成 $j\omega l$,电容看成 $1/j\omega c$,这就是把复数用来代替正弦,因为欧拉公式将正弦和复数表达联系起来。

学生面对复杂电路时经常感觉无从下手,这种无力感如果得不到及时解决,有可能造成学生焦虑,甚至想回避课程,这是教师最不希望看到的。因此要有意识地保护学生的自信心,在挑选例题进行电路分析时要由易到难,逐步加强,在第一遍讲授中注重方法思路的讲解,不宜引入过多的题目,尤其是难题。较复杂的题目可以在章节复习时作为知识点的提高和升华再引入讲解。因此,对知识及时总结是非常必要的环节,特别要引导学生自己完成这个环节。

只听课和看书是不够的,只有多做练习才能体会到很多关键性的知识,并加深对知识的理解。单元测试及时跟进,这是引入学习过程管理的质量监控节点,可以有效纠正学生拖延的陋习,防止问题积累。单元测试的题目和形式应是灵活多样的,比如,利用线上形式"腾讯会议"口头问答和讨论,利用雨课堂进行答题情况的及时统计等。另外,在智能手机广泛普及背景下,可在微信学习群随时发布经典的问题进行提问和讨论等。

3.3 营造良好的学术讨论氛围

"电路原理"不同于数学物理偏重于理论推导,它需要的是工程意识的培养和经验的不断积累。教师要从一个合格的工程师角度引导学生的学习习惯和思维方式,即应该思考如何最合理地解决问题。"线上线下混合式"教学模式越来越受到师生的欢迎,充分借鉴以往教学改革的经验、依托先进的网络信息技术、结合当代大学生的学习习惯而形成新型的教育模式,为创造良好的学术讨论氛围创造有利条件。

例如,在答疑环节,以前都是面对面、一对一的形式,现在可以借助腾讯会议等形式共同讨论,还可以鼓励同学把自己的学习体会在线上讲解分享。融入智慧教学新平台要注入"互联网+"新理念。以前的平时成绩主要看出勤、作业和课堂表现,水分较大,应该加入线上活动和表现的分值,鼓励学生多参与、多思考,尽快从高中被动的学习模式转换到大学主动的学习模式。尤其今年受"新冠病毒"疫情影响,广大师生熟练使用了雨课堂、腾讯课堂、腾讯会议、钉钉等多种线上学习工具,感受到了"互联网+"带给教学的便利性和高效性。即使疫情结束,恢复了现下教学,仍然可以使用线上教学作为补充,充分利用"线上现下"混合式教学手段的优势。

3.4 加强实践环节的多样化

问题交流讨论、知识运用拓展,培养学生主动学习的兴趣和习惯,是我们的根本目标。尽管这门课程内容偏理论,但能和实际联系的知识点依然不少,如功率因数的提高、变压器、谐振、最大功率传输、三相电等。在实验环节,基本都是在实验箱上做验证性实验,受实验条件的限制,很多知识点学生无法体验其现象,可以借助仿真软件(如 Multisim),对不易理解和重要的现象搭建仿真电路来观察,如谐振波形、正弦稳态交流电路中动态元件上电压和电流的相位关系等。现在不少高校和致力于教学理念的公司开发了相应的虚拟仿真实验室,大大补充了实验室的缺点和不足。

实践环节无疑会涉及大量的问题,有些是理论教学中遇不到的。一味地指望教师解答既不能保证及时性,也不利于学生能力的提高。因此,教师要提供或准备相应的学习资料,学生可通过查阅资料、分组讨论、电路微课或 MOOC 等学习方式寻找解决问题的方法。教师通过合理的组织与适当的引导,去激发和发掘学生自主探究的潜能。与此同时,学生在老师的引导和启发下,充分发挥自主探索的学习态度、由被动学习转变为自主学习。

4 总结

本文结合作者教学中遇到的问题和教改过程中的思考,分析了新工科背景下电路原理课程的教学现状,明确了传统工科教学中不能适应新工科理念的不足之处。从教学的主要环节进行可行性变革讨论,尤其是提出充分利用现代学习方式"互联网+",结合当代大学生的学习特点,对教学方式进行深度改革。

参 考 文 献

[1] 孙盾,李天健,邓高峰,等."电路原理"线上线下混合式教学初探[J].电气电子教学学报,2020,42(3):96-99.

[2] 张健,李焕洲,唐彰国.新工科背景下"电路原理"课程教学实践与思考[J].教育教学论坛,2020,7:323-325.

[3] 李臻,赵伟,于歆杰,等.电路原理开放实验室建设的化零为整策略[J].实验技术与管理,2020,37(5):228-230.

[4] 刘波,毛先柏,刘曼玲.新工科电工电子创新实验教学改革探索[J].电气电子教学学报,2020,42(2):138-142.

作者简介

李文:女,1971年生,副教授,主要从事电子技术应用研究。

"通信原理"教学研究与思考

黄 琳 曹杉杉 张大亮

(湖北师范大学计算机与信息工程学院,黄石,435002)

摘 要:"通信原理"是电子信息工程等专业的一门重要专业基础课,本文针对该课程教学中存在的问题,从课程教学PPT的设计、兴趣引导、教学实践三个方面对该课程的理论教学进行了教学探讨与改革。以达到激发学生的学习热情,提高学生的动手能力,提升教学效果的目的。

关键词:通信原理;教学;学习兴趣;动手能力

Communication Principle Teaching Research and Thinking

Huang Lin Cao Shanshan Zhang Daliang

(College of Computer and Information Engineering, Hubei Normal University, Huangshi 435002, China)

Abstract:"Communication Principle" is an important professional course for majors such as Electronic Information Engineering. In order to solve the problems existing in the teaching of this course, this paper discusses and reforms the theoretical teaching of this course from three aspects: ppt design, interest guidance and teaching practice. Practice shows the methods can stimulate students' learning enthusiasm, improve students' practical ability and improve teaching effect.

Key words:communication principle; teaching; learning interest; practical ability

1 引言

"通信原理"课程是通信、电子、信息领域重要的专业基础课之一,是电子信息工程等专业必修的专业基础课,也是许多学校通信专业研究生入学考试科目之一[1]。"通信原理"涵盖了通信系统的基本概念、原理和技术,以及通信系统的设计与分析方法,这些知识与分析思想是后续课程的重要基础[2]。为了提高教学质量,使学生更好地学习和掌握这门课程的学习,为后续课程的学习打下牢固的基础。本文结合多年的教学实践经验,主要从 PPT 的设计、兴趣引导、教学实践几个方面探讨通信原理课程的教学。

2 动起来的 PPT

"通信原理"课程特点是理论性强,数学推导和公式计算比较多。学生在学习的时候,往往感到晦涩难懂,枯燥无味。因此如何展示课程内容,使课堂更加生动有趣,以提高学生的兴趣,是非常关键的一点。

课程教学最主要的呈现形式是 PPT,静态的页面已无法满足学生的要求。PPT 的整体风格,色彩搭配,静态文本与动态画面之间的结合等的安排设计都会对学生的视觉产生不同的体验效果。设计出更加灵活生动,画面更加美观,能够跟随教师思路动起来的 PPT,是教授课程非常关键的一步。

PPT 的设计,首先是每个章节的目录页,以前是以项目编号的形式给出该章节需要讲述的内容。这部分内容可以调整为章节知识点导论。以图表等形式展示出章节的知识点及知识点之间的关系,并对章节重点讲述的内容做总结归纳形式的导入。使学生从整体上认知章节要讲述的知识点以及知识点之间的关联关系,从而在后续的知识点的学习过程中,能够定位相应的知识内容,不易产生"云里雾里"的知识失联的感觉。

要使 PPT 更加生动,视觉效果更强。PPT 中尽量以图片代替文本,并适当设计一些动画,做到动静结合。比如各种技术的应用场合,可以给出应用场景的图片,代替文字描述,更加容易记忆。课本中公式推导和波形框图比较多,PPT 中应避免整个页面的公式推导,尽量简化推导过程。各种波形图以动态的形式展现在 PPT 上,反应出波形的动态变化,这样的 PPT 才能跟随教师思路发展流动起来。比如在讲解 AM 调制时,AM 信号的包络以动态形式画出。在介绍 AM 的调制系数时,以动画的形式展示 AM 包络在正常调幅,临界状态及过调幅状态的包络情况及对解调的影响。在介绍调制技术的抗噪声性能时,门限值的变化设置与对应的误码率以动画形式动态展示,效果比之前直接给出波形图,推导公式更加直观。

最后在做知识点归纳的时候,以学生感兴趣的思维导图进行总结归纳,进一步帮助学生梳理思路,加深对所学知识点的理解。

3 兴趣引导

看到"通信原理"课本里满页的公式,学生往往望而却步,得出"太难了,学不会"的结论。如何消除学生的畏惧心理,接受这门课程,从而愿意学习这门课程,是教授这门课程首要解决的问题。学生畏惧"通信原理",主要原因在于这门课程理论性强,理论推导比较多,课程趣味性低。为了让学生能够以轻松的心态学习这门课程,首先教师要转变态度。一是对学生的态度,对学生的要求不能太高,要鼓励,与学生多交流,理解他们的行为,而不是看到学生不愿意学习,就抱怨。二是要转变教学风格。现今社会上《大话通信》《深入浅出通信原理》得到很大反响,这些书以生活中的例子做类比,以通俗易懂的语言来讲述晦涩的术语和复杂的逻辑。虽然有些举例并不十分贴切,但可以充分调动刚入门的学生的学习兴趣,可以活跃课堂氛围,让学生感觉这些知识离我们的生活很近,从而产生亲近感。在课堂教学上,我们可以借鉴这些方法,改变老师一本正经、表情严肃地讲述科学理论的方式。用一些诙谐、口语化的语言来诠释所学知识,引导课堂氛围,让学生能够轻松愉快地进入到课堂学习中。例如,漫谈中国古代的通信——狼烟与驿站的故事[3]。

通信系统构架——画虎画皮先画骨

信号的概念——从狼烟到电磁波

调制——走路还是坐飞机

量化——从原始分到标准分

编码——从《蒹葭》和《在水一方》说起

很多看似神秘兮兮和遥不可及的通信技术,其实离我们的生活很近。通过上述诙谐、口语化的语言来诠释理论,用轻松、愉快的图示来诠释文字,使初学通信的学生们畏惧紧张的心情得到放松,从而愉快地接受这门课程。例如,介绍单工、半双工和全双工可以马路作为示例,比单纯地用原理图要更加生动有趣。

为了激发学生的学习兴趣,对一些重点知识点,在讲解之前,可跟学生先聊聊相关的实时热点话题或者听听音频,看看视频。比如,在介绍香农公式时,可先跟学生聊聊在 2016 年 11 月 17 日举行的 3GPP RAN1 87 次会议的 5G 短码方案讨论中,以中国移动和华为公司主推的 Polar Code 方案成为 5G 控制信道 eMBB 场景编码方案。有很多网友说联想投票支持高通,这么大是大非的问题,是谣言还是事实?进而简要讨论 Polar Code ,引出香农公式的介绍。网络热点话题,本来就是大众感兴趣的事件,更容易激发学生的好奇心。在介绍 AM 调制时,先让学生听中国之声或者经济之声的小段音频,然后向学生介绍其所采用的调制技术是 AM 调制。让学生了解所讲述的技术是日常生活中经常用到的,而不是遥不可及的应用。另外,可以借助一些影视作品或者宣传片来引导学生了解通信。一般学生都对影视作品比较感兴趣,因此这些作品也是激发学生学习兴趣很好的材料。例如,从《还珠格格》的飞鸽传书,到《阿凡达》的神经传导,再到《碟中谍4》的隐形眼镜,无不反射着通信的影子。

消除学生的畏难心理和激发求知欲望是提高学生学习兴趣的关键。在实际教学过程中,轻松的教学语言,联系实际的案例应用,都会对学生的学习产生良好的效果。

4 教学实践

4.1 教和做相结合

随着社会的发展,人才的竞争等因素导致对社会对学生的要求越来越高,相对理论知识的掌握,更多的用人单位则要求学生具有较强的动手能力。如何在理论课程的教学过程中提高学生的动手能力和思维能力,是高校理论课程教学的老师急需思考的问题[4]。传统的教学过程老师讲,学生听,学生动手和动脑的机会都很少,动手能力得不到有效的锻炼。"通信原理"面对的是高年级学生,这些学生已经具备一定的编程能力[5]。在课程教学的过程中,我们尝试将讲的过程转变为做的过程,对知识点进行讲解之后,设计对应的习题,让学生利用 Matlab 程序进行习题的解答。这样既加深了学生对理论知识的理解,也培养了学生的动手能力。例如,讲解各种调制和解调技术时,可以设计调制信号 $m(t)$,然后给出一定的载波频率,要求学生利用 Matlab 仿真给出调制信号 $m(t)$ 的时域和频域波形,AM、DSB、SSB 等各种已调信号的时域和频域波形。在编写仿真程序时,学生可以深刻理解基本的技术原理,通过最后的仿真波形对比,各种调制技术的特征很直观地展现了出来。静与动相结合的教学模式比单纯灌输的教学模式更能提高学生的积极性,学生的参与性得到提高。

4.2 通过习题加深学生的理解

"通信原理"课程虽然面对的是高年级学生,但学生之前接受的都是应试教育,已经习惯于利用试题来理解所学的知识。虽然题海战术让广大学子深恶痛绝,但多做习题可以锻炼学生的分析能力,加深学生对习题中涵盖的基本知识的理解。我们虽然不提倡用题海战术学习"通信原理",但在"通信原理"的教学过程中发现,完全不做习题练习,学生不知道自己对理论知识的掌握程度,学习目的不明确。还有一部分学生没有例题讲解,觉得没办法理解所学的知识。也有学生没有练习题,就不看书。

"通信原理"教材例题较少,在教学的过程中,对重点需要掌握的知识点,除讲解教材的例题,还相应增加课后习题或者考研习题的讲解[6]。在分析习题的过程中,加深了学生对所学知识的理解。一部分准备考研的学生对考研试题的讲解表现出非常浓厚的兴趣,进而带动其他的同学一起学习思考。

5 总结

在"通信原理"课程的教学过程中,多与学生进行沟通交流,掌握学生学习状况。引导学生克服畏难心理,提高课堂的趣味性,激发学生的学习兴趣,并通过一定的编程动手练习和习题的练习,让学生参与到课程的学习中来,充分调动学生学习的主动性,是提高课程教学效果的重要途径。

参 考 文 献

[1] 樊昌信. 通信原理[M]. 北京:国防工业出版社,2001:15-200.
[2] 宋铁成."通信原理"课程双语教学的探索与实践[J]. 北京:北京大学学报(哲学社会科学版),2007,(S2):95-98.
[3] 杨波,周亚宁. 大话通信[M]. 北京:人民邮电出版社,2009:59-70.
[4] 刘树棠译. 现代通信系统[M]. 北京:电子工业出版社,2005:135-170.
[5] 章国安,徐晨,杨永杰等. 现代通信网络系统实验室的构建[J]. 南京:电气电子教学学报,2004(6):80-82.
[6] 赵婧华,卢敏. 通信原理课程教学方法的研究与题库建设[J]. 济南:科技信息,2012(21):22-25.

作者简介

黄琳:女,1981年生,讲师,主要从事移动通信研究。

应用型本科电子专业引导就业创业类课程的建设

韩宇龙　白文乐　刘文楷　武梦龙　蔡希昌　黄　明

（北方工业大学信息学院，北京，100144）

摘　要：现阶段，新工科建设深入人心，应用型本科专业虽然对新生基本都开设了工程导论导学课，但对工科毕业生普遍缺乏有针对性、以引导就业和创业为宗旨的课程。本文旨在探讨这类课程的建设原则和理念，提出在即将步入社会开始就业或创业的关键时期，为了让学生能更加从容应对未来可能出现的各种挑战，需要在加强专业实践能力的同时，有必要引导学生进一步建立工程风险意识、工程法律意识和工程资本意识等三个就业创业工程意识，并对课程的组织和实施给出建议。经过初步的实践，学生的反馈良好。

关键词：新工科建设；应用型本科；就业创业工程意识

Construction of Curriculum Guiding Employment and Entrepreneurship for Application-oriented Undergraduate about Electronics Major

Han Yulong　Bai Wenle　Liu Wenkai　Wu Menglong　Cai Xichang　Huang Ming

(School of Information Science and Technology, North China University of Technology, Beijing 100144, China)

Abstract: At present, application-oriented undergraduate majors generally lack targeted courses aimed at guiding the employment and entrepreneurship of engineering graduates. The purpose of this paper is to discuss the construction principles and ideas of this kind of curriculum. In order to make students more comfortable to deal with various challenges that may appear in the future, the author proposes that it is necessary to guide students to further establish three engineering awareness of employment and entrepreneurship, namely, engineering risk, legal and capital awareness. Finally, the suggestions of course organization and implementation are given. After preliminary practice, students' feedback is encouraging.

Key words: New Engineering and Technical Disciplines; Application-oriented Undergraduate; Engineering Awareness of Employment and Entrepreneurship

2015年,《关于引导部分地方普通本科高校向应用型转变的指导意见》由教育部、国家发展改革委员会和财政部联合发布,应用型本科逐渐被社会所接受和认可,这也标志着我国高等教育人才培养理念的重大突破和战略转型。因其力地方普通本科院校,决定了其延续"服务地方经济发展"的担当,又因其"应用型"的定位,决定了学校是"为区域产业发展提供人才保障"。但产业发展具有多样性、传承性、地域性和变迁性等特点,使得应用型本科的人才培养模式没有统一的范式可以遵循,每个应用型本科院校在探索适合自身发展道路的途径时,既要坚持开放办学,还要在着眼当下的同时,放眼未来十年甚至更长时期所在地域重要产业的发展规划与战略,不断优化师资结构和专业布局,动态调整与产业行业的合作模式和培养方案,只有这样才能让人才培养成为活源之水。

应用型本科在专业人才培养目标确定之后,课程的设置和课程间的知识衔接需要根据"应用型"的定位和特点重新思考与规划。虽然高校普遍为一年级入学新生开设了各具特色的工程导论导学类课程,但对于即将就业和创业的四年级毕业生普遍缺乏有针对性的引导类课程,以便他们开始就业或创业以后能更加从容应对可能面临的各种挑战。本文以应用型本科的电子信息工程专业为例,探讨以引导就业和创业为宗旨的双导课程的建设原则和理念。

1 电信专业人才培养过程中普遍存在的问题

1.1 专业课程设置同质化造成人才培养的千篇一律

电子产业几十年的高速发展,使得电子信息类专业已经成为一个相对成熟和传统的工科专业,全国的工科院校普遍开设有这类专业,但在专业课程的设置上存在较为普遍的同质化,课程设置的同质化也意味着人才培养的同质化,这与高等学校要分类发展的理念不相匹配。由于一个学校的学科专业往往门类众多,学校定位为应用型本科之后,真正与某个产业对接的是这个学校下设的某个专业或专业集群,专业的特色和竞争力很大程度上取决于所开设课程的特色和水准,加强课程建设是专业建设的内在要求。

1.2 专业建设缺乏与产业间的深度融合

既然产业对接的往往是几个专业构成的专业集群,那么在专业的布局和调整的过程中就要有意识地与所服务的产业链相呼应,而不是简单地什么专业热门就新增什么专业,什么专业好就业就开设什么专业,专业的建设和优化应该放在产业链视角下的专业集群框架中去开展,这就要求一个学校的专业分布包括学科发展需满足所面向产业链中特定层级人才的全系培养。让行业企业全过程参与学校的专业规划和建设,以及人才培养方案的制订与实施,就成为打造专业的产业特色所必要的条件之一。

但良好、持续和深入的校企合作与共赢,是我国高等教育院校普遍存在的短板和弱项,更是应用型本科院校需要长期努力的方向,这不是靠各个专业负责人多联系几个企业做实习基地就能得到根本解决的。

1.3 人才培养重知识轻能力、关注短期效应

我国工科专业的人才培养非常注重专业知识的系统性,为了应对毕业以后可能从事的种

类庞杂的工作岗位会特别强调在校期间所学专业知识的广度,而考试和考核的时候又过多地关注重要知识点掌握的熟练程度和计算速度,这就比较容易造成学生对所学专业缺乏全局观,难以把握知识之间的脉络和联系,大部分学生眼里的知识不是鲜活有生命力的,而是孤立的、冰冷的、枯燥的,更谈不上对专业所要服务的产业链的认识和把握,这往往就造成考试完就把所学的知识几乎都还给老师的现象普遍存在。

此外,现有高校各工科专业的培养方案,即使按照工程认证的要求,更多只关注到学生毕业五年左右在专业技术方面所应具备的能力,而一个人事业的成熟期和稳定期更多地发生在本科毕业十年甚至二十年以后,这时专业技术能力所扮演的角色往往不是最主要的,而这期间打拼事业所需的综合实力更应该受到重视,并体现在专业的人才培养方案中。

当然,决定一个学校一个专业办学特色和质量的因素还有很多,教育教学改革一直都是进行时,但教育教学改革也一直都没有完成时。

2 电子专业引导就业创业课程的建设原则和理念

工科专业涵盖的范围很广,既包含了门类众多的产业链,又包含了同一产业链的上中下游所需要的技术门类,没有一个普遍适用的引导就业创业课程的建设原则。这里以电子信息产业对应的、应用型电信本科专业毕业生,就业创业之后可能遇到的问题作为假设,探讨双导课程的建设思路,以做抛砖引玉之用。

2.1 工程风险意识的引导和建立

电信专业的高年级本科生往往会有电子产品设计的课程或实践环节,设计时往往突出产品的功能性,强调功能的新颖、全面、性能指标如何好等,为此不惜使用最贵的器件、算力最好的处理器,这样做既造成成本高企,又导致开发难度增大,即使产品开发成功,往往是"大马拉小车",华而不实的成分较多,这样的产品并没有生命力。

这说明功能设计只是产品设计的部分工作,成本管控、开发复杂性和开发周期的考量同样是产品设计非常重要的组成部分,此外和电子产品设计息息相关的还有功耗设计、热设计、电磁设计和可靠性设计等。便携类电子产品的功耗设计会极大影响消费者的体验感受;有初期创业人员投入很大的财力打造市场上普遍看好的电子产品,却因为解决不好产品使用一段时间发热发烫的问题而夭折;也有产品开发初期因为根本不知道电磁兼容问题对产品的重要性,最后电磁认证通不过不能进入市场销售,导致二次开发错失市场商机;可靠性设计也是一门科学,一个产品的可靠性是可以精确计算的而不是靠大致估计得到的,即使前期市场销售很好的电子产品,如果故障率较高导致返修或售后问题突出,也会造成企业的衰退或者破产。

在学校学生设计的产品失败了,可以再领一套器件重新做,损失有限。但走入社会以后,作为产品设计主管或准备以一款拳头产品确立市场地位的创业者而言,往往没有重来的机会。就业前的双导课程,通过一些产品成功和失败的案例让学生增加一些必要的工程风险意识,将产品开发的风险管控前置,对学生有百利而无一害,也是人才培养中工程素质和能力的重要体现。

2.2 工程法律意识的引导和建立

工科生经常引以为豪的是自己的技术水平有多高,自己设计的产品有多好,喜欢追求原创,这都无可厚非。但越是好的产品,越是好的技术创新,越需要得到法律的护佑才能使开发者的权益受到应有的保护,产品或技术本身也才能更加茁壮地成长,才能更加良性地更新换代以更好地为客户服务。知识产权保护是最基本的法律手段,包括专利的撰写和申请,以及遇到知识产权侵权如何更好地维护自身的权益;当然,不仅要熟悉国内的知识产权保护情况,也要对国际特别是欧美等国家知识产权保护方面的异同有一定程度的了解。

同时,也要防止出现在做产品的过程中使用了别人的知识产权却不自知的情况,避免出现未曾意识到的侵权行为而遭受重大财务和声誉损失的风险。同样,如果事先意识到需要使用经过授权的知识产权才可以,又该如何和知识产权的拥有方建立沟通渠道进行协商等,也是需要具备的基本意识和能力。此外,产品在进入各国市场时,也有环保等法律问题可能需要面对和解决,这里不再一一列举。

虽然在本科生的培养方案中普遍有法律方面的课程,但很少在知识产权保护等方面着力很多,相关的法律条文很多,也不要求学生成为该领域的行家里手,但通过双导课程使学生在知识产权保护、环境保护等方面具备基本的法律意识、懂得运用法律工具降低市场风险、维护双方的合法权益则非常必要。

2.3 工程资本意识的引导和建立

在有核心技术和产品准备开拓市场的过程中,除学会运用法律为自己保驾护航外,还要善于运用资本市场的风险投资加速市场的开拓,确保市场的竞争优势,如何融资以及如何更好地利用融到的资金,也是确保创业成功的关键因素。

工科类的培养方案中可能会有一些经济类的课程供学生选修,但普遍不会训练学生写一份像样的融资项目计划书,也就不能很好地起到支撑学生就业创业的作用。

2.4 其他就业创业能力的引导和建立

除上述三个就业创业工程意识外,还可以根据课时的多少和学生的需求,安排一些诸如求职简历的撰写、面试技巧、职场礼仪、职业规划、行业前景和岗位需求趋势等方面的课程内容。

图1从四个方面概括了就业创业类引导课程的结构和专题,但专题内容并不受此限制,可以根据学生的实际需求进行灵活的调整和设置。

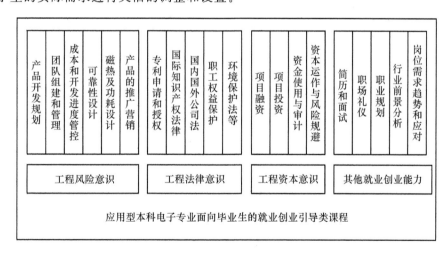

图1 电子专业就业创业类引导课程的结构和专题

3 课程的组织和实施

3.1 基本思路

双导课程涵盖的领域很广泛,不是传统的某一个专业的老师能全部教授得了的,除学校的教师资源外,还可以考虑聘请企业中产品开发经验丰富的高级管理人员、律师事务所中专长知识产权领域的法律人士、金融机构中专长风险投资融资的专业人士共同完成,如果能邀请到创业成功的校友讲授自己的创业经历更好,此外辅以互联网上的线上资源,以及专题案例教学等形式灵活的授课方式,在马上面临就业创业选择的毕业班本科生中开设课程,能有更好的效果。

3.2 初步实施的过程和效果

由于该课程尚未正式纳入学生的培养方案中,2019年秋季学期,在四年级毕业班主要倾向于就业的学生中组织了20人进行试点。

课程以讲座和研讨的形式为主,学期的前8周每周举行一次活动,其中:

(1)产品设计中的工程风险专题,4讲,邀请研发经验丰富的老师和做产品经理的校友共同完成,以亲身经历的产品开发案例为主;

(2)创业中的知识产权保护和法律问题专题,2讲,邀请学校法律专业的老师参与完成,以学习推荐的线上资源和课上讨论为主;

(3)面试和创业融资专题,2讲,邀请学校负责就业的老师和金融专业的老师参与完成,以典型案例的分析和研讨为主。

在课程结束后的调查问卷中,学生100%认可课程的宗旨和目的,90%的学生认为课程内容非常实用,对就业和创业有很好的指导作用,每个同学都根据实际需要对课程内容的设置及改进提出了建议,普通反映的问题有:① 课时不足;② 案例分析和研讨的深度不够;③ 产品规划、专利申请、融资项目等专题可以加入适当的实操环节;④ 专题的设置和调整如果事先面向上课学生调研后再确定更有针对性,等等。

4 总结

课程的设置非常具有必要性,是学生就业创业前引导性教育必不可少的一个重要环节。但课程内容如何设计并没有统一的模式可以遵循,因为不同专业的学生将来在工作岗位上扮演的角色差别会很大,从业后需要的素质要求也有很大的区别。

课程的内容应该根据学生的反馈和社会发展的现实需求进行动态地调整,不断地丰富和充实,特别是已毕业不同年限的学生。课程只要组织得当,能实际解决即将毕业和已毕业学生普遍遇到的困惑和痛点,就会使这门课程成为不可或缺的、让学生终身受益的课程。

参 考 文 献

[1] 牟延林,李克军,李俊杰. 应用型本科高校如何以产教融合引领专业集群建设[J]. 高等教育研究,2020,41(3):42-50.

［2］ 陶石，钱斌，王志成，等. 应用型本科院校新能源科学与工程专业实践教学改革探讨[J]. 实验技术与管理，2020，37(2)：186-189.

［3］ 杨保成. 数字化转型背景下地方应用型本科高校的教育创新与实践[J]. 高等教育研究，2020，41(4)：45-55.

［4］ 韩宇龙. 从实践环节入手，系统整合教学资源，全面提升教学质量[C]. 北方工业大学教改文集(第二辑)，北京：海洋出版社，2004：92-99.

［5］ 宋鹏，曲洪权，韩宇龙. 电子信息工程特色专业建设的一些体会[C]. 2008年全国高等学校电子信息科学与工程类专业教学协作会议论文集，北京：北京邮电大学出版社，2008：39-43.

作者简介

韩宇龙：男，1976年生，实验师，主要研究方向为移动无线通信、嵌入式技术、工程教育。

eNodeX 软件无线电平台在通信原理教学中的应用

曾维浩 沈瑞华

(武汉凌特电子技术有限公司,武汉,430079)

摘　要:将 eNodeX 软件无线电平台引入通信原理教学中,支持常规实验、创新开发、课程设计、专业设计、竞赛练习等教学场景,提供了平缓的坡度体系,以全场景的通信原理教学,让"教"与"学"更加有效。

关键词:软件无线电、通信原理教学、eNodeX、e-labradio、仿真。

---

1 引言

多年的通信原理实验设备从业经验,以及基于个人对通信类行业产品的了解,让我对当前的纯硬件平台实验模式、市面上部分软件无线电产品、理论课堂教学现状总结出了以下一些结论:

(1) "通信原理"课程理论性比较强,概念比较抽象,传统的 PPT 教学辅助模式不能很好地激发学生的学习兴趣。

(2) 在全国电子设计竞赛的练习阶段,针对通信类的设计任务进行练习,就常规的基带处理而言,学生无法做到脱机运行,学习环境受限。

(3) 在对学生开放的有限实验课时内,无法充分完成实验内容,实验室的不完全开放性,导致实验效果差。

(4) 面对较大数量级的学生群体,常规实验设备无法做到频繁使用时零故障,而硬件故障往往无法做到即时发现就即时排除,严重影响了实验效果。

(5) 常规硬件实验设备升级与扩展不方便,维护成本高。

(6) 软硬件协同仿真已经成为软件无线电创新实践教学的主流方案,主流并不代表完全契合了教学应用场景。

(7) 冒然与激进:为了能采用软硬件协同的教学方案,不少学校不惜花大量资金购买美国 NI 公司的 USRP 平台,然而从建设成本考虑、面对全场景实践教学、与国内的实验教学接地气方面,选择 USRP 并不是最理想的方案。

无线通信中主流的软件无线电架构如图 1 所示,eNodeX 软件无线电平台在通信原理教学中的应用,也是以此为蓝本,兼顾理论与实践课堂的全场景需求。

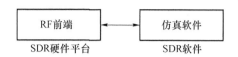

图 1 无线通信中主流的软件无线电架构

2 eNodeX 软件无线电平台在通信原理教学中的基本思路与基本条件

在通信原理教学场景中对软件无线电的需求是怎样的呢？

结合产教融合经验，梳理出以下内容：教学中做了很多 Matlab 的案例，能否直接在软件无线电平台上进行实际的通信效果验证？开源的网站很多，能否利用这些开源的算法，并能快速地通过软件无线电平台进行验证？计算机上安装了 Matlab、Labview、以及 GNU radio 等主流的通信仿真软件，能否直接与软件无线电设备对接，进行实时协同仿真？能否直接用软件无线电平台实现一些实际的通信系统，如 2G 的基站/4G 的基站，并支持手机入网和通信？能否通过软件无线电平台做科研，如做一个 5G eMBB 场景的高速物理通道的项目？符合教学的软件无线电平台，有没有平缓的教学坡度体系？符合教学的软件无线电平台，如何应对通信原理理论课堂教学与实践课堂教学？

eNodeX 软件无线电平台（如图 2 所示）由此而生。其和主流的平台架构一样，由硬件平台和仿真软件平台两部分组成，全方面改进，可实现对通信原理教学的全场景覆盖。

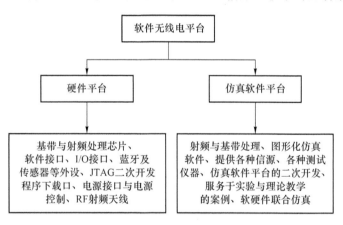

图 2 eNodeX 软件无线电平台

（1）硬件平台采用典型软件无线电的"数字基带＋宽带射频"设计架构，可直接通过 ADC 采样将射频信号送入 FPGA 进行信号处理；具备 ADC 模拟信号采集通道，支持对模拟信号处理，也支持同步采样 IQ 两路信号，进行 IQ 解调；具备 DAC，可作为 IQ 基带信号输出或其他模拟信号输出；以满足实现无线接收机的功能，以满足通信原理理论教材中正交调制解调法的应用。

（2）软件无线电系统有很强的数据处理能力和快速输入输出（I/O）能力，以满足学生在通信原理实验、创新实验、设计竞赛中实时进行观测与调试的需要。

（3）采用宽带 RF 前端，基带处理如信道编码、信源编码、数字调制、变频处理等可编程，可 SDR＋仿真软件联机运行，也可联机运行，因具备开放的体系结构，系统功能的改变只需对软件做适应调整，而不需重新设计系统，以满足通信原理理论与实践各种场景的应用需求。

（4）具备无线收发接口，以满足通信原理中无线传输信道通信的应用需求。

（5）配置有以太网接口和 USB 接口，可以通过该接口方便链接对应的仿真软件，实现软硬件协同信号处理系统。

（6）良好的第三方仿真软件兼容性，一个硬件平台可以连接多个软件平台实现多个舞台，让通信原理的细分延伸——移动通信原理教学应用也有了通用的舞台。

（7）和 4G/5G 移动通信中软件无线电采用相似的硬件方案，硬件的基带处理单元采用主流的 SOPC 方案。

（8）具备平缓的教学坡度体系，让通信原理理论验证、实践训练、系统训练、训战实验、创新开发层层递进，好用与易用非常重要。

3 eNodeX 软件无线电平台的优势

eNodeX 软件无线电平台包含硬件平台和软件平台两部分，硬件平台采用"数字基带＋宽带射频"架构，硬件平台有基于 FPGA、XILINX 的 ZYNQ 平台的 SOPC（当前很多学校在采购要求中直接指明要采用这种平台）等方案。软件平台为自主开发的 e-LabRadio。

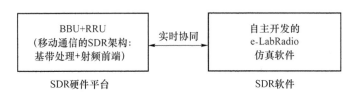

图 3 eNodeX 的硬件平台和软件平台

优势：采用了国内热度最高的硬件 SOPC 方案，软件平台为自主开发的 e-LabRadio，无惧侵权。经过了本土化改造，开放性强，兼容主流的第三方仿真软件平台（如 GNU radio\matlab\Labview\Visual Studio 等）。具备平缓的教学坡度体系，更重要的是，满足通信原理教学的全场景应用。

应用于通信原理教学：开放性好，中间过程输出及支持软硬件平台的 I/O 测试，适合全场景通信原理教学，适合科研。

4 eNodeX 软件无线电平台在通信原理教学场景中的应用

（1）学生随时随地地开展基础原理性实验

以振幅键控 ASK 实验为例，在教材中我们可以找到如图 4 所示理论框图，实际应用中以相乘法应用最为广泛。

学生在上课时，只能看着老师进行 ASK 表达式的推演，以及对静态的波形进行分析讲解。在实验课中，基于 eNodeX 软件无线电平台，学生可以加载比理论更详尽的原理框图，可以自由地设定二进制不归零信号的类型与码速率、抽样判决器的电平，可以随时调用虚假示波器进行中间过程点的观测与分析，eNodeX 仿真平台的界面如图 5 所示。

操作方式如下：首先登录到 e-labradio 软件仿真平台，新建一个仿真窗口，加载出 ASK 原理框图，按照框图提示进行传输线的连接，把信源产生的基带信号输入调制器，在研究调制解调的原理时，我们可以忽略无线信道（注：在深度学习时，可以加入信道模拟研究信道

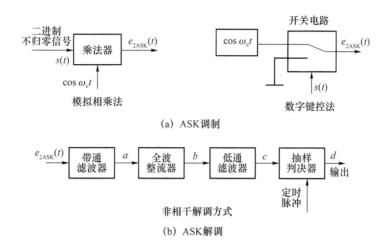

图 4　ASK 理论框图

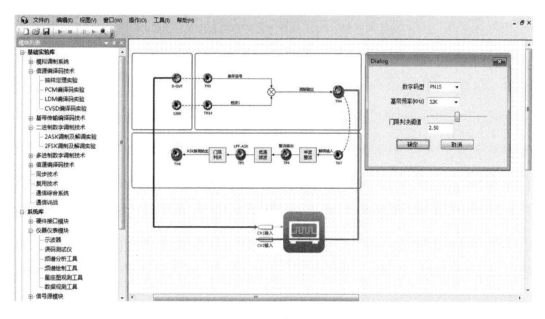

图 5　eNodeX 平台的仿真软件

对传输的影响),以传输线连接调制器与解调器,然后接上虚拟示波器进行观测(如 D-OUT 与调制输出)。如图 5 中,我们对比观测输入的基带信号与调制输出的 ASK 信号,得到的结果如图 6 所示。

在 2ASK 中,载波的幅度变化只有两种状态,分别对应二进制信息的 0 和 1,在实验过程中,实验数据与理论是相符的,我们可以随时改变基带信号的码型与速率等参数,所有中间过程点的信号是实时变化的,虚拟仪器的操作与实际仪器的体验类似,图形化的交互,让学生的使用无负担,学习兴趣提升。

(2)辅助教师的随堂演示

传统的理论课堂充满讲概念、记公式、推导公式等枯燥乏味的行为,学生不知道信号完整的清晰的符合工程应用的系统框图、处理流程及节点波形,如数字基带传输系统在理论教材中的框图(如图 7 所示)。

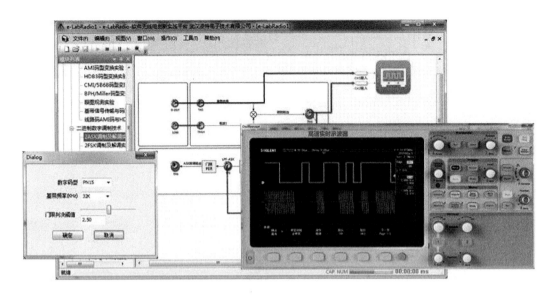

图 6　eNodeX 平台的仿真软件

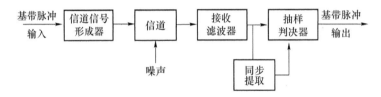

图 7　基带传输系统

然而实际工程应用的系统框图是图 8 这样的,以理论框图为蓝本,极大地丰富和完整了教材中抽象的理论框图模型。

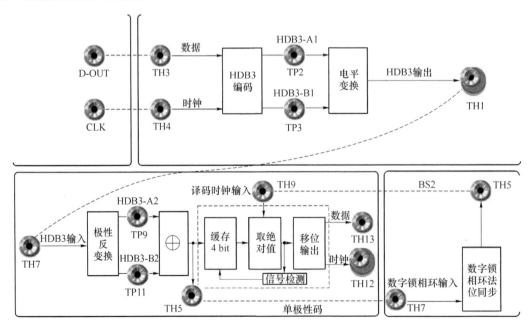

图 8　eNodeX 平台的仿真软件界面

教师的操作方式如下：首先登录到 e-labradio 软件仿真平台，新建一个仿真窗口，加载出 HDB3 原理框图，在此场景下，测试端口 D-OUT\CLK\HDB3 输出\HDB3 输入\误码时钟输入\数字锁相环输入\译码数据\译码时钟已经接上测试仪器——示波器，减少了老师的手动操作，在理论课堂上，需要展示哪一个过程的信号，只需要启动仿真打开相应的示波器即可，在此过程中老师可以自由改变各种参数（如基带信号的码型、速率、归零方式、位同步的锁相频率等）。

可以做到实时调出虚拟仪器进行中间过程点的实时观测与展示，甚至可以添加仿真信道模型（如白噪声）融入系统，让老师整个理论课堂的讲解生动、形象、有趣。

（3）通信原理实验的软硬件实时协助仿真

在实验室中，进行常规实验、创新开发、课程设计、专业设计、竞赛练习等教学场景，软件无线电可以实现虚实协同的实验方式，如图 9 所示。

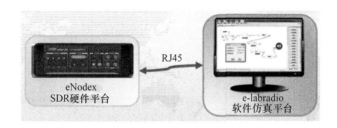

图 9　软硬件实时协助仿真

操作方式如下：首先启动硬件平台，使用 RJ45 网线连接 eNodeX 硬件平台与计算机，使用账号登录到 e-labradio 软件仿真平台，输入 eNodeX 硬件平台的 IP，实现硬件与软件的连接，下发指令定义硬件平台的功能，如 ASK 解调。然后新建一个仿真窗口，根据实验原理，加载出某一个实验的框图，如 ASK 调制，按照框图提示进行传输线的连接，搭建软件平台的基带处理系统（也可以在仿真平台上直接下发程序指令，定义硬件平台的功能，由硬件平台完成调制与解调的所有过程），再在软件平台上或硬件平台上，在自己要观测的中间过程上接入测试仪器（如示波器），进行实验过程的观测与分析。

在此场景下，可以在软件平台设计算法，进行仿真测试后，由 e-labradio 直接下载适配的程序到硬件平台进行实地测试，满足各种创新设计的需要。

（4）通信原理的延展——系统仿真

在实验室中，或者在脱机情况下，学生可进行通信系统仿真。基于 e-labradio 仿真平台，实现各种通信系统的仿真，如 FM 收音机、多路语音信号的 E1 时分复用帧的传输、无线话筒之 PSK 方式无线传输、高保真无线话筒之 16QAM 方式无线传输。

操作方法略，同前。

（5）通信原理的延展（科研方面）——基于软件无线电平台的新技术应用展示

利用 eNodeX 软件无线电平台实现 5G 移动通信物理层新技术应用的实验，如 POLAR 码、5G eMBB 场景的高速物理通道设计等。软件无线电平台可独立作为小规模的 2G、4G、5G 移动通信网络系统，方便学生了解实际通信网络的参数配置操作及系统开通方法；又可以独立作为信令抓包分析设备，方便学生了解移动网络空口信令消息和协议流程。

操作方法略，同前。

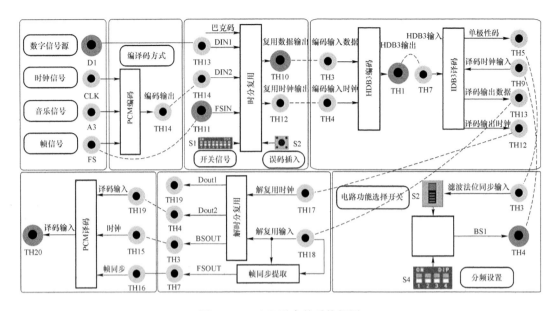

图 10 eNodeX 平台的系统框图

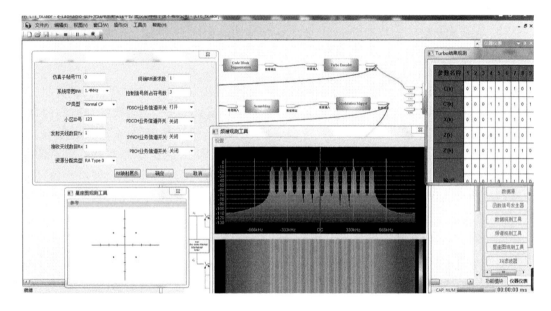

图 11 e-labradio 软件平台

(6) 通信原理的延展——基于软件无线电平台的管道业务应用

对于通信专业学生来说,管道应用是在软件无线电构建的物理通道基础上的拓展实践。构建稳定可靠的通信管道是核心工作,至于在管道上进行何种应用、如何开发应用,更多的是计算机或其他相关专业学生的工作内容。通信原理教学中,可以利用 eNodeX 软件无线电平台构建实际的应用场景,如高清视频数据传输、低时延业务等业务类型,选择相应的通信管道,并实现端到端的应用任务。

操作方法略,同前。

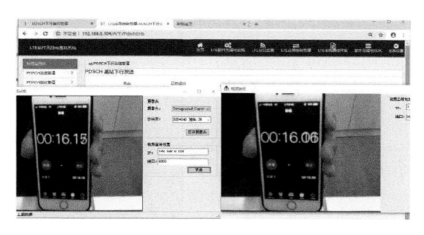

图 12　视频传输

5　结束语

本文将软件无线电平台(eNodeX)的应用引入通信原理教学中,让软件无线电更好地服务于教学,对理论与实践课程进行了丰富的延伸,也让新工科建设、打造金课等有了较好的依托,软件无线电平台给我们提供了平缓的坡度体系,也提供了全场景的通信原理教学应用,为高质量的教学提供了一个非常好的舞台。

参 考 文 献

[1]　樊昌信,曹丽娜.通信原理[M].7版.北京:国防工业出版社,2012.
[2]　曹志刚.现代通信原理[M].北京:清华大学出版社,2014.
[3]　邱刚.USRP在通信原理教学中的应用[J].读与写·下旬刊:2011,10.
[4]　穆宏慧.MATLAB在通信原理教学中的应用[J].科技资讯:2014,22.
[5]　曾海燕,郑鑫.基于e-Labsim仿真平台的移动通信原理课程教学改革探究[J].智能计算机与应用:2019,3.

培养解决"复杂工程问题"能力的探索与思考

梅小山

(西安引悟教育科技有限公司,西安,710064)

摘 要:工程教育专业认证中最为核心的要素是培养学生解决"复杂工程问题"的能力,通过和浙江大学合作,我们提出了一种以项目制教学为框架,以 PMBOK 为方法论,采用虚实结合的教学手段,以多维评价为目的,以校企合作为基石的培养电子信息类学生解决"复杂工程问题"能力的课程设计系统。结果表明该系统能够显著提高学生对于工程的认知,能够将学生所学之理论与实际应用很好地结合起来,同时通过添加各种要素条件以构造复杂工程问题,来培养学生解决"复杂工程问题"的能力。

关键词:复杂工程问题;项目管理;PMBOK;5G

Exploration and Thinking on Training the Ability to Solve "Complex Engineering Problems"

Mei Xiaoshan

(Xi'an Yinwu Education Technology Co., Ltd., Xi'an 710064, China)

Abstract: The core element of engineering education professional certification is to cultivate students' ability to solve "complex engineering problems". Through cooperation with Zhejiang University, a project-based teaching framework is proposed. PMBOK is used as methodology, and virtual and actual teaching is used as a means, with the purpose of multi-dimensional evaluation and school-enterprise cooperation as the cornerstone of a curriculum design system that cultivates the ability of electronic information students to solve "complex engineering problems". The results show that the system can significantly improve students' understanding of engineering, can combine the theory learned with practical application, and train students' ability to solve "complex engineering problems" by adding various factors to construct complex engineering problems.

Key words: Complex engineering issues; project management; PMBOK; 5G

0 引言

2016年6月,我国正式加入国际上最具影响力的工程教育学位互认协议之一《华盛顿协议》,截至2018年年底全国共有22所高校1 170个专业通过了工程教育专业认证。而高校教学面对工程认证最难达到的则是如何培养学生解决"复杂工程问题"的能力。

1 什么是解决"复杂工程问题"的能力

1.1 "复杂工程问题"中"工程"的含义

"复杂工程问题"中的"工程"两字的含义是指成果要面向今后的社会应用、工程应用。无论是解决"复杂工程问题"所需的知识、素质,还是分析、研究方法及系统解决方案的能力都是指在社会应用、工程应用中的能力要求,而不是脱离社会应用环境下的能力。"技术"问题追求个别、部分最优技术指标的突破,而"工程"问题关注系统中最差的那个技术指标、性能的提升,可以说"工程"问题追求的不是技术水平的高低,而是市场的认可,是商业价值、经济回报。只有当"复杂技术问题"用于社会应用并产生经济回报后,才能称为解决了"复杂工程问题"。

1.2 "复杂工程问题"中"复杂"的含义

"复杂"两字是指工程应用中除技术、专业知识外还要考虑许多非技术的因素,要考虑技术开发环节之外的许多其他环节的因素。工程应用、产品开发中无论项目的技术复杂度是高还是低,只有满足了内外部制约因素以及需求,才能达到"复杂"的要求。

(1) 非技术的外部制约因素:社会、健康、安全、法律、环境、文化、知识产权、工程理论、客户意识等。

(2) 非技术的内部制约因素:职业道德、职务发明约束、团队意识、责任意识等。

(3) 外部需求:市场需求、客户需求、竞争要求、进度要求等。

(4) 内部需求:可生产性、可安装性、可维护性、低成本、可靠性、性能价格比等。

1.3 什么是"复杂工程问题"

"复杂工程问题"是本科毕业生在实际职业岗位中所面对的既要考虑内外部制约因素,又要满足内外部需求的技术工作问题。实际工程中的难题或者问题都无法仅用一门技术课、专业课的知识来解决,工程技术人员甚至不知道这些难题和问题与哪门课程、什么专业相关。

"复杂工程问题"不只是一个纯技术或者理论问题,同时还融合了大量非技术性问题。在"复杂工程问题"中,需要考虑各种内外部非技术因素及需求,因此会不可避免地与技术解决方案发生大量冲突,技术解决方案就变成了解决多重冲突的问题,这就更需要能综合解决多重冲突的方法论。

企业界更关注技术创新,即"追求的是在新技术基础上重新组织生产条件和要素、实施科技、组织、商业和金融等一系列活动,以获取商业价值、经济回报为目标"。因此企业技术创新的过程,实质上就是在不断地解决"复杂工程问题"。

2 学校在解决"复杂工程问题"上的难点

部分学校和专业对"复杂工程问题"的内涵不了解,主要表现为对企业、社会所进行的工程创新实践缺乏认知。用培养解决"复杂技术问题"能力的方法来取代"复杂工程问题"能力的培养,在工程教育的理念上存在偏差,有的课程虽名称上与工程相关,但课程的大纲、教学内容与解决"复杂工程问题"的能力要求不一致。部分学校对非技术类工程知识的教育存在结构性的缺失,重技术,轻工程,尤其是忽视非技术工程能力的培养。

部分学校和专业在工程教育培养模式上的问题:
(1) 用单一课程的实验、课程设计替代综合性、跨课程、跨专业的实验、课程设计。
(2) 课程设计、毕业设计不以工程应用作为背景条件。
(3) 不按照企业全周期的工程创新的方法,不遵循工程创新、产品开发的逻辑来构建课程体系,用专业技术课的讲授来替代解决"复杂工程问题"的方法论。
(4) 经济决策能力的培养与工程实践能力的培养相脱节。

部分学校和专业在企业认知实习、生产实习环节的实效差,企业认知实习、生产实习"走过场"。在实习过程中,大多数企业也并没有真正向学生讲授解决"复杂工程问题"的方法论的具体实践,在企业认知实习、生产实习的实践环节与企业全周期工程创新方法论相脱节;生产实习简单"委托了事",与工程教育的大纲要求脱节。

3 企业如何解决"复杂工程问题"

(1) "复杂技术问题"不等于"复杂工程问题"[1]

20世纪90年代前,全世界的工业界在进行产品设计、开发时,都只追求在新产品中所采用技术的先进性,认为技术的先进性就代表了新产品的先进性,而严重忽视了新产品在实际应用中各种社会、环境因素对新产品的制约及新产品的设计环节与后端产业化过程(中试、生产、销售、工程、服务)的冲突因素,用解决"复杂技术问题"的方法来解决"复杂工程问题",导致研发成果被无数次"返工",研发效率低下,研发成本居高不下,研发成果难以满足社会需求,形成"技术创新陷阱",为工业界带来了惨痛的教训。

(2) 企业解决"复杂工程问题"的方法论

PMBOK(Project Management Body of Knowledge)美国项目管理协会在全球发布的项目管理知识体系指南,是美国的国家项目管理标准,是经多国项目验证的、在成千上万名有经验的项目经理总结他们多年积累的实践经验和专业技术的基础上建立并在全球推广的项目管理最佳实践。PMBOK知识体系被国际标准化组织(ISO)采纳形成ISO21500,2012项目管理标准在全球得到广泛推广。PMBOK最大的特点就是在端到端的项目生命周期基础上,真正架构出基于职能型或矩阵环境下的组织如何整合和协调资源进行有效的项目管理的一整套方法。PMBOK的理念、模式与新工科的工程教育的改革思想高度融合,PMBOK就是企业解决"复杂工程问题"的一种方法论。

(3) 企业解决"复杂工程问题"所需要的工程基础知识

工程伦理的知识,职业道德的约束,职务发明的约束,知识产权的策略,与企业经营相关的法律及法规,经营风险,法律风险的识别、防范、控制等。

(4) 企业在经济决策中要具备的财务、管理会计知识

① 掌握变动成本、固定成本知识,能计算、分析产品的变动成本、固定成本,能计算产品的盈亏平衡点,能科学地进行产品定价。

② 产品全生命周期的全成本识别、核算。产品成本是由研发成本、中试成本、采购成本、生产成本、销售成本、工程成本、服务成本等的总和决定的。

③ 产品设计方案决定产品全生命周期的成本基线。如果不指导产品成本的构成,就不可能在设计阶段通过各种措施来降低各环节的成本,也就无法进行产品设计、开发阶段的经济决策。

4 学校培养学生解决"复杂工程问题"能力的"新模式"

学校要培养学生解决"复杂工程问题"至少要回答以下问题:
(1) 使学生具备工程基础知识;
(2) 使学生具备解决"复杂工程问题"的方法论;
(3) 使学生具备经济决策能力;
(4) 工程实践环境及项目;
(5) 教师应具备较高的工程化能力。

通过与浙江大学合作我们探索出了一种培养学生解决"复杂工程问题"能力的新模式——"先见树林,再见树木"。教师首先讲解具体的方法论,然后带学生做工程实践,从而实现将技术知识、工程知识融会贯通,最后采用多维度考核。考核维度不再以质量、技术要求为主,而是转化为经济效益、进度把控、质量等多维度的考核,考核结果没有标准答案,只有最佳答案,这样更能够体现学生解决"复杂工程问题"能力的高低。

(1) 工程基础知识

对于学生工程基础知识的培养,通过开设《工程概述》课程,该课程将5G网络建设项目所需要的工程伦理知识、职业道德约束、职务发明约束、知识产权策略、法律及法规、环境保护等工程基础知识综合后进行针对性的教学。

(2) 解决"复杂工程问题"的方法论、经济决策能力的培养

通过校企合作,结合企业的实际项目,双方联合开发出了PMBOK课程,课程中将预算管理、成本分析作为一条主线,采用学校导师和企业导师联合授课的模式,弥补学校导师的工程化能力不足的缺陷。通过采取理论结合实践的教学模式,让学生对PMBOK有更深刻的认识,做到知其然更知其所以然。为了巩固学习的效果,双方还合作开发了项目管理虚拟仿真系统(如图1所示),让学生对每一个知识点和流程都能够进行模拟演练。同时该系统支持角色扮演,可以让学生体验不同角色的职责以及各岗位之间的相互影响。

(3) 工程实践环境及项目

能力的培养最终都需要落实到具体的项目。而项目的进行都需要相应的工程实践环境,我们选择的工程项目是5G网络工程建设,以2周的课程设计来实现。5G网络工程建设工程实践环境,因为成本的问题,学校根本不可能建设这样一个环境,而打造工程实践环境则是企业的强项。这样解决工程实践环境和项目的问题,企业的参与就变得必不可少。通过和企业合作,我们将工程项目分为如下两个部分。

① 工程项目中必须要用到的环境和硬件设备,以实验室的方式在学校进行建设,如图2

所示。同时为了提高实验室的利用率我们除满足实践教学外,还开发了一系列的实验课程,满足专业课程教学的需要。

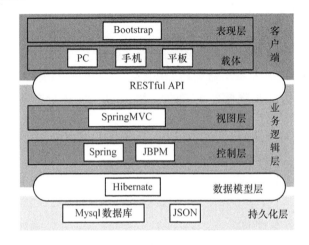

图 1　项目管理虚拟仿真系统软件架构图

图 2　移动通信实验室

② 其他部分则以虚拟仿真软件的形式进行展现。软件以城市某一体育场馆的 5G 信号覆盖项目为背景(如图 3 所示),学生需根据预算、进度要求使场馆的 5G 信号覆盖率达到 96% 以上。软件中的模型均是按照工程实际进行的 3D 建模,并对模型的参数进行实际校验,仿真还原度达到 95%。整个项目包含了 5G 网络建设的全生命周期,从覆盖仿真、站址勘察、设备安装、设备调试到后期的网络优化,保证了方法论和经济决策贯穿于整个工程项目,保证了项目的连续性。另外,在学生进行的整个工程实施过程中,老师可以根据需求插入非技术性内外制约因素与需求,构建各种实际工程中可能遇到的问题,按需提高项目的"复杂度"。比如,学生根据信号覆盖仿真模型计算出需要在此地进行基站的建设,此时老师可以在此地的建筑模型中设计无电源、无传输等外部因素,由学生来考虑该如何处理这种多重冲突,并进行经济决策。另外,覆盖场景的地形地物也可以根据实验的要求进行设计,保证每个学生的环境场景不一致。覆盖效果如图 4 所示。

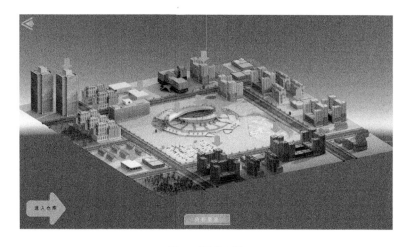

图 3　覆盖环境

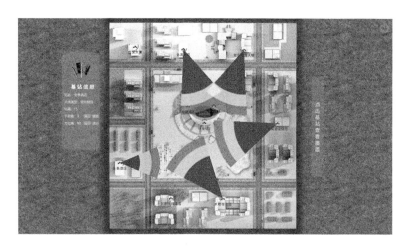

图 4　覆盖效果图

（4）教师工程化能力的培养

只有教师真正理解了解决"复杂工程问题"的全周期流程、方法论的融通,才能使学生真正学到与工程知识、方法论相融合的专业技术知识,才能使学生真正具有解决"复杂工程问题"的能力。针对教师工程化能力的培养,在项目初期教师就深入到教材的开发中,组织教师培训,以及跟班听课的方式来提高教师的工程化能力。

5　结语

以校企合作为基础,引入《工程概述》《PMBOK》课程为培养学生的解决"复杂工程问题"的能力打下良好的基础,再通过具体的工程项目,采用虚实结合的方式,让学生用所学的知识来解决实际的工程问题,通过多维的考核方式来衡量学生解决"复杂工程问题"的能力。这一整套从知识、实践、评价体系能够显著提高学生对于工程的认知,能够将学生所学之理论与实际应用很好的结合起来,同时通过添加各种要素条件以构造复杂工程问题,来培养学生解决"复杂工程问题"的能力。

参 考 文 献

[1] 杨毅刚. 企业视角下新工科建设与工程教育的改革[C]. 第三届大唐移动教育高峰论坛暨工程教育专业认证研讨会,杭州,2017:10-30.

作者简介

梅小山:男,1983年生,培训总监。

应用型本科提升学生实践能力切实有效的途径

郑剑海

(北京杰创永恒科技有限公司,北京,102200)

摘　要：教育部提出新工科、卓越工程师2.0计划等,核心就是要提升学生实践能力。应用型本科在国内刚刚起步,应在"应用"上下功夫,对学生实践能力的培养应达到一定水准,应用型本科学生应具备一定的职业能力。而现在大部分应用型本科还是按照普通本科的教学标准在教学,偏理论轻实践。根据工科知识图谱的递进以及对应的实践训练平台提出ETPP渐进式实践能力培养模式,通过验、练、践、战环节,让学生在知识与技能的融合中演练,提升学生综合技能,体现出应用型本科的特色。

关键词：应用型本科;实践能力培养;课堂改革;ETPP渐进式;移动硬件实验平台

The most effective way for application-oriented undergraduate to improve students' practical ability

Zheng Jianhai

(Beijing Innovation Eternity Technology Co., Ltd, Beijing 102200, China)

Abstract: With the ministry of Education's new engineering, Excellent Engineer 2.0 program, etc., the core is to improve the training of practical ability. For application-oriented undergraduate courses, which have just started in China, we must make great efforts in "application", so that the training of practical ability can reach a certain level and have a certain professional ability. However, most applied undergraduates are still carried out in accordance with the teaching standards of ordinary undergraduates, so they have a natural "short board" in the aspect of practical ability cultivation, which is partial to theory rather than practice. According to the progress of engineering knowledge map and the corresponding practice training platform, the ETPP progressive practice ability training model is put forward. Through the links of experience, practice, practice and battle, students can practice in the integration of knowledge and skills, achieve the training of comprehensive skills, and reflect the strategic position of applied undergraduate.

Key words：Application-oriented undergraduate；Practical Ability training；Classroom reform；ETPP progressive；Mobile hardware experiment Platform

1 现状

目前在国内学历教育中,中职与高职、高职与应用型本科、应用型本科与普通本科在实践能力培养方面到底是否存在边界？企业希望新的职员能够拥有一定的实践技能,解决实际问题,为企业带来效益,做出贡献。这与应用型本科的培养目标是一致的,在上述不同级别的学校中,应用型本科的技能要求是最高的,也是最受企业青睐的。然而,目前人才市场的现状是,一方面企业招聘不到合适的人才,另一方面大学生找不到合适的工作。很多大学生毕业就面临失业,更多的大学生迈入了职业培训机构,进行短期培训学习。那么我们应用型本科该怎么培养学子的实践能力,又怎么区别于高职院校呢？

应用型本科学制四年而高职学制三年,基于此应用型本科的学生的技能水平似乎应该更高。而现实是很多高职院校的毕业生的动手实践能力远远超越应用型本科学生,如金华职业、深职院等培养的学生。寻找一条应用型本科实践能力培养的途径非常重要,这也是应用型本科未来发展的方向所在。

2 ETPP渐进式实践能力培养模式

基于新工科、双一流、卓越工程师2.0等教学改革要求,我们提出ETPP渐进式实践能力培养模式。何为ETPP？ETPP是指4个英文单词的首字母——Experiment、Training、Practice、Project,应对实践能力培养的四个阶段和四个层级,分别为实验验证（理论验证、课堂内容验证）、综合实验、实践练习、项目实战（团队型）,这几个层级都要有相应的教学实践工具来支撑。

2.1 验证实验

对于工科来讲,深化课堂教学改革就要做到理论与实践相结合,按照教学目标、预期结果、教学过程及教学工具（远程云端硬件实验平台（线上实验平台）把课程展现的内容准备好,激发学生的思考,在理论完成后,及时把理论通过小实验的方式在课堂上进行示范,同时力求学生能够立即独立进行课堂验证实验,达到所讲即所得。

2.2 基础实验

工科类的硬件编程和高级语言编程一样,一定要有代码量,正如小米雷教主所言：程序员像木工一样,熟能生巧,必须要有足够的代码量,才会有感觉。所以利用线上课程对学生语言编程的练习至关重要,没有5 000~10 000行的代码量[2],学生不能熟练掌握编程语言,必须借助移动硬件实验平台进行实验训练（移动硬件平台包含：口袋机和远程云端硬件实验平台,可以让学子随时随地随心完成编程实验；口袋机随身携带,远程云端硬件实验平台有网络即可登录实验编程）。

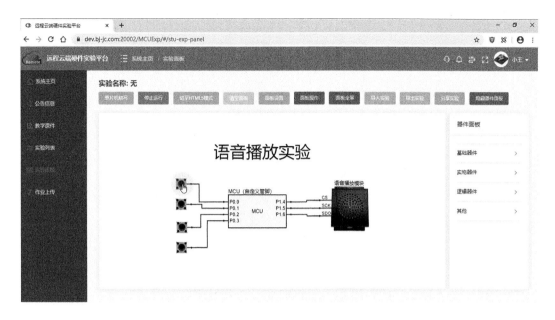

图 1

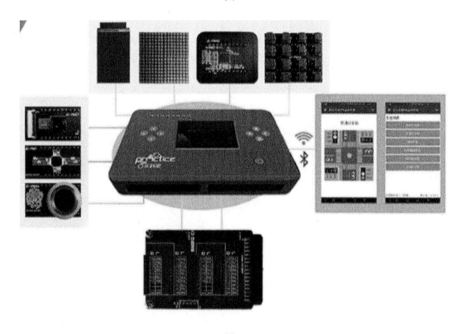

图 2

2.3 综合实践

主要指老师线下实践指导,利用口袋机、扩展模块以及相关控制对象,来完成综合性实践能力培养,如出租车计价器、智能小车等,能够借助控制对象让学生认识到所学知识的实际应用,能够找到职业归属感。

图 3

2.4 项目实战(团队实战)

主要指通过学校的小学期或课程设计等来组织学生分组完成一个项目,既可以是企业实际问题的解决,也可以是较为复杂的教学实际案例,如智能仓储物流场景设计、智能垃圾回收系统、智慧零售设计等。强化实践性教学环节,达到知识与技能的融会贯通。

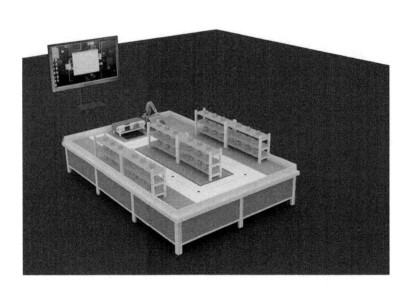

图 4

ETPP 渐进式实践能力培养从第一堂课就建立起了该课程在实际生产、生活中的应用场景,学生能够感知老师的每一条"语句",所听即所得。这一教学模式激发了学生的专业兴趣,随着课程章节的深入,学生的创新思维能力得以不断提升,同时持续不断的动手实践大大提升了学生的实践能力。

3 课堂教学改革

要推动 ETPP 实践模式培养,首先要进行课堂教学改革。课堂是实施教学的主阵地,要想从本质上改变教学,提升学生实践能力必须从根基开始改革,即从课堂教学开始改革。2018年国家级教学成果特等奖川大的《课堂教学改革为突破口的一流本科教育川大实践》,从国家导向上说明了课堂教学在教育教学中的作用,其中提出了课堂教学改革有效解决了教学问题(我们只引用三条):

(1) 解决了高校如何以学生为中心满足个性化需求,真正实现因材施教的问题[1]。

(2) 解决了教师照本宣科、学生被动接收,课堂教学以单向的知识传递为主、交流互动严重不足、难以真正教学相长的问题[1]。

(3) 解决了传统学业评价"期末一考定成绩"、学生死记硬背、"60分万岁"、不能真实反映学生能力和水平、无法驱动有效教与学的问题[1]。

这三条表达了解决教学问题,只是抛砖引玉,对于工科来讲,没有给出具体的方式方法。要想彻底解决当前实践能力培养,就必须找出当前本科教育在实验实践方面存在的弊端或问题,用当前流行的话来讲那就是要找出"痛点",我们概括"一短二分离三固定"是当下工科实验实践核心痛点之所在。

一短:

实践教学环节的授课时间要短于理论教学环节;实验课时间以45分钟为一节,多则两节。企业工程师花了数月甚至更长时间研发的产品,要求学生几节课掌握难度大。导致大部分学生只能按照厂家给定的实验步骤,机械地去验证实验现象,很难将自己的思路融入实验进行创新。

二分离:

第一个:理论与实验分离,往往教材基本讲授完或者课程结束,才安排实验教学,无法实现理论与实践的融合。

第二个:理论课讲解内容与实验课教学要求匹配度不够,内容关联性少、实验衔接性弱。

三固定:

固定的教室、固定的时间、固定的老师。唯有三者同时满足,才能实施实验教学,否则无法组织教学。

要想改变这些教学实践培养的痛点,我们必须要站在以学习者为中心,开展教学活动。把课程理论内容与实验实践紧密融合与衔接,采用对分课堂,利用线上硬件实验平台与理论教学相切合,让老师成为一个教练的角色,好比篮球教练上课,永远是在操场。落地采用 ETPP 渐进式教学实践模式,组织教学内容,逐步完成课程理论与实践教学。按照 Experiment(验证实验)——Training(基础实验)——Practice(综合实践)——Project(项目实战)的形式打造完整教学生态链来组织实施。

4 结语

ETPP 渐进式实践能力培养是应用型本科学生能力提升的最有效的途径,应用型本科实践能力培养要调整课程体系,构建以提高工程实践能力为主的线上与线下实践教学体系,培养具有开拓能力、创新能力的工程性人才。

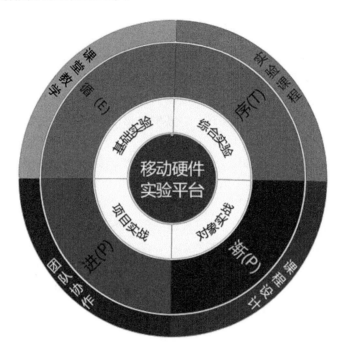

图 5

参 考 文 献

[1] 谢和平. 以课堂教学改革为突破口的一流本科教育川大实践[J]. 中国大学教学,2018(12):17-23.
[2] 陈润. 雷军传[M]. 武汉:华中科技大学出版社,2013.

作者简介

郑剑海:男,1974年生,中国政法大学研究生毕业,智能硬件实践能力培养推广者。

新工科背景下通信工程专业实践教学改革探索

柯 强　祝远锋　王一凡

(江西师范大学物理与通信电子学院,南昌,330022)

摘 要：为推动我院工科专业探索实施本科教育"四融合"教学改革研究,为新工科和双创教育融合发展、新工科建设探索新思路,近年来我们尝试在通信工程专业试点,以打造"E创空间"创新创业教育平台为抓手,从专业课程、创新创业课程、项目入驻工作室制度和学科竞赛等多方面的相互融合渗透探索专业教育与创新创业教育融合的人才培养模式。本文介绍了我们的"五位一体"实践教学改革体系设计思路和三个阶段相互衔接的具体实施过程。

关键词：新工科；实践教学；双创教育；工程认知

Exploration on Practical Teaching Reform for Communication Engineering under the Background of Emerging Engineering Education

Ke Qiang　Zhu Yuanfeng　Wang Yifan

(College of Physics and Communication Electronics, Jiangxi Normal University, Nanchang 330022, China)

Abstract: In order to promote the research and implementation of the "Four Integration" teaching reform of undergraduate education in the communication engineering major of our college, and explore new ideas for the integrated development of Emerging Engineering and double innovation education and the construction of Emerging Engineering. The "E Makerspace" innovation and entrepreneurship education platform is a starting point for exploring the integration of professional education and innovation and entrepreneurship education from the integration of professional courses, innovation and entrepreneurship courses, the system of project entry studios and subject competitions. This article introduces our "five-in-one" practice teaching reform system design ideas and the specific implementation process of the three phases.

Key words：emerging engineering；practical teaching；innovation and entrepreneurship education；engineering cognition

1　引言

当前,地方高校在"宽口径、厚基础"教育理念引导下存在培养方案共性化、课程体系同质化现象严重,地方行业特色不明显,毕业生能力达成与产业用人需求脱轨等情况。而从相关电子信息类毕业生、行业企业进行的问卷调查反馈情况来看存在"实习实践环节不够""课程与新技术不匹配""兴趣和自主性调动不足"等问题突出,暴露出地方高校在人才培养中的一些困境。

《国务院办公厅关于深化高等学校创新创业教育改革的实施意见》指出,当前高校创新创业教育存在不容忽视的突出问题,主要是教育理念滞后,与专业教育结合不紧,教学方式方法单一,针对性、实效性不强,进而提出全面深化高校创新创业教育改革的要求,到2020年建立健全课堂教学、自主学习、结合实践、指导帮扶、文化引领融为一体的高校创新创业教育体系[1]。

新工科以新经济、新产业为背景,新工科的建设,一方面要设置和发展一批新兴工科专业,另一方面要推动现有工科专业的改革创新。只有专业人才教育、工程教育与创新创业教育相结合,才能为高校新工科培养教育体系提供完善的基础平台。2017年4月,教育部发布《教育部高等教育司关于开展新工科研究与实践的通知》指出,未来新兴产业主要集中于人工智能、智能制造、机器人、云计算等[2]。在高校转型发展战略下,新工科对高等院校电子信息类专业建设提出新的要求、新的方向,这既是挑战,也是我们发展的新机遇。

江西师范大学一贯重视本科教育教学改革,学校秉承"静思笃行"的校训,着眼于学、思、知、行结合。我们针对实践教学中的普遍问题,借鉴国内外众多高校创新创业与工程人才培养的理念与经验,对电子信息类专业实践教学体系尤其是创新创业教育进行了改革探索,本文将对我们的实践教学体系改革思路及教学实施过程展开探讨与分析。

2　实践教学体系设计

从目前国内大学的专业设置情况看,电子技术类、计算机技术、网络与信息工程、安全工程、新能源、功能材料等专业将纳入"新工科"的范畴。通信工程、电子信息工程、光电信息科学与技术等专业应当发挥信息技术类专业的优势,把握"新工科"发展机遇,加快专业升级改造和学科交叉融合,构建适合新工科教育发展,基于学分制、理论实践互动融合的人才培养教学体系,构建课堂实践教学为脉络、实践、竞赛及创新相结合的实践教学模式,校企合作构建工程教育共同体的创新创业人才培养方式,构建并落实创新创业教育的考核激励机制。

江西师范大学物理与通信电子学院下设通信工程、电子信息工程、光电信息科学与工程三个电子信息大类工科专业。为推动我院工科专业探索实施本科教育"四融合"教学改革研究,为新工科和双创教育融合发展、新工科建设探索新思路,近年来我们尝试在通信工程专业试点,以打造"E创空间"创新创业教育平台为抓手,从专业课程、创新创业课程、项目入驻工作室制度和学科竞赛等多方面的"五位一体"相互融合渗透探索专业教育与创新创业教育融合的人才培养模式,研究探索适合我院各工科专业的双创教育模式和方法、研究项目驱动下的多专业协同合作的人才培养模式、研究双创教育定量化评价方法,设计思路如图1所示。

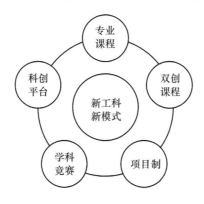

图 1 实践教学体系设计思路

2.1 研究适合电子信息类专业的双创教育模式和方法

我们以新生导论课和课程设计等实践课程为例,根据社会需求和标杆学科标准来扩充和调整专业课程的实践内容,打造一批精品教学案例和教学内容,探索符合创新创业教育目标的考核评定方法,激发学生学习兴趣,培养学生的分析问题解决问题的能力;建立"E创空间"的项目驱动教学模式,将创新创业教育渗透到工作室教学中,根据技术方向建设微课、慕课和技术视频帮助学生掌握技术难点,建设在线项目管理工具管理工作室项目开发进度,方便教师在任何时间、任何地点管理项目团队;建设"E创空间"微信公众号实现专业赛事信息发布和报名统计,以及比赛进度管理和比赛成绩归档,实现对学生的精准辅导和支持;建立奖惩机制突出专业比赛地位,引导学生积极参与专业比赛,将专业比赛作为检验工作室成效的手段。

2.2 研究项目驱动下的多专业协同合作的人才培养模式

创新创业活动涉及丰富多样的专业知识,发挥多专业协同作用成为创新创业活动必须采取的工作模式。我们将以真实项目实践和创新创业大赛为目标,展开项目驱动下的多专业协同合作模式,探索跨院系、跨高校、校企合作的创新创业人才协同培养模式,汇聚社会的人力、智力和资源推动生动活泼、积极主动的双创教育实践模式,力争做出1~2个真创业、高产出和育人才的案例典型。

实践教学体系中我们要建立专业教育和创新创业教育融合的课程体系,增加专利申请、软件著作权申请、商务合同、工商注册、商标注册等创业实战课程内容,破解学生的创业畏惧心理,打通创业信息闭环。

2.3 建立"E创空间"运行管理制度、研究双创教育定量化评价方法

2017年我院建立"E创空间"创新创业教育平台,草拟了"E创空间"管理制度,这一制度将在随后的教学实践过程中予以运行和完善。

教学团队将通过自编的创新创业教育调查问卷指导制定双创教育定量化评价方法。问卷包括两大块:一是对课程教学、项目驱动的工作室培养、专业竞赛和双创大赛培养质量评价,涉及教学评价、项目成熟度、大赛获奖数等方面;二是对大学生的创业教育、创业要素认知、创业意识、创业能力、创业意向、创业动机、创业激情、创业行为、创业自我效能感进行综合评价。我们将以此作为制定双创教育定量化评价方法的主要依据。

3 实践教学实施过程

为加快新工科建设,加强创新创业教育,解决高校和产业人才需求的脱节问题,我们参考了北京邮电大学等相关高校的教改经验,结合学校自身特点,在人才培养方案设置上构建应用型专业人才培养为主、兼顾研究型专业人才培养的人才培养模式,具体实施过程如下。

我们将实践教学体系分为相互衔接的三个阶段——专业通识教育、创新创业教学、职业教育,开设的课程及学期设置如图 2 所示。其中,专业通识教育要求所有学生参加,基本为必修课程,强调"厚基础、宽口径";创新创业教育则是以组建的学科交叉融合创新团队"E 创空间"为平台,通过学生申请和选拔加入研究团队,使不同专业、不同年级的学生共同参与,发挥专业特长,加强团队合作项目训练,重点在培养"强能力、高素质"学生;职业教育则通过校企合作、企业课程设置、实训实习等方式有针对性地解决教学有效与社会需求衔接问题。

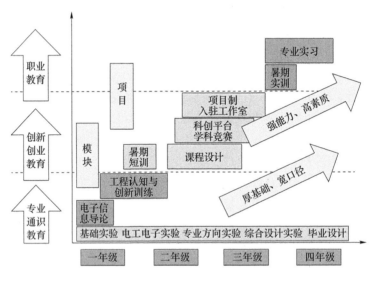

图 2　实践教学具体实施过程

3.1 专业通识教育

我们通过设置传统的实验课程培养学生的专业实践基础技能。一年级设置了大学物理、计算机基础、编程语言等基础实验;二年级设置了金工实习、电工电子类实验;三年级则根据不同专业方向设置实验,如交换、传输、接入等专业实验和综合设计性实验;四年级完成毕业设计。在传统实验教学之外,参考了北京邮电大学等一众北京高校的工程导论课程改革经验,结合自身特点,我们在一年级两个学期分别设置了"电子信息导论"和"工程认知与创新训练"课,面向全院工科专业开课。

2018 年我们在通信工程专业第一学期开设"通信导论"课,主要介绍通信工程专业发展、专业课程简介、专业热点等内容,重在培养学生的专业认知和专业认同感。课程设置中我们没有过多的介绍理论知识,而是从众多专业课程中提炼出一个个简化的小实验,让学生在动手实践中掌握基础专业知识和培养动手能力,提高学生的学习兴趣和专业认同感。该课程经过一年实践,既被大部分师生认可,从而扩大规模面向全院工科专业开设,同时更名为"电子信息导论"。2019 年暑假依托"E 创空间"平台,我们开设了暑期工程认知与创新训练营,吸引了 50

多位学生报名参加,并取得了良好效果;在此经验基础上,我们在一年级下学期正式设置"工程认知与创新训练"课程,采用模块化套件,利用团队合作方式开展项目化教学,让学生在工程实践中认知工程、学科与创新[3]。

3.2 创新创业教育

2017年,我院开始打造"E创空间"创新创业教育平台,围绕这一平台开展实践教学。经过一年级专业导论和工程认知与创新训练课程的洗礼,选拔一部分优秀学生团队的设计项目以项目制形式入驻"E创空间",支持场地、耗材及经费等,同时根据实际需求开展暑期短训,进行模块化培训,如单片机应用等。在二年级开设课程设计课程,教师团队给出若干不同方向的选题,由学生根据兴趣选择课题开展项目化教学与实践。这一过程中我们同样在关注优秀的学生团队和项目,给予更多的指导帮助,以期培育出有一定竞争力并可以落地的创客项目。

"E创空间"建立了相应的管理制度,利用微信公众号等手段实现专业赛事信息发布和报名统计,以及比赛进度管理和比赛成绩归档,实现对学生的精准辅导和支持;建立奖惩机制突出专业比赛地位,引导学生积极参与专业比赛,将专业比赛作为检验工作室成效的手段。"E创空间"平台将专业教育和创新创业教育融合的课程体系,增加专利申请、软件著作权申请、商务合同、工商注册、商标注册等创业实战课程内容,破解学生的创业畏惧心理,打通创业信息闭环。

3.3 职业教育

服务区域经济社会发展既是地方高校的重要使命,也是其内涵发展、可持续发展的重要给养和不竭动力,江西师范大学明确"面向行业、对接产业、立足地方、服务全国"的服务面向定位,寻求现有学科专业与地方主导产业的契合点,促进学校区域性研究成果与人才培养的融合,为江西省发展和创新创业提供智力支持,实现与区域经济社会的良性互动发展。在实践教学体系中,我们设置了多项职业教育课程或实践,以实现服务地方经济的定位,探索推进"校企合作、产学对接"的办学模式,与地方政府机构、行业企业在人才培养、技术创新、继续教育等方面开展广泛而深入的合作,建立一批资源共享、合作紧密、高效利用的校外实践教育基地和实践育人基地,积极构建校企、校地立体合作架构。

我们在课程体系中设置了一些校企合作课程,如"通信行业工程标准与规范"等,由运营商、设计院等合作企业选派优秀工程师授课;根据地方经济发展需求设定课程设计和指导学生项目,如师生团队参与了地方智慧城市建设项目等;在三年级暑期设置暑期实训,内容面向社会需求热点,如本专业与中国5G物联网产业联盟合作开设的"NB-IoT物联网培训"项目等;我们在电信运营商、设计院、上市公司建立了实习基地,分两批在暑假或四年级上学期开展专业实习,精心协商制定实习方案,力求解决学生能力达成与产业用人需求脱轨等问题。

4 成绩与不足

近年来,江西师范大学创新创业教育成果显著,各类大赛取得了优异的成绩。本专业依托"E创空间"创新创业教育平台开展的一系列实践教学改革探索也取得了较好的效果,激发了学生的专业学习兴趣,弥补了实践教学体系的短板。

自2017年建立以来,"E创空间"入驻学生团队开展了十余项课题研究,立项并完成了三项国家级大学生创新创业训练计划项目。师生团队获得了诸如全国大学生"互联网+"创新创业大赛国赛银奖、华晨汽车·首届大学创客设计大赛金奖、"大唐杯"移动通信技术创新大赛国赛一等奖等数十项奖项;项目团队中先后有八人保送国内重点院校攻读硕士研究生;指导老师获省级优秀指导老师和学校创新创业大赛先进个人荣誉称号。师生团队参与了"智慧井冈山"项目建设,服务地方经济并有效加强了学校、政府、企业的合作交流。

经过三年多的摸索,我们的教学改革取得了一定的效果,也发现了很多困难与不足,这是我们进一步努力的方向。一方面师资力量是很大的瓶颈,团队的指导老师数量少,知识结构无法覆盖学生的整体需求,因此还需要扩大多专业协同合作的力度;另一方面,平台的管理制度、管理能力、考核机制等实施效果测评问题需要我们进一步探索改进。研究双创教育定量化评价方法是我们一直在思考和努力的方向,有效的评价方法需要广大创新创业教育者共同摸索与探讨。

5　结束语

地方高校要结合地方经济发展需求和自身特色,以新工科建设为契机,构建教学、实践、竞赛及创新创业相结合的实践教学体系,并在实施过程中重视专业通识教育、创新创业教学、职业教育的相互衔接。我们开展的实践教学体系改革探索致力于培养学生的综合能力、重视双创教育与项目教学、强调与地方产业紧密结合,推动产教融合,使人才更加贴合企业需求,学校、企业和学生三方受益。本文详细介绍了我们的实践教学改革体系设计思路及具体实施过程。实践过程中我们取得了一些成效,也仍然有不足之处待进一步探索,这些实践经验将为地方高校新工科建设和创新创业教育提供参考。

参 考 文 献

[1] 王占仁. "广谱式"创新创业教育的体系架构与理论价值[J]. 教育研究,2015,36(05):56-63.

[2] 周开发,曾玉珍. 新工科的核心能力与教学模式探索[J]. 重庆高教研究,2017,(03):22-35.

[3] 纪阳,吴振宇,尹长川. 适变能力、工程认知与敏捷教改[J]. 高等工程教育研究,2018,(06),139-144.

作者简介

柯　强:男,1979年生,副教授,研究方向为信息与通信工程。
祝远锋:男,1979年生,副教授,研究方向为信息与通信工程。
王一凡:男,1981年生,副教授,研究方向为电子信息工程。

基于 Matlab GUI"数字信号处理"教学辅助实验平台

白亮亮　连江龙

(新疆工程学院,乌鲁木齐,830001)

摘　要:"数字信号处理"这门课程理论性很强、信息量大,涵盖知识面广,学习该课程具有一定的难度。传统的教学模式已经不能很好地运用于该课程的教学,本文以 Matlab GUI 为开发平台,有针对性地将课程内容开发为 8 个实验模块,通过参数输入将抽象的信号变换直接以图像的形式展示,辅助学生更好地理解理论知识,降低学习难度。

关键词:数字信号处理;图形用户界面;Matlab

Teaching aid experiment platform based on Matlab GUI "Digital Signal Processing"

Bai Liangliang　Lian Jianglong

(Xinjiang Institute of Engineering Urumqi 830001 China)

Abstract: The course "Digital Signal Processing" is very theoretical, informative, and covers a wide range of knowledge. It is difficult to learn this course. The traditional teaching mode can no longer be used well in the teaching of this course. This article uses MATLAB GUI as the development platform to develop a targeted experimental platform with eight modules. Through the new teaching concept combining theory and auxiliary experiments, the results of calculations can be displayed to learners in the form of images, allowing beginners to better understand theoretical knowledge, reducing learning difficulties, and greatly improving teaching efficiency.

Key words: digital signal processing; graphical user interface; MATLAB; filter

1　引言

数字信号处理是 20 世纪五六十年代随着计算机技术的发展而形成的一门学科。如今的数字化技术发展飞速,应用领域十分广泛。"数字信号处理"这门课程是电子工程、通信工程、控制技术等专业的一门技术基础课,也是该类专业学生后续课程和研究生课程的基础在整个课程体系中具有很重要的作用。为了解决该课程理论性很强、信息量大,涵盖知识面广等难学问题。为了改进传统的教学模式,本文以 Matlab GUI 为实验开发平台,设计出了数字信号处理课程的教学辅助实验平台,通过此平台,极大的改善了教学过程的难度,增强了学生学习的兴趣[1-3]。

该平台针对"数字信号处理"这门课程内容开发,将实验内容融入教学过程中。使用该系统时,界面直观,操作简单。通过该平台的辅助,可以把数字信号处理课程中的理论知识形象地展示出来,让初学者直观地观察到结果,减少初学者对公式与计算的复杂推导,改善初学者对课程基础知识的掌握与理解,提高教学质量与效率。

2 实验平台设计

2.1 实验平台基本结构

该实验平台开发了基本信号产生实验、基本信号变换实验、基本信号运算实验、快速傅里叶变换实验、系统的频率响应实验、稳定性分析实验、FIR 与 IIR 滤波器设计实验与语音信号的处理实验,此外有开始界面与实验主界面,实验平台基本结构如图1所示。

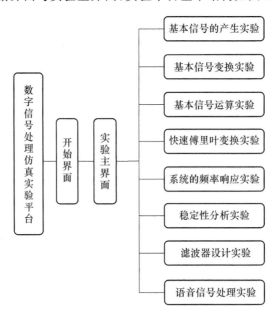

图 1 实验平台基本结构

2.2 实验平台设计步骤

(1) GUI 对象布局

GUI 对象布局的编辑界面可以设计自己所需的 GUI。在 GUIDE 窗口内,根据需求用鼠标拖拽 uicontrol 对象,设计出符合需求的图形用户界面。

(2) 设置属性

对象建立好之后,可更改对象的属性,由此可以快速地建立一个图形界面。

(3) 编写回调函数

编写回调函数,可以通过鼠标右击打开 Callback 选项,即可根据需求编写回调函数。

2.3 实验平台设计与实现

2.3.1 开始界面与实验主界面设计与实现

图 2 实验平台开始界面

开始界面可引导实验的开始与结束整个实验,通过开始按钮进入实验主界面,退出按钮结束系统,界面如图 2 所示。

实验主界面主要是完成实现子界面的选择与调用功能,点击相应的模块,进入子界面;单击返回,到开始界面;单击退出即可退出系统,如图 3 所示。

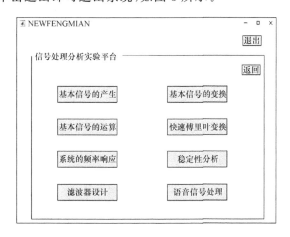

图 3 实验平台主界面

2.3.2 子界面设计与实现

实验子界面共有 8 个模块,分别是基本信号产生实验、基本信号变换实验、基本信号运算实验、快速傅里叶变换实验、系统的频率响应实验、稳定性分析实验、FIR 与 IIR 滤波器设计实验与语音信号的处理实验。

第一个模块是基本信号的产生模块,该可自由输入参数,输出函数图像,让学习者直观地了解每个函数。所设计的基本信号有包括单位脉冲序列、单位阶跃序列、实指数序列、正弦序列、矩形序列、复指数序列,此处测试用复指数序列,如图 4 所示。

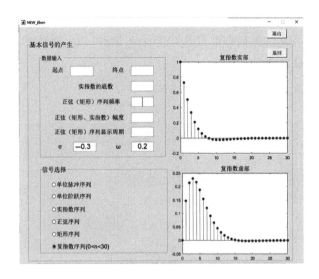

图 4　基本信号产生界面

基本信号的变换模块可让初学者直观看到信号的变换,输入参数即可对信号平移、伸缩、加权与反转,此处产生一正弦信号并平移来测试,如图 5 所示。

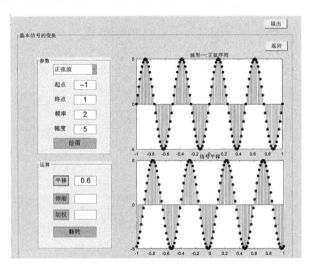

图 5　基本信号变换界面

基本信号的运算模块是对两个信号的基本运算,可以对两个信号做相加、相减、相乘运算。可选择基本信号有正弦序列、矩形序列、三角序列、锯齿序列,此处产生一个三角序列与锯齿序列,并相减来测试,此处产生一个三角序列与锯齿序列,并相减来测试,实验界面如图 6 所示。

快速傅里叶变换(FFT)是一种利用计算机快速有效地计算离散傅里叶的方法。为了能够直观地展现快速傅里叶变换,此模块设计了对任意离散序列的 FFT 与 IFFT 变换,输入对应序列,即可完成对序列的运算并画出原始序列幅度图、变换后的幅度图与相位图,如图 7 所示。

频率响应是分析和处理信号在频率域内的有效工具,使用者输入系统函数分子与分母即可画出相应的频域、幅频特性与零极图。此处输入分子系数为{1,3,4,2,3,2,2},输入分母系数为{1,1,3,2,4}来测试,界面如图 8 所示。

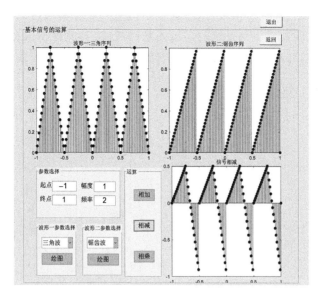

图 6 基本信号计算界面

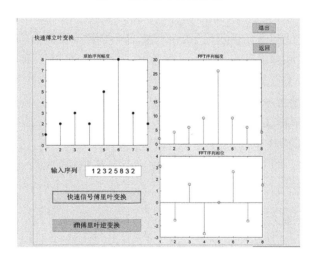

图 7 快速傅里叶变换界面

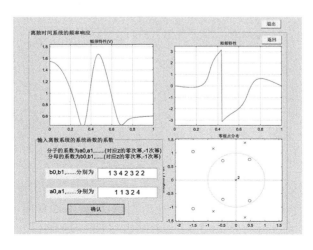

图 8 系统的频率响应界面

分析系统的稳定性,在"数字信号"这门课程中很重要。此模块可以让用户直观观察到系统的稳定性,用户输入参数可得到系统的零极图与冲激响应,此处输入分子系数为{1,3,2,5,4,3,2},分母系数为{1,3,4,5,2}来测试,如图9所示。

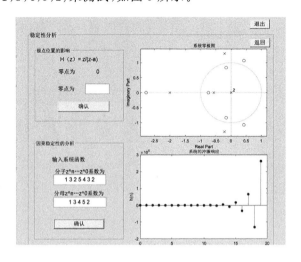

图9 稳定性分析实验界面

在学习"数字信号处理"这门课程时,数字滤波器是非常重要的内容,根据数字滤波器单脉冲响应的时域特性将数字滤波器分为两种,一种是IIR滤波器,另一种是FIR滤波器[4]。

滤波器从功能上分类有低通、高通、带通、带阻滤波器,为了让学生掌握数字滤波器不同功能,设计时将功能分类设为一种参数。本文设计FIR滤波器所用方法为窗函数法,常用的窗函数有布莱克曼窗、矩形窗、巴特莱特窗、三角窗、汉宁窗、海明窗[5],其他参数有采样频率F_s、低阻带频率W_{s1}、高阻带频率W_{s2}、低通带频率W_{p1}、高通带频率W_{p1}、通带波纹R_p、阻带衰减R_p。用户输入这些参数,可绘出滤波器的幅频响应与频率响应,此处选择带通的布莱克曼窗来测试,界面如图10所示。

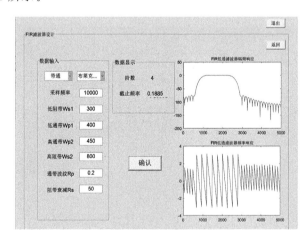

图10 FIR滤波器界面

IIR数字滤波器设计用直接的设计函数,此处选切比雪夫Ⅱ型为滤波器原型,IIR滤波器的参数与FIR滤波器的参数除了无窗函数之外均相同,此处选带阻滤波器测试,界面如图11所示。

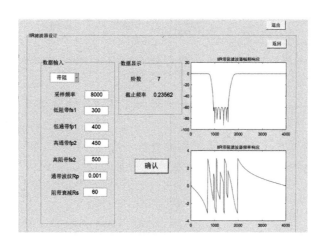

图 11　IIR 滤波器界面

语言是人们常用的信息交流工具,语音信号的处理技术的发展体现在生活中的各个方面[6],此模块正是基于语音信号的噪声处理来设计,包括三部分内容:第一部分是对语音信号的录制、读取与播放,同时显示其时域波形和频谱图;第二部分是对该语音信号加噪声并播放,同时显示其时域波形和频谱图;第三部分是对经过加噪后的信号运用滤波器滤除噪声,还原出原始信号,界面如图 12 所示。

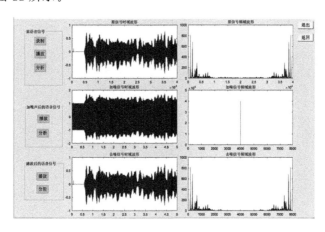

图 12　语音信号处理界面

3　结论

本文所设计的数字信号处理教学辅助实验平台,涵盖了"数字信号处理"这门课程的大部分实验内容,打破了传统的教学模式,这种理论与辅助实验结合的新教学模式,更能够调动学生的积极性,所学内容学生更容易理解,大大提高了学生的学习效率。

参 考 文 献

[1]　程佩青.数字信号处理教程[M].北京:清华大学出版社,2007.

[2] 阳武娇,李兰君,高飞燕,等.基于MATLAB的《计算机控制技术》实验系统研究[J].科技创新与应用,2015,(4):28-29.

[3] 易婷."数字信号处理"课程课内配套实验的设计[J].南京:电气电子教学学报,2013,35(4):8990.

[4] 简榕杰.基于MATLAB的数字滤波器设计与仿真[J].计算机产品与流通,2019,(12):255,256,286.

[5] 冯本传.包装生产线电子秤动态称重性能分析与改进[J].轻工科技,2013,29(6):66-68.

[6] 申俊杰.MATLAB语音信号处理[J].数字通信世界,2018,(6):87.

产教融合背景下的通信实训基地建设研究

马 玲

(武昌首义学院信息科学与工程学院,武汉,430064)

摘 要:产教融合的实训基地建设是以人才培养目标为依据,生产与教学相融合,以提高教学质量为宗旨,校企合作,资源共享的生产性实习基地。本课题在校内实践环境建设、人才培养、师资培养、教学资源建设、学生实习就业方面开展研究,将专业设置与产业需求、课程内容与职业标准、生产过程与教学过程相对接,以培养高素质技术技能人才。

关键词:产教融合;ICT;实训基地建设

Research on Construction of Communication Training Base under Background of Industry Education Tntegration

Ma Ling

(Institute of Information Science and Engineering, Wuchang ShouyiUniversity, Wuhan 430064, China)

Abstract: The construction of the training base for the integration of production and education is a productive practice base based on the goal of personnel training, the integration of production and teaching, the purpose of improving the quality of teaching, school enterprise cooperation and resource sharing. In this project, the construction of practice environment, personnel training, teacher training, teaching resources construction, students' practice and employment are studied, and the professional setting and industrial demand, curriculum content and professional standards, production process and teaching process are connected, so as to cultivate high-quality technical talents.

Key words: Integration of production and education; ICT; Construction of training base

1 现状分析

目前,我国正处于工业经济向知识经济转变的时期,信息产业已成为国家发展战略的重点。新一代信息技术产业被列为我国"十二五"规划中七大战略新兴产业之一,是未来国家战略发展的重点方向;《国务院关于加快培育和发展战略性新兴产业的决定》关于发展新一代信息技术产业建设内容为:加快建设宽带、泛在、融合、安全的信息网络基础设施,推动新一代移动通信、下一代互联网核心设备和智能终端的研发及产业化,加快推进三网融合,促进物联网、云计算的研发和示范应用。

产教融合背景下通信实训基地建设,旨在与高校合作建设联合实验室,提升学校专业实践环境,共同开发有关的教学资源,提升学校实践教学水平。围绕目前 ICT 产业热点技术领域软交换技术和 LTE 技术,支持高校在这些技术方向建设联合实训基地,服务于高校基础教学及实训科研。同时也可以基于实训室环境开展创新创业、培训认证、课程建设等,推动高校技能型人才培养。

2 项目整体方案规划

以通信工程专业为基础专业,涵盖物联网工程、电子信息工程、计算机科学与技术等信息技术专业群。本课题研究内容重点包括人才培养方案及课程体系调整、专业课程教学、校内实训环境建设等。

(1) 人才培养方案及课程体系调整

以现有通信工程专业人才培养方案及课程体系为基础,结合行业用人需求及目前行业内公司对信息技术教学的丰富经验,调整人才培养方案及课程体系,引入企业职业素养课程、主流应用技术课程等。

(2) 专业课程教学

针对引入的企业课程,采用校企合作的模式,由合作企业派遣具有资深工程经验的高级工程师进行授课,采取理论+实践的教学方式,培养学生掌握行业主流技术,具备一定的工程经验,提升就业竞争力。

(3) 校内实训环境建设

为了满足专业课程体系教学,需要对实训环境进行扩容建设,在现有 xDSL 宽带接入实验平台、FTTX 光纤接入实验平台、SDH 光传输实验平台、VoIP 语音交换实验平台等现代通信实验平台。针对新增专业课程所需的实验环境及实训平台,规划建设 LTE 移动通信综合创新实训平台、IP RAN 实验平台、LTE 网络优化实验系统、HCNA 网络实验平台及基站工程仿真实训系统。提升整体实验教学环境,支持专业课程教学,同时能够具备课程设计、学生校内实习、培训认证等工作,还可以作为企业培训基地,具备社会服务功能。

整体方案设计遵循建设内容切合专业课程、教学便利性、先进性、可扩容性等设计原则,方案组网拓扑图如图 1 所示。

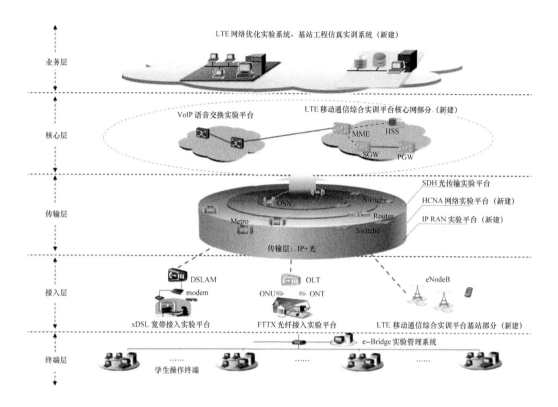

图1 现代通信实训基地方案组网

3 后期效益

本项目以建成现代通信实验室为目标,构建一个集专业实验教学、综合实验实训、工程应用、科学研究于一体的综合实验实训基地。依托现代通信实验室能够完成本科层次的专业技术教学和课外科技创新能力培养,能为计算机科学与技术、软件工程、网络工程、物联网工程等专业的课程教学提供综合性和设计性实验,为专业实习实训提供具有行业应用价值的综合性课题,为毕业设计提供开发性、设计性课题,也能为学生课外科技创新与教师科研提供应用技术研究平台。该实验室建设能实现以下效益。

(1) 完备实验实训条件,显著提升实验层次

现代通信实验室主要服务于通信工程、电子信息工程、计算机科学与技术、软件工程、网络工程的本科学生,为专业课程教学提供综合性、设计性和创新性实验;同时为毕业设计和其他实训教学环节提供开发型、设计型实验课题,为学生课外科技创新和教师教学科研等课外开放提供实验环境。

(2) 完善实践教学体系,提高应用型人才培养质量

根据应用型人才培养的要求,建设的现代通信实验室,不但能满足专业实践教学的需要,而且能为地方建设提供服务。学生通过贴近真实应用的实践训练,能够熟练运用软硬件平台进行数据处理。

该项目建成后,将彻底改变专业实验课程过多附属于理论课程的传统模式,调整原有实验教学项目与内容,建立按基础性实验、设计性实验、综合性实验实训、创新性实验的金字塔型多

层次模块化实验教学体系。从注重培养学生实践能力出发,缩减验证性实验比例,增加综合性、设计性、创新性实验比重,实现服务计算机科学与技术、软件工程、网络工程、物联网工程等专业,开展多层次实践教学,缩短学生与职业岗位需求之间的差距,形成特色鲜明的人才培养模式。

(3) 促进教师转型,造就具有行业特色的工程型队伍

该项目建成后,将着力为通信工程、电子信息工程、计算机科学与技术、软件工程、网络工程等专业提供专业技术实验平台,为专业教师在云计算技术、大数据技术、LTE技术等研究方向提供教学及科研平台,促进教师从理论教学向工程应用转型。

通过本项目的实施,教师在实验室将获得大量的工程实践机会,将显著提升应用技术研发能力;同时,教师也可以将工程经验、科技成果转化为教学案例,反哺教学,助力学生工程实践能力提升。

(4) 打造资源共享平台,为地方经济社会服务

该项目建成后,能够作为本区域高校的实训基地,作为本区域企业的科研测试环境等,为本地经济社会服务。

4 结论

将现代通信战略实训基地建设成为ICT类相关专业共享的工程训练中心,为学生提供工程实践、实习环境。联合行业优秀企业,进行校企合作,开展"产、学、研"结合的新型人才培养模式,将现代通信战略实训基地建设成为开放式创新实践基地。

参 考 文 献

[1] 陈岗.国际化视野下产教融合精准培养通信技术专业"双高"人才的建设与实践[J].开封教育学院学报,2019(7):145-147.

[2] 刘和剑,赵峰.产教融合背景下通信工程专业建设路径探索[J].现代商贸工业,2018(35):160-161.

[3] 李学华,杨玮,王亚飞.产教融合 协同育人 培养信息通信产业的卓越工程人才[J].教育教学论坛,2017(47):175-176.

作者简介

马玲:女,1981年生,副教授,通信与信息系统。

电子技术实验教学问题分析与改革探索

董小伟 叶 青 崔 健 黄 明

(北方工业大学信息学院,北京,100144)

摘　要:针对电子技术实验教学中出现的实验与理论脱节、实验内容较陈旧、实验考核评价单一等问题,我校开展了电子技术实验教学改革,根据学生特点和差异,建立"虚实结合"的实验教学模式、"分层分流"的实验教学体系和"线上线下"的实验指导方案,更好地激发了不同层次学生的学习兴趣,学生实际动手能力提高,近年来在 TI 杯全国大学生电子设计竞赛中成绩优异,实验教学改革效果明显。

关键词:电子技术;实验教学;改革探索

Problems Analysis and Reform Exploration of Electronic Technology Experimental Teaching

Dong Xiaowei　Ye Qing　Cui Jian　Huang Ming

(School of Information Engineering, North China University of Technology, Beijing 100144, China)

Abstract: In view of the problems in electronic technology experimental teaching, such as the disconnection between experiment and theory, outdated experimental contents and single evaluation, our school has carried out the reform of electronic technology experimental teaching. According to students' characteristics and differences, we have established an experimental teaching mode of "combining virtual and real", an experimental teaching system of "dividing by layers" and an experimental guidance scheme of "online and off-line", which has significantly simulated students' interest in learning and improved their practical ability. In recent years, our students have obtained very good scores in TI Cup National Undergraduate Electronic Design Contest, which demonstrates the effect of our experimental teaching reform.

Key words: Electronic Technology; Experimental Teaching; Reform Exploration

北方工业大学电子信息工程专业 2017 年获批北京市属高校首批一流专业,2019 年获批国家级一流专业建设点。电子技术课程一直是我校电类相关专业的重要基础课,也是校级一流重点建设课程。电子技术是一门实践性很强的专业基础课,为当前高等工科院校电气电子、计算机以及信息技术等电类专业提供理论基础和基本的实验技能,尤其是电子技术相关的实验教学,对加强学生的基本理论、培养学生的基本技能、激发学生的创新能力具有不可替代的重要作用。但是,近年来,随着科学技术加速普及,在综合化和国际化推动下,针对电子技术实验教学出现的一些问题[1],我校开展了电子技术实验教学研究与改革,力求使我校电子技术实验教学适应新形势下高水平专业人才培养目标。

1 电子技术实验教学中存在的问题

1.1 实验与理论脱节

电子技术是一门理论性和实践性都很强的课程。目前我校电子技术采取课堂教学和实验教学独立设课的方法[2],理论教师和实验教师相分离,理论教师归属课程教研室,实验教师归属实验实训中心,难免造成相互沟通不及时,有时实验课超前理论课,学生在未掌握基本理论知识下做实验,只能按实验指导书或模仿老师步骤进行实验,造成对实验过程不理解,对实验结果无法进行正确评估和分析,达不到巩固学生知识理解的目的。

1.2 实验内容陈旧

实验内容设置在实验教学中扮演非常重要的作用,但是以往的实验教学内容大多以验证性实验为主,知识陈旧,设定的各项实验过于统一,未能考虑不同学生的差异。对于基础较好的学生,内容过于简单,实验结果毫无变化,不能充分发挥其主观能动性;对于基础较差的学生,不能让其充分理解实验知识,严重降低学生的学习兴趣。

1.3 实验考核评价单一

以往的实验成绩主要依据学生的实验报告给出,造成学生只重视报告的撰写,不重视对实验原理的理解和操作能力的锻炼。教师在实验教学中,通常先简单讲述一下实验原理及注意事项,再在实验台上演示一遍,最后检查只重视实验结果,未能形成有效的过程管理,从而造成全班有一个同学做出后其他同学都做出来,慢慢出现实验代帮代做,实验报告抄袭现象,起不到培养学生动手操作能力。

2 电子技术实践教学改革措施

2.1 建立"虚实结合"的实验教学模式

随着现代技术的高速发展,新技术、新知识不断涌现[3],若不对学生进行相关训练,学生的能力将很受约束。实验教学的开展都是建立在实验仪器的基础上,但是传统的实验箱所设实验的种类固定,可扩展性较差,而一些先进的实验设备价格又较为昂贵。为了解决这一矛盾,我们本着重基础、重应用、重创新的方针,进行了"虚实结合"的电子技术实验教学模式改革,对于基本技能培养,我们结合现有的实验条件,采用具体真实的实验器件、实验仪器进行;而对于一些较为前沿的实验项目,我们引导学生搭建"虚拟"实验系统,比如我们让学生利用 Multisim 软件进行病房呼叫系统实验仿真[4],并利用软件自带的虚拟仪器进行测试,向学生直观地展现各电路模块的功能和特点。

2.2 建立"分层分流"的实验教学体系

在实践能力培养方面,我们充分考虑学生的特点和差异,设置不同层次、不同类别的实验。根据实验难易程度,我们将实验内容划分为:基础性实验、指导性实验、综合性实验和创新性实验,在成绩评定方面相应分为:60～70分(及格)、70～80分(中等)、80～90分(良好)、90分以上(优秀)等几个不同档次。学生可以根据自身能力和对成绩的预期来选择不同的实验内容。(1)对成绩预期不高、能力较差的学生,我们为其设置基础性实验,基础实验较为简单,原理概念清晰,通常每个实验2个学时,旨在让其了解基本实验技能和方法;(2)对于能力中等的学生,我们为其设计指导性实验,教师只给出实验目的和基本要求,由学生自己设计实验方案,选择实验仪器,通常每个实验2个学时,旨在更好地拓展学生思维,充分调动其学习积极性;(3)对于能力较强的学生,我们为其设计综合性实验,老师只提出实验要求,由学生自己查阅相关知识,设计实验方案,选择实验仪器,在进行实验之前进行仿真验证比较,通常每个实验3个学时,旨在激发学生的主观能动性。(4)另外,我们开设一些大学生创新实验项目、开放性实验项目和大学生电子竞赛实验课题,旨在培养学生的团队合作意识,加强学生创新能力培养。这些实验内容涉及的知识面较广、难度较大,与实际问题结合较紧密,通常每个实验大概16个学时,采用3～4人一组的方式进行,教师只给出实验题目和要求,由学生利用课外时间,自己查阅相关知识,进行方案论证、购买器件、软件仿真、硬件搭建等一系列工作,最后根据电子作品和个人分工给出成绩。

2.3 建立"线上线下"的实验指导体系

实践能力的培养是一个长期过程,实验教学要从多维度、多方面激发学生的实验动手热情。一方面,对于传统的"线下"实验教学,我校电子技术实验教学改革不断深化,在实验室管理方面,我们专业实验室全天开放,学生可根据自己的时间随时动手做实验;在教学硬件平台方面,购置了最新的模拟电子技术和数字电子技术实验箱,实验内容可扩展性更强。另一方面,为了让学生充分利用碎片化时间,我们电子技术开展"线上"实验内容,在实验课前将实验原理、实验过程和仿真结果,在网上进行展示,让学生能随时随地预习;而且针对"线下"实验中一些常见问题进行总结,开辟答疑区,对一些前沿、复杂工程问题,开辟讨论区,增强老师和学生的互动和交流,很好地促进了学生对实验的理解和学习兴趣。

3 电子技术实验教学改革效果

我校通过电子技术实验教学改革,有效激发了学生的积极性和主动性,学生的实际动手能力得到加强,近年来在全国大学生电子设计竞赛中获得国家奖的数目在北京市高校中名列前茅,实验教学改革效果明显,专业人才培养质量不断提高。

4 结束语

电子技术作为高校电类相关专业的基础课,其相关实验教学对培养学生实践动手能力和工程创新能力发挥重要作用。以我校电子信息工程教育专业认证为契机,电子技术深化实验教学改革,由原来的知识导向转变为学习成果导向,由教师中心转变为学生中心[5],根据不同层次、不同专业、不同能力学生的特点,在教学模式、教学内容、评价体系等方面进行改革探索,力求培养出适应新时代、新形势、国家发展所需要的电子技术人才。

参 考 文 献

[1] 苏芙华,伍铁斌.电子技术实验教学改革的探索与实践[J].科技视野,2014,(2):40.

[2] 叶青,张卫平,张东彦,等.电子技术骨干课程建设的探索与实践[J].中国现代教育装备,2014,(1):55.

[3] 叶青,张卫平,张东彦.新形势下电子技术课程教学研究与探索[J].教育教学论坛,2018,30(7):137,138.

[4] 吴泳,周子杰.基于Multisim仿真的电子技术课程设计及实践[J].湖南邮电职业技术学院学报,2020,(3):87-89.

[5] 王怀平,邓文娟,冯林.基于CDIO教育理念的数字电子技术实验教学改革及探索[J].中国教育技术装备,2020,(1):122-124.

"以用为本"的电路理论与实验课程教学案例初探

李云栋　白文乐　吴小林　盛智勇

（北方工业大学信息学院，北京，100144）

摘　要：电路分析是电类专业的第一门专业基础课程，对学好后续的电子线路课程具有重要意义。电路分析以理想电路模型为研究对象，侧重电路定理及分析方法的讲授，对实际应用涉及较少，学生理解较为困难。针对该问题，本文从应用实例出发，探讨一种"实例—理论—实验"的贯通式教学案例，加深学生对电路理论的理解，提高学生解决实际问题的能力。

关键词：电路分析；应用实例；教学案例

A Case Study on the Courses of Circuit Theory and Experiment Inspired by Learning-for-Use

Li Yundong　Bai Wenle　Wu Xiaolin　Sheng Zhiyong

(School ofInformation Science and Technology, North China University of Technology, Beijing 100144, China)

Abstract: Circuit analysis is the first professional basic course of students with the major of electronic and electrical engineering. It plays an important role in the learning of the following electronic circuit courses. The circuit analysis course mainly focuses on circuit theorem and analysis methods of ideal circuit models. Application circuits in practice are rarely introduced in this course, which hinders students to understand the course. To address this issue, we proposed an typical teaching case based on a real application circuit in the teaching of theoretical and experimental courses. Practical teaching activities show that the proposed case is beneficial for students to improve understanding of the course.

Key words: Circuit Analysis; Application Example; Teaching Case

1 概述

电路分析是电类专业的一门专业基础课,对电子信息工程、通信工程、电气工程与自动化、微电子等专业的学生而言,电路分析是第一门与"电"相关的课程。掌握该课程对于后续的模拟电子技术、数字电子技术、高频电子线路等课程的学习具有重要的意义。电路分析课程以集中参数电路模型为研究对象,以两类约束关系(元件的伏安关系和基尔霍夫定律)为分析依据,针对电阻电路和动态电路,求解电路中的电压、电流和功率等变量。该课程侧重基本概念和各种电路分析方法的讲授,包括基本分析方法、叠加分析方法、等效分析方法和变换分析方法等。

电路分析是一门理论课程,很多学生在学习该课程之前将"电路"等同于电子线路,认知存在一定的偏差。经过该课程的学习,大多数同学能认识到电路分析课程的研究对象是理想电路模型,是对真实电路的抽象与建模。但是仍然有部分同学提出疑问:"老师,我觉得电路课学的不错,也会做习题,但是学了有什么用呢?"。这种疑问反映了传统电路教学中存在着理论与实践脱节的问题。学习的目的是"以用为本",如果理论知识脱离实际应用,不但影响学生的学习兴趣,而且影响对理论知识的理解,造成知其然不知其所以然的现象。为了缓解这个问题,需要在电路理论教学中适当引入问题的应用背景,引入应用实例,并在此基础上抽象出电路模型,运用理论知识解决该问题,然后反馈到实际应用中,实现"应用实例→理论教学→实验教学→应用实例"的闭环。当然,电路分析是电类专业的先导课程,学生还没有接触模拟电子、数字电子等电子线路课程,无法理解复杂的应用实例,只能在学生现有的知识体系结构下,尽量与应用实例相结合。

笔者同时为本科生开设电路理论与实验课程,在教学中有一点不成熟的想法,在科研工作的基础上设计了一个教学案例,在此与大家分享,希望能够抛砖引玉。教学案例总体思路如图1所示。

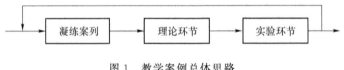

图 1 教学案例总体思路

2 案例的提出

在科研工作中,笔者曾经开发一套经编机断纱检测系统,该系统由激光信号发射器、硅光电池、信号放大与滤波电路组成。激光信号发射器产生一个调制后的方波信号,硅光电池接收激光信号,通过跨阻电路得到一个方波小信号,然后通过放大和带通滤波器,滤除其中的低频干扰和高频信号,得到一个正弦波输出。本文重点讨论接收端电路,与电路分析课程的对应关系如下:硅光电池是将光能转换为电能的半导体器件,可以用电流源元件等效,电流源元件在电路分析课程第1章中介绍[1];跨阻电路及信号放大电路本质上是运算放大器的应用,运算放大器是电路分析课程第2章的重点内容;带通滤波器由一阶RC低通电路和一阶高通电路组成,与运算放大器结合形成二阶带通滤波器,一阶低通和一阶高通电路是电路分析课程第10章频率响应部分的重点内容[2]。我们将激光信号接收电路进行简化,得到一个可用于电路理论与实验教学的案例,如图2所示。

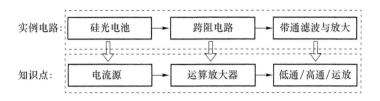

图 2 带通滤波器教学案例

3 案例的实施

3.1 理论教学环节

该教学案例贯穿整个电路理论教学过程中。在第 1 章讲解理想电流源元件时,向学生展示硅光电池实物,分析硅光电池的电流输出特性曲线,引导学生建立"实际器件→理想元件"的抽象过程。

在第 2 章讲解运算放大器的时候,结合接收单元中的跨阻电路讲解运算放大器的特性与功能,特别是运用"虚短"和"虚断"的概念讲解如何将硅光电池输出的电流信号转换为电压信号。"虚短"和"虚断"的概念是学生学习过程中的难点,学生感觉看不见,摸不着,很难理解。本案例结合实例电路,只需要运放和简单的电阻电路,即可以完成实际可用的功能。而且可以运用理论课中学过的"虚短"和"虚断"概念进行分析,因此能够帮助学生理解该运算放大器的工作原理。

多频电路与频率响应是电路分析的重点内容。通过学习第 10 章多频电路的内容,我们知道方波信号可以分解为无限多个正弦信号。据此,向学生提出问题:"如何从方波中恢复基波信号?"结合本教学案例,讲解如何利用本章学过的低通滤波器滤除高频信号,以及如何利用高通滤波器去除低频日光灯干扰信号。还可以将低通滤波器和高通滤波器与运算放大器电路结合,形成有源二阶带通滤波器,给学生适当扩展教学内容,以便将来和模拟电子技术课程对接。总之,本教学案例将运算放大器、一阶 RC 低通滤波器、一阶 RC 高通滤波器和周期非正弦信号的分解等概念有机地集成在一起,有助于学生对基本概念的理解。

3.2 实验教学环节

本次实验安排在第 10 章之后进行,包括电路仿真和实物实验两个部分。

(1) 电路仿真

在实物实验之前,安排学生进行 Multisim 仿真。根据要求的截止频率和放大倍数,学生设计滤波器电路,选择电阻和电容的参数。利用信号发生器模拟硅光电池跨阻电路生成的方波电压信号,观察滤波与放大电路的输出。通过电路仿真,可以加深学生对理论的理解,为后续的实物实验奠定基础。

(2) 实物实验

完成电路仿真后,安排学生进入实验室,利用面包板搭建电路,按照之前选择的元器件参数,调试电路。在实验中利用信号发生器代替硅光电池的输出,观察滤波器电路的输出信号,并记录波形。

4 结论

本文从应用实例出发,设计了一个用于电路理论与实验课程的教学案例。由于实验条件的限制,在实验中我们利用信号发生器模拟硅光电池跨阻电路的输出,将实验重点放在后面的有源二阶带通滤波器的设计上。我们在教学活动中初步实施了该案例,学生反映良好。下一步,将继续完善该案例,扩大受益的学生数量。

参 考 文 献

[1] 李瀚荪. 电路分析基础(上册)[M]. 北京:高等教育出版社,2006.
[2] 李瀚荪. 电路分析基础(下册)[M]. 北京:高等教育出版社,2006.

作者简介

李云栋:男,1972年生,高级实验师,研究方向为机器学习与计算机视觉。

基于 LiFi 的三通道音乐传输系统研究

田小平　赵家江　王开悦　任梦瑶

（北京石油化工学院通信工程系，北京，102617）

摘　要：LiFi 通信是未来交换数据的必然选择，本文研究了如何利用其单信道传输多路音频问题。先对三通道的音频流二进制按照先后顺序排列，再用 4 位特定伪随机码分别对各通道音频流进行异或调制，在添加同步头信息的基础上用二进制流信息驱动白色 LED，最后在接收端采用同步去伪码方式恢复音频二进制流。实验以 STM32 嵌入式板块为控制载体，实现了最小间隔 2ms 的三通道音频流发射和分通道接收效果。同时也表明以当前 LiFi 通信速率可同时承载 2000 路音频的同时使用。

关键词：音乐传输；多通道；LiFi 无线传输；伪随机码

Research on three channels music transmission system based on LiFi

Tian Xiaoping *　　Zhao Jiajiang　　Wang Kaiyue　　Ren Mengyao

(Department of Communication Engineering, Beijing Institute of Petrochemical Technology, Beijing, 102617)

Abstract: LiFi communication is the inevitable choice of data exchange in the future. This paper studies how to use its single channel to transmit multi-channel audio. Firstly, the audio stream binary of three channels is arranged in order, and then each channel audio stream is XOR modulated by 4-bit specific pseudo-random code. On the basis of adding synchronization header information, the white LED is driven by binary stream information. Finally, the audio binary stream is recovered by synchronous de PN code at the receiver. In the experiment, STM32 embedded board is used as the control carrier and the minimum interval of 2 ms is achieved for three channel audio stream transmission and sub channel reception. At the same time, it also shows that the current LiFi communication rate can carry 2000 channels of audio at the same time.

Key words：Music transmission；Multichannel；LiFi Wireless Transmission；PN Code

1 引言

从 2015 年开始,北京市教育委员会面向北京高等学校开展了高水平人才交叉培养计划,简称"实培计划"。"实培计划"坚持以"开放共享、实践创新、注重特色"为原则,以培养学生创新精神和实践能力为重点,以建立和完善有利于创新型人才培养的实践教育体系为目标,创新体制机制,深化实践育人综合改革。"实培计划"主要包括北京市大学生毕业设计(论文)项目、北京市大学生科研训练计划深化项目、北京高等学校实验教学开放共享项目三部分。北京市大学生科研训练计划深化项目采取"双导师"制,遴选优秀学生进入校外人才培养基地、工程教育实践基地等校外实践教学场所,以解决问题为目标,让学生在真实环境中锻炼实践创新能力和解决实际问题的能力。"基于 LiFi 的三通道音乐传输系统研究"作为 2018 年"实培计划"科研训练计划深化类项目在 2019 年与校外公司合作得以顺利实施。

LiFi 是一种可见光通信(Visible Light Communication,VLC)系统[1]。"LIFI"一词[2]是由德国物理学家哈 Harald Haas 教授于 2011 年 7 月在爱丁堡大学 TED Global talk 上提出的。LIFI"通过照明获得数据"是通信思想的一个突破,它将介质从无线电波改为其他可用的其他选项(可见光、紫外线、红外线),解决了与频谱紧缩、安全等相关的诸多问题。VLC 的概念则最早于 2000 年由日本研究者 Yuichi Tanaka 等人提出[3]。

图 1[3]是一种 LiFi 互联网结构,主要涉及两个问题:一是互联网中的数据以流媒体信息方式提供并驱动 LED 照明,这是数据调制照明光线产生脉冲灯光的过程;二是脉冲灯光被不同 LiFi 加密狗解调为相应数据的过程。这个思想进一步驱动了两个方面的研究:一是复用技术研究[4];二是实时高速率研究[5]。VLC 多维复用技术主要是为了实现多路信号并行传输,需

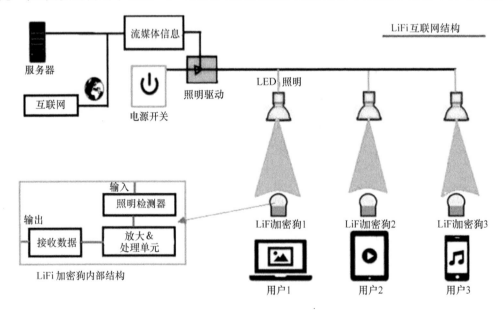

图 1 LiFi 互联网结构图

要克服调制带宽限制,主要包括 WDM、SCM 和 PDM。同时,室内照明大量采用 LED 阵列为 VLC MIMO 技术采用多个 LED 发送数据,并采用多个接收机接收数据提供了方便并可显著提升系统的通信容量[4]。国内外研究表明,在采用 OOK 方式实时通信的情况下,荧光型 LED 速率可达 550 Mbit/s,RGB 三色 LED 可达 630 Mbit/s[5]。本质上,这些研究都在研究多信道如何提升整个系统的通信速率问题,但没有关注单信道的复用问题。

本文研究的问题是在选定嵌入式微处理器支持的最高处理速率下,如何实现单一荧光型 LED 发射,3 个接收器能分别播放不同的音乐?

2 三通道模型

单一信道传输不同信息是典型的时分复用技术,但对于 LiFi 实时传输的音频流来说,还需要利用码分复用技术来实现对单信道多通道信号的区分。图 2 是三通道音乐传输系统的整体设计框图。

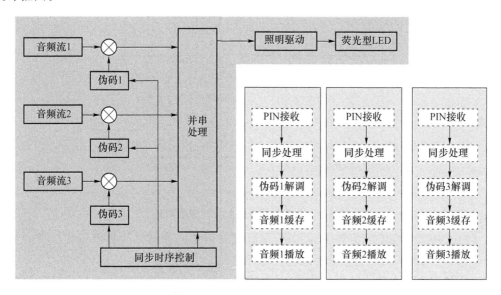

图 2 三通道音乐传输系统框图

图 2 中左边浅色背景的是三通道 LiFi 音乐发射器模型。3 个不同的音频流在同步时序控制的基础上,分别与伪码长度倍乘以采样位宽,再乘以音频采样速率的伪码流进行异或,再在 3 个音频二进制流的前部加上同步信息。这些通过并串转换的二进制流由照明驱动让荧光型 LED 提供照明和调制的信息。图 2 右边深色蓝色背景的是三通道 LiFi 音乐接收器模型。每一个接收器由不同的伪码序列控制,当 PIN 接收的二进制流经同步处理后,不同的伪码序列只能提取相同伪码序列调制的信息。由于在每一个传送周期,每个音频播放器只能播放一段时间的音乐,这就需要音频缓存技术将二进制流音频流恢复成音乐流。

人耳对声音的感知是存在延迟性的,这是时分复用技术用于音乐传输的基础。实践表明当声音存在 100 ms 的停顿时,人耳是感觉不到的。对于采样频率 f_s Hz 的音频信号来说,c 声道 w 位宽时的二进制码速率可表示为:

$$f = cwf_s \tag{1}$$

这样,100 ms 能处理的二进制位数则为 $cwf_s/10$。这就要求处理器在 100 ms 内处理完

$cwf_s/10$ 数据量。实际 LiFi 通信时单信道能同时传送的音乐数 N 可表示为：

$$N = \frac{f_{\text{LiFi}}}{10cwF_r} \tag{2}$$

其中，f_{LiFi} 为通信传输速率，F_r 为每秒的音频帧处理的采样点数。当选择 44 100 Hz 采样频率，双通道 16 位宽的 MP3 音频信号时，二进制速率约为 1.4 Mbit/s，100 ms 可供处理的二进制位数为 141 120 位。即使仅以 $f_{\text{LiFi}}=1.4$ Mbit/s 进行 LiFi 通信，音频帧 F_r 以每秒 1 024 采样点进行播放，也可获得同时处理 4 路的能力。当以实时速率 $f_{\text{LiFi}}=550$ Mbit/s 进行测算时，LiFi 通信能支持约 2 200 路用户听取不同歌曲。

按照图 2 的处理要求，图 3 是本文设计的时序逻辑。其中周期 T 可选为 100 ms，t_{p_0} 为同步头处理时间，t_{p_1},t_{p_2},t_{p_3} 分别为伪码 1，伪码 2 和伪码 3 的处理时间。这里规定 t_{p_0} 时间远小于周期 T，可选择 $t_{p_0}=T/100=1$ ms，其他 3 个伪码时间必须相等，即 $t_{p_1}=t_{p_2}=t_{p_3}=(T-T/100)/3=33$ ms。实际上，图 3 展示的 4 个周期信号只有两类，只有 $P_0(t)$ 与其他 3 个不同，$P_1(t),P_2(t),P_3(t)$ 是相同的只是起始相位不同。这是本研究同步控制的基础。

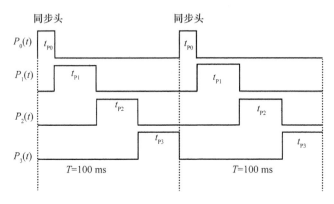

图 3 三通道音乐传输系统时序逻辑图

为了防止串音并精准地复原不同音乐，本研究采用伪码控制方法提取音频二进制流。由于本研究只需要控制三路音乐信号，这里选择的伪码序列是 4 位长度的"0011""0110"和"1100"。伪码序列具有良好的自相关性，可为提取二进制流中的音频信息提供可靠的理论基础。图 4 是三通道音乐传输系统的伪码序列图，其中的 $t_{\text{bin}}=4t_{\text{pn}}$，$t_{\text{bin}}=t_{i+1}-t_i$。图 4 中的 $B(t)$ 表示音频二进制流，其信息可表示为：

$$B(t) = \sum_i b_i [u(t-t_i) - u(t-t_{i+1})], \quad b_i \in \{1, -1\} \tag{3}$$

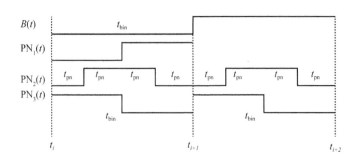

图 4 三通道音乐传输系统伪码序列图

其中,b_i 为脉冲宽度系数,只能选取 1 和 −1 中的一个。t_i 为第 i 时刻。这样音频二进制流可表示为随时间变化的波形。同样的方法可将 $PN_1(t), PN_2(t), PN_3(t)$ 分别表示为:

$$PN_1(t) = \sum_i [u(t-t_{i+1}) + u(t-t_i) - 2u(t-t_i-2t_{pn})] \tag{4}$$

$$PN_2(t) = \sum_i [2u(t-t_i-t_{pn}) + u(t-t_{i+1}) - 2u(t-t_i-3t_{pn}) - u(t-t_i)] \tag{5}$$

$$PN_3(t) = -PN_1(t) = \sum_i [u(t-t_i) - u(t-t_i-2t_{pn})] \tag{6}$$

这样可以得到 LiFi 发送的二进制流 $L(t)$ 为:

$$L(t) = \sum_j \left\{ P_0(t_j) + \sum_{k=0}^{2} [P_{k+1}(t_j - t_{p_0} - kt_{p_1}) \oplus PN_{k+1}(t_j - t_{p_0} - kt_{p_1})] \right\} \tag{7}$$

其中,$\oplus$ 为异或运算符。

3 系统实现

根据以上的理论准备,参与该项目的学生主要分成 3 组来负责不同部分的任务。其中王开悦负责发射器和接收器硬件部分的电路设计,模块及元器件的购买,PCB 电路板的焊接与调试;任梦瑶负责发送端和接收器软件部分的编写与调试;赵家江则主要负责音频数据的前期准备,随时根据调试进度准备合适的音乐素材。由于项目需要在 1 年内完成,项目组在前半年是每 2 周集体合作一次,下半年则是每周联调 1 次,并与课外指导老师随时沟通。项目组设计的发射器一次成型,但接收器则改了两版才成功,充分说明实践的不容易。

目前的音乐格式较多,采样频率、采样位宽和通道数都是需要考虑的问题。为了简化控制,本研究从常见的 8 kHz,11 025 Hz,22 050 Hz 和 44 100 Hz 的 4 种采样频率中选择了 44 100 Hz 作为重点研究对象。采样位宽选择了 16 位,通道数选择了单通道。

主机音乐发射部分采用 STM32F103ZET6 最小系统模块+ULN2003+白色 LED 结构。它是一种嵌入式微控制器的集成电路,是由 ST 公司开发的 STM32F1 系列的其中一种位宽 32 位,速度 72MHz,程序存储器容量 256KB 芯片。它能满足 3 首 MP3 音乐的采样频率,采样位宽和音乐缓冲数据量的需求。照明选择了 ULN2003 达林顿驱动白色 LED。同步控制部分利用 KeilC 开发工具全部采用软件方式实现,以实现主机循环输出音频二进制流。音乐接收部分采用 PIN 接收模块+同步处理模块+蜂鸣器模块结构。图 5 是测试效果图。

图 5(a)是主机控制板和接收器样板。主机实现的功能是将事先处理好的包含同步头和被不同伪码调制后的 3 首单通道音乐二进制流读入内存,按设定的频率送出二进制流,控制 ULN2003 驱动白色 LED。接收器的功能由 PIN 接收二进制序列,由同步处理模块恢复特定通道音频流以驱动蜂鸣器发声。图 5(b)是其中 1 个通道的解码音频流,不同的脉宽指示原音频流中不同的采样幅值。实验中选用了多组处理时间间隔时的音频输出效果,最小间隔就是图 5(b)中的 2 ms。

通过与校外公司指导老师的多次合作调试,最终实现了单主机发送事先处理好的三通道音频二进制流,三个接收样板发出不同音乐的目的。

 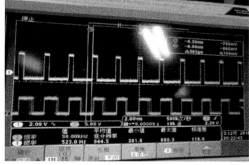

(a) 主机控制板和接收器样板　　　　(b) 调试时序图

图 5　三通道音乐传输系统测试效果图

4　结论

本文通过对 LiFi 通信中的复用技术和实时通信速率的讨论,首先从理论上说明了采用时分复用技术能对 LiFi 通信的单信道进行复用,然后又引入伪码技术解决了安全和串音问题,最后在学生、校外指导老师和校内指导老师的共同努力下,完成了 LiFi 信道的三通道音乐传输。实验效果表明在 2 ms 的处理间隔下能实现声音的正常输出,同时按现有文献的 LiFi 通信速率,此技术能提供 2 000 路以上的多通道音频输出。

参 考 文 献

[1] FNDivision,TEC. Study Paper on LiFi (Light Fidelity) & its Applications[R]. www.tec.gov.in,2020.

[2] Juhi Aggarwal,Avinash Chander Verma,Shailesh Maurya. A Survey on LIFI Light Fidelity (A Breakthrough in Wireless Communication)[J]. International Journal of Research in Engineering, Science and Management (IJRESM),2018,1(12):69,70.

[3] Amandeep Kaur. LiFi -Wireless Communication using Light[J]. International Journal of Multidisciplinary,2019,10(4):156-159.

[4] 迟楠,王哲. 可见光通信复用技术研究进展[J]. 光通信技术,2020,44(4):1-7.

[5] 陈雄斌,李洪磊. 高速实时可见光通信技术研究及应用[J]. 科技导报,2018,36(5):53-59.

作者简介

田小平:男,1974 年生,副教授,主要从事图像处理、无线定位、计算机软件、机器人学与机器人技术研究。

载货式自平衡车重心偏移时的 PID 仿真实现

邓莹鑫　田小平　黄舟平　李思呈

(北京石油化工学院信息工程学院,北京,102617)

摘　要:异物会破坏载货式自平衡车的已有平衡,本文研究了采用 PID 控制使平衡车再次平衡并回到起始点时的运动轨迹与时间的关系问题。通过把载货式自平衡车抽象为倒立摆,异物的影响是改变了平衡车的重心偏移。通过对调整平衡车重心的滑块位置信息和初始重心偏移角度信息的分析和 PD 建模,借助 Simulink 和 SimMechanics 构建了相应的仿真模型。在给定的 PD 参数调整方法和平衡判决条件下,该仿真模型对其运动轨迹进行了模拟。仿真结果表明,不论重心偏移程度多大,该系统都能在 20s 内让倒立摆经历 2 步调整过程再次平衡并回到起始点。

关键词:自平衡;重心;PID 控制

Realization of PID Simulation for Center of Gravity Deviation of Truck Self Balancing Vehicle

Deng Yingxin　Tian Xiaoping　Huang Zhouping　Li Sicheng

(Department of Communication Engineering, Beijing Institute of Petrochemical Technology, Beijing, 102617)

Abstract: Foreign matter will destroy the existing balance of the truck self balancing vehicle. This paper studies the relationship between the trajectory and time when the balance vehicle is rebalanced again and returns to the starting point by using PID control. By abstracting the truck as an inverted pendulum, the influence of foreign matters is to change the center of gravity deviation of the balance vehicle. Through the analysis of slider position information and initial center of gravity deviation angle information and PD modeling, the corresponding simulation model is constructed with the help of Simulink and SimMechanics. Under the given PD parameter adjustment method and balance decision condition, the simulation model simulates its trajectory. The simulation results show that no matter how much the center of gravity deviation is, the inverted pendulum can be rebalanced and returned to the starting point in 20 seconds.

Key words：Self Balancing；Center of Gravity；PID Control

1 引言

在机械力学中保持系统平衡是一个综合性的问题。外部配重是一种解决系统平衡的有效手段,不管是轮式平衡时的配重[1]、医疗机器人运动手臂配重[2]、塔式起重器吊装配重[3],还是自动式装置机械的配置[4],都需要利用支撑臂,弹簧和配重物需按照器械的运动机理调整配重物的位置和角度[5]。外部配置法具有适应场景差和不同应用场景平衡运动机理复杂特点,是系统平衡灵活性的障碍。内部重心控制则是另一种解决系统平衡的方法。这种平衡控制主要是借助整个系统内部控制器的强大处理能力,通过调整系统姿态达到系统平衡的目的。文献[6]研究的自行车机器人就是控制惯性摆轮来保持自行车机器人的平衡,文献[7]研究在侧底卸式轻型箕斗中内部重心控制从而保持箕斗平衡的一种新方法。这些内部重心平衡控制的核心是自动控制领域的 PID 控制。

当前,平衡车能对外界环境进行快速的响应,拥有较强的灵活性,已经应用到生活的各个场所,如短途代步、安保巡视等方面。利用平衡车运送货物也能发挥出平衡车响应快速、灵活的优点,但是随之而来的就是平衡车装上货物后的重心偏移问题。本文在研究载货式自平衡车的过程中发现自平衡车在已有货物的情况下,新投入的货物会导致自平衡车晃动。两轮自平衡车的仿真基础模型[8]是经典的倒立摆模型。本文将载货式自平衡车的仿真模型选为倒立摆模型。本文主要研究在新投货物导致自平衡车重心偏移情况下,仿真分析自平衡车从晃动到回到起始点,重新保持平衡的运动轨迹与时间的关系？其中,倒立摆模型中的配重块位置模拟自平衡车货物的投放位置,倒立摆模型中的滑块模拟两轮自平衡车的轮子运动。

本文主要利用 Simulink 仿真了一种能够改变摆杆重心位置,并结合位置和姿态进行 PD 算法控制倒立摆并达到稳定的仿真系统。当初始重心位置改变时,倒立摆系统能在 PID 的控制下实现稳定并返回到起始位置,从而模拟载货式自平衡车重心偏移时的运动特点。

2 倒立摆模型设定

倒立摆的结构如图 1(a)所示,简化图如图 1(b)所示。在图 1(b)中,基座 AB 是倒立摆中滑块运动的底座,是笛卡儿坐标系中的 x 轴方向,向右为正。摆杆 OE 在初始情况下是笛卡儿坐标系中的 y 轴方向,向上为正,其中 T 形摆杆也能以 O 点为圆心做圆周运动。横杆 CD 是 2 个配重块的滑杆,当调节两个配重块时,整个 T 型结构的重心可在 CD 线段上移动。这样,倒立摆系统可通过 T 形摆杆上的配重调节重心的位置,进而模拟载货式自平衡车上的重心偏移问题。该模型可选择 Simulink 内的 SimMechanics 模块进行模拟,并能自动解算摆杆的与 y 轴之间的夹角角度 α。控制滑块的左右移动能保持摆杆的稳定,同时利用 SimMechanics 模块也能获得滑块的相关信息。

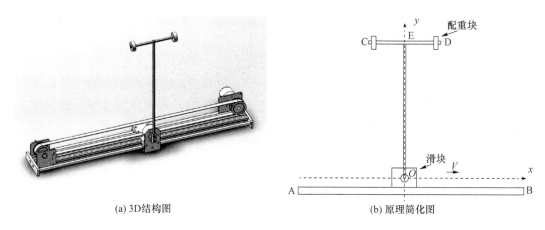

(a) 3D结构图　　　　　　　　(b) 原理简化图

图 1　倒立摆结构图

3　模型仿真理论

3.1　倒立摆平衡原理

图 2(a)和图 2(b)展示了倒立摆平衡破坏后重新达到新平衡的示意图。倒立摆平衡时,横杆 CD 及配置的重心正好落在垂直 T 型杆支点 O 之上,整体重心位于 E 点。图 2(a)表示当右端配置块向左平移后,整体重心 E 偏移到了 E',此时的倒立摆系统处于不平衡状态。如果需要系统达到新的平衡,滑块应该相应地向左移动。由于滑块是主动平移,滑块上的支点 O 一旦位于重心 E' 之下,系统将处于一种新的平衡。实际上,由于滑块运动会形成一定的过冲,系统新平衡需要有一定的调整时间,最终达到 T 型杆与垂直轴呈 α 度夹角。因此,对于整个倒立摆系统的新平衡及滑块回到起点的过程,本文判定滑块在 3 次采样间隔 0.01 秒内速度均小于 0.000 1 m/s 时可以判断倒立摆达到平衡状态时,将引导倒立摆的滑块带着配重和 T 型杆回到起始位置。

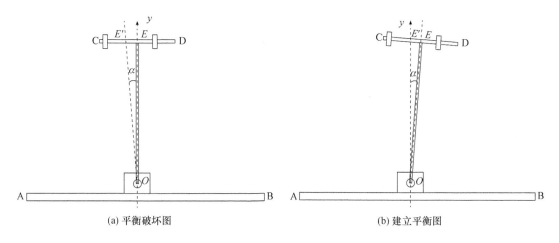

(a) 平衡破坏图　　　　　　　　(b) 建立平衡图

图 2　倒立摆平衡破坏后建立新平衡原理图

3.2 PD 控制基本原理

倒立摆系统的模拟框图如图 3 所示。图 3 中 P_s、P_r 分别表示滑块的理想位置和实际位置，$α_s$、$α_r$ 分别表示摆杆的理想角度和实际角度，$α_s'$ 表示通过调整后的理想角度，开关 S 在摆杆到达新平衡时闭合，用以引导滑块回到起始点。$e(t)$ 为位置的反馈误差，$a(t)$ 为角度的反馈误差，最终输出 v 控制滑块的速度。经过测试，比例微分(PD)能较好地调节系统的稳定性。其中 PD1 用于调整位置反馈误差 $e(t)$ 引起的滑块线速度值 $u_1(t)$，PD2 用于调整角度反馈误差 $a(t)$ 引起的滑杆角速度值 $u_2(t)$。当二者的值相当时，倒立摆系统已达到新的平衡。

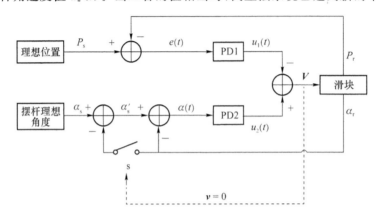

图 3 模拟结构框图

系统使用两个 PD 调节来对滑块的速度进行控制，控制方程可表示为：

$$u_1(t) = K_{p1}e(t) + K_{d1}\frac{de(t)}{dt} \tag{1}$$

$$u_2(t) = K_{p2}a(t) + K_{d2}\frac{da(t)}{dt} \tag{2}$$

$$v = u_2(t) - u_1(t) \tag{3}$$

其中，t 为采样时刻，K_{p1}、K_{p2} 分别为位置和角度的比例系数，K_{d1}、K_{d2} 分别为位置和角度的微分系数，$e(t)$ 为位置的反馈误差，$a(t)$ 为角度的反馈误差，最终输出 v 控制滑块的速度。图 2(a) 表示的方程为：

$$u_2(t) = K_{p2}a(t) + K_{d2}\frac{da(t)}{dt} \neq 0 \tag{4}$$

图 2(b) 表示的方程为：

$$u_1(t) = K_{p1}e(t) + K_{d1}\frac{de(t)}{dt} = u_2(t) \tag{5}$$

由此可得到 $e(t) \neq 0$，倒立摆的重心由于改变没有位于支点 O 之上，滑块不能回到原位置。而当倒立摆达到稳定时，摆杆重心 E' 与 y 轴重合，能使滑块回到原点。此时，可将倒立摆达到平衡时的夹角 $α$ 反馈到摆杆的理想角度，对摆杆的理想角度进行修正，从而使得角度 PD 解调的 $u_2(t)$ 值为 0，并能引导滑块回到起点。

3.3 PD 系数调整原则

系统中对于位置的 PD 调节系数 K_{p1}、K_{p2} 和角度的调节系数 K_{d1}、K_{d2}，主要通过调整参数法来确定。遵循的主要原则是先角度后位置；系数由小到大，先调比例参数，再调微分参数。

首先进行角度参数的整定，K_{p1}系数从 0.1 开始按照 2 倍率增大，调节到滑块开始做往复运动为止。如果滑块出现过冲现象，往复运动幅度过大时适当减小比例系数的大小。然后进行微分参数的整定，K_{d1}系数同样从 0.1 开始按照 2 倍率递增，调节到摆杆基本达到稳定即可。如果滑块调节的振荡频率过快，适当降低微分参数的值。在角度参数合适的基础上，接下来调节位置 PD 参数。与角度参数的整定相类似，调整 K_{p2} 比例系数，使滑块能在指定的理想位置处做往复运动为佳，再调整 K_{d2} 微分参数，使倒立摆在理想位置保持平衡。

4 系统仿真效果

4.1 仿真平台的搭建

为了验证系统的仿真效果，本仿真结果的运行平台是 Win10 操作系统，16G 内存，Matlab 版本号为 9.5.0.944444(R2018b)。首先在 Simulink 平台上构建了图 4 所示的仿真系统。其中图 4(a)为整体组件图，图 4(b)为平衡判决子系统图，通过输入的 3 个不同时间的滑块速度与 Judgment Function 函数来判断系统的平衡情况，当系统平衡时向 Enabled Subsystem 模块发送高电平，控制 Out3 输出系统达到第一次平衡时的摆杆角度。为了观察分析的方便，在图 4(a)中的位置示波器引入了滑块的理想位置和实际位置，用以反映二者的偏离程度；在图 4(a)中的角度示波器引入了滑块的理想角度和实际角度，用以反映二者的变化情况。

Subsystem 子系统是对倒立摆系统的 3D 建模仿真系统，利用建模软件 SolidWorks 2018 和 Matlab 2018b 内的 Sumlinke 模块进行建模与仿真。安装对应 Matlab 版本的模型可视化仿真模块 SimMechanics(Simscape Multibody Link)插件可以直接将 SolidWorks 建立的装配体 3D 运动模型导入 Sumlinke 内如图 5(a)所示。图 5(a)中通过配置 Prismatic 模块的 f 速度输入接口、p 位置输出接口可以达到控制滑块，获取滑块位置信息的目的；通过配置 Revolute 模块的 q 角度输出接口可以获得摆杆的姿态信息，Angle Function 函数负责将姿态角调整到 0~360°之间。通过 T_loop 子系统如图 5(b)所示，分别设置 R-loop 子系统(图 5(c))和 L-loop 子系统(图 5(d))中的 R-Transform、L-Transform 模块以改变两个配重块的位置达到改变系统重心位置的目的。这样，在 sumlinke 中生成的 SimMechanics 模块是具备了质量、惯性等物理量的三维模型，为 Simulink 下的仿真提供了基础。

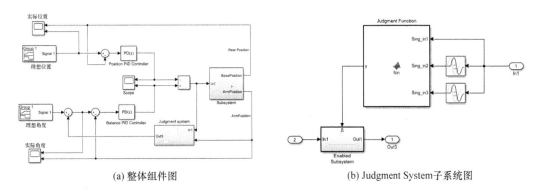

(a) 整体组件图　　(b) Judgment System 子系统图

图 4　倒立摆系统仿真图

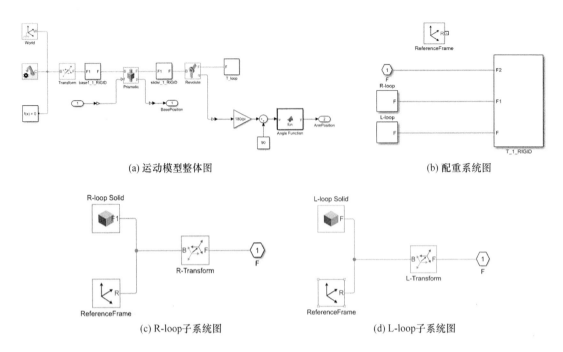

图 5 运动模型子系统图

4.2 仿真结果及分析

为了检验系统的效果,仿真选择了理想角度 α_s 分别为 0,0.986,1.949 和 2.915 的 4 种情况。图 6 则为不同角度在相同位置 PD 系数 Kp1＝0.04,Kd1＝0.1,角度 PD 系数 Kp2＝0.055,Kd2＝0.01 参数控制下摆杆理想角度和实际角度随时间变化的曲线图。当 $\alpha_s=0$ 时,图 6(a)中摆杆理想角度与实际角度并没有重合,说明倒立摆系统的平衡是一个动态范围内的平衡。小范围内的波动并不影响倒立摆系统的平衡。当 $\alpha_s\neq0$ 时,图 6(b,c,d)中摆杆理想角度与实际角度最后是几乎重合的,说明倒立摆系统恢复平衡的效果较好。从这 3 张图可以看出,整个重新平衡并回到起始点的过程分为 3 个阶段。

第 1 阶段是理想角度不变,实际角度 α_r 先增加,接着下降,再达到第一平衡点的过程。实际角度增加表征的是滑块离开起始点的过程。此阶段的目的是让倒立摆尽快达到平衡,自然偏移了起始点。实际上,到达第一平衡点的时间与初始设定的理想角度有关,角度大时需要的时间也相对增加。

第 2 阶段是理想角度调整为与实际角度相一致,实际角度 α_r 先下降,接着增加,再达到第二平衡点的过程。此阶段的主要目的是让倒立摆回到起始点。实际角度需要先向起始点偏移,才能顺利回到起始点。此过程所花时间与第 1 阶段的时间相当。

第 3 阶段是理想角度调整为与实际角度完全一致,倒立摆在起始点保持平衡的过程。由于倒立摆已经回到起始点,系统也就能保持平衡状态。

如果换个角度,图 7 表示了不同角度情况下滑块偏离起始点的曲线图。图 7 明显地揭示了倒立摆系统经历的 4 个阶段。第 1 阶段是滑块偏离起始点的过程,位置是远离起始点,所花时间大概是 5 s。第 2 阶段是在新位置平衡的过程,此时位置波动处于小幅震动,大概持续 5 s。第 3 阶段是滑块回到起始点的过程,滑块位置持续接近起始点,所花时间大概是 5 s。第 4 阶段是在起始点平衡的过程,滑块在起始点附近保持着平衡,经过 5 s 后系统达到新的平衡。与

图 6 结合来看,时间上图 7 的第 1 阶段和第 2 阶段组合成了图 6 中的第 1 阶段。

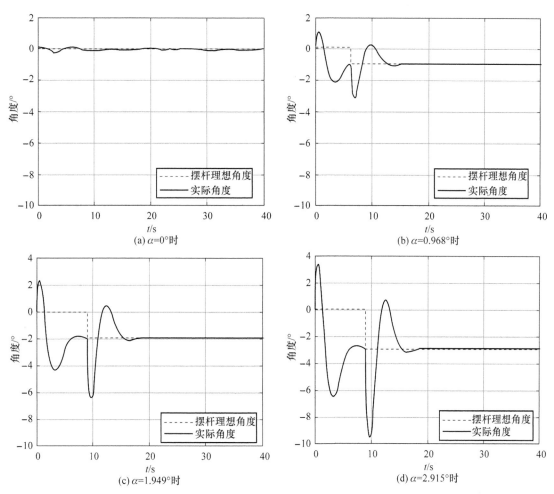

图 6 4 种角度下的角度变化图

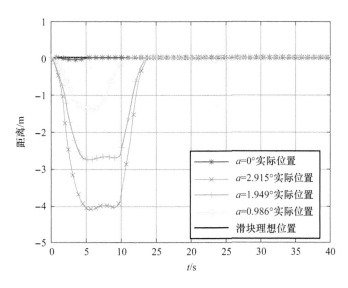

图 7 4 种角度下的滑块位置变化图

通过以上不同角度下的仿真效果来看，倒立摆的平衡被异物破坏后，系统能在 20 s 内达到平衡并回到起始点。滑块的位置经历了先离开再回到起始点的过程，T 型杆的角度经历了先增加再减小，再次减小并反向增加的两个过程。

该研究是 2019 北京市卓越工程师联盟项目"智能路径规划自平衡分类垃圾桶"其中的一个环节。该项目在北京航空航天大学参加完中期答辩后，需要进一步对"自平衡分类垃圾桶"的配重及其平衡性进行深入研究。邓莹鑫同学提出的基于 Matlab 先仿真再移植到自平衡车的思路得到了项目组的一致赞同，并经过一个月的努力，终于解决了仿真问题。后期当把这些思路移植到"智能路径规划自平衡分类垃圾桶"项目上时，也取得了较好的效果。

5 结论

本文主要基于 Simulink 仿真搭建的倒立摆系统间接地仿真了载货式自平衡车重心偏移时的 PD 控制方案。此系统根据整定的参数，能有效地仿真倒立摆摆杆的偏转角度和滑块的位置变化，并能通过摆杆的角度变化图和滑块位置变化图直观地看到系统重心偏移时，20s 内实现倒立摆稳定的同时让滑块回到最初的位置。此倒立摆模型为载货式自平衡车在重心偏移的情况下提供了一种新的平衡控制方法。

参 考 文 献

[1] SALAV P R, CHOUHAN A K, MANE S K. Design and Development of Wheel Balancing Machine Experimental Setup [J]. International Journal of Engineering Research and Technology, 2019, 8(6): 316-320.

[2] Jaehong Woo, Jong-Tae Seo, Byung-Ju Yi. A Static Balancing Method for Variable Payloads by Combination of a Counterweight and Spring and Its Application as a Surgical Platform[J]. Appl. Sci, 2019, 9: 3955.

[3] 王海舰,谢飞.基于模糊 PID 控制的塔式起重机自动配重系统[J].起重运输机械,2014,(2):47-50.

[4] Liviu Ciupitu. Adaptive Balancing of Robots and Mechatronic Systems[J]. Robotics, 2018, 7: 68.

[5] BALAKIN P D, DYUNDIK O S. General mechanisms balancing rational schemes [J]. Journal of Physics: Conference Series, 2019.

[6] 刘成举.一种多态自平衡车机器人的样机设计与控制实验研究[D].桂林电子科技大学,2017.

[7] 刘芳忠,刘永钰.侧底卸式轻型箕斗自平衡系统研究[J].中国西部科技,2013,12(12):11,12.

[8] 詹友基,应廉泽,戴福全.两轮自平衡车控制系统的研究[J].福建工程学院学报,2018,16(6): 511-515.

作者简介

邓莹鑫：男,1999 年生,学生,通信工程 2017 级。

基于 ZigBee 和 CNN 的智能蔬菜大棚管理系统设计

井贝贝[①]　赵一帆[②]　朱元静[③]　郭　嘉[③]　丁洪伟[①]

[①]（云南大学信息学院，昆明，650000）

[②]（云南民族大学电气信息工程学院，昆明，650000）

[③]（云南省广播电视局科技处，昆明，650000）

摘　要：为进一步提高蔬菜大棚的产量，解决普通蔬菜大棚管理成本高等问题，本文设计了一套基于 ZigBee 和 CNN 的智能蔬菜大棚管理系统。该系统由采集终端、Android 网关、云服务器和客户端所组成。通过该系统，用户能够通过应用端使用自动和手动两种模式智能控制大棚环境因子，比如配撒农药、增加光照等。本文的创新点有三：将物联网和深度学习结合；使用残差网络模型预训练网络来改善模型；采用分区管理式和暂歇式运行来节省能耗。最后，通过实验仿真来验证系统的可行性，在实验中取得了良好的效果。

关键词：蔬菜大棚；环境因子；ZigBee；Android 网关；CNN

Design of Intelligent Vegetable Shed Management Experiment System Based on ZigBee

Jing Beibei[①]　Zhao Yifan[②]　Zhu Yuanjing[③]　Guo Jia[③]　Ding Hongwei[①]

[①]（School of Information，Yunnan University，650000）

[②]（School of Electrical Information Engineering，Yunnan University for Nationalities，650000）

[③]（Science and Technology Division of Yunnan Radio and Television Bureau，650000）

Abstract：In order to further increase the yield of vegetable greenhouses and solve the problems of high management cost of ordinary vegetable greenhouses, this paper sets up an intelligent vegetable greenhouse management system based on ZigBee and CNN. The system consists of a collection terminal, Android gateway, cloud server and client. Through this system, users can intelligently control the environmental factors of the greenhouse, such as spraying pesticides and increasing light, through two modes of automatic and manual application. There are three innovations in this article: combining the Internet of Things and deep learning; using residual network model to pre-train the network to improve the model; using partition management and temporary operation to save energy. Finally, the feasibility of the system was verified through experimental simulation, and good results were achieved in the experiment.

Key words：vegetable greenhouse; environmental factors; ZigBee; Android gateway; CNN

0 引言

普通蔬菜大棚布存在布线复杂、管理成本高和不能实时上传数据等问题,而蔬菜是人们生活必备的食物之一。文献[1]提出了基于 LORA 的蔬菜大棚测控系统,该系统在一定程度上简化了布线问题,并且满足了低功耗的特点。文献[2]提出的基于 ZigBee 的低功耗蔬菜大棚远程无线传感测控系统,解决了大棚超低功耗和远程监控的问题。然而,上述系统均未解决大棚智能化,并不能将人从管理中解放出来。随着物联网和 AI 的应用,ZigBee 无线通信技术,因其价格和低功耗优势在短距离无线通信领域得到广泛应用,结合 CNN(卷积神经网络在图像识别领域起着无可替代的作用,本文结合物联网和深度学习两个领域设计了一套智能蔬菜大棚管理系统。该系统通过对温湿度、光照等传感器上传的数据进行分析而做出通风和调节光照等指令。此外,该系统通过将摄像头采集大棚内农作物的照片上传给云服务器上训练好的 CNN 模型,CNN 模型分析出时哪种病虫害,服务器直接下达浇灌对应药物的命令。该系统具有智能化高,耗能低,低成本等优点。本文的创新点主要在三个方面:将深度学习运用于农业生产;运用残差神经网络来训练模型;采用区域识别式和暂歇式运行来节省能耗。该系统相较于文献[1,2]实现了真正的智能化,创造性地将深度学习和物联网运用到事件当中。

1 系统总体概述

该系统由采集终端、Android 网关、云服务器和客户应用端组成。采集终端由部署的传感器和 ZigBee 传输节点组成,其中传感器分为采集类、控制类和安防类,其中采集类主要负责采集蔬菜大棚中光强、温湿度等环境因子,安防类终端负责火焰报警,控制类终端负责步进电机和 LED 灯的控制。ZigBee 传输节点是由 ZigBee 终端节点、ZigBee 路由节点和 ZigBee 协调节点组成的,传输节点将采集到的环境信息发送至 Android 网关,网关负责将采集终端上传的信息上传到云服务器,也可以通过网关直接下达调节命令。服务器中间件承担了远程手终端设备与蔬菜大棚现场设备双方数据交互的桥梁作用[3,4],云服务器负责数据处理,将网关上传的数据发送给客户端,同时将来自客户端下达的命令传输给控制类终端,其结构如图 1 和图 2 所示。客户端可以通过手机 APP 或 Windows 直接登录云服务器监控信息。

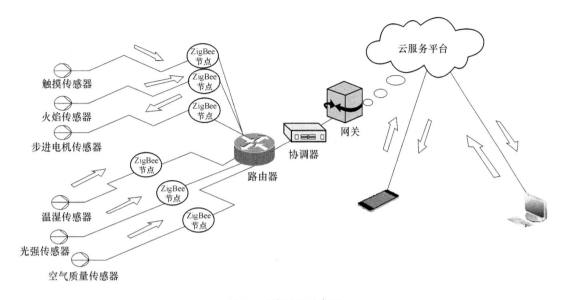

图 1 系统原理示意图

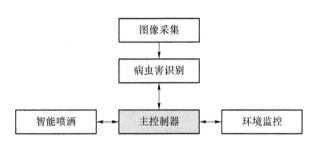

图 2 系统原理示意图

2 硬、软件设计

软件和硬件的设计是整个系统运行的关键,软件和硬件的有机结合有助于整个系统性能的提升,将有限的资源发挥更大的价值。

2.1 硬件设计

硬件主要包括用于采集控制环境因子的采集控制层,用于交换信息的网络层和用于处理信息的云服务平台组成。

2.1.1 采集控制层

终端节点均是由无线模块和微处理器组成的方式实现功能完整的无线节点组成,其具体组成如图 3 所示。作用是将传感器采集到的信息传输给 ZigBee 网络。

(1)温湿度传感器型号是 HTU21D,测量范围在 $-40\sim125$ ℃和 $5\%RH\sim95\%RH$ 之间。通过 IIC 通信接口将采集到的温湿度数据传输给 MCU,MCU 经过数模转换获得温湿度数据。具体转换公式如式(1)(2)所示。

$$D=-46.85+172.72\frac{S_d}{2^{16}} \tag{1}$$

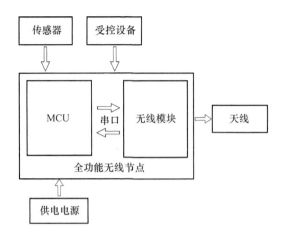

图 3 终端节点示意图

$$H = -6 + 125 \frac{S_h}{2^{16}} \tag{2}$$

其中,S_d 和 S_h 均是采集到的数据,D 和 H 代表转换后的温湿度(单位为℃和RH%)。

(2) 烟雾传感器 MQ-2 是通过电压转换来传递信息的,MCU 通过烟雾传感器电阻 R_4 获得参考电压,在经过比例换算的到具体厌恶浓度值。具体换算如式(3)表示。

$$C = \frac{2^N}{V_r} \cdot V_i \cdot \frac{20\,000}{2^N} = 20\,000 \frac{V_i}{V_r} \tag{3}$$

其中,V_i 和 V_r 分别为数模转换的输入电压和参考电压,C 为转化后的浓度值(单位为 ppm)。

其他传感器型号如下:
- 火焰传感器:5MM 探头,可探测监督 60 ℃左右,数字开关量输出;
- 触摸传感器:芯片型号为 SOT23-6,数字开关量信号输出。
- 步进电机传感器:A3967SLB,逻辑电源电压范围 3.0~5.5 V。

2.1.2 网络层

网络层主要负责将采到的信息传输到云服务器。主要有 ZigBee 节点和网关组网构成。ZigBee 技术是基于 IEEE 802.15.4 标准的域网协议,CC2530 模块为美国德州仪器公司(TI)生产的 ZigBee 射频芯片其内部集成了低功耗、高性能的 8051 内核、12 位模数 转(ADC)、2 个 USART 串口和直接内存取(DMA)等功能,支持 ZigBee 协议栈[5]。

在 ZigBee 局域网和网关的协调中,协调器主要负责给路由器和终端分配网络地址,因此在整个局域网的组建过程中起着至关重要的作用。协调器将来自终端的信息发送给网关,并且下达来自网关和客户端的命令[6]。当协调器组网成功,就会将采集层即路由器和终端传来的信息发送给网关,网关判断数据是透传数据还是协议栈内部数据,再决定刷新网络还是上传云平台,其协议栈和网关的协同示意图如图 4 所示。到达协调器的数据有两种类型:一种是 Z-stack 协议栈的内部消息[7];另一种是节点发给网关的透传数据,透传数据指的是从硬件设备传送给传感器等设备后,需要上传的数据。网关发给协调器的数据也分两种:第一种是直接给协调器的数据;第二种是透传发给终端设备的数据,它指的是远程发送的指令。当收到来自于协调器的数据后,网关将更新设备列表中的内容,同时上传有关数据给服务器。而当收到来自于服务器的命令时,网关会迅速透传给节点,确保命令的时效性。[8]控制节点通过执行相关命令来调节蔬菜大棚中的环境因子。

2.2 软件设计

好的程序不仅能够使系统流畅运行,而且也是实现智能化的关键所在。在软件设计中本文从低功耗、CNN模型的训练和摄像头访问服务器算法来设计。除摄像头外,所有节点均采用3.3V电池组供电。

2.2.1 低功耗

系统的低功耗是由间歇式工作方式和分区管理两种模式决定的。间歇式工作模式是指所有ZigBee节点每经过t时间段进行一次收发数据,将更多的时间用于休眠以节省耗能。分区管理是在一定区域安装摄像头和浇灌设备,当系统识别出病虫害的时候在所识别的区域进行浇灌,从而达到"按需索取"的目的。

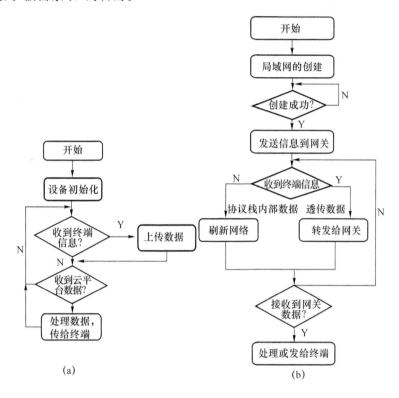

图4 网关和协调器协同图

(1)间歇式工作模式的耗能分析

假设每个节点都以发送数据、接收数据、待机、休眠为一个周期,则每个周期次消耗的电量可由式(4)表示。为进一步降低电能的损耗,节点采用间歇式工作方式,尽可能地增加休眠的时间,优化后的单个节点单日的耗能由式(5)表示,优化的耗能由式(6)表示。

$$C_D = \frac{T_D}{\sum_{i=1}^{4} T_i} \sum_{i=1}^{4} C_i T_i \tag{4}$$

$$C_{D\_} = \frac{T_D}{t} \sum_{i=1}^{3} C_i T_i + C_4 (T_D - \frac{T_D}{t} \sum_{i=1}^{3} T_i) \tag{5}$$

$$C_{-} = C_D - C_{D_-} = T_D \left[\left(\frac{1}{\sum_{i=1}^{4} T_i} - \frac{1}{t} \right) \left(\sum_{i=1}^{4} C_i T_i - \sum_{i=1}^{3} C_i T_i \right) - C_4 \left(1 - \frac{1}{t} \sum_{i=1}^{3} T_i \right) \right] \quad (6)$$

其中:C_D 表示单节点单日耗能和;T_D,C_i 分别表示一昼夜的时间和节点一周期内数据发送、接收、待机和休眠阶段的耗能;C_{D_-} 表示单个节点优化后的单日耗能;t 表示每日定时查询的间隔时间;$C_{-优}$ 表示优化后单日节省的耗能。

（2）分区管理耗能分析

分区管理主要是实现摄像头和浇灌系统的智能化。浇灌系统根据所在区域当摄像头采集到的数据在 CNN 模型上的反馈结果执行相应命令。假设每月大棚内各区域发生病虫害的次数独立同分布于 $N(\mu,\delta^2)$,每篇区域每天之多发生一次病虫害,每月按 30 天计,摄像头对数据采集的耗能和 ZigBee 节点单日耗能工作模式一样,则大棚内浇灌系统损失的水量和电能分别由式(7)和式(8)表示。

$$C_e = w_e k \prod_{i=1}^{30} i p_{(i)} = 30! w_e k e^{-\frac{1}{2\delta^2} \sum_{i=1}^{30}(x_i-\mu)^2} \quad (7)$$

$$C_w = w_w k \prod_{i=1}^{30} i p_{(i)} = 30! w_w k e^{-\frac{1}{2\delta^2} \sum_{i=1}^{30}(x_i-\mu)^2} \quad (8)$$

其中,C_e 和 C_w 分别表示单月耗电量和耗水量,单位为千瓦时(kw·h)和吨(t),w_e 和 w_w 表示浇灌一次的耗电量和耗水量,k 表示浇灌节点的个数,$p_{(i)}$ 表示单个节点发生 i 次浇灌的概率。

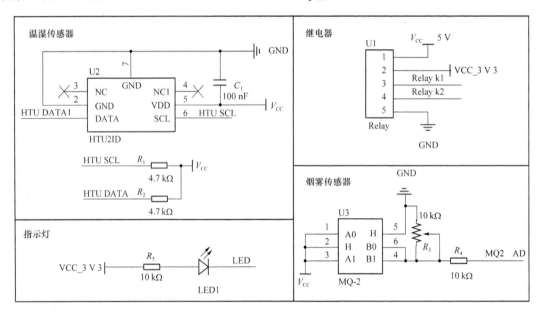

图 5 采集控制层部分传感器电路图

2.2.2 CNN 模型的训练

（1）CNN 模型的训练过程简介

CNN 用于图像特征的提取,通关卷积核不断地串行卷积、池化,最终通过全连接层进行分类。卷积的过程如图 6 所示,就是通过卷积核和原图像做卷积将图像的特征提取。在模型上方的卷积层提取的是低维特征,随着卷积层的加深,提取的特征维度也不断加深,如图 7 所示,最终通过全连接层将图形扁平化,载经过 Softmax 分类函数进行分类。

图 6 卷积核提取特征的过程

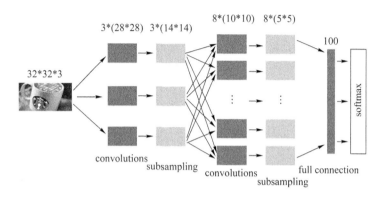

图 7 CNN 模型训练数据的过程

(2) 数据集的准备

该模型训练用到的数据集是 PlantVillage 数据集,该数据集包含 54 303 张图片共 38 个植物种类,由健康和和不健康两个标签来分类。经过删除不适合大棚种植的植物,剩余草莓、马铃薯和西红柿三种植物,共 23 943 张图片,其中草莓包含一种病情,马铃薯包含两种病情,西红柿包含 10 种病情,图 8 展示了部分西红柿病例。一数据集的 80% 作为训练集的训练数据,20% 作为验证集来检测数据的泛化能力。

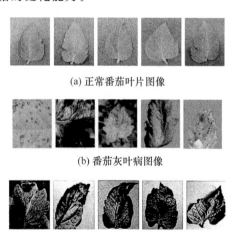

(a) 正常番茄叶片图像

(b) 番茄灰叶病图像

(c) 番茄晚疫病图像

图 8 番茄病虫害图

(3) 损失函数的设计

损失函数用来计算训练样本预测标签和真实标签之间的差值即损失。通过求损失函数与模型中权重和偏置的求导来逐渐迭代出最优的模型参数,进而固定模型。该实验模型采用的是具有多分类的二元交叉熵损失函数。式(9)、式(10)、式(11)分别表示损失函数、权重更新、偏置更新。

$$L = -\frac{1}{n}\sum_x[y\ln\hat{y} + (1-y)\ln(1-\hat{y})] \tag{9}$$

$$\frac{\partial L}{\partial w_j} = \frac{1}{n}\sum_x x_j(\hat{y}-y) \tag{10}$$

$$\frac{\partial L}{\partial b} = \frac{1}{n}\sum_x(\hat{y}-y) \tag{11}$$

式中,y 表示真实标签,$\hat{y}$ 表示预测标签,w_j 表示卷积核权重,n 表示样本数目,x 表示样本,b 表示偏置。

(4) 模型构建

为提高识别准确度,本文使用了残差神经网络,该网络模型由文献[9]提出,主要用于解决退化现象,核心是利用残差块将低维特征向后传递,增加了模型的线性因素,使模型的性能提高。为验证残差神经网络比普通搭建的串行的 CNN 模型更具有优势,本文训练了两个 CNN 模型,分别是普通的串联型和残差型,如图9使用的是预训练 CNN 模型。两种模型分别对相同数据集训练,最终比较两个模型的泛化能力以验证残差网络的优势。

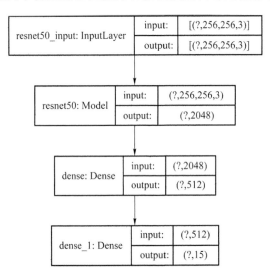

图 9 使用预训练网络后的网络架构

(5) 模型对比分析

分别对两个模型的训练准确度和训练误差作对比,如图10和图11所示,结果表明使用预训练网络的模型的准确度有一定的提升,普通 CNN 模型和预训练网络的最终准确度分别是98.42%和99.35%。此外,分别用两个模型对20%的验证集合进行了测试,测试结果准确度均达到95%以上,满足了使用的要求。

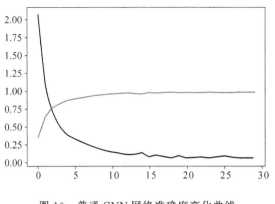
图 10 普通 CNN 网络准确度变化曲线

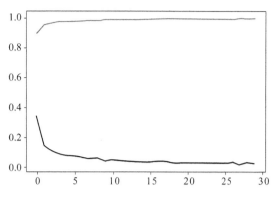
图 11 使用预训练网络的误差和准确度曲线

3 实验仿真

本实验是基于中智讯科技有限公司提供的 xlab 物联网实验平台进行的。xlab 物联网实验平台提供了本实验所需的硬件资源和云服务器。实验仿真证明力理论的正确性和系统的可实现性。

3.1 实验环境

(1) 硬件环境：PC Intel(R)处理器四核 2 GHz 以上，内存 8G，Windows 10 操作系统。

(2) 开发环境：IAR for 8051 集成开发环境。

(3) 实验器材：xLable 未来实验平台〔智能网关 LiteB 节点(ZigBee)、采集类传感器(Sensor-A)、控制类传感器(Sensor-B)、安防类传感器(Sensor-C)〕。

(4) 实验配件：SmartRF04EB 仿真器，USB 线，12V 电源。

3.2 实验步骤

- 将三个 ZigBee 分别通过 SmartRF 仿真器拷入终端协议路由协议和协调器协议，通电后来演示局域网组件过程，当局域网组建成功后，节点上的指示灯由闪烁到常亮。
- 将 ZigBee 和网关分别镜像固化。
- 分别接 Sensor-A、Sensor-B、Sensor-C,和 ZigBee 的三个节点相连接，并将组建好的采集终端和 Android 网关固定在实验基板上。
- 将实验基板通电，网关连接实验室 WiFi 并打开 ZClouldTools。
- 用计算机 Google Chrome 浏览器登录服务器，输入账号 ID 和密码。
- 在网关和 PC 端分别观测采集端上传的数据，检测数据的同步性。
- 向步进电机、蜂鸣器、LED 灯下达命令，观测响应变化。

3.3 实验说明

(1) 采集类传感器 Senor-A ,用于采集模拟蔬菜大棚的温度、湿度、光强、气压、空气质量等环境因子。

（2）控制类传感器 Senor-B，实验采用 LED 的强弱灯光来模拟调节光照设备，采用蜂鸣器来模拟报警，采用步进电机模拟蔬菜大棚遮光布的升起与降落。

（3）安防类传感器 Senor-C，实验采用火焰传感器来模拟蔬菜大棚着火状况。

（4）系统设计采用的是树状拓扑图，在实验中由于器材有限，使用的是星状拓扑图。

（5）由于实验数据的可变性，本文只展示 Android 应用端和 PC 端部分实验结果，用以证明系统的可行性。

（6）客户 PC 端数据变化如表 1 所示，由于采集数据与实验不能及时同步，可能出现一定的数据偏差。

3.4 实验结果与分析

当点燃的蜡烛接近采集类终端，温湿度、光照强度等数据变化如表 2 所示，客户端变化前、后如图 12 所示。从图表中可以看出，温湿度和光照强度发生明显变化，有较好的控制和跟踪性能，控温精度较高[9]，其中温度从光强 108.3Lux 升高到 312.5Lux 是变化最大的环境因子。当蜡烛接近安防类传感器，火焰、光栅等传感器变化如表 3 所示，客户端变化前后如图 13 所示。从图中可以明显看出，人体/触摸、震动和火焰被触发分别通过 PC 端和网关向控制类传感器下达控制命令，蜂鸣器能够正常响起，步进电机能够顺时针和逆时针两个方向转动，LED 灯可以正常调节亮度。

通过该仿真实验，能够在客户端够实时观测到蔬菜大棚中环境因子的变化，并且下达的命令能够得到及时响应，初步验证该系统已具备实用性。

表 1　PC 端 Senor-A 数据曲线

通道	传感器名称	数据变化
00:12:4B:00:1B:DB:19:11_A0	温度/℃	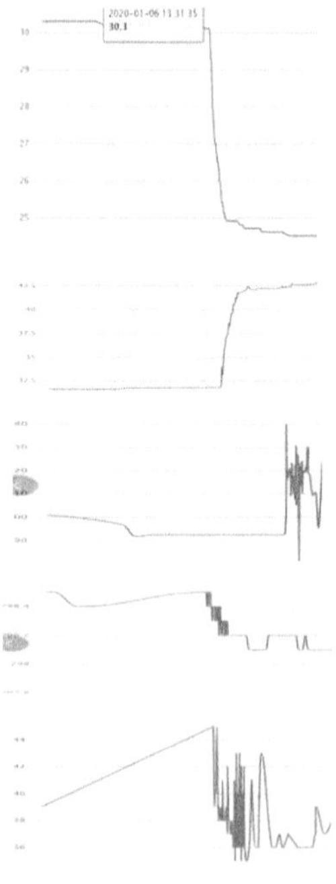
00:12:4B:00:1B:DB:19:11_A1	湿度/%	
00:12:4B:00:1B:DB:19:11_A2	光强/Lux	
00:12:4B:00:1B:DB:19:11_A3	气压/kPa	
00:12:4B:00:1B:DB:19:11_A4	空气质量	

表 2 Senor-A 数据

传感器类别	传感器名称	蜡烛靠近/下达控制命令前状态	蜡烛靠近/下达控制命令后状态
Senor-A	温度/℃	24.1	30.6
	湿度/%	44.0	31.4
	光强/Lux	108.3	312.5
	气压/kPa	79.88	79.87
	空气质量	40	59.0

表 3 Senor-C 数据

传感器类别	传感器名称	蜡烛靠近/下达控制命令前状态	蜡烛靠近/下达控制命令后状态
Senor-C	人体/触摸	绿色	红色
	震动	绿色	红色
	霍尔	绿色	绿色
	火焰	绿色	红色
	燃气	绿色	绿色
	光栅	绿色	绿色

(注:绿色代表正常,红色代表触发)

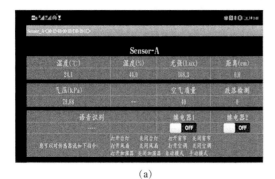

(a)

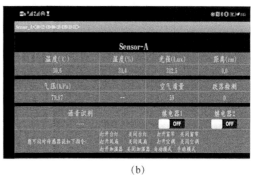

(b)

图 12 Senor-A 数据

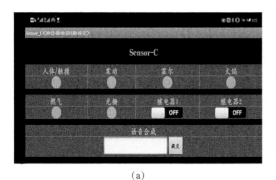

(a)

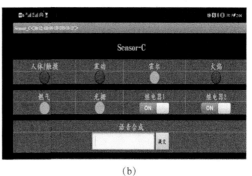

(b)

图 13 Senor-C 数据

4 总结与展望

基于仿真实验以证明该系统的可行性。通过使用该系统,完善了蔬菜大棚管理过程中的不足,进一步提高了农业智能化水平。本文主要创新点有三:(1)物联网和深度学习的结合;(2)使用残差网络预训练网络训练模型;(3)采用优化算法来降低资源的消耗。下一步工作是完善图像识别在该系统的应用,通过在蔬菜大棚中安置摄像头采集植物形态,进而判断植物的营养状况,比如含水量、氮、磷、钾的含量,并将信息反馈给服务器,服务器上训练好的模型识别出农作物的营养状况或者病虫害状态,从而下达指令将微量元素以喷洒农药的形式给予蔬菜营养和相应的农药。随着信息化资源的丰富和信息技术的发展[11],该系统将在发展中不断完善,在蔬菜大棚的管理成本降低的同时蔬菜的产量将进一步提高,对农业的发展具有重要意义。此外,该系统具有很强的迁移性,稍作修改就可用于仓库管理或者家居安防系统的使用。

参 考 文 献

[1] 曾猛.基于无线网络蔬菜大棚测控系统设计[D].长江大学,2019.

[2] 雷建云,韩峥嵘,曾繁迪,等.基于 ZigBee 的低功耗蔬菜大棚远程无线传感测控系统[J].中南民族大学学报(自然科学版),2019,38(1):131-137.

[3] 王建平,房振宏,焦翠玲.基于物联网技术的智能蔬菜大棚构建[J].广东农业学,2011,38(5):200-201.

[4] Wafa Badreddine,Claude Chaudet,Federico Petruzzi,Maria Potop-Butucaru. Broadcast strategies and performance evaluation of IEEE 802.15.4 in wireless body area networks WBAN[J]. Ad Hoc Networks,2020,97.

[5] 曹越.基于 ZigBee 的温度监测系统开发[D].西安电子科技大学,2013.

[6] Validation of Whole-slide Digitally Imaged Melanocytic Lesions:Does Z-Stack Scanning Improve Diagnostic Accuracy?[J]. Journal of Pathology Informatics,2019,10.

[7] 王章弘,陈曦.智能家居通讯网络架构的研究[J].计算技术与自动化,2019,38(3):132-135,146.

[8] 吴亚栋,张鑫,李雪颖.基于 Wi-Fi 与单片机的蔬菜大棚温度智能控制系统研究[J].科技视界,2015(12):30,38.

[9] 郭清华.蔬菜大棚智能温度控制系统应用研究[J].安徽农业科学,2008(11):4487,4488.

[10] Tang Hao,Liu Hong,Xiao Wei,et al. When Dictionary Learning Meets Deep Learning:Deep Dictionary Learning and Coding Network for Image Recognition With Limited Data.[J]. IEEE transactions on neural networks and learning systems,2020.

[11] 万建,李兵,万翠红,等.信息化资源在大型仪器共享平台管理中的应用[J].实验科学与技术,2019,17(5):156-159.

作者简介

井贝贝:男,1993 年生,硕士在读,主要从事物联网和深度学习研究。

基于 RFID 技术的实验室设备管理系统

孙大智

（天津理工大学，天津，300384）

摘　要：本文首先分析了 RFID 的技术原理和特点，然后针对高校实验室仪器设备管理工作中存在的问题，并结合高校实验室仪器设备具体环境，对 RFID 高校实验室设备管理系统的设计、组成和管理过程进行了简要描述，为 RFID 技术在高校实验室设备管理工作提供了参考，能够提高实验设备管理的工作效率，优化资源配置，具有实际应用价值。

关键词：物联网技术；RFID 技术；设备管理；电子标签

Laboratory Equipment Management System Based on RFID Technology

Sun Dazhi

(Tianjin University of Technology, Tianjin 300384, China)

Abstract: This paper first analyzes the technical principle and characteristics of RFID, and then describes the design, composition and management process of RFID university laboratory equipment system according to the problems existing in the management of university laboratory equipment and the specific environment of university laboratory equipment RFID technology provides a reference for the management of laboratory equipment in Colleges and universities. It can improve the efficiency of laboratory equipment management, optimize the allocation of resources, and has practical application value.

Key words: Internet of Things; RFID technology ; equipment management; Electronic tags

1　概述

伴随我国高等教育事业的快速发展以及高等学校的不断扩招，实验设备也日益增加。实验室作为高等学校实践教学与科学实验的重要场地,其设备管理水平将直接影响教学效果与科研进程。但是在实验设备的管理上,大部分高校依然采用传统的人工管理,制作纸质标签进行分类管理,采用 Excel 文件记录设备基本信息、维修情况、借归还状态等信息,但这种传统的管理方法会造成数据冗余量大、人员负担重、出错率高等问题,已经不能适应管理部门、师生及实验室不断发展壮大等各方面的需求。因此,有必要使用更有效的方法改进目前的实验室设备管理模式,将实验室设备更好地利用起来,一方面更好地为师生服务,另一方面为实验室管理员、实验室管理部门提供更加直观、更加有效的信息。

随着物联网的普及和 RFID 技术在我国的推广,其技术更加成熟,成本更为低廉,利用 RFID 技术作为实验室设备数据采集的最新技术手段,将其应用于高校实验室设备的管理上,能够加强实验室规范化管理,提升高校的综合管理水平,加快学校的信息化、数字化建设。

2 RFID 技术简介

近年来,物联网技术逐渐普及,物联网的核心就是无线通信技术,而 RFID 技术就是其中一种,RFID 是 Radio FrequencyI Dentification 的缩写,简称为:射频识别。该技术利用射频信号通过空间耦合交变磁场来实现无接触传输数据,从而达到识别的目的。RFID 系统包含两个基本组成部分,电子标签(tag)和读写器(reader)。其中,电子标签一般固定在物体上,由标签天线和射频芯片组成,是 RFID 的数据载体,用于存储相应的数据供读写器读写。现有电子标签主要分为无源标签、有源标签两种,无源标签又被称为被动式标签,其内部没有电池,性价比较高,能够穿透障碍物,传输速度快,在物联网技术领域得到了广泛应用。有源标签也被称为主动式标签,其内部设有电池,可以周期性地发射识别信号并可通过预设的频段向外界传送信息,作用距离较远,但抗干扰能力较差,主要应用于公路收费系统。读写器包括读取探头和天线,是 RFID 的数据处理中心,用来读写电子标签,根据需要可设计成便携式和固定式。有些读写器还通过通信接口与外部计算机连接,进行数据交换。读写器一般由读发模块、控制模块、接口单元及耦合模块 4 部分构成,与电子标签之间建立双向通信。

RFID 的工作过程也不是很复杂,首先将 RFID 标签固定在目标物体上,通过天线,读写器在一定范围内发送射频信号,当目标物体进入磁场区域后,RFID 标签接收到读写器发出的这个信号,那么标签就会产生感应电流,从而获得能量,凭借此微弱能量,标签就可以将存储的相关数据信息发送出去,此时,读写器接收到标签发来的数据信息后进行译码,然后将数据送至计算机做相关处理,从而实现自动识别物体或自动收集物体数据信息的功能,如图 1 所示。

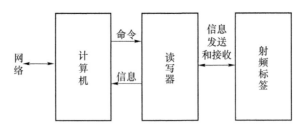

图 1 RFID 系统基本原理图

3 基于RFID技术的实验设备管理方案

3.1 系统管理方法

RFID技术概括来讲可以将它理解为一种应用电磁波频谱,以非接触、无视觉、高可靠的方式,传递特定识别信息的系统。

设备管理系统的组成:系统由实验室的设备管理软件、读写设备、射频电子标签组成。在每台仪器设备上都固定好射频标签:每个标签的电子编码是唯一的,电子标签中存储着仪器相关数据(设备编号、设备名称、设备型号、设备厂家、规格参数、购买日期、维修记录等)。

通过读写设备对贴在设备上电子标签进行数据读出或写入,根据实验设备大小、使用位置等,可以采用便携式和固定式读写器:对于小的灵活放置的设备可使用便携式采集终端;对于较大的固定放置的实验设备可使用固定式读写器。实验设备管理系统所部署的终端和服务器将记录并存储设备的整个生命周期的信息,完成设备的智能化管理。

3.2 系统功能实现

RFID仪器设备管理系统组成如图2所示。

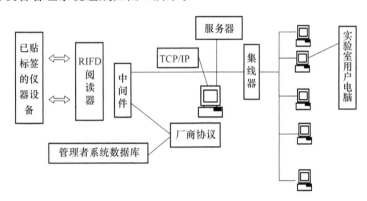

图2　RFID仪器设备管理系统组成

(1) 在每台/件仪器设备上粘贴射频卡,每一件仪器设备都有一个唯一的识别码ID,记录设备所属单位、物资编号、保管人姓名、存放位置、设备种类、入库日期及当前使用状态等附加信息。当前状态又分为两种:良好、故障待修。

(2) 在实验室出入口设置RFID阅读器或者实验管理人员手持RFID读写器,通过中间件厂商协议(各RFID读写器厂家采用的是自己的企业协议,不能直接接入网络,要通过一个中间件接入),再和外部传输控制协议/互联网协议地址协议(TCP/IP)网络相连,对出入库贴有电子标签的仪器设备写入相应信息:出库时记录使用者的信息(是本单位使用还是外借或调用、在何处使用、当前状态及出库时间),并上传至管理系统;入库时核销使用人信息、当前使用状态(有无故障等信息),利用校园互联网上传至管理系统,对于外借设备的信息在管理系统中核销。

(3) 在实验室内部实现阅读器的全覆盖,随时对室内仪器设备信息进行读写操作,实时与管理系统进行信息核对和信息修改。学校管理部门可利用一台服务器通过校园局域网随时远程访问,掌握全校设备使用情况,不用花费人力、物力调查各部门实验室设备维护使用情况。

（4）对于实验室正在使用的设备,实验管理人员可用手持式读写设备读取设备标签中的数据。除能读取设备固有信息外,标签还记录了仪器设备使用情况,何人何时何地使用的信息,可随时掌握设备动态信息。

（5）在设备教学使用方面,学生进入实验室前,使用一卡通刷卡,读写器会读取该学生的基本信息,如姓名、学号、专业等,同时学生可以选择一件实验仪器进行实验,此时,读写器会记录下该实验设备的使用信息,如何时、何地、何人使用,使用状态如何等。

3.3 系统优势

（1）通过 RFID 技术设备管理员可将仪器设备有关信息,如设备名称、分类项、购置日期和当前状态写入射频卡,通过便携式或固定式 RFID 读写器可无接触地、批量地识别并读写电子标签中保存的信息,且识别距离一般在半径 6 m 左右范围内,对射频卡的读写操作,实时确定或修改设备位置、数量、种类等信息,同时,进行数据上传、更改和存储,实现实验设备的数字化管理。

（2）和以往传统条形码的记录模式有极大不同,最大优势在于省去了查阅纸质记录本和查找设备存放位置的烦琐程序。传统条形码的载体是纸张,附着于设备表面,因此,容易受到污染、折损,但 RFID 是将数据存于芯片内,对水、油和化学药品等物质具有很强的抵抗性。RFID 具有超越条形码的智能性特点。

（3）RFID 以无线、大容量、智能化等特点将会被更加普及地利用,能为仪器设备提供强大且准确的使用日志和统计功能,这大大优于传统的设备管理模式,传统管理方法是单纯保存数据在计算机中的静态管理模式,各个方面均落后于 RFID 的管理模式。

3.4 效果与结论

经过测试,基于 RFID 技术的实验设备管理系统的功能基本能够实现。对实验设备的基本信息、实验设备的全生命周期做到了全过程、全方位的系统管理,减轻了实验设备管理人员的工作量,为实验设备的管理带来了新的生机和活力。

4 结语

本文对 RFID 技术及物联网技术作了简介,提出了高校实验室传统管理方法的弊端,并结合 RFID 在实验设备管理中的优势,提出了一种基于 RFID 技术的实验设备管理系统,该系统能够利用无线网和物联网技术实现对设备从购置到报废整个过程的智能化管理,提高了管理效率,降低了管理成本,为高校实验设备管理带来了新的生命力。

当然,RFID 技术还存在一些弊端,但该技术仍然有很大的发展潜力,尤其是在高校实验设备管理上能发挥出意想不到的便捷效能,体现出数字化管理模式的优越性,推进了计算机数字化管理在高校固定资产管理方面向更先进层次的迈进,这也是今后高校管理模式发展的必然趋势。

参 考 文 献

[1] 王法玉,张晓洪,陈洪涛,等. RFID 及 WiFi 技术在实验设备管理中的应用[J]. 实验技术与管理,2015,32(5):274-277.

[2] 胡文锋,王玲玲,翁绍捷.RFID技术在高校实验室设备管理中的应用[J].实验室研究与探索,2011,183(6):405-407.
[3] 刘魏.解析RFID技术在仓储管理系统中的应用[J].广东科技,2017(14):5-6.
[4] 周学.UHF频段RFID标签天线研究[D].杭州:杭州电子科技大学,2012(12):12-15.

作者简介

孙大智:男,1980年生,实验师,人工智能,无线通信。

越疆机械臂的SDK运动控制实验及运动分析

邢湘瑞[①]　赵一帆[②]　朱元静[③]　郭　嘉[③]　丁洪伟[①]

[①]（云南大学信息学院,昆明,650000）

[②]（云南民族大学电气信息工程学院,昆明,650000）

[③]（云南省广播电视局科技处,昆明,650000）

摘　要：随着工业4.0的推进,小型家用机械臂已经开始融入我们的生活和学习,因此为了紧跟时代步伐,学习和掌握相应的机械臂知识和技术不可或缺。例如基本的D_H建模和运动学逆解,但是并不是所用使用者都有很强的理论知识,所以为了降低二次开发的门槛机械臂的设计者们都为使用者提供了强大的SDK开发包,那么能够灵活和熟练的掌握SDK开发技术就可以让我们在各种智能设备中畅通无阻了。本文将使用D_H建模对机械臂控制运动控制进行理论分析,然后借助SDK实现机械臂对杂乱物体的抓去和整齐摆放实验。实验证明借助SKD能够极大的提升开发效率。

关键字：越疆机械臂；D_H建模；SDK；逆运动学分析

SDK motion control experiment and motion analysis of Yuejiang robotic arm

Xing Xiangrui[①]　Zhao Yifan[②]　Zhu Yuanjing[③]　Guo Jia[③]　Ding Hongwei[①]

[①]（School of Information, Yunnan University, Kunming, 650000, China）

[②]（College of Electrical Information Engineering, Yunnan Minzu University, 650000, China）

[③]（Science and Technology Department of Yunnan Radio and Television Bureau, 650000, China）

Abstract: With the advance of Industry 4.0, small household robotic arms have begun to integrate into our life and study. Therefore, in order to keep up with the pace of The Times, it is indispensable to learn and master the relevant knowledge and technology of robotic arms. Basic D_H modeling and inverse kinematic solution, for example, but not the user has the very strong theoretical knowledge, so in order to reduce the threshold of the secondary development of mechanical arm designers provides users with a powerful SDK development kit, so the flexibility and skilled master the SDK development technology can make our among various kinds of intelligent device unimpeded. In this paper, D_H modeling will be used to carry out theoretical analysis on the control of the robot arm, and then SDK will be used to realize the experiments of grabbing and arranging messy objects with the robot arm. Experiments show that SKD can greatly improve development efficiency.

Key words：Yu Jiang 4-dof mechanical arm; D_H modeling; The SDK; Inverse kinematic analysis;

0 引言

近几年,我国工业机器人产业步入快速发展的阶段,已经连续 6 年成为第一大市场,截止到 2017 年我国的工业机器人的销售数量超出 50 亿美元,并且到了 51.2 亿美元时,同比的增长达到 30.3%,目前工业机器人领域越来越被广泛应用起来,甚至应用在制造业等领域方面。随着智能化的发展,人工智能在计算机领域内的应用越来越广泛,并在机器人、控制系统、仿真系统等方面得到应用。机器人的工作主要是依赖机械臂的运动而实现的。机械臂是一个多输入多输出、高度非线性、强耦合的复杂系统,机械臂与机构运动学相联系,运动以坐标为准,需要自由度,通过计算机控制,实现其操作灵活性,已在工业装配、安全防爆等领域得到广泛应用[1]。并且机械臂控制已经是一个比较成熟的研究内容,虽然越来越多奇形怪异,功能复杂的机械臂出现我们的生活中,但是不论这只机械臂是多少自由度,串联或是并联,它的分析与建模还是可以使用已有的方法。这些方法中最为金典的就是 Denacit 和 Hartenberg 提出的 D_H 方法和逆运动学分析法,虽然方法老旧,但是其思路清晰,理论严谨,运用于现在机器人分析游刃有余。本文结合所研究课题,利用 D_H 模型法和逆运动学分析理论对越疆 4 自由度机械手的控制做出来完整的分析,并且借助 SDK(Software Development Kit)软件开发工具包去完成很多不必要的非核心的工作,借此熟练掌握 SDK 的使用和二次开发平台的流程。

1 越疆 4 自由度机械臂

DOBOT 魔术师(越疆 4 自由度机械臂)是越疆科技自主研发的多功能高精度轻量型智能实训机械臂,优秀的一站式 STEAM 教育综合平台,可以安装多种功能模块,并且具备 3D 打印、激光雕刻、写字画画等多种功能,为方便二次开发预留了 13 个拓展接口,它不仅支持使用 C 语言进程程序编写,还可以使用 Python 进行程序编写,并且具有较高的运动精度及复位精度。使用它附带的气动机械爪配件可以较高精度地抓取实物,完成本实验的演示。越疆 4 自由度机械臂性能相关参数如表 1 所示。

表 1 越疆 4 自由度机械臂性能参数

轴数	4
有效负重	500 g
最大伸展距离	320 mm
重复复位精度	0.2 mm
通信接口	USB/WIFI/Bluetooth

续表

轴1	$-90°$ to $+90°$
轴2	0 to $+85°$
轴3	$-10°$ to $+90°$
轴4	$+90°$ to $-90°$

机械臂实验平台如图 1 所示。

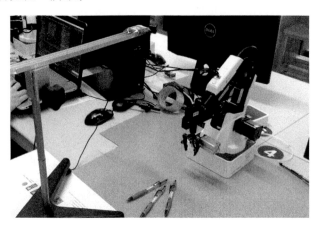

图 1 机械臂实验平台

2 D_H 建模和逆运动学分析

机械臂的运动学分析已经是一个相对成熟的模块，比较经典的就是 Denacit 和 Hartenberg 提出的 D_H 方法和逆运动学分析法，除此之外还有文献[1]介绍的 POE 模型，该方法将系统各关节的运动轴矢量统一到同一个笛卡儿坐标系下，有效地避免了求解过程中的奇异过程。文献[2]改进 D_H 系的方法与传统的 D_H 系方法相比，D_H 参数与杆件之间的对应关系成为主要目标，而 D_H 参数与关节之间的对应关系被视为次要因素。改进 D_H 系在理论推导时物理意义更加明确，方便工程人员应用。越疆 4 自由度机械臂是由 4 个关节相连组成的，那么根据文献[6]中介绍的 D_H 系和 D_H 参数，只要知道了每个连杆的参数才能求解出机械臂末端的位置，对于如何描述机械臂相邻杆问题，文献[7,8]中对 D_H 方法给出了具体的公式和计算方法。该方法指出每个机械臂连杆上均有一个固定的坐标系，然而通过齐次变换就可以描述坐标系间的旋转矢量和平移矢量，利用 D_H 法所建立起来的齐次变换矩阵（位姿矩阵）。越疆 4 自由度机械臂的 D_H 参数如表 2 所示。

表 2 越疆四自由度机械臂 D_H 参数表

#	d	a	θ
0_1	0	0	90
1_2	0	(135 mm)	0
2_3	0	(147 mm)	0
3_H	0	(60 mm)	-90

结合表 2 和逆运动学参考坐标系转换可获得 4 个 A 矩阵：

$$A_1 = \begin{bmatrix} C\theta_1 & 0 & S\theta_1 & 0 \\ S\theta_1 & 0 & -C\theta_1 & 0 \\ 0 & 1 & 0 & 0 \\ 0 & 0 & 0 & 1 \end{bmatrix} \quad A_2 = \begin{bmatrix} C\theta_2 & -S\theta_2 & 0 & a_2 C\theta_2 \\ S\theta_2 & C\theta_2 & 0 & a_2 S\theta_2 \\ 0 & 0 & 1 & 0 \\ 0 & 0 & 0 & 1 \end{bmatrix}$$

$$A_3 = \begin{bmatrix} C\theta_3 & -S\theta_1 & 0 & a_3 C\theta_3 \\ S\theta_3 & C\theta_3 & 0 & a_3 S\theta_3 \\ 0 & 0 & 1 & 0 \\ 0 & 0 & 0 & 1 \end{bmatrix} \quad A_4 = \begin{bmatrix} C\theta_4 & 0 & -S\theta_4 & a_4 C\theta_4 \\ S\theta_4 & 0 & C\theta_4 & a_4 S\theta_4 \\ 0 & -1 & 0 & 0 \\ 0 & 0 & 0 & 1 \end{bmatrix} \quad (1)$$

其中，$C\theta$ 是习惯用书表示 $\cos\theta$，同理 $S\theta$ 表示 $\sin\theta$，θ 表示绕 Z 轴的旋转角，d 表示关节偏移量，a 表示连杆长度，A_i 表示从第 i 个关节到第 $i+1$ 个关节末端的参考系变换。

机器人的运动学基本方程揭示了尺度参数、运动输入参数与运动输出参数三者之间的映射关系，是从几何的角度研究机器人的运动特性。目前，机器人的运动学求解方法主要有解析法和数值法[9]。本文选用的是解析法，根据逆运动学求解公式：

$$^R T_H = \begin{bmatrix} n_x & o_x & a_x & p_x \\ n_y & o_y & a_y & p_y \\ n_z & o_z & a_z & p_z \\ 0 & 0 & 0 & 1 \end{bmatrix} \quad (2)$$

$$^R T_H = A_1 \cdot A_2 \cdot A_3 \cdot A_4 \quad (3)$$

其中，$^R T_H$ 为机械臂的总变换矩阵。

可得：

$$\theta_1 = \arctan\left(\frac{p_y}{p_x}\right), \quad \theta_1 = \theta_1 + 180°$$

$$\theta_{23} = \arctan\left(\frac{o_z}{C_1 o_x + S_1 o_y}\right), \quad \theta_{23} = \theta_{23} + 180°$$

$$C_3 = \frac{(p_x C_1 + p_y S_1 - a_4 C_{234})^2 + (p_z - a_4 S_{234})^2 - a_2^2 - a_3^2}{2 a_2 a_3}$$

$$S_3 = \pm\sqrt{1 - C_3^2}, \quad \theta_3 = \arctan\left(\frac{S_3}{C_3}\right)$$

$$\theta_2 = \frac{(C_3 a_3 + a_2)(p_z - a_4 S_{234}) - S_3 a_3 (p_x C_1 + p_y S_1 - a_4 C_{234})}{(C_3 a_3 + a_2)(p_x C_1 + p_y S_1 - a_4 C_{234}) + S_3 a_3 (p_z - a_4 S_{234})}$$

$$\theta_4 = \arctan \frac{-S_{23}(C_1 n_x + S_1 n_y) + C_{23} n_z}{-S_{23}(C_1 a_x + S_1 a_y) + C_{23} a_z}$$

$$\theta_{234} = \theta_4 + \theta_{23} \quad (4)$$

其中，$S_{23} = S(\theta_2 + \theta_3) = S\theta_2 C\theta_3 + C\theta_2 S\theta_3$，$\theta_{23}$ 为 S_{23} 的角度，其他同理。至此我们求出了所有关节达到预期位姿所需要得旋转角度，越疆 4 自由度机械臂逆运动学分析求解完成。为了验证自己的计算结果我们可以使用文献[10]中介绍的 Matlab 中的 ADAMS 进行仿真验证。

3 机械臂实验流程

本次实验主旨在于借助 SDK 来对机械臂进行控制，了解机械臂的原理和 SDK 的使用。

为了体现出控制方案的灵活性,我们决定配合摄像头来对所需抓去的物体进行实时定位抓取,以此来证明控制方案的灵活性。如图 1 所示,本次实验选择的抓取物品是 3 支随意摆放的圆珠笔,我们的任务是将这 3 支随意摆放的圆珠笔摆放到要求位置(所有笔平行摆放,两两距离为 2 cm 且 y 轴位置依次减少 1 cm 使其成阶梯状)。所以我们的实验主要就可以分为以下几步。

3.1 设备通信

通信问题是一切机械臂操作的基础问题,如果没有一个稳定,快速的通信方式,那么对于机械臂的操作将会困难重重。在设备的通信上本次实验采用的是以上位机为通信中心,将摄像头数据传输给上位机,上位机对其进行分解和重新打包,然后将其发送给机械臂进行单方向的通信。其中摄像头与上位机使用摄像头自带的串口通信即可,而上位机与机械臂是借助 SDK 中的 WiFi 通信模块进行通信。其 WiFi 套件如图 2 所示。

图 2 WiFi 通信模块及连接

程序调用如图 3 所示。

```
#Load Dll
api = dType.load()

#Connect Dobot 使用串口连接机械手双引号内无须填写任何东西,如果要使用 WiFi 连接双引号内填写 IP 地址即可。
state = dType.ConnectDobot(api, "192.168.1.173", 115200)[0]
```

图 3 借助 SDK 中 API 实现机械臂通信

3.2 程序流程设计

本次实验的任务是对于随意摆放在试验台上的圆珠笔进行抓取和摆放,所以为了完成任务本次实验的程序设计应该是:(1)摄像头对试验台进行拍照并将数据传输给上位机;(2)上位机对圆珠笔的位置和方向进行识别并且将分析结果进行打包发送给机械臂;(3)机械臂内置处理器对来自上位机的数据包进行接收和处理并且进行运动。因为本次实验中借助 SDK 进行上位机对机械臂的控制才是主要目的,所以上位机与机械臂的程序流程图如图 4 所示。

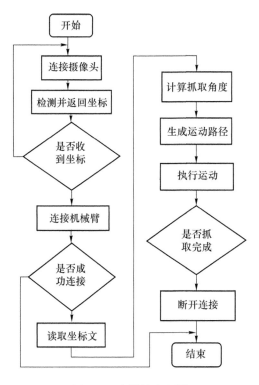

图 4　程序设计流程图

3.3　所遇问题解决及解决方案

越疆公司提供的 SDK 工具齐全，但是对于本次实验的任务来说不论是程序还是外设的添加上支持都不是很完善。例如，越疆公司没有提供对于外设设备通信的 SDK 工具，也没有给出对于物体抓取角度的计算方式。所以对于本次任务的摄像头通信和圆珠笔抓取需要另辟新径。如上述所属我们选择了一条摄像头到上位机再到机械臂的通信路径，所以我们借助上位机的优势进行中转，具体做法就是利用上位机对摄像头通信结果进行打包并创建一个特殊文件，然后将这个特殊文件发送给机械臂以此来进行机械臂与外设的通信。第二个问题是抓取角度，应为目标圆珠笔我们可以把它简单理解成一个柱形体，那么我们就需要抓取它的重心并且还要按照一个特定的方向来选择机械爪进行抓取，对于这个问题本次实验:(1)对于每一支圆珠笔我们需要获取它的两个坐标，一个是质心坐标，第二个就是圆珠笔的笔尖坐标，有了这两个坐标我们才可以确定出圆珠笔的向量，从而计算它与基准坐标 X 轴的夹角 θ。(2)夹角 θ 的计算采用三角函数进行推导，设第一支笔质心坐标为 (X_1,Y_1)，笔尖坐标为 (N_1,O_1)，那么根据三角函数得:

$$\tan(\theta)=\frac{Y_1-O_1}{X_1-N_1} \rightarrow \theta=\arctan\left(\frac{Y_1-O_1}{X_1-N_1}\right) \tag{5}$$

(3)计算出向量夹角后我们将它与机械爪的旋转角进行拟合，首先在安装机械爪时先将旋转角度调为 0 并且此时安装的机械爪的爪脚连线必须与基准坐标 X 轴垂直，这样可以方便后面对计算，然后让机械爪旋转 90°，利用 DobotStudio 的窗口读出舵机此时的转角 M。最后将矢量的夹角转化到舵机上完成拟合，计算公式如下，舵机最终旋转角度 R 为:

$$R=r\cdot\frac{M}{90} \tag{6}$$

4 实验结果与功能测试

4.1 实验平台搭建

针对是任务要求,以及利用现有资源,本次实验平台搭建较为简单,首先我们先选择一块不反光的底板(木板),然后我们将摄像头通过支架架设在实验平台正上方,这里要注意高度的选择,应尽可能保证圆珠笔在其视线范围内。然后是机械臂的放置位置,其放置位置不能随意放置,要遵循两个条件:第一是机械臂应与摄像头在同一水平面上;第二是放置在所选的标准坐标系的原点上。只有保证这两点才能更好地进行坐标拟合并且控制抓取精度。搭建实物图如图 5 所示。

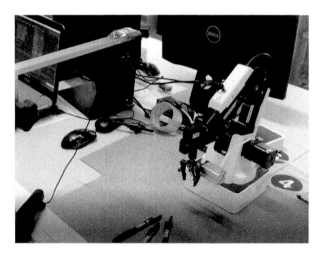

图 5 实验平台效果图

4.2 图像处理

根据程序流程设计,接下来我们要进行圆珠笔做标的识别。其中图像处理包括了高斯模糊处理、泛洪填充、灰度处理、开闭处理、阈值处理、Canny 边缘检测、Hough 圆检测等,其最终处理结果和坐标如图 6 和图 7 所示。

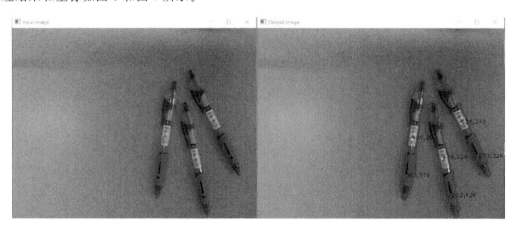

图 6 圆珠笔图像处理结果

经过图像处理我们得到了圆珠笔的质心和笔头的坐标。结果为笔 1 质心(479,329)笔头(503,426),笔 2 质心(400,280)笔头(383,376),笔 3 质心(528,240)笔头(573,326)。然后根据我们的通信规则将其写入一个新的文本文件中,并将其发送给机械臂。

4.3 实物抓取

收到坐标文件后机械臂对其进行读取,有了坐标之后接下来就是运动过程的计算和运动抓取的实现,其结果如图 7 和图 8 所示。

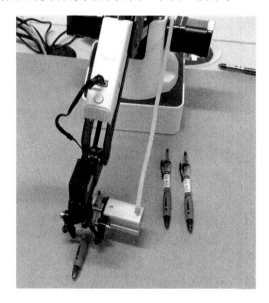

图 7 机械臂抓取实况

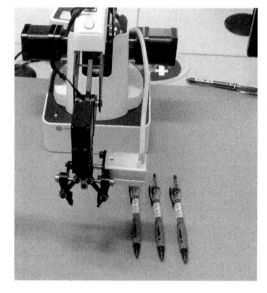

图 8 实验结果

最终机械臂按照摄像头读取的坐标成功地抓取了随意摆放的圆珠笔,并且完成了将其摆放到规定位置(所有笔平行摆放,两两距离为 2 cm 且 y 轴位置依次减少 1 cm 使其成阶梯状)的任务。

5 结束语

机械臂作为一种金典的机电一体化设备,且具有广泛的应用领域和巨大的使用价值,并且已经迅速的融入我们生活和教育的方方面面。因此掌握其相应的理论知识和使用方法是必不可少的。本文从越疆机械臂的介绍、D_H 建模、逆运动学求解、通信处理以及程序设计 5 个方面对机械臂的实验步骤和过程进行了阐述,为机械臂的实验提供了一个基本思路。并且最终实验结果达到了任务要求,成功地对杂乱圆珠笔进行了识别抓取和摆放。虽然本次实验使用的是越疆 4 自由度机械臂,但是实验的步骤和方法适用于绝大部分现在市面上的小型家庭教育机器人,尤其是灵活的利用 SDK 结合理论知识对机械臂的操作,对于圆柱体型物体的识别和抓取的策略。而且本文对于处理外设通信和抓取角度计算及拟合提出来一个简单易行的方案对于后者类似的实验和运用有较好的指导价值。

参 考 文 献

[1] 包黎明,任林昌,李光宇,等.基于STM32六自由度机械臂发展前景[J].内燃机与配件,2019,(24):195,196.

[2] MURRAY R M. A mathematical introduction to robotic manipulation [M]. Boca Raton :CRC press, 2017.

[3] 冷舒,吴克,居鹤华.机械臂运动学建模及解算方法综述[J].宇航学报,2019,40(11):1262-1273.

[4] 房子琦.三自由度机械臂式升降平台运动学建模及仿真[J].机电工程技术,2019,48(12):133-134,244.

[5] 李琳琳,寇子明,吴娟.六自由度机械臂的设计与轨迹规划研究[J].煤矿机械,2019,40(8):43-46.

[6] 徐呈艺,刘英,贾民平,等.木板抓取冗余机械臂逆运动学求解[OL]. http://kns.cnki.net/kcms/detail/11.5946.TP.20191129.1724.038.html.[2019-12-15].

[7] NikuS . 机器人学导论:分析、系统及应用[M]. 北京:电子工业出版社,2004.

[8] 王兆光. 六自由度机械臂避障路径规划研究[D]. 西南交通大学,2018.

[9] 曾氢菲,刘雪梅,邱呈溶.多臂协同焊接机器人运动学逆解及误差分析[J].焊接学报,2019,40(11):21-27,162.

[10] 王大超,刘虹.基于MATLAB与ADAMS的机械臂仿真分析[J].机械工程与自动化,2017,(6):59,60,62.

作者简介

邢湘瑞:男,1996年生,硕士研究生,主要从事机器人学和智能算法研究。

基于电力线载波通信的智能家居系统

赵徐森　韩宇龙　刘元超　洪　浩　张　怡

（北方工业大学信息学院实验中心，北京，100144）

摘　要：为设计开发适合我校电子信息工程专业功率电子方向学生微机接口综合课程设计课题，基于电力线载波通信具有的应用范围广、方便快捷、无需布线等优势，构建出可供专业学生综合训练的一种独特的智能家居系统。系统以 MSP430 单片机、电力载波通信电路为设计核心，利用 TCP 互联网数据包在 220V 电力线上完成传输和通信，实现手机 APP 对家用电器的远程智能调节控制、对家居环境参数的实时监测。专业学生通过方案选择、硬件电路和软件程序的设计、系统制作、调试和测试，达到了微机接口综合课程设计的目的和要求。

关键词：微机接口综合课程设计；电力载波通信；智能家居系统；MSP430 单片机；手机 APP

Smart Home System Based on Power Line Carrier Communication

Zhao Xusen　Han Yulong　Liu Yuanchao　Hong Hao　Zhang Yi

(Experimental Center, School of information, North China University of Technology, Beijing, 100144)

Abstract: In order to design and develop an integrated course design of microcomputer interface suitable for students in the power electronics direction of our school's electronic information engineering major, based on the advantages of power line carrier communication, such as wide application range, convenience and rapidity, and no need to wire, construct a unique smart home system for comprehensive training of the students. The system takes MSP430 single-chip microcomputer and power carrier communication circuit as the design core, uses TCP Internet data packets to complete transmission and communication on the 220V power line, and realizes the remote intelligent adjustment control of household appliances by mobile phone APP and real-time monitoring of home environment parameters. Students of this major have achieved the purpose and requirements of the comprehensive course design of microcomputer interface through scheme selection, hardware circuit and software program design, system production, debugging and testing.

Key words: Integrated course design of microcomputer interface; power carrier communication; smart home system; MSP430 single-chip microcomputer; mobile APP

1 引言

电力线载波通信是电力系统特有的通信方式,它是利用现有电力线,通过载波方式高速传输模拟或数字信号的技术[1]。构成的系统具有明显特色:(1)由 220V 供电,强电与弱电共存,需较强的抗干扰特性;(2)利用电力载波通信特有的优势,不需要外加通信线路,在应用上兼容性好;(3)融合了微机接口、高频通信、功率电子、互联网、传感器等多学科技术,涉及软硬件设计,是对学生的综合训练。

基于我校电子信息工程专业功率电子方向学生设计开发的微机接口综合课程设计课题——基于电力载波通信的智能家居系统,由主控制器、从控制终端、TCP 互联网模块、手机 APP 构成。两个从控制终端分别连接模拟家用电器的大功率照明 LED、电风扇以及环境参数传感器,通过手机 APP,实现对家用电器的调节控制、对家居环境参数的实时监测。该系统结合电力载波通信特有的优势和智能家居控制的特点,利用电力载波通信对智能家居系统进行监测和控制,为智能家居系统的实时高效运行提供了新的解决方案[2]。

2 基于电力载波的智能家居系统框架

系统由主控制器与接入家庭的宽带相连接,通过电力载波线连接上统一的载波通信接口控制器,由手机 APP 实现对家用电器的监控。图 1 为基于电力线载波通信的智能家居系统框架结构。

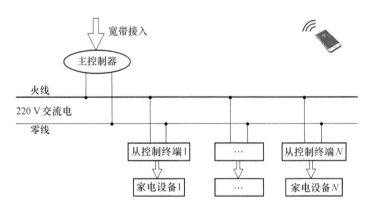

图 1 基于电力线载波通信的智能家居系统框架结构

系统采用 MSP430 单片机、电力载波电路、以太网模块进行设计。控制方式为手机 APP 发出信息,通过互联网传送至 USR-TCP232-T2 串口以太网模块,USR-TCP232-T2 将网络数据包通过 MSP430 处理器、电力载波电路上传至电力线上,由家庭终端接收控制信号,对家电设备进行控制。家庭内的环境信息由传感器采集,通过 MSP430 处理器、电力载波电路上传至电力线,在 USR-TCP232-T2 处将接收的信号转化为网络数据包,上传互联网,由手机 APP

实现实时监控。图 2 为系统数据通信传输框图。

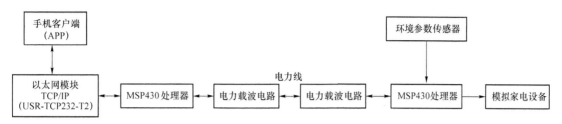

图 2 数据通信传输框图

3 主从控制模块

系统的核心是主控制器和从控制终端设计,它们具有相似的结构连接,均由 MSP430 处理器、电力载波电路构成,这两者间通过各自的串行接口互联。主控制器和从控制终端均通过电力载波电路连接到 220V 电力线,采用 FSK 调制解调,完成数据的发送和接收(发送数据和接收不能同时进行),载波中心频率为 72 kHz,带宽为 10 kHz[3]。

主控制器中 MSP430 的另一个串行接口与 USR-TCP232-T2 串口以太网模块连接,实现与互联网的交互;从控制终端利用 MSP430 的 P1、P2 接口控制家电或者采集环境参数[4]。

主控制器和从控制终端结构连接如图 3 和图 4 所示,系统中的 MSP430 处理器、电力载波电路等所需 5V 和 3.3V 电源均由 220V 市电通过直流变换后提供。

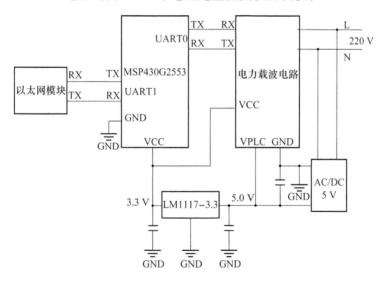

图 3 主控制器结构连接图

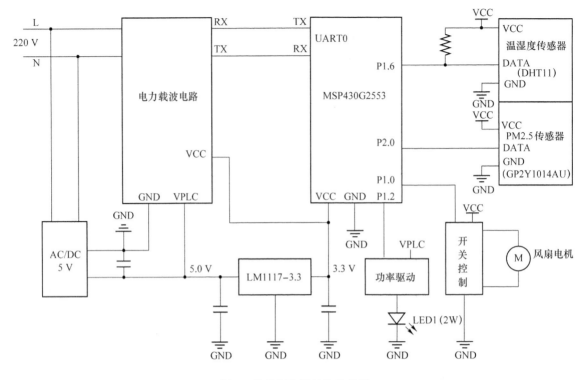

图 4 从控制终端结构连接图

4 互联网 TCP 通信

TCP/IP 是网络中使用的一组基本的通信协议,它包括上百个各种功能的协议,如文件传输和电子邮件等,而 TCP 和 IP 是保证数据完整传输的两个基本的重要协议。图 5 是 USR-TCP232-T2 实现功能的整体框图。

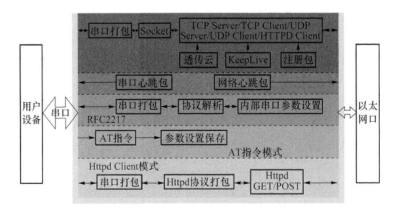

图 5 USR-TCP232-T2 整体框图

TCP Server 时,最多可以同时建立 16 个连接,最大值可在 1~16 范围内任意设置,此处用默认值。Server 同时向 16 个 Client 发送数据,或者 Server 接收 Client 数据时,开启 Index 功能后,将会对不同的客户端进行标号区分,客户可以根据信息标号来区分接收数据的数据源,同时也可以根据协议将不同的信息发送到特定的客户端。

5 电力载波电路

作为本系统的核心,基于电力载波芯片 HLPLCS520F 设计载波电路是关键,图 6 为电力载波电路结构框图。

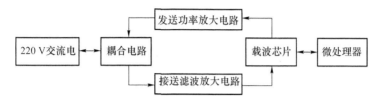

图 6 电力载波电路结构框图

(1)电力载波芯片

HLPLCS520F 是一颗专为电力线载波通讯设计的,高集成度的 FSK 调制与解调芯片。芯片内部集成高速数字信号处理器(DSP)和 FSK 调制解调器,解调器具有较低的灵敏度和强的抗干扰性能,可适应各种复杂的电力线信道环境。芯片内部结构如图 7 所示。

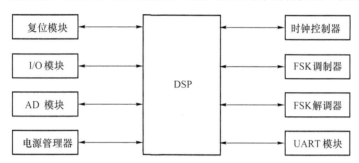

图 7 芯片内部结构

基于 HLPLCS520F 设计的载波通信电路,采用 FSK 通信方式,软件采用超级模糊算法,即使传输信号被干扰或丢失达 40%,也能准确还原出原载波信号,通信稳定,抗干扰能力超强。模块通过 Z/N 口可以在过零发送模式和正常发送模式间自由切换。Z/N 为高电平电路正常发送,Z/N 为低电平电路过零发送。需要注意的是电路在过零发送模式下,必须提供由 220V 交流信号正确产生的过零信号,才能发送数据。

(2)发送功率放大电路

如图 8 所示,发送功率放大电路采用一颗 P 沟道 MOS 管和一颗 N 沟道 MOS 管组合作为放大驱动芯片,芯片将 5V 的方波 FSK_OUT 信号提升到 VPLC 电压的方波信号,然后经过 L1 和 C2 组成的滤波器将方波转换成正弦波信号。R7、R8 为 MOS 管过流保护电阻,在变压器供电,发送功率不大的情况下可省略。TS1 是 P 沟道 MOS 管反向保护二极管。

(3)接收滤波放大电路

如图 9 所示,接收滤波电路前端采用 RLC 带通滤波器设计,后经 2 级三极管放大,再进过一个三极管整形,将正弦小信号放大整形成方波信号给载波芯片解析。D_3 是两只二极管的复合管,将两只二极管方向并接连到 GND 限制信号幅度,保护后端放大短路。

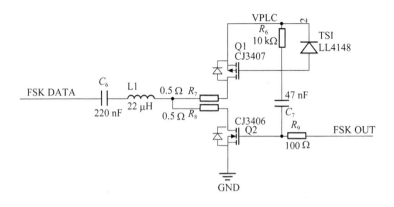

图 8　发送功率放大电路

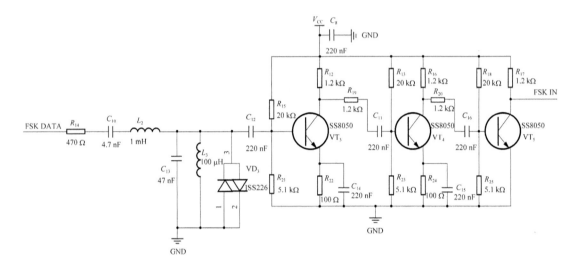

图 9　接收滤波放大电路

（4）载波信号耦合电路

所谓耦合电路就是低压电力线路与载波信号发送和载波信号接收电路之间信号连接方式的电路，通过耦合电路来实现信号的交链。根据信号种类和电路环境，采用正确的耦合方式对信号的正常传输将起到至关重要的作用。

如图 10 所示，载波信号耦合变压器采用 1 mH 的耦合线圈，安规电容 C_{10} 的容量应大于 $0.1\ \mu F$，耐压不小于 275 V。

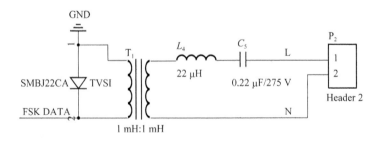

图 10　载波信号耦合电路

（5）过零检测电路

过零检测电路,220 V 交流信号驱动光耦产生过零信号,芯片过零检测为上升沿和下降沿有效,如图 11 所示。

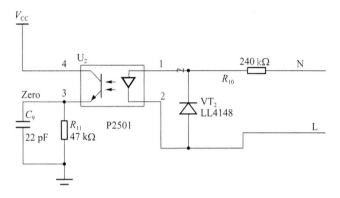

图 11　过零检测电路

6　手机 APP 开发

手机 APP 开发的核心是解决好与以太网 TCP/IP 数据的交换,图 12 是以太网 TCP/IP 数据交换流程图。

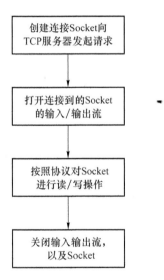

图 12　以太网 TCP/IP 数据交换流程图

手机 APP 开发的主要源码文件如图 13 所示。

JsonUtil	2018/3/29 9:21	Java source file	2
MainActivity	2018/5/7 15:50	Java source file	16
myApplication	2018/4/26 13:40	Java source file	1
mySocket	2018/5/7 15:18	Java source file	2
wifiStateUtil	2018/3/29 9:53	Java source file	2

图 13　手机 APP 开发的主要源码文件

7　系统测试

图 14 为学生作者完成的系统样机,包括 1 个主控制器、2 个从控制终端、TCP 互联网模块、手机 APP 构成。经软、硬件调试,系统成功实现了与互联网相连的主智能控制器对远程从控制终端的控制,可以准确、高效地通过电力线载波通信实现数据的发送和接收。通过手机 APP,可以连续控制大功率 LED 的照明亮度、控制电风扇的开关和调档;系统通过温湿度、PM2.5 传感器捕捉环境参数,由 MSP430 单片机完成信息的采集和上传,进而在手机 APP 上对家居环境参数进行实时监测。

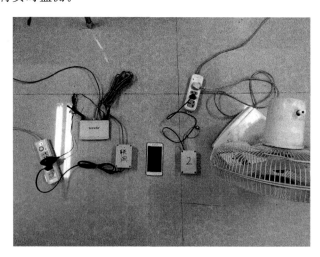

图 14　学生完成的系统样机

8　结语

我校电子信息工程专业功率电子方向学生在微机接口综合课程设计中,能够根据智能家居系统的功能需要,较熟练地运用相关知识点,选择可行的实现方案;熟悉电力载波通信、微机接口、手机 APP、互联网 TCP、传感器等核心器件或模块的选择、硬件电路和软件程序的设计;通过制作、调试和测试,对系统强电与弱电兼容、软硬件联调、系统功能与性能等做出技术性评价,达到了综合训练专业学生的培养目标和要求。

参 考 文 献

[1] 成建生.基于电力线通信模式的 LON 控制器的设计[J].电测与仪表,2011.
[2] 杨帅,薛岚.采用 Lon Works 电力载波技术的控制器[J].低压电器,2011.
[3] 姜亚南,杨帅,魏天勇,等.基于电力线通信技术的城市路灯节能监控系统[J].水电能源科学,2011.
[4] 魏小龙.MSP430 系列单片机接口技术及系统设计实例[M].北京:北京航空航天大学出版社,2002.

通信电子线路实验 EDA 演示系统研发

傅　林　陈思利　李冯轩　刘婉月　张晨歆

（成都工业学院网络与通信工程学院,成都,611730）

摘　要：本文结合通信电子线路实验、课程设计、毕业设计和大学生创新创业训练,进行通信电子线路实验模块 EDA 演示程序研发。主要方法是以 SPICE 语言和标准为基础,设计符合标准的元件库,并且采用 C 语言设计程序调用库中元器件,结合人工智能技术自动生成通信电子线路实验模块电路。本文设计结果实现了简单元件库和 EDA 演示系统以及部分模块电路自动生成程序,对探索我国 EDA 软件平台的具有一定实践价值,同时是推动产教融合教育教学改革和新工科建设、协同育人的有益尝试。

关键词：通信电子线路实验；EDA 演示；元器件库；电路自动生成；教学改革

Research and development of EDA demonstration system for communication electronic circuit experiment

Fu Lin　ChenSili　Li Fengxuan　Liu Wanyue　Zhang Chenxin

(College of network and communication engineering, Chengdu Technology University, Chengdu, 611730)

Abstract: In this paper, combined with the communication electronic circuit experiment, curriculum design, graduation design and innovation and entrepreneurship training of college students, the EDA demonstration program of communication electronic circuit experiment module is developed. The main method is based on spice language and standard to design the standard component library, and use C language to design the components in the library, and combine with artificial intelligence technology to automatically generate communication electronic circuit experimental module circuit. The result of this paper realizes the simple component library, EDA demonstration system and automatic generation program of some module circuits, which has a certain practical value to explore the EDA software platform in China, and is also a beneficial trial to promote the teaching reform of integration of production and education, the construction of new engineering courses and collaborative education.

Key words: Communication electronic circuit experiment; EDA demonstration; component library; circuit automatic generation; teaching reform

1 引言

对于通信电子线路(以及其他电子科学技术专业课程),传统的实验箱式实验均为固定内容的演示验证性实验,缺乏设计性、综合性训练,几年都千篇一律,没有变化,没有创新,更与生产实际和工程开发需要、科研课题严重脱节,其结果只是在理论知识学习的基础上增加了一些感性认识而已。本项目的初衷和目标,就是推动实验内容和形式的变革。第一,通过本项目的研发,让学生深刻认识到我国 EDA 软件研发技术、平台和生态与我国制造大国的地位严重不符,同时也是我国教育教学和科学研究的极大短板,与我国实现科技和制造强国的目标与应用需求相差太远,需要我们奋起直追,掌握核心技术,推出我国具有自主知识产权的丰富多彩、功能各异的 EDA 软硬件平台,以避免遭美国等西方霸主主义国家和集团、实体卡脖子。进而拓展课程思政内容和空间,达到三全育人、协同育人的目的。第二,结合 EDA 技术,让学生在实验过程中,深刻认识到产教融合的重要性、必要性和迫切性。第三,课题作为大学生创新创业、课程设计、毕业设计等内容,推进产教融合教学,在实际工程研发过程中提高学生应用能力和水平,拓展学生视野,开阔学生思路,锻炼和提高学生工程思维和创新创业能力。第四,推进学校教学(尤其是实验教学)模式改革,满足和适应新工科建设的要求。

本项目,可以让每一届学生、每一个同学根据现实生产、工程和科研项目的需求,提出电路指标和性能参数,利用本项目所设计的系统,设计出不同的参考试验电路,并且给出设计参数和仿真结果。目前,这样的系统已经有个别模块得到实现,最为典型的就是滤波器模块自动设计设计软件,比如 TI 公司的 FilterPro 等。按照设计目标输入相应的参数,并且进行相应的设置,它们就会给出滤波器电路图以及仿真结果。其共同点就是自带元件库,根据输入条件和软件设置自动生成所需要的滤波器电路,并且给出仿真结果,以便于分析、改进设计和指导工程实际应用。通信电路包括很多模块,除滤波器外,还包括低噪声放大器、振荡器、功率放大器、混频器、调制解调器、编解码器以及天线、整机电路等,都需要利用 EDA 进行自动设计、仿真;而这些 EDA 工具和平台,如 Cadence、Altium Designer 和 PADS,针对特定公司芯片原因开发的 EDA 软件,如 TI 的 TINA,都是以美国为代表的西方霸权国家和实体研发的,就连属于教学平台的 Multisim 和 Proteus 软件都是国外出品的;著名的通用计算和仿真 Matlab 也是如此。我国为此支付了太多太高昂的专利、许可费;而我国华大九天的 EDA 和立创在线 EDA 软件,还势单力薄。至于射频微波领域的 EDA 平台,我国仅有上海东峻科技公司开发的 Eastwave 可以满足特定领域的研究和开发需求,目前还难以与 COMSOL、ANSYS、ADS 等系统匹敌。因此,我国很容易在相关领域受到技术封锁的要挟、威胁和危害。本项目的终极目标就是要实现上述通信电路模块的自动设计,进而完成通信系统电路的自动设计,为我国自己的 EDA 技术、平台和生态进行一些有益的尝试。并且启发学生,在以后的工作和创新创业过程中,攻克这一关键技术、核心平台,打造我国自己的 EDA 商业软件,形成产业链和生态,将大有可为。因此本文的主要工作,首先是设计完成电路基本元器件库;其次是完成电路自动设计算法和部分程序;最后是完成一个通信电子线路自动设计 EDA 仿真演示软件系统雏形。

2 元器件及元器件库设计

基本的元器件按其功能分,有电阻、电容、电感、二极管、三极管、场效应管、模拟集成电路、数字基础电路等,而每一种元器件,比如电阻,又有不同的物理尺寸、电气特性等要求,其 PCB 封装也可能各不相同。设计元器件还要考虑与其他 EDA 软件和第三方库兼容,以便于相互调用,即要符合 SPICE 标准。因此本文的工作首先要从 SPICE 做起。

2.1 概述

SPICE 是仿真电路模拟器的英文缩写。它作为一种功能强大的通用模拟电路仿真程序,在 1988 年由美国定为国家工业标准。该标准采用完全开放的政策,保证用户可按需修改,其实用性非常好,SPICE 仿真程序因此迅速得到推广。目前,SPICE 网表格式已经成为行业领域通常模拟电路和晶体管级电路描述的国际标准。以 SPICE 为基础和核心的 EDA 各种平台和软件,能够简便且迅速地进行系统级、板级、模块级、芯片级和元器件级仿真,确定系统和电路运行状态及其特性,并且以优化到最佳的状态及条件进入实际评估,减少试制次数,缩短研制周期,降低开发成本,确定了 EDA 软件平台的必要性和重要地位,有芯片和电路之母的称号。如果没有 SPICE,就没有当今国际电子设计自动化这个产业,也就没有今天的高度发达的半导体工业和产业,它的市场早就超过数万万亿美元。为了应对并满足相关行业领域对电子线路和系统仿真的主客观需求,国外电子元器件制造商都纷纷提供仿真用的元器件数据,相关行业软件巨头也纷纷推出了各种以 SPICE 为核心的仿真软件,而这恰恰是我国受到西方霸权打压的短板,必须尽快形成完整生态,冲破封锁和垄断的领域。

2.2 方法和途径

由于要兼容 SPICE 标准,以便于所开发的 EDA 演示系统具有通用性,所以必须熟悉 SPICE 标准各项规定,以及熟悉其他 EDA 和第三方元器件库的元器件特点和特性,作为参考。因此项目团队成员首先搜集和消化 SPICE 标准及其参考文献和资料。成员们在 berkeley 官网上找来了 1975 年 Nagel[1] 和 1989 年 Thomas L. Quarles[2] 的原创性论文,虽然显得年代古老但是经典而且权威,以及 SYNOPSYS 公司 2015 年 6 月出版的 HSPICE Version K[3] 系列文档和 CADENCE 公司的技术文档,辅之以 CNKI 相关学术论文[4,5],并且参考了各著名公司的 EDA 软件及其元器件库与操作软件设计结果,如 CADENCE 公司的 OrCAD Library Builder 16.6.62 等,比较了其界面、文本和图形以及应用特点和优势,熟悉相关术语、方法和技术途径,总结出本文元器件及其库的设计方法和思路如下:

第一,采用 PSPICE 的输入方式,即电路原理图输入和网表文本输入两种方式,保障图形直观性和文本通用性在系统中的互补和兼容。

第二,基本电路元器件按电阻、电容、电感、二极管、三极管、电源等分类,复杂器件按系统级、板级、模块级、芯片级、宏模型级、门级分类进行元器件及其库分类设计。

第三,本文提供的元器件库跟 PSPICE 一样,元器件以符号、模型和封装三种形式分别存放在扩展名为 *.slb、*.lib 和 *.plb 三种类型的库文件中。*.slb 库中的元器件符号用于绘制电路图;*.lib 库中的元器件模型用于电路仿真分析;*.plb 库中的元器件封装形式用于绘制印刷电路板的版图。比如二极管库是 DIODE.lib,双极型晶体管库是 BIPOLAR.lib。随着所设计演示系统版本的不断更新,元器件库规模将不断扩大,逐步充实,实现系统的可扩展性。

第四,通过项目研发,理解国内外 EDA 软件发展历史、现状和趋势,认清我国产业落后的事实和原因,对突破西方霸权封锁提出解决思路、办法和技术途径,从而拓展课程思政内容与空间,实现三全育人和协同育人,培养师生的家国情怀,树立国民文化自信,推动教育教学改革,以及产教融合、校企结合、新工科建设的接地气、健康持续良性发展。这对于培养和提高师生工程思维、创新意识和能力,拓展教学模式、提升教学质量,大有裨益。其直接效果是,使得学生树立学而能做,做而能产(造),产而能用,形成行业领域的良性循环的观念,为推动我国智能制造生态圈和新基建的成功实现,推动我国社会生产力和核心竞争力持续健康稳定增长,奠定技术和人才基础,并且形成一种文化和精神,一种生命力强盛的生态。

2.3 元器件及其库设计结果

本文的元器件及其库设计,在文本输入方式中,遵照 PSPICE 的规定,以一系列输入、输出语句,对组成电路元器件的名称、参数、模型,以及分析类型、输出变量等进行描述。其中,元器件的名称限 8 位字符长度,必须以规定的字母开头,其后可以是任意的数字或字母。本文规定的元器件名称简表见表 1。

表 1 电路元器件首字母及其含义简表

首字母	指代元器件	首字母	指代元器件
B	砷化镓场效应管	K	互感或磁芯
C	电容器	L	电感
D	二极管	M	MOS 场效应管
E	电压控制电压源	Q	双极型晶体管
F	电流控制电流源	R	电阻
G	电压控制电流源	S	压控开关
H	电流控制电压源	T	传输线
I	独立电流源	V	独立电压源
J	结型场效应管	W	流控开关

本文的电路图输入方式,元器件图形符号严格按照 SPICE 标准和 IEEE 标准执行,所设计的输入文本文件以 *.cir 或者 *.sp 格式存放,由于采用 C 或 CPP 语言编程实现,所以每一类元器件有各自通用性头文件 *.h,如 diode.h,以及元器件定义和实现的源程序 *.cpp,如 diode.cpp 等。

元器件制作程序流程图如图 1 所示,所设计的元器件效果图如图 2 所示,而著名的 LTspiceIV 软件的元器件效果图如图 3 所示。通过直观比较,似乎本文所设计的元器件效果要差些,需要后续加以不断改进。本文设计的元器件制作程序在 EDA 演示系统中,类似于 CADENCE 中 PARTS 程序,是描述器件特性的程序。它下一步的功能是实现将元器件及仿真电路产品的电参数值提取成相应的模型参数[6],其结果可以用于电路仿真和建库。

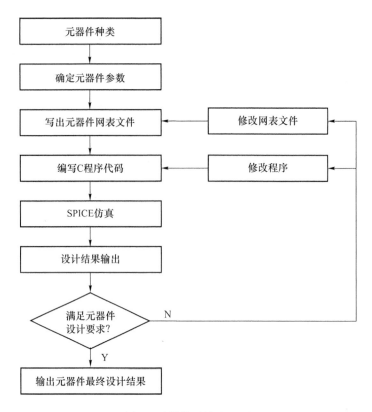

图 1 元器件设计流程图

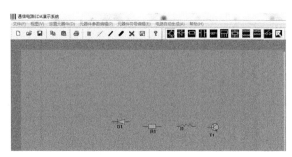

图 2 本文所设计的元器件效果图

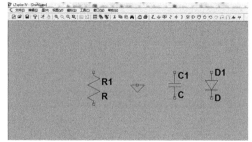

图 3 著名的 LTspiceIV 软件的元器件效果图

3 EDA 演示系统设计

与元器件设计方法和思路一样,本文对电路仿真程序的输入,采取两种方式:一是纯文本形式;二是图形输入形式。在文本方式中,严格按照 SPICE 句法规定对电路的标题、电路连接方式等进行操作。

3.1 基本文本语句

基本语句包括电路标题语句、描述语句、分析语句、控制语句、注释语句和输出语句等。标题语句是必须设置,为输入文件的第一行(注释语句外);由任意字母或字符串组成,用以说明文件内容等。描述语句用以描述电路的拓扑结构和元器件参数;由元器件描述语句、器件模型描述语句、电源语句三部分构成。分析类语句是由定义电路分析类型的描述语句和一些控制命令构成的,如直流分析(.OP),交流小信号分析(.AC),瞬态分析(.TRAN)等;它们均以一个点符号"."开头,因此也经常称之为点语句。控制命令语句的关键字及其意义主要包括.INC(包括文件调用)、.PROBE(绘图包调用)、.PLOT(文本绘图)、.MODEL(模型参数设置)等。输出语句本质是一种控制语句,格式与控制语句相同。注释语句用来对分析和计算进行详细说明,它们以"*"为首字符,位置任意。它们为非执行语句,不参与程序的执行。

3.2 图形输入处理

电路仿真程序接收电原理图输入程序输入的电路拓扑信息和参数信息,经过元器件模型处理形成电路方程,求解方程后得到计算结果。仿真结果由图形文件(*.DAT)和数据文件(*.OUT)两部分构成。

3.3 基本程序设计

在程序中,文本输入采用自由格式描述电路结构和元件参数,而电路图形输入采用 IEEE 标准符号格式定义,并且利用 C 和 CPP 编程实现,兼顾两种方式实现参数法文本。第一种方法是把元器件看成"黑盒子",关注元器件端口的输入输出和电气特性,提取器件模型,而不涉及器件内部工作原理和机制,建立行为级模型。其优点是建模和使用均简单方便,节约资源,适用范围广泛,特别是在高频、非线性、大功率的情况下行为级模型几乎是唯一的选择;但是它们的缺点也很突出,比如精度较差,一致性难以保证,受测试技术和精度的影响很大等。第二种方法是以元器件的工作原理为基础,从元器件的数学方模型得到的器件物理模型及相关参数。

程序基本实现方式,是采用改进节点法列写方程,用牛顿-拉夫逊改进算法进行非线性分析,应用稀疏矩阵技术解线性代数方程组,在瞬态分析时使用变阶变步长的隐式积分法(Gear 法)求微分方程数值解。上述算法收敛快,数值解的稳定性好,编程实现容易。图 4 是本文系统程序流程图。

3.4 通信电子线路自动生成程序设计

本项目的目标是在通用 EDA 平台基础上,增加了通信电子线路典型模块电路的自动生成功能,除集成目前实用的滤波器自动设计软件(如 TI 公司的 FilterPro)功能外,还要实现小信号放大器、低噪声放大器、功率放大器、振荡器、调制解调器、编解码器、贴片天线等自动生成的设计功能。由于目标电路种类较多而且性能要求不一,拓扑结构、元器件参数均有不同,因此需要优化的目标参数也比普通仿真程序增加很多。为了保障求解精度和降低计算的时间复杂度、空间复杂度,本项目从两方面着手解决问题:一是降低目标函数的维度;二是采用新的、智能的算法。两方面都需要引入智能计算[7]。鉴于人工神经网络的拓扑结构与电路拓扑结构的相似性,本文采用人工神经网络与粒子群算法相结合来实现目的,同时达到优化电路拓扑结构、电路节点数目和元器件参数的目的。图 5 是电路自动生成程序流程图。

由于工作量大,任务重,而且目标在于主要由学生自主完成设计,所以开发周期长,需要分阶段完成设计;后续工作留给下一届学生继续进行。本文作者完成了 EDA 演示程序三大主体部分:系统主面板及其控制、典型模块电路自动生成程序框架、元器件调用程序。图 6 所示是本文 EDA 演示系统启动画面。图 7 是通信电子线路自动生成菜单下拉功能展示。

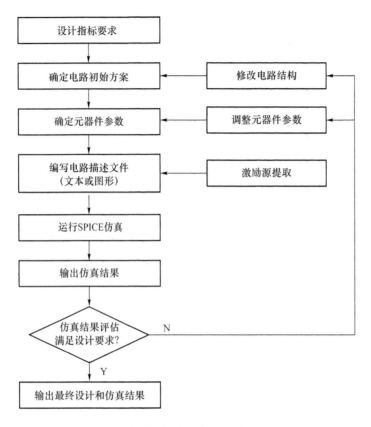

图 4 系统程序流程图

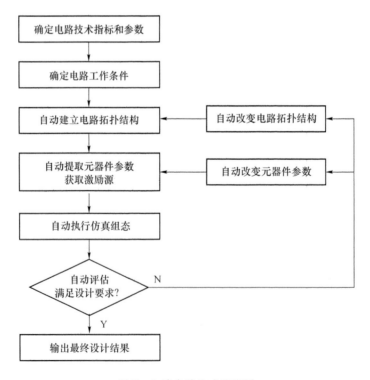

图 5 电路自动生成流程图

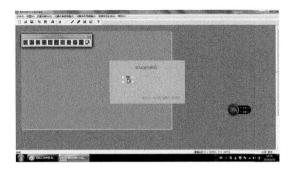

图 6　EDA 演示系统启动画面

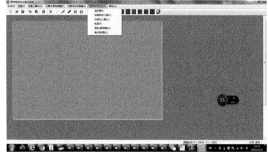

图 7　电路自动生成程序菜单

4　结论

本文课题用于大学生创新创业训练、互联网加大赛项目和本科生毕业设计课题等实际设计和研发过程,设计完成了 EDA 演示系统的基本元器件库、系统面板和通信电子线路自动生成程序主体框架及其部分程序代码。从设计结果来看,本文的研发是可行的,采取的方法和技术途径是有效的,而且将模块电路自动生成程序集成在通用 EDA 平台,是具有开创性和启迪意义的。在研发过程中,取得很多收获:一是提高了师生的工程实际研发能力和水平。尤其是学生,从接到课题的一脸茫然和畏惧退缩,到逐渐理解、熟悉、喜欢、热爱而兴致勃勃;提高了学生对 EDA 软件应用的水平和平台开发能力,从仅仅是学习了 C 语言到能够运用 VC 等编译器进行代码编写、程序研发。二是推进了产教融合教育教学改革和新工科建设,提高了学校的教学质量和培养水平。三是使得师生深刻认识到,产学研以致用,不能够停留在一个口号,要落到实处、接地气,归结为一句话:把学到的用起来,把想到的产出来、造出来,把产出来、造出来的卖出去;而不能够仅仅是为了项目和课题结题而发表毫无意义的所谓论文、申请所谓专利就万事大吉。四是拓展了课程思政内容和空间,是实现三全育人、协同育人的有效途径和方式,对于师生树立文化自信、提升家国情怀有极大推动作用。但是,本项目的研发只是一个开头,还远远不能够与目前那些行业巨头(如 CADENCE 公司)的 SPB16.6 版本那样功能强大而且性能极高的软件相提并论。因此我们也清楚地认识到,我们项目的远大目标是研发出能够取代以美国为代表的西方霸权主义势力、集团和实体所垄断的 EDA 软件,以免我国相关行业领域及其科研、教育教学人员不受限制,真正实现产出来、用起来,还有很长一段路要走,任务艰巨而光荣。希望本项目和本文能够起到抛砖引玉、一石激起千层浪的作用,激励广大科研和教育教学工作者,投入相关研发过程,推动我国相关行业领域科技进步。

参 考 文 献

[1] Laurence W. Nagel. SPICE2:A computer program to simulate semiconductor circuits[J]. University of California,Berkeley Technical Report No. UCB/ERL M520 May 1975. http://www.eecs.berkeley.edu/Pubs/TechRpts/1975/9602.html

[2] Thomas Linwood Quarles. Analysis of performance and convergence issue for circuit simulation[J]. Memorandum No. UCB/ERL M89/42,24 April 1989. http://www.

eecs.berkeley.edu/Pubs/TechRpts/1989/ERL-89-42.pdf

[3] SYNOPSYS. HSPICE© User Guide：Basic Simulation and Analysis K-2015.06. https：//www.synopsys.com/

[4] 董小波. 基于C代码的PSpice器件模型的实现方法[J]. Semiconductor Technolog，2002,27(11)：25.

[5] 郝永生,韩路杰,王广龙,等. 基于SPICE的电路仿真系统接口程序设计[J]. 计算机工程,2010,36(12).

[6] Liu Chao ZhangChunwei Liu Siyang, etc. SPICE model of trench-gate MOSFET device[J]. Journal of Southeast University（English Edition），2016,32(4)：408-414.

[7] 王恺尔. 基于智能优化算法的半导体器件参数提取方法研究[D]. 金华：浙江师范大学,2009.

作者简介

傅林：男,1964年生,高级工程师,副教授,主要从事通信与信息系统研究。
陈思利：女,1982年生,讲师,主要从事电子信息工程研究。
李冯轩：男,成都工业学院14级通信工程专业学生。
刘婉月：女,成都工业学院14级通信工程专业学生。
张晨昕：女,成都工业学院14级通信工程专业学生。

基于树莓派的视频遥控智能车实验设计

蒋欣秀[①] 赵一帆[②] 李波[①] 郭嘉[③] 丁洪伟[①]

[①] (云南大学信息学院,昆明,650000)
[②] (云南民族大学电气信息工程学院,昆明,650000)
[③] (云南省广播电视局科技处,昆明,650000)

摘 要:智能小车作为一种轮式机器人,由于其携式以及可操控性,因此在消防、环境监测等领域有广泛的应用。本设计主要由小车以及安卓应用程序组成,小车采用树莓派开发板作为主要控制面板,使用 L298N 驱动板作为电机驱动模块,采用 CSI 摄像头,小车通过在树莓派上搭建流媒体服务器进行小车摄像头视频的传输,安卓手机与树莓派小车之间通过 Wi-Fi 进行数据的通信。通过调试与验证,实现了控制者在看不到小车的情况下借助回传视频可以控制小车。

关键词:android;视频传输;树莓派

Experimental Design of Video Remote Control Intelligent Car Based on Raspberry Pie

Jiang Xinxiu[①] Zhao Yifan[②] Li Bo[③] Guo Jia[③] Ding Hongwei[①]

[①] (School of Information, Yunnan University ,Kunming 650000, China)
[②] (School of electrical Information Engineering, Yunnan Minzu University, Kunming 650000, China)
[③] (Science and Technology Department of Yunnan Radio and Television Bureau, Kunming 650000, China)

Abstract: As a kind of wheeled robot, intelligent car is widely used in fire protection, environmental monitoring and other fields, because of its portability and controllability. This experimental design is mainly composed of the car and Android application. The car uses raspberry pie development board as the main control panel, L298N drive board as the motor drive module, and CSI camera. The car transmits the video of the car camera by building a streaming media server on the raspberry pie. The data communication between Android

Mobile phone and raspberry pie car is conducted through Wi-Fi. Through debugging and verification, the controller can control the car with the help of returning video without seeing the car.

Key words：Android；Video Transmission；RPI

1 引言

如今，各种先进的传感以及通信技术飞速发展，智能小车可搭载各种各样的传感器来进行数据的采集和分析，进一步拓展了智能小车的功能，使其应用的范围更加广泛，基于树莓派的视频监控技术的应用将使人类的工作达到质的飞跃，尤其在一些需要监控的危险场所，如一些施工场，火灾现场[1]，震后灾区都有需要视频监控，它能够在人类难以操作以及危险的地方完成一些特殊任务，由于它们具有成本低、效率高的优点，在工业中和一些危险操作中得以运用。

随着无线通信技术的发展，蓝牙技术[2]和 Wireless Fidelity（Wi-Fi）技术[3]逐渐替代了传统的红外[4]和有线的方式成为控制智能小车的方法，同时在无线通信的传输速度不断提高的今天，较大的传输带宽使得可以使用上述技术实现对智能小车的遥控，视频的传输给人们提供很多参考的信息，可以让人们做出快速判决，避免一些事故的发生。

2 系统总体设计

本次设计使用树莓派[5]作为小车的主要控制芯片，使用 L298N 电机驱动模块驱动 4 个直流电机，使用 4 节 18650 电池为树莓派和电机驱动模块供电，安卓手机端作为遥控指令的发送方对受树莓派控制的小车发送遥控命令以此移动小车。在树莓派端使用 Python 语言进行程序的编写，安卓手机应用程序使用 Android Studio 进行编程以及调试，使用 Java 语言，树莓派小车控制程序进行 TCP 服务器的搭建，接收小车所发出的指令。安卓手机端连接到树莓派的服务器中，根据用户对软件按钮的触碰来发送小车控制命令。同时安卓播放视频调用 Ijkplayer 库，Ijkplayer 库集成有安卓视频播放方法，可以对视频进行实时播放。系统的总体设计框架如图 1 所示。

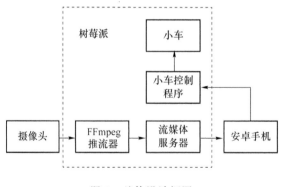

图 1 总体设计框图

3 硬件模块及开发环境设计

3.1 树莓派系统开发环境的设计

3.1.1 树莓派系统的选择与安装

本设计为树莓派安装的是 Raspbian Stretch with Desktop 系统,该系统是树莓派官方为树莓派所开发的系统,配备主要的开发工具,具有良好的兼容和开发的能力。树莓派是通过从 SD 卡中读取系统文件来启动系统的,因此在 Windows 环境下需要使用 Win32DiskImager 软件将系统烧录到 SD 卡中。

3.1.2 x264 编译安装

x264 是一个符合 H.264 标准[6]的开源视频编码器,H.264 是由 ITU-T 和 ISO 联合提出的一种高度压缩视频编码器标准,本设计摄像头视频采用 H.264 编码,而 x264 是基于 H.264 标准的开源编码器,因此需要先对 x264 进行编译安装。安装步骤如下所示:

```
1  git clone git://git.videolan.org/x264.git
2  cd x264
3  ./configure --enable-static --enable-strip --disable-cli
4  sudo make && make install
```

3.1.3 基于 Nginx 的流媒体服务器的搭建

Nginx 服务器是一个高性能的 HTTP 和反向代理服务器,通过使用 nginx-rtmp-module 模块,可以为 Nginx 服务器添加对于 Real Time Messaging Protocol(RTMP)协议[7]的支持。在树莓派系统里安装流媒体服务器要首先进行 Nginx 服务器和 RTMP 模块的编译和安装,在树莓派的终端中输入以下命令进行安装所需要文件的下载与解压:

```
1  wget http://nginx.org/download/nginx-1.8.0.tar.gz
2  git clone https://github.com/arut/nginx-rtmp-module.git
3  tar -zxvf nginx-1.8.0.tar.gz
```

然后进行 Nginx 服务器的编译与安装:

```
1  cd nginx-1.8.0
2  ./configure --sbin-path=/usr/sbin/nginx --conf-path=/etc/nginx/nginx.conf -with http_ssl_module --add-module=../nginx-rtmp-module-master
3  sudo make && make install
```

3.1.4 树莓派无线 AP 搭建

本设计采用 Wi-Fi 作为安卓手机和树莓派通信的桥梁,因此需要在树莓派上搭建无线访问接入点(Access Point,AP),开启 AP 接入点需要使用到树莓派的无线网卡以及软件的配置,由于树莓派板载无线网卡芯片 Wi-Fi 信号发射功率较小,因此在本设计中采用外置 USB 无线网卡,将 USB 无线网卡插入树莓派,在终端中输入 lsusb 命令可以看到如图 2 所示画面,说明树莓派成功识别 USB 无线网卡。

```
root@raspberrypi:/home/pi# lsusb
Bus 001 Device 004: ID 148f:3070 Ralink Technology, Corp. RT2870/RT3070 Wireless Adapter
Bus 001 Device 005: ID 0424: 7800 Standard Microsystems Corp..
Bus 001 Device 003: ID 0424: 2514 Standard Microsystems Corp. USB 2.0 Hub
Bus 001 Device 002: ID 0424:2514 Standard Microsystems Corp. USB 2.0 Hub
Bus 001 Device 001: ID 1d6b: 0002 Linux Foundation 2.0 root hub
```

图 2 USB 无线网卡的识别

在识别成功后,使用 create_ap 程序搭建 A 接入点,使用以下命令:

1 sudo git clone https://github.com/oblique/create_ap
2 cdcreate_ap
3 sudo make install
4 sudo apt-get install util-linux procps hostapd iproute2 iw haveged dnsmasq

这样 create_ap 程序成功安装在树莓派系统中。在终端中使用"sudo create_ap wlan0 eth0 热点名 密码"命令开启 AP 热点,热点名设置为 walle1231,AP 热点开启后,在手机中进行 Wi-Fi 搜索可以看到树莓派所建立名为 walle1231 的 AP 热点并且可以连接成功,如图 3 所示。

图 3 手机搜索 Wi-Fi 结果

3.2 智能车驱动模块

驱动电路的选择 L298N 芯片,该芯片的主要控制方法是改变控制端高低电平出现的时间,进而控制 PWM 脉冲宽度调制。通过输入电平大小不同和电平保持时间不同来产生不同的电压,电平保持时间长,PWM 的脉宽就越宽则电压越大,反之电平保持时间越短,PWM 的脉宽就越窄则电压越小,通过这样的方式能够控制电压的大小变化,控制电压越大,则电机转速越快,控制电压越小转速越慢,因此可以对小车进行加速和减速操作。其电路图如图 4 所示。

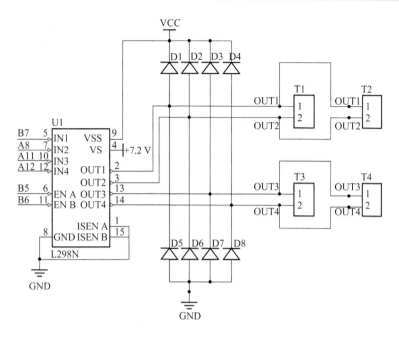

图 4 小车驱动模块电路图

4 系统工作流程

4.1 树莓派小车端程序设计流程

树莓派小车程序采用 Python 语言编写,使用了用于控制树莓派 GPIO 管脚电平输出的 RPi.GPIO 库和用于网络通信的 Socket 库以及多线程 Threading 库。树莓派小车程序流程如图 5 所示。

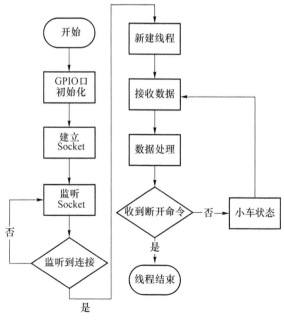

图 5 小车工作流程图

程序启动时进行 GPIO 口的初始化设置,将树莓派的 11 引脚和 36 引脚设置工作在 PWM 输出模式下,GPIO 口初始化完毕后,通过 Socket 套接字建立 TCP 服务器,服务器的端口为 8811,同时开始循环监听连接。当监听到安卓手机连接时,程序新建一个线程,进行数据的接收。程序将收到的数据进行判断和执行命令。

4.2 Android 程序设计流程

在小车控制活动 ControlActivity 中,首先进行控件的初始化以及连接上树莓派所建立的 TCP 服务器,然后使用 onTouch 方法监听用户对控件的触控状态,当用户按下遥控按钮时向树莓派发送响应的遥控指令,为了控制小车的速度,在 ControlActivity 活动的 activity_control.xml 布局中还使用了自定义的 RockerView 控件,该控件继承于 View 类,通过监听用户触控以及不断刷新控件来实现摇杆按钮,返回摇杆坐标,通过计算摇杆坐标来向树莓派发送控制小车速度的数据。程序中新建了一个 VideoPlayerIJK 类,该类继承于 FrameLayout,是视频显示的自定义控件,其工作流程如图 6 所示。

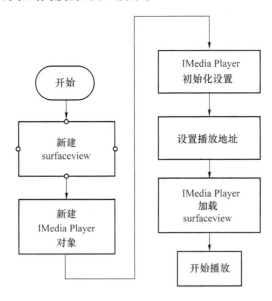

图 6 ijkplayer 工作流程

在 ControlActivity 活动中,新建 VideoPlayerIJK 对象并且将播放地址设置为树莓派的流媒体服务器地址,就可以实现小车摄像头视频的显示了,如图 7 所示。

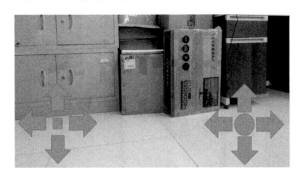

图 7 视频的显示

5 调试和测试结果

摄像头拍摄视频的分辨率为 $640×480$,帧率为每秒 30 帧,比特率为 1.5 Mbit/s。通过之前的测试摄像头拍摄和播放器播放画面有 6 秒的延迟,初步分析得出延迟产生的可能原因有:

(1) 网络拥塞。由于网络问题在上行以及流媒体服务器数据转发的过程中出现了网络拥塞,使得视频数据堆积在 Socket 缓冲区中,产生了延迟。

(2) CPU 负载过高。在推流的过程中 CPU 既要进行视频编码,同时又要将视频数据上传到流媒体服务器,在视频数据处理的过程中由于 CPU 负载过高可能会产生数据处理的滞后。

(3) 播放端视频缓存区过大。为了防止播放的卡顿,在目前的网络播放器中都会设置一个缓冲区存放缓冲的视频数据,当缓冲区过大时,实时网络视频就会产生延迟。

通过调试,发现树莓派的 CPU 在视频编码已经传输的时候的占用率仅为 8%,因此可以排除第二种原因。同时,在局域网内出现数据堆积的可能性较小,故原因一也可以排除。研究安卓程序中的 Ijkplayer 流程后,在代码中设置播放器的缓存区大小,具体设置参数如下所示:

```
1  ijkMediaPlayer.setOption(1, "analyzemaxduration", 100L);
2  ijkMediaPlayer.setOption(1, "probesize", 10240L);
3  ijkMediaPlayer.setOption(1, "flush_packets", 1L);
4  ijkMediaPlayer.setOption(4, "packet-buffering", 0L);
5  ijkMediaPlayer.setOption(4, "framedrop", 1L);
```

其中,analyzeduration 和 probesize 分别设置播放器读取数据量的时长和大小,通过降低每次读取的时长和大小使得显示画面能够连续播放;flush_packets 通过设置立即刷新数据包来减少延迟,packet-buffering 的设置使播放器的缓冲区关闭,framedrop 设置为在网络不好的情况下选择丢包。在设置后播放延迟大幅度降低,从原来的 6 秒降为约 0.5 秒。

6 总结

该设计以树莓派开发板作为主要控制模块,使用了 L298N 电机驱动模块控制小车运动,采用 CSI 接口的摄像头为智能车的摄像头,开发了一款 APP 来控制智能小车的移动以及显示摄像头所拍摄的视频。APP 通过连接小车树莓派所搭建的 AP 热点来建立连接,使得手机与树莓派运行在同一个局域网内,可以进行数据的传输。通过测试表明 APP 能够通过回传的视频控制小车的移动,实现了小车在控制者看不到小车的情况下能控制小车的行驶以及能对周围环境进行探测。

参考文献

[1] 张铮,张江宁,薛竹村,等. 循迹避障灭火功能智能小车设计[J]. 实验室研究与探索,2016,35(11):141-145,205.

[2] 王诗尧,许丽金,杨根红,等.基于手机 APP 的蓝牙通信智能车设计[J].井冈山大学学报(自然科学版),2017,38(5):55-58,63.

[3] 张萍,陈国壮,候云雷,等.基于 Android 平台的 WIFI 遥控智能小车的设计[J].计算机测量与控制,2018,26(6):189-191,195.

[4] 董涛,刘进英,蒋苏.基于单片机的智能小车的设计与制作[J].计算机测量与控制,2009,17(2):380-382.

[5] Mcmanus Sean. Introducing the Raspberry Pi[J]. ElectronicsWorld,2015,121:8,9.

[6] 周刚.基于 H.264 标准的视频编码与加密算法研究[D].南京邮电大学,2014.

[7] 雷霄骅,姜秀华,王彩虹.基于 RTMP 协议的流媒体技术的原理与应用[J].中国传媒大学学报(自然科学版),2013,20(6):59-64.

基于 ZXCTN 6300 设备的 PTN 网络配置及组网应用

彭家和

(云南经济管理学院,昆明,650304)

摘 要:随着5G移动用户对数据流量需求的飞速发展,传统的移动基站使用的SDH/MSTP技术已经不能满足其发展的需要。本文从解决5G基站光传输问题的PTN(分组传送网)设备入手,以理论和实用相结合的方式,结合中兴公司的PTN光传输设备 ZXCTN 6300,重点解决了 ZXCTN 6300 的网络配置、组网与应用,为相关工程人员和高校学生提供学习指导。

关键词:PTN;ZXCTN 6300 光传输设备;网络配置;组网应用

PTN Network Configuration and Networking Applications Based on ZXCTN 6300 Equipment

Peng Jiahe

(School of Engineering, Yunnan college of business management, Kunming 650304, China)

Abstract: With the rapid development of 5G mobile users' demand for data traffic, the SDH/MSTP technology used by traditional mobile base stations can no longer meet their development needs. This article starts with the PTN packet transport network equipment that solves the problem of 5G base station optical transmission, combining theory and practicality with ZTE's PTN optical transmission equipment ZXCTN 6300, focusing on the network configuration, networking and application of ZXCTN 6300. Provide study guidance for related engineering personnel and college students.

Key words: Packet Transport Network; ZXCTN 6300 optical transmission equipment; network configuration; networking application

信息化的时代决定着事物的变化发展速度是迅速的,为满足5G移动通信基站设备高速信号传输的需要,为了移动通信传送网的 IP 化、宽带化、综合化和智能化的方向发展,通信运营商将 PTN 选定为移动通信系统中光传输的主流技术之一并广泛应用。

1 PTN 简介

PTN(分组传送网)是一种光传送网络架构和具体技术;在 IP 业务和底层光传输媒质之间设置了一个层面,它针对分组业务流量的突发性和统计复用传送的要求而设计,以分组业务为核心并支持多业务提供,同时秉承 SDH 光传输的传统优势,包括高可用性和可靠性、高效的带宽管理机制和流量工程、便捷的 OAM 和网管、可扩展、较高的安全性等[1]。

2 ZXCTN 6300 设备的特点

ZXCTN 6300 是中兴通讯推出的面向分组传送的 PTN 电信级多业务承载产品[2],专注于移动 Backhual 和多业务网络融合的承载和传送,可有效满足各种接入层业务或小容量汇聚层的传送要求[3]。ZXCTN 6300 设备外形如图 1 所示。

图 1 ZXCTN 6300 设备外形

ZXCTN 6300 设备的主要特点如下:

(1) 多业务的统一承载平台:基于全分组架构,采用 T-MPLS 传送技术,支持 SVLAN 增强型以太网技术。通过 PWE3 仿真适配多业务承载,满足全业务发展需要[4]。

(2) 高精度的同步网络:采用 G.8261 和 1588V2 技术,实现 1588 协议中精确时间戳的插入和提取,提高了时间同步的精度[5]。支持边界时钟、透传时钟的灵活配置,支持带外 1PPS+ToD 接口和带内以太网同步接口。采用 SSM 和 BMC 协议,实现时钟和时间链路的自动保护倒换,保证同步信号的可靠传送。

(3) 完善的端到端 QoS:提供端到端的 QoS 管理,充分保证不同业务对延迟、抖动、带宽的要求。支持基于 Diff-Serv 的 QoS 调度,根据端口、VLAN、802.1p、DSCP/TOS、MAC、IP 地址等实现流分类和标记,支持业务流的流量监管、队列调度、拥塞控制和流量整形等,满足用户级多业务的带宽控制,为客户精细化运营提供保障。

(4) 强大的层次化 OAM:支持 T-MPLS 和以太网的 OAM。基于硬件机制的分层监控,实现快速故障检测和定位、性能监测、端到端业务管理;支持连续和按需的 OAM,保证分组传送网络中业务的电信级服务质量;基于物理端口、逻辑链路、伪线和隧道的各种层次化的 OAM,使网络运维更透明,操作管理更简便。同时具备多重的保护机制、良好的兼容性、统一的网管系统。

3 ZXCTN 6300 设备体系结构

3.1 单板配置说明

ZXCTN 6300 子架结构如图 2 所示：ZXCTN 6300 子架提供 17 个插板槽位，包括 12 个业务槽位、2 个主控槽位、2 个电源槽位和 1 个风扇槽位。

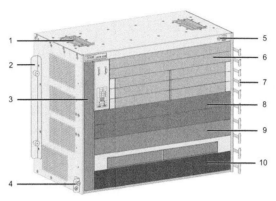

1. 拉手　　5. 静电手环插孔　8. 交换主控时钟板区
2. 安装支耳　6. 低速业务单板区　9. 高速业务单板区
3. 风扇区　　7. 走线卡　　　　10. 电源板区
4. 子架保护地接线柱

图 2　ZXCTN 6300 子架结构示意图

3.2 各板位插板说明

ZXCTN 6300 采用集中式架构，以主控交换时钟板为核心，集中完成主控、交换和时钟三大功能，并通过背板与其他单板通信，设备单板配置如图 3 所示。

风扇 Slot17	Slot 1 E1 保护接口板	
	Slot 2 E1 保护接口板	
	Slot 3 接口板卡 8 Gbit/s	Slot 4 接口板卡 8 Gbit/s
	Slot 5 接口板卡 8 Gbit/s	Slot 6 接口板卡 8 Gbit/s
	Slot 7 接口板卡 8 Gbit/s	Slot 8 接口板卡 8 Gbit/s
	Slot 13 交换主控时钟板卡	
	Slot 14 交换主控时钟板卡	
	Slot 9 接口板卡 10 Gbit/s	Slot 10 接口板卡 10 Gbit/s
	Slot 11 接口板卡 10 Gbit/s	Slot 12 接口板卡 10 Gbit/s
	Slot 15 电源板	Slot 16 电源板

图 3　设备单板配置

（1）业务槽位：系统的业务槽位可插入不同的业务单板，对外提供多种业务接口。业务接口支持 GE（包括 FE）、POS STM-1/4、Channelized STM-1/4、ATM STM-1、IMA/CES/

MLPPP E1、10GE 等接口。6 个低速槽位,每个槽位的背板带宽为 8 Gbit/s;4 个高速槽位,每个槽位容量为 10 Gbit/s。

(2) 功能槽位:提供设备级关键单元冗余保护,包括电源板,主控、交换、时钟板 1+1 保护;提供两个接口槽位,可以实现 E1 板的 1:2 共两组 TPS 保护等,系统可采用两块 1+1 热备份的-48 V 电源板或 110 V/220 V 电源板供电,保证设备系统的安全运行。

4 ZXCTN 6300 设备网元配置及组网

4.1 ZXCTN 6300 网元配置步骤

4.1.1 创建网元

网元的创建有三种方式:手动创建网元、复制网元他和网元自动搜索。

(1) 手动创建:在主菜单选择"公共配置"→"创建网元",或采用拓扑图。右键的快捷方式,填写网元基本信息,特别注意填写网元的软件版本。

(2) 复制网元:选中网元,在主菜单中选择"设备管理"→"网元管理"→"复制网元";选择被复制网元、复制网元的个数、IP 地址范围等。

(3) 网元自动搜索:在主菜单选择"操作"→启动"自动发现";设置搜索时间间隔;添加搜索目标网段;自动发现后,网元会以设备实际类型显示在拓扑图中,默认名称为本网元的 IP 地址。

4.1.2 安装单板

单板安装分为两种方式:手动插板和上载单板信息。

(1) 手动插板

在主菜单中选择"设备管理"→"单板视图",即网元右键入口。或者直接双击网元图标,进入单板视图。

(2) 上载单板信息

选中网元,在主菜单中选择"设备管理"→"数据同步"→"上载入库"。选择需要上载的网元,选择需要上载的单板信息,然后单击"执行",会将需要上载的网元添加到右侧的上载入库列表中。

4.1.3 拓扑连接

拓扑连接分为两种方式:手动创建光纤连接和自动发现光纤连接。

(1) 手动创建光纤连接

选中网元,在主菜单中选择"设备管理"→"纤缆连接",选择单板,选择端口。手动创建方式适用于纤缆连接条数较少的情况。手动创建分为文本配置模式和图像化配置模式。纤缆连接配置端口具有自适应功能,可以自动匹配未使用的同速率端口。图形化配置界面可以定位到单板视图中槽位信息,更具可视化效果。

(2) 自动发现光纤连接

选中网元,在主菜单中选择"设备管理"→"PTN 管理"→"LLDP info";依次打开此设备的 LLDP,自动发现此设备链路功能。设备配置区需要确保:本地设备基类型为 MAC 地址,本地设备基编号为本网元子架 MAC。此连接方式可自动发现适用于大量纤缆连接的情况。

4.1.4 同步网元时间

为了故障维护和网络监控的准确性[6],需要使网元时间与网管或者与 NTP(Network

Time Protocal)服务器的时间保持一致性。操作方法：维护→网元时间管理（"校时"选中将选中的网元时间同步；"全网校时"选中所有网元时间同步[7]）。

4.2 ZXCTN 6300 业务配置

ZXCTN 6300 端到端业务配置的顺序为隧道配置、伪线配置、业务配置。

4.2.1 隧道配置

在 NE6100-1-1 的 gei_1/10 与 NE6100-2-2 的 gei_1/9 之间建立一条隧道，具体步骤如下：在"视图"菜单中选择业务视图，进入业务视图界面：选择业务管理→创建业务→创建 TMP 隧道，进入创建 TMP 隧道界面。"用户标签"选择默认，也可以手工输入；"A1 端点"选择隧道源光口，单击右边空白栏的选择按钮，在弹出的资源管理器界面中分别选择 NE6100-1-1→SMB[0-1-1]→SMB[0-1-1]-Eth_U:10，添加并确定；"Z1 端点"选择隧道宿光口，同上操作选择 NE6100-2-2 的 SMB[0-1-1]-Eth_U:9，添加并确定。

4.2.2 伪线配置

在刚才所创建的隧道上创建一条伪线，选择业务管理→创建业务→创建伪线，进入创建伪线界面。

"业务速率"选择"TMP"；"用户标签"选择默认；"A1 端点"选择伪线源网元，不用选择到光口层面，点击右边空白栏的"选择"按钮，在弹出的"资源管理器"界面中分别选择 NE6100-1-1，添加并确定；"Z1 端点"选择伪线宿网元，同上操作选择 NE6100-2-2，添加并确定；"正向标签"输入 106309，标签值必须大于 16，并且不可以重复使用；"方向标签"输入 106310；在隧道标签页中选择刚才建立的隧道，在带宽参数标签页中设置正向 CIR 和 PIR 值为特定值 100000，具体数值需根据实际链路带宽需求设置，参数设置完毕后，下发应用即可。

4.2.3 业务配置

在隧道和伪线创建好之后就可以开始创建各种工程建设需要的业务。

（1）EPL 业务配置

在 NE6100-1-1 和 NE6100-2-2 之间建立一条 EPL 业务，即在上述建立的隧道和伪线上创建此业务即可。在建立业务前需要先配置 UNI 用户端口，回到拓扑视图，选择需要配置的网元，进入设备管理器→PTN 业务配置→接口配置→UNI 管理，增加一个 UNI，与将要配置 EPL 业务的用户以太网端口进行绑定。分别建立 NE6100-1-1 的 UNI1 与 SMB[0-1-1]-Eth_U:7 之间的绑定，NE6100-2-2 的 UNI1 与 SMB[0-1-1]-Eth_U:7 之间的绑定。

（2）EVPL 业务配置

在 NE6100-1-1 和 NE6100-2-2 之间再建立一条 EVPL 业务，EVPL 业务的建立类同于 EPL。相同点是两者共用一条隧道，即上述 EPL 所建立的隧道。不同点：首先，在 NE6100-1-1 和 NE6100-2-2 之间需要再增加一条用于创建 EVPL 业务的伪线。其次，建立 NE6100-1-1 的 UNI2 与 SMB[0-1-1]-Eth_U:8 之间的绑定，NE6100-2-2 的 UNI2 与 SMB[0-1-1]-Eth_U:8 之间的绑定。再次，在创建 PTN 以太网业务界面中，"业务类型"选择"以太网虚拟专线业务"；"VLAN ID 保持"选项要勾上。

（3）CES(E1)业务配置

配置 CES(E1)业务的流程与配置以太网业务大概一致，区别在于配置 E1 业务无须创建 UNI 端口，同时把控制字支持和序列号支持都选上。准备在 NE6100-1-3 与 NE6100-2-3 之间创建一条 CES(E1)业务，首先建立 NE6100-1-3 的 gei_1/10 与 NE6100-2-3 的 gei_1/10 之间的一条隧道及相应的伪线。选择业务管理→创建业务→创建 CES 业务，进入创建 CES 业务界面。其中,"用户标签"选择"默认"。单击"应用"下发业务,创建成功后,回到业务视图,可以看到刚才配置成功的 CES(E1)业务。

4.3 ZXCTN 6300 组网配置

4.3.1 PTN 组网设计理论

系统的物理拓扑泛指网络的形状[7],即网络节点和传输线路的几何排列,它反映了网络节点在物理上的连接性。网络的效能、可靠性、经济性在很大程度上都与具体的网络结构有关。ZXCTN 6300 设备的 PTN 网络组网的基本物理拓扑结构如图 4 所示。

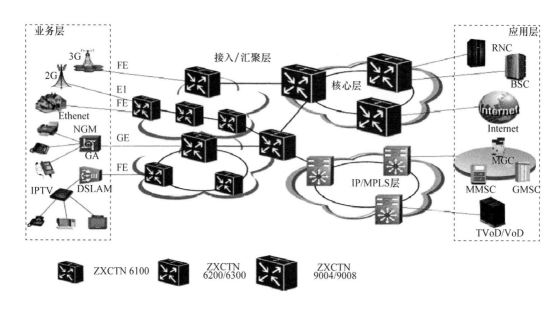

图 4 ZXCTN 6300 设备的 PTN 网络组网基本拓扑图

4.3.2 PTN 实际组网设计

本文以江海县 5G 移动通信光传输网络实际工程为例[8],详细介绍 ZXCTN 6300 光传输设备的配置步骤及组网应用[9]。根据客户需求,该工程共有 9 个网元节点,按照工程实际设计网元属性如表 1 所示。

表 1 江海县 5G 移动通信光传输网络网元统计表

网元名称	网元的网管 IP 地址	VLAN 标识	网元的业务 IP 地址	设备类型	网元 MAC 地址
江海县通信所 NE6300-A	192.168.1.1	100	10.0.0.1	ZXCTN 6300	00D0.D0C0.001
江海县文化站 NE6300-B	192.168.1.2	100	10.0.0.2	ZXCTN 6300	00D0.D0C0.002
江海机务段 NE6300-C	192.168.1.3	100	10.0.0.3	ZXCTN 6300	00D0.D0C0.003
前所镇 NE6100-1-1	192.168.1.4	100	10.0.0.4	ZXCTN 6100	00D0.D0C0.004
江海新村 NE6100-1-2	192.168.1.5	100	10.0.0.5	ZXCTN 6100	00D0.D0C0.005
杨家屯 NE6100-1-3	192.168.1.6	100	10.0.0.6	ZXCTN 6100	00D0.D0C0.006
新桥村 NE6100-2-1	192.168.1.7	100	10.0.0.7	ZXCTN 6100	00D0.D0C0.007
左所 NE6100-2-2	192.168.1.8	100	10.0.0.8	ZXCTN 6100	00D0.D0C0.008
大树营 NE6100-2-3	192.168.1.9	100	10.0.0.9	ZXCTN 6100	00D0.D0C0.009

根据客户具体工程需求,从网络的安全性综合考虑,该网络 9 个网元根据实际工程中的组网模式,搭建了如图 5 所示的江海县 5G 移动通信光传输 PTN 网络拓扑图[10]。其中,江海县通信所、江海县文化站、江海机务段 3 台 ZXCTN 6300 设备组成一个汇聚环[11];前所镇、江海新村、杨家屯 3 台 ZXCTN 6100 设备组成一个接入双归环,分别连接江海县通信所 NE6300-A 和江海县文化站 NE6300-B;另外新桥村、左所、大树营 3 台 ZXCTN 6100 设备组成一个接入单归环,连接江海机务段 NE6300-C。

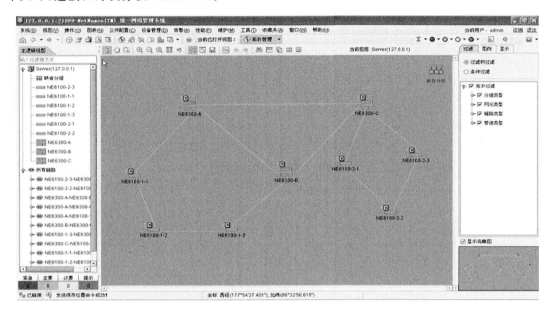

图 5 江海县 5G 移动通信光传输 PTN 网络拓扑图

5 结束语

本文以 ZXCTN 6300 分组传送网光传输设备为主线,从实际的 5G 基站开通工程业务需求出发,详细阐述了 PTN 分组传送网从网元创建到组网配置的具体操作步骤,为相关工程人员和学生较快掌握相关相关设备的调测起到重要的示范作用。不仅对实际工程中 PTN 光传输设备的调测开通组网提供了切实可行的方法,并为高校学生学习当前 5G 移动通信系统中广泛采用的 PTN 光通信设备提供了很好的借鉴。

参 考 文 献

[1] 圣钱生,张桂英. PTN 的关键技术及优势[J]. 信息技术,2010,12:202-205.
[2] 汤进凯,王健. PTN 技术发展与网络架构探讨[J]. 电信科学,2011(1):177-181.
[3] 杨剑利,张勇. PTN 技术在本地传输网中的应用探讨[J]. 邮电设计技术,2011,03:48-51.
[4] 赵巍. 关于 PTN 时钟同步技术及其应用[J]. 信息通信,2017(8):201-202.
[5] 沈瑞武,刘兴铨. 基于 PTN 网的 1588 时间同步技术及应用研究[J]. 移动通信,2009,33(2):57-62.

[6] 孙达,韩毅. PTN 承载 LTE 解决方案研究及验证[J]. 电信科学,2011(7):123-127.
[7] 张昕国. 面向 LTE 承载的 PTN 组网地方案例[J]. 通信世界,2013,19:31-43.
[8] 卢彪,李悦,吴孝银. PTN 技术在电信运营商中的应用研究与设计[J]. 阴山学刊(自然科学版),2016(4):61-63.
[9] Liu X. Emerging Technologies for Metro Optical Networking[R]. Shenzhen: Huawei Technologies Co.,Ltd.,2016.
[10] Liu X. Twin-wave-based Optical Transmission with Enhanced Linear and Nonlinear Performances[R]. J LightwTechnol,2015,33(5):1037-1043.
[11] Yankov M P,Da Ros F,Silva E Pda,et al. Constellation Shaping for WDM Systems Using 256QAM/1024QAM with Probabilistic Optimization[J]. Journal of Lightwave Technology,2016,34(22):5146-5156.

作者简介

彭家和:男,1966 年生,副教授,主要从事通信网络工程研究。

基于单片机的电子音乐播放器的教学实验设计

赵兴兵[①]　赵一帆[②]　朱园静[③]　郭　嘉[③]　丁洪伟[①]

[①]（云南大学信息学院，昆明，650000）

[②]（云南民族大学电气信息工程学院，昆明，650000）

[③]（云南省广播电视局科技处，昆明，650000）

摘　要：本文是基于STC89C52RC单片机的电子音乐播放器设计。将其与教学实验结合，让学生从选择芯片入手，进行硬件电路设计和软件程序编写，实现包括播放、暂停、上/下曲切换和音效切换等功能。总体看来，实验项目难度适中，可行性强，能够较好锻炼学生的实践动手能力，实验设计能力。

关键词：单片机STC89C52RC；音乐播放器；教学实验设计

Design of Teaching Experiment of Electronic Music Player Based on Single Chip Computer

Zhao Xingbing[①]　Zhao Yifan[②]　Zhu Yuanjing[③]　Guo Jia[③]　Ding Hongwei[①]

[①](School of Information, Yunnan University, Kunming 650000)

[②](School of Electrical Information Engineering, Yunnan Nationalities University, Kunming 650000)

[③](Science and Technology Division of Yunnan Radio and Television Bureau, Kunming 650000)

Abstract: This article is based on the design of STC89C52RC microcontroller electronic music player. Combining it with teaching experiments allows students to start with the selection of chips, design hardware circuits and write software programs, and realize functions including playback, pause, switching between previous and next songs, and switching sound effects. On the whole, the experimental project has moderate difficulty and strong feasibility, which can better exercise students' practical ability and experimental design ability.

Key words: MCU STC89C52RC; music player; teaching experiment design

1 引言

在如今的各种基于单片机的电子音乐播放器的设计中,面临的一个主要问题是如何编写程序实现对音频文件编解码的问题和如何让单片机驱动扬声器发声的问题[1-4]。文献[5]对单片机驱动扬声器发声的问题做了详细的介绍。文献[6]在音频压缩时使用了凌阳音频压缩算法,其功能强大,能够处理多种格式的文件,但其算法本身和实验环境较为复杂,不利于学生操作和实现;为了简化实验设计,便于学生理解和实现,提出一种以STC89C52RC单片机和BY8001芯片[7]作为核心,再辅以其他的电子元器件和电路构成的成电子音乐播放器。播放器所采用的BY8001芯片是一款高效的音频解码芯片,支持多种音频格式解码,其通过串口通信与单片机交换数据;因此单片机只需发送对应指令即可控制其完成各项功能。采用BY8001芯片作为语音信号解码芯片,不必再考虑复杂的音频编解码算法,使得设计过程更加高效简洁,便于学生理解、掌握和实现。

2 系统总体设计方案

设计主要由STC89C52RC单片机最小系统、BY8001语音信号处理芯片、LCD显示模块、控制模块和必要的电子元器件综合实现其特定功能。单片机在整个系统设计中起主控作用,负责协调、控制整个系统的运行。单片机上电后,通过串口RX/TX检测BY8001语音信号处理器的状态,如是否处于工作状态,是否连接播放设备等;同时,单片机扫描按键状态,以便向BY8001传送控制信息。BY8001将从SD卡读取到的歌曲总量,时长等信息通过串口通信发送给单片机,相关信息经单片机处理后发送给LCD显示模块,若单片机检测到LCD1602正常工作,则通过写操作向LCD1602写入相关信息,完成显示功能;同时单片机控制BY8001芯片驱动喇叭完成音乐播放功能。LCD1602显示模块通过P0口与单片机连接,可以显示控制功能和歌曲时长、曲目次序等信息。键盘模块通过P1口与单片机连接并向单片机发送控制信号。

3 硬件设计

3.1 总体设计

设计主要由四个模块构成,包括键盘模块、主控模块STC89C52RC单片机、液晶显示模块和音乐播放模块。硬件系统原理图如图1所示。

系统中,开关接在VCC和GND引脚之间控制电源的通断。时钟电路接在单片机的XTAL1和XTAL2引脚之间,用来产生单片机工作的节拍。复位电路接单片机的RST引脚。当复位电路作用时,单片机的所有硬件部分进行初始化,恢复到默认的工作状态,程序重新开始执行。语音模块电路包括BY8001芯片、扬声器和耳机接口,耳机和扬声器由BY8001芯片直接驱动。

系统接通电源后,各硬件设备正常工作,在时钟电路产生的工作节拍下,BY8001芯片读取TF卡储存的数据并完成音频数据解码工作,并通过串口通信将数据信息发送给单片机;同时单片机通过P1口与按键连接,用户可以通过按键下达各种控制命令,单片机对接收到的控制命令进行处理后也是通过串口通信将其发送给 BY8001 芯片;单片机通过 P0 口与 LCD1602 液晶屏相连,并且单片机对来自 BY8001 芯片的数据信息和来自控制模块的控制信息综合进行处理,然后将处理的结果通过 P0 口发送给 LCD1602 液晶显示器进行显示。BY8001 芯片接收到单片机的控制命令后,驱动扬声器完成播放或暂停等功能,也可以插入耳机来收听音乐,另外 BY8001 芯片也可以通过 DP/DM 读取 U 盘或 TF 卡中的数据。如此,系统的显示模块、控制模块和 LCD1602 语音信号处理模块便能协调工作,共同完成系统预定的功能。

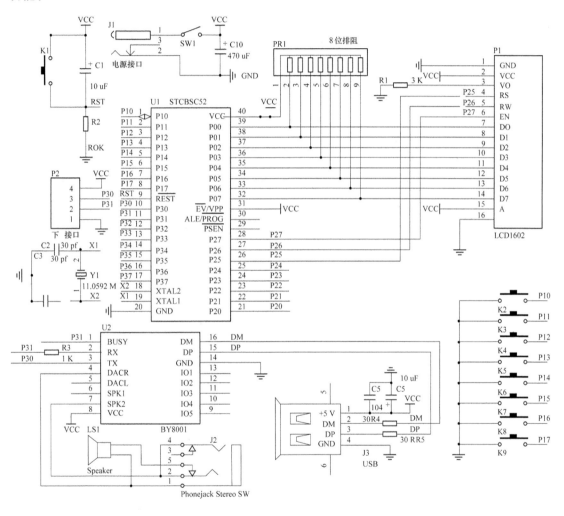

图 1 硬件原理系统原理图

3.2 BY8001 芯片

BY8001 芯片是一款小巧的新型高品质语音信号处理芯片,采用 BY8001-SSOP24 MP3 主控芯片,支持 MP3、WAV 格式双解码。模块内置 TF 卡座,可插卡进行更换语音内容;也可外接 U 盘或 USB 数据线连接计算机更换 TF 内容。该模块内置 3W 功放,可以直接驱动 3W 的喇叭,使用方便。

BY8001 通过串口与单片机进行通信,通过管脚 SPK1 和 SPK2 驱动喇叭并连接耳机插座,通过 DP、DM 管脚与 USB 插座和 TF 卡座相连。

BY8001引脚分布如图2所示。

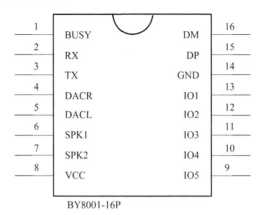

图 2　BY8001 引脚分布

引脚具体功能描述如表1所示。

表 1　BY800 引脚具体功能

管脚号	管脚名称	功能描述	备　注
1	BUSY	播放时输出高电平,停止为低	忙信号
2	RX	UART 异步串口数据输入	3.3V 的 TTL 电平
3	TX	UART 异步串口数据输出	3.3V 的 TTL 电平
4	DACR	DAC 右声道输出	可外接功放、耳机
5	DACL	DAC 左声道输出	可外接功放、耳机
6	SPK1	外接单声道无源喇叭	接 2W/4Ω 或 1W/8Ω 以上喇叭
7	SPK2		
8	VCC	电源正极	3.6～5 V
9	IO5	触发输入口 5	接地触发
10	IO4	触发输入口 4	接地触发
11	IO3	触发输入口 3	接地触发
12	IO2	触发输入口 2	接地触发
13	IO1	触发输入口 1	接地触发
14	GND	电源负极	系统地
15	DP	USB 数据线	通过数据线读写数据
16	DM	USB 数据线	

3.3　LCD1602 液晶显示屏

LCD1602 是一种高性能字符型液晶屏,能够同时显示 32 个字符,包括字母、数字、符号等。其引脚分布如图 3 所示。

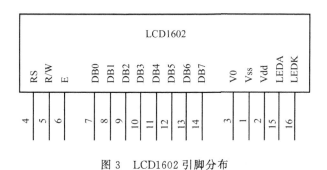

图 3　LCD1602 引脚分布

4　软件设计

编写程序实现上一曲下一曲切换、快进、快退、音量加减、暂停、播放、音效模式切换和循环模式切换等功能。

软件是系统的核心,系统的软件设计部分主要包括 LCD1602 显示模块、键盘模块、BY8001 语音信号处理模块和主函数组成。键盘模块主要包括系统按键处理函数,LCD1602 显示模块包括初始化函数、定义字符函数写入函数和显示函数等,BY8001 语音信号处理模块包括读取系统状态数据函数和串口数据发送函数。

单片机上电后,复位,开始检测 BY8001 语音信号处理模块的工作状态,比如播放、暂停,是否有播放设备等,通过串口通信完成。单片机通过接收 BY8001 返回的值就能知道其工作状态,然后,单片机持续扫描是否有按键按下。程序的所有功能都通过按键触发,当有按键按下的时候,单片机将接收到的按键数据进行处理并将处理结果发送给 BY8001,BY8001 执行收到的指令,并且单片机通过串口接收来自 BY8001 反馈的信息,比如曲目时长和排序等,单片机将这些信息处理后,将其传送给 LCD1602 显示模块完成显示功能。程序流程图如图 4 所示。

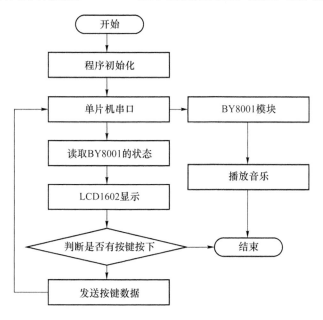

图 4　程序流程图

5 结果及分析

根据硬件电路设计原理图连接好各个电子元器件之后,烧写、调试代码得到的成品如图 5 所示。

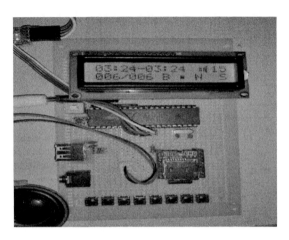

图 5 作品成果

然后测试成品的功能,使用表 2 所示按键功能测试表对作品的功能进行测试。

表 2 按键功能测试表

按键编号	按键按下	按键复位	实现功能
k1	是	是	上一曲播放
		否	加大音量
k2	是	是	下一曲播放
		否	减小音量
k3	是	是	快进
k4	是	是	快退
k5	是	是	播放
k6	是	是	停止
k7	是	是	音效换却
k8	是	是	循环模式设置

通过使用表 2 提供的方法对所设计的系统进行测试,测试结果为所设计的音乐播放器实现了预先设计的功能;需要特别说明的是长按或短按按键 k1 或 k2 所触发的功能是不同的。长按 k1 实现增加音量的功能,短按 k1 实现上一曲切换功能;长按 k2 实现减小音量的功能,短按 k2 实现的是下一曲切换的功能。经过实测,所设计的成品实现了全部功能。

6 结语

本文将 STC89C52RC 单片机和 BY8001 芯片结合设计了教学实验。实验难度适中,可行性强,易于在教学实践中开展,让学生从学原理开始,边做边学,逐步加深对实验原理的理解,提高实践能力与实验设计的能力;此外,课程中涉及诸多其他知识,有利于进一步拓宽学生的视野,激发学生的实验兴趣,促使学生较快掌握相关原理及知识,具有一定的教学实践意义。

参 考 文 献

[1] 宋苏影,王宏华.基于MSP430F149单片机的电子音乐播放器设计及实现[J].机械制造与自动化,2016,45(2):210-212,216.
[2] 梁竹君,刘金强.基于单片机的可调音量的音乐播放器的设计与实现[J].科技展望.
[3] 王一帆.基于单片机视角下音乐播放器的研究[J].科学技术创新,2017(35):75,76.
[4] 董小成.浅析基于单片机设计音乐播放器中应注意的问题[J].科技展望,365(12):153,155.
[5] 邱燕.基于51单片机音乐播放器的设计[J].通讯世界,2016(19):252,253.
[6] 章立文.基于单片机的车载数字音乐播放系统的设计[D].南昌大学.
[7] 宗颖,张婷婷,葛耿育,等.基于单片机的音乐播放器设计[J].计算机知识与技术,14(33):260-261.

智能探测系统的设计

寇倩兰[①]　杨志军[①②]　杨俊东[①]　丁洪伟[①]　保利勇[①]

[①]（云南大学信息学院，云南省昆明市，650500）
[②]（云南省教育厅教学仪器装备中心，云南省昆明市，650223）

摘　要：本文论述了基于单片机的智能小车设计控制过程。智能小车是一个运用传感器、单片机、电机驱动及自动控制等技术来实现按照预先设定的模式下，不受人为管理时能够自动实现各种智能化行为的高新科技。该技术已经应用于无人驾驶机动车、无人工厂、仓库、服务机器人等领域。本设计采用漫反射式光电传感器用于小车循迹，可检测出黑白物体，也用于避障。电感式接触开关用于金属探测。以AT89S52单片机为控制芯片控制智能小车的速度及转向，从而实现智能小车的基本功能。小车驱动由L298N驱动电路完成。本设计的电路结构简单，容易实现，可靠性高。

关键词：智能小车；单片机；漫反射式光电传感器；电感式接触开关；L298N驱动电路

Design of Intelligent Detection System

Kou Qianlan[①]　Yang Zhijun[①②]　Yang Jundong[①]　Ding Hongwei[①]　Bao Liyong[①]

[①]（School Of Information Science And Engineering, Yunnan University, Kunming, Yunnan Province 650500）
[②]（Teaching Equipment Center of Yunnan Provincial Education Department, Kunming, Yunnan Province 650500）

Abstract: This article discusses the intelligent car design and control process based on SCM. The smart car is a high-tech that uses sensors, microcontroller, motor drive and automatic control technologies to automatically realize various intelligent behaviors according to a preset mode and without artificial management. The technology has been applied to unmanned vehicles, unmanned factories, warehouses, service robots and other fields. The design uses diffuse photoelectric sensors for car tracking, can detect black and white objects, but also for obstacle avoidance. Inductive proximity switches for metal detection. And

AT89S52 microcontroller chip for the control of intelligent car speed and steering, in order to achieve the basic functions of intelligent car. Which car drive by the L298N drive circuit to complete. The design of the circuit structure is simple, easy to implement, high reliability.

Key words: Intelligent car; SCM; Diffuse photoelectric sensor; Inductive proximity switch; L298N drive circuit

1 引言

随着新技术的不断开发与应用,各种传感器与单片机相结合,使得智能化控制技术发展迅猛,这些智能化控制技术大大地提高了控制精度,不但使控制变得简便,而且使产品的质量更好,降低了产品的成本,提高了生产效率。智能小车是一个集环境感知、规划决策、自动驾驶等功能与一体的综合系统。现智能小车发展很快,从智能玩具到其他各行业都有实质成果。张卫波、肖继亮提出一种基于快速搜索随机树的运动规划算法,算法规划出路径所需时间最少;车辆姿态与下一路径点的夹角约束值越大,规划出路径所需时间越少,在夹角为35°时趋于稳定。[1]朱利静等以车辆避撞系统作为研究对象,以STM32F103开发板为开发平台,构建嵌入式硬件控制系统,搭建了智能小车实验平台;然后在LabView中实现了主动避撞系统的上位机程序,实现车辆主动避撞。[2]伍婷婷、单奇建立了栅格法与势场法相结合的路径规划方法,并对结合后的势场栅格路径规划方法的缺陷和不足进行了改进,在对智能小车的路径规划中有效地提高了路径的平滑性。[3]吴杰等设计了一个包含身份认证过程、数据加密过程以及数据校验过程的蓝牙通信模块,实现了通信双方的身份认证以及交互数据的加解密,可基本保证手机与智能车之间的安全通信。[4]

由于单片机具有集成度高、通用性好、功能强、特别是体积小、重量轻、耗能低、可靠性高、抗干扰能力强和使用方便等独特优点,在数字、智能化方面有广泛的用途,所以本设计采用AT89S52单片机作为核心控制元件,控制智能小车的速度及转向,从而实现智能小车的基本功能。其中小车驱动由L298N驱动电路完成。其基本可实现循迹、避障、检测贴片、寻光入库、避崖等基本功能。本文采用漫反射式光电开关,用于循迹和避障,使用电感式接触开关用于金属检测。本文所述系统由传感器数据采集电路、数码管显示电路、电机驱动电路、单片机最小系统电路等组成。

2 系统概述

2.1 方案选择

该系统主要由主控芯片、电机驱动模块、显示电路、循迹传感器、避障传感器等部分组成,实现的方法有很多种,下面将通过比较选择最佳实现方案。

2.1.1 主控芯片的选择

方案一:选用MSP430系列单片机,MSP430单片机处理能力强,运行速度快,超低功耗,片内资源丰富,包括定时器,模拟比较器,液晶驱动电路,运算能力强,但价格较贵,指令系统较复杂。

方案二:选用ATMEL公司的AT89S52单片机,该单片机片内集成有定时器,中断系统,丰富的I/O端口,有较强的位处理功能,且价格便宜,指令系统较简单。

考虑本系统主要用于控制,不需要复杂的运算,选用AT89S52完全可以实现控制功能,且价格便宜,编程较容易,故选用方案二。

2.1.2 电机驱动模块的选择

方案一:采用继电器对电动机的开或关进行控制,通过开关的切换对小车的速度进行调整。此方案的优点是电路较为简单,缺点是继电器的响应时间慢,易损坏,寿命较短,可靠性不高。

方案二:采用电阻网络或数字电位器调节电动机的分压,从而达到分压的目的。但电阻网络只能实现有级调速,而数字电阻的元器件价格比较昂贵。更主要的问题在于一般的电动机电阻很小,但电流很大,分压不仅会降低效率,而且实现很困难。

方案三:采用功率三极管作为功率放大器的输出控制直流电机。线性型驱动的电路结构和原理简单,加速能力强,采用由达林顿管组成的H型桥式电路,如图1所示。用单片机控制达林顿管使之工作在占空比可调的开关状态下,精确调整电动机转速。这种电路由于工作在管子的饱和截止模式下,效率非常高,H型桥式电路保证了简单的实现转速和方向的控制,电子管的开关速度很快,稳定性也极强,是一种广泛采用的PWM调速技术。现市面上有很多此种芯片,L298N是ST公司生产的一种高电压、大电流电机驱动芯片。该芯片采用15脚封装,内含两个H桥的高电压大电流全桥式驱动器,可以用来驱动直流电机和步进电机。该芯片可以驱动一台四相步进电机,也可以驱动两台直流电机。

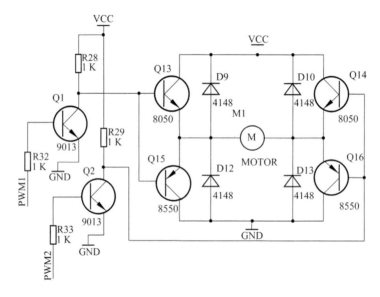

图1 H型桥式电路

本文选用了L298N,如图2所示。这种调速方式有调速特性优良、调整平滑、调速范围广、过载能力大,能承受频繁的负载冲击,还可以实现频繁的无级快速启动、制动和反转等优点。因此决定采用使用功率三极管作为功率放大器的输出控制直流电机。

图2 L298N

2.1.3 显示方案的选择

方案一：采用液晶显示，(1)液晶显示器的亮度和对比度比较低。由于液晶分子不能自己发光，所以，液晶显示器需要靠外界光源辅助发光。(2)可视角度小，早期的液晶显示器可视偏转角度只有90°，只能从正面观看，从侧面看就会出现较大的亮度和色彩失真。现在市面上的液晶显示器可视偏转角度一般在140°左右，对于个人使用来说是够了，但如果几个人同时观看，失真的问题就显现出来了。

方案二：采用数码管显示，LED数码管以发光二极管作为发光单元，颜色有红、黄、蓝、绿、白、黄绿等。单色，分段全彩管可用大楼、道路、河堤轮廓亮化，LED数码管可均匀排布形成大面积显示区域，可显示图案及文字，并可播放不同格式的视频文件。而且数码管的亮度和对比度比较高。

因此，选用方案二(数码管显示)。

2.1.4 循迹传感器的选择

方案一：采用简易光电传感器结合外围电路探测。但实际效果并不理想，对行驶过程中的稳定性要求很高，且误测几率较大、易受光线环境和路面介质影响。在使用过程极易出现问题，而且容易因为该部件造成整个系统的不稳定。故最终未采用该方案。

方案二：采用漫反射式光电传感器，漫反射式光电开关。由发射器(红外发光二极管)、接收器(光敏三极管或光敏二极管)和检测电路三部分组成，它利用被检测物体对红外光束的吸收或反射来检出物体的有或无，而且检测距离是可调的。当被检测物体是白色时，由于白色将光线反射回来，接收管导通，输出低电平。黑色正好相反。

方案三：采用三只红外对管，一只置于轨道中间，两只置于轨道外侧。当小车脱离轨道时，即当置于中间的一只光电开关脱离轨道时，等待外面任一只检测到黑线后，做出相应的转向调整，直到中间的光电开关重新检测到黑线(即回到轨道)再恢复正向行驶。现场实测表明，小车在寻迹过程中有一定的左右摇摆不定，虽然可以正确地循迹但其成本与稳定性都次于第二种方案。

通过比较，本文选取第二种方案来实现循迹。

2.1.5 避障传感器的选择

方案一：采用一只红外对管置于小车中央。其安装简易，也可以检测到障碍物的存在，但难以确定小车在水平方向上是否会与障碍物相撞,也不易让小车做出精确的转向反应。

方案二:采用二只红外对管分别置于小车的前端两侧,方向与小车前进方向平行,对小车与障碍物相对距离和方位能做出较为准确的判别和及时反应。但此方案过于依赖硬件,成本较高,缺乏创造性,而且置于小车左方的红外对管用到的几率很小,所以最终未采用。

方案三:采用循迹用的漫反射式光电传感器。

通过比较本文采用方案三。

2.2 系统总体设计思路

智能探测小车采用前轮驱动,前轮左、右两边各用一个电机驱动,调制前面两个轮子的转速起停从而达到控制转向的目的,后轮是万象轮,只是起支撑的作用。将循迹模块装在车体下方,将壁障模块的距离调整适当。当循迹模块左边的传感器检测到黑线时,主控芯片控制左轮电机停止,右轮继续向前转动,从而将车向左修正,当车身下右边传感器检测到黑线时,主控芯片控制右轮电机停止,左轮继续向前转动,从而将车向右修正。当全部的传感器都检测到黑线时,主控芯片控制左右轮电机都停止,小车停止。

3 系统硬件设计

3.1 AT89S52 单片机

AT89S52 单片机最小应用系统主要由单片机及其外围电路、蜂鸣器电路、4 个发光二极管电路、4 个独立按键、电源电路、4 位七段 LED 数码管显示电路、ISP 程序下载口、各个传感器的接口组成。

单片机供电电路如图 3 所示。

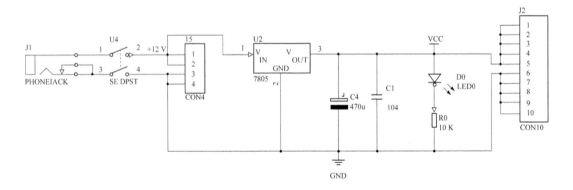

图 3 单片机供电电路

震荡电路与复位电路如图 4 所示。

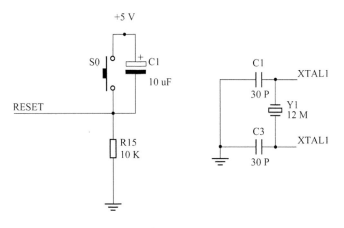

图 4 震荡电路与复位电路

按键电路如图 5 所示。

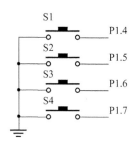

图 5 按键电路

所使用的单芯发光二极管工作电流一般为几毫安到十几毫安。由于电源所提供的电流较大,为了保证不烧坏二极管和单片机,必须加限流电阻。发光二极管电路如图 6 所示。

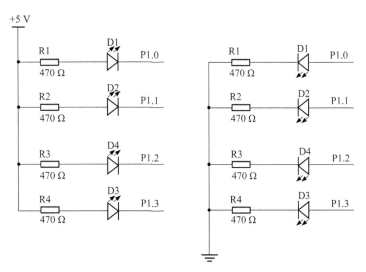

图 6 发光二极管电路

两种电路均可使发光二极管亮,本设计中采用左边的共阳极电路。

蜂鸣器电路如图 7 所示。

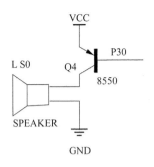

图 7　蜂鸣器电路

四位集成 LED 数码管显示电路如图 8 所示。

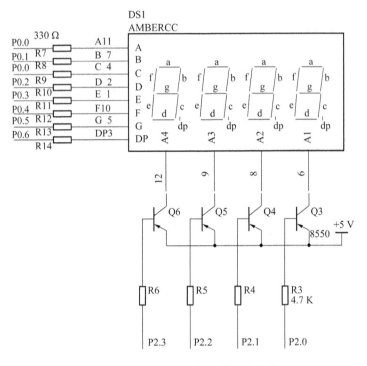

图 8　四位集成 LED 数码管显示电路

3.2　电机驱动模块

L298N 是 ST 公司生产的一种高电压、大电流电机驱动芯片。该芯片采用 15 脚封装。如图 9 所示，L298N 内含两个 H 桥的高电压大电流全桥式驱动器，可以方便用来驱动两个直流电机或一个两个步进电机。输出电压最高可达 50 V。可以直接通过电源来调节输出电压；用单片机的 IO 口提供信号；而且电路简单，使用比较方便。L298N 可接受标准 TTL 逻辑电平信号 VSS，VSS 可接 4.5～7 V 电压。4 脚 VS 接电源电压，VS 电压范围 VIH 为＋2.5～46 V。输出电流可达 2A，可驱动电感性负载。1 脚和 15 脚下管的发射极分别单独引出以便接入电流采样电阻，形成电流传感信号。L298 可驱动 2 个电动机，out1，out2 和 out3，out4 之间可分别接电动机。

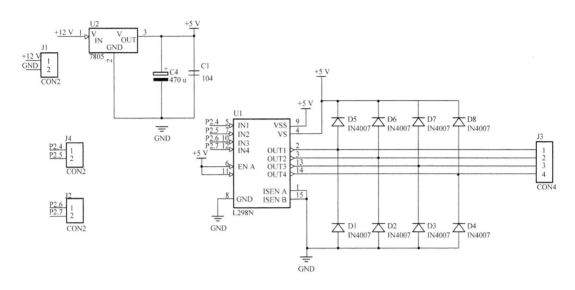

图 9 L298N 驱动电路原理图

4 系统软件设计

4.1 循迹模块

循迹的基本原理:循迹的原理和避障的原理是相同的,循迹电路安装在小车底部,循迹是通过辨别黑白色来行走。工作过程如下:红外发光二极管发出红外光,当遇到黑色,不反射红外光,比较器输出为高电平;当遇到白线,红外光被反射回来,比较器输出为低电平。如图 10 所示,单片机根据输入电平的变化判断小车的行驶路线是否偏离,然后调用自动避障子程序实现小车的自动循迹,当左边检测到白色时小车右转,当右边检测到白色时小车左转;当两边检测到的都是黑色时小车前进,当两边检测到的都是白色时小车停止。

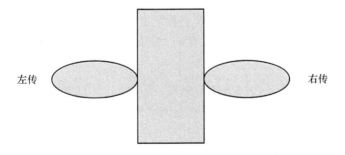

图 10 传感器模拟图

当两个传感器同时输出低电平时,小车直走。当左低右高时,小车右转。当左高右低时,小车左转。当两个传感器同时输出高电平时,小车停止。

4.2 金属检测、避障模块

金属探测的基本原理:无金属时,传感器输出高电平;有金属时,传感器输出低电平;要求有声光报警。

循迹加金属探测程序流程:主线为金属探测,无金属,则循迹;有金属,则显示金属的块数,并声光报警,然后继续循迹。循迹加金属探测程序流程如图 11 所示。

这一部分比较简单:无障碍时,直行;有障碍时,后退→延时→左转→延时→右转→延时。

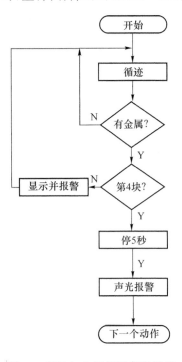

图 11　循迹加金属探测程序流程

5　系统调试

5.1　系统调试思路

当给智能系统上电后,智能小车开始沿着黑色轨迹循迹同时检测有无金属,循迹过程中如果检测到金属,则小车暂停,灯闪亮,数码管上数字加一,然后继续循迹。当检测到第四块金属时,小车暂停,灯闪亮,数码管保持不变,接着进入避障功能。小车能够巧妙的避开障碍物。

5.2　循迹避障系统调试

循迹、避障系统均采用漫反射式光电传感器,漫反射式光电开关是由发射器(红外发光二极管)、接收器(光敏三极管或光敏二极管)和检测电路三部分组成,它利用被检测物体对红外光束的吸收或反射来检出物体的有或无,而且检测距离是可调的。当被检测物体是白色时,由于白色将光线反射回来,接收管导通,输出低电平。黑色正好相反。

与单片机的连接:棕色接电源正,蓝色为电源负,黑色为输出,接单片的端口。

5.3　金属检测系统调试

金属检测系统采用电感式接近开关,电感式接近开关工作原理:电感式接近开关属于一种有开关量输出的位置传感器,它由 LC 高频振荡器和放大处理电路组成,利用金属物体在接近这个能产生电磁场的振荡感应头时,使物体内部产生涡流。这个涡流反作用于接近开关,使接近开关振荡能力衰减,内部电路的参数发生变化,由此识别出有无金属物体接近,进而控制开关的通或断。这种接近开关所能检测的物体必须是金属物体。

5.4 系统调试结果

经过硬件调试与软件调试,智能探测系统能够按照预定的轨迹运行,智能小车基本实现功能。

系统测试数据如表1所示。

表 1 系统测试数据

测试次数	循迹	金属探测	避障	运行时间
第一次	成功	不成功	不成功	4分钟
第二次	成功	不成功	成功	5分钟
第三次	成功	成功	成功	4分钟

6 总结

本次基于单片机的智能探测系统设计通过对系统设计方案选择的讨论,以及后期就系统硬件和软件设计两个方面对系统进行了详细的分析,最后在系统调试部分再次印证了本文的设计目标。基本上实现了预期的各项功能,可以控制小车的前进、后退、左转、右转,小车能自动沿着黑色轨迹行驶,在循迹过程中能准确检测出金属。在执行避障功能时,小车遇到障碍物能够自动躲避障碍。

参 考 文 献

[1] 张卫波,肖继亮.改进RRT在复杂环境下智能车路径规划中的应用[J/OL].中国公路学报:1-16[2020-07-23].

[2] 朱利静,沈启超,王旭.基于LabVIEW环境主动避撞智能小车试验平台开发[J].机械设计与研究,2019,35(6):58-61,66.

[3] 伍婷婷,单奇.结合模糊决策与势场栅格的智能小车路径规划[J].机械设计与制造,2020,(4):137-139,144.

[4] 吴杰,王小妮,刘鹏,等.智能小车蓝牙通信模块设计与实现[J].北京信息科技大学学报(自然科学版),2019,34(6):64-69,75.

作者简介

寇倩兰:女,1996年生,硕士研究生,主要从事轮询控制模型与无线网络研究。
杨志军:男,1968年生,男,研究员、博士,主要从事计算机网络研究。
杨俊东:1975年生,男,讲师、博士,主要从事通信系统理论及其应用研究。
丁洪伟:1964年生,男,汉,教授、博士,主要从事轮询通信系统、随机多址通信系统研究。
保利勇:1975年生,男,副教授、博士,主要从事轮询多址接入冲突分解和混沌扩频通信等研究。

从植物宝 APP 到互联网+大赛

袁 征 曾 明 谢 伦 陈 蝶 周先军*

(湖北工业大学电气与电子工程学院,武汉,430068)

摘 要:近年来,本科大学生参与学科竞赛越来越受到普通高校师生的欢迎和重视,通过构建植物识别 APP——植物宝,进行植物外观识别,此应用可以识别植物的种类及其相关信息,增加了移动用户的生活知识,丰富了其休闲时间,提高了用户生活的乐趣。而参加"互联网+"竞赛,又进一步开阔了学生视野,锤炼了创新创业能力。

关键词:植物宝;互联网+;创新创业;移动应用;学科竞赛

FromZhiwubao APP to Internet plus contest

Yuan Zheng Zeng Ming Xie Lun Chen Die Zhou Xianjun*

(School of electrical and electronic engineering, Hubei University of technology, Wuhan 430068)

Abstract: In recent years, undergraduate students' participation in the discipline competition is more and more welcomed and valued by teachers and students in Colleges and universities. Through the construction of plant identification app - Zhiwubao, the plant appearance recognition can be carried out. This application can identify the types of plants and their related information, increase the life knowledge of mobile users, enrich their leisure time, and improve the fun of users' life. Taking part in the "Internet plus" competition further widened the students' horizons and tempered the ability of innovation and entrepreneurship.

Key words: Zhiwubao; Internet plus; innovation and entrepreneurship; mobile application; discipline competition

1 移动互联背景下的 APP

在普通学校,学生们仅仅是将 APP 开发当作一项任务,功能实现了就不再深入,并没有达到实践目的。而参加比赛就不一样了,学生们有了相互竞争的想法,积极性和平时学习完全不一样,再加上学校组织的系统培训,学生的兴趣和创新性被激发出来。互联网能够实现思维求变和自我革命,并在两者当中实现创新的力量。互联网的特质主要就在于创新,这也是对"互联网+"中"+"符号的一个更加具象的解释。由此互联网技术对于具有丰富的相关专业知识的计算机类专业学生来说,将会体现出更加完整的互联网的特质。随着网络的发展,手机原有功能不再能满足大家。而 APP 的出现,正好完善了手机系统的不足。创新性正是 APP 开发的重要需求,相同的功能,更简单的操作,更好的 UI 界面等都是 APP 的重要指标,而参加"互联网+"类的竞赛,也将促进学生向相应领域的发展,提高他们自身的思维能力、创新能力等。

2 植物宝 APP 的制作

2.1 设计背景

植物分类学是一门传统基础学科,对植物进行分类识别对生物多样性保护、生态学、林学、园林、生物安全等领域均有重要意义。传统的植物识别与分类主要由人工完成,对专业水平要求高,工作量大,耗时长,且难以保证客观性。因此利用计算机技术进行植物种类识别更方便,更快捷。随着智能手机和人工智能技术的发展,以手机 APP 为载体的植物识别软件慢慢走进公众生活、科普活动和科研活动的各个方面。应该研发一款 APP(植物宝),这款 APP 能通过照片找出相关植物的所有知识,这能解决人们知识匮乏的问题,更重要的是能给当今玩转手机的新一代提供一种有效的学习工具。植物识别 APP 的识别系统往往依托庞大的植物数据库,采用人工智能识别技术,但其植物识别过程较粗放,不精细,可能是因为过于庞大的数据库反而容易产生误差,导致识别结果不够准确,植物识别 APP 的发展需要"互联网+"创新思维。

2.2 设计方案

项目旨在开发一种通过选择植物外在特征进行植物识别的手机移动应用软件,从而使非专业者能够更加简单地认识身边植物,最终通过 APP 呈现出来的,为本地植物建立系统的查询网络。当使用者想要获取陌生植物的基本信息时,通过进入该特征识别 APP 界面,并选择其植物特征,通过专业、非专业(植物分类)物种型态描述术语,来确定身边的未知植物,对相应植物有详细介绍,如叶片形状、齿纹等,通过多步骤选择特征,最终识别出该植物。用软件筛选出符合要求的植物并显示各自图片,通过比较图片,让使用者得知自己看到的植物的基本信息。植物识别软件功能还可以更具针对性,增强应用性,以应对不同环境下的使用。

在校园,植物宝 APP 可在高校植物学、树木学、生态学等一些课程教学、科研项目训练中推广。这个软件可以为学习植物的广大学生提供一个认知身边植物的良好平台。植物识别 APP 有灵活、便携、直观、反馈快速等优点,可以作为老师课堂教学内容的补充。在野外实习时,植物识别 APP 也可帮助学生快速且较准确地识别植物。植物识别 APP 还为学生利用碎片化时间学习植物的相关知识提供了条件,也可激发同学们的学习兴趣,拓宽视野。

在农业上,可开发出识别常见病虫害的功能,帮助农民解决难题;在物种保护领域,可着眼于对珍稀、濒危和重要资源植物的识别;在生物安全领域,可用软件识别有害生物,如外来入侵种等。随着植物识别软件功能的不断增强,识别变得更智能,我们可以便捷地了解身边的一草一木,并为保护环境、发展产业和丰富生活做出贡献。

在野外勘察中,开发适合不同地区(如保护地)和专门用途(如植物标本鉴定,花粉/孢粉鉴定)的植物识别软件;与野外植物考察结合,实现识别与记录同步;与其他生物类群识别整合,开发综合的生物识别软件。

2.3 实现路径

(1) 拍照搜植物

拍照之后的图片,通过植物的显著特征,再通过如形状、颜色、纹理等各种特点搜索到植物的信息。

(2) 特征搜植物

通过不同的特征选项,向用户提供属于符合所选特征的相关植物信息。

(3) 植物百科

用户在通过拍照后的图片,在搜索出结果之后会存储到用户的植物百科书中,用户会不断积累自己的图鉴,向自己的好友展示自己地区的植物。未解锁的植物图鉴有相应的生长环境、植物特征提示,引领人们主动认识各种各样的植物。

3 "互联网+"竞赛

不同阶段的学生在"互联网+"这类竞赛中所受的影响是不同的,对于即将毕业的学生来说,就业情况以及未来的发展,是他们更加关注的内容。"互联网+"竞赛是学科竞赛的非常重要赛事之一。用互联网学习、看文字以及进行人与人之间的沟通,在外界看不出来的形式下,慢慢改变着大家的生活,还改变了原本的传统办公方式,提高了办公效率,改善了人们生活,丰富了人们的业余生活。从参与学科竞赛学生的相关调查来看,这一赛事对培养大学生创新意识、提升创新能力等都具有显著影响,已成为众多高校培养创新人才的抓手和平台。由此应从课程体系、运行机制、实践平台等多方面采取措施措施,构建完善的学科竞赛工作体系,为抓好学科竞赛提供保障。

"互联网+"对当前大学生的意义如下:

(1) 提供了创业机会。作为新一代的青年大学生,在享受着社会迅猛发展所带来益处的同时,也面临着巨大的就业压力,需要寻求更多的突破点。"互联网+"的出现为大学生提供了契机,找到突破点,也就意味着创新的可能和创业的机会。让大学生能就业,就好业,这便是"互联网+"的一大优点。

(2) 开阔了眼界。众所周知,接触新事物本身就是一个开阔自己眼界的过程,对于局限于学校生活以及书本知识的大学生来说,"互联网+"与各个产业融合带来的成功例子,给他们带来了不同于课堂学习的体验,收获了在学科知识中无法获得的能力。

(3) 提升与人交往及相互合作的能力。对于创业,大多数人需要合作伙伴,而刚好在比赛中培养的这种能力在今后的创业过程中乃至整个人生都是至关重要的。

4 APP开发对学生创新创业的促进

目前,高校中的创新创业教育内容主要包括两个方面:一方面,开设相关课程,提高大学生的整体素质和创业能力,组织大学生系统地学习创办企业、管理企业的相关理论知识,培养他们的冒险精神、初创能力、管理技能等;另一方面,组织大学生深入相关企业进行参观学习、实习,邀请创业者进行经验分享等,让他们通过接触创业者、企业家,了解真实创业所必须具备的能力和知识,为大学生毕业后创业打下夯实的基础。随着创业环境的改变,当下这种创新创业教育模式已经难以满足学生创新创业的需求,推动创新创业教育模式的改革,将"移动互联网+"融入创新创业教育课程体系,将满足学生及社会的需求,激发大学生对创新创业的兴趣,培养他们创业的能力。

2018年高校毕业生达820万,2019年达834万,2020年达874万,不断攀新高的大学生毕业人数,再加上中国经济增速的放缓,大学生所面临的就业压力也随之增大。高校对在校大学生开展移动互联网创业教育,可以增进大学生对于移动互联网的认识,传授他们创业的基本理论知识和技能,激发他们的创业潜能和热情,开阔他们的创业视野,提高他们的自主创业能力。移动互联网创业门槛低,大学生在接受了相关的教育后,投入移动互联网创业浪潮中,可由就业岗位的需求者转变为就业岗位的创造者,从而提高大学生就业率和就业质量。

5 总结

"大众创业,万众创新",随着5G时代的到来,移动互联网不断融入日常生活,社会对创业者提出了新的要求,熟练掌握各类"移动互联网+"应用成为基本的能力要求。越来越多的大学生通过接触移动互联网,对创新创业也有了新的认识,意识到在"大众创业"如百花齐放的时代"大学生当老板"不再是奢侈的梦想。因此,高校推出适应社会需求的"移动互联网+大学生创新创业"教育体系,对在校大学生进行必备的创业教育,为他们分析自身在创业当中的优势和劣势,阐述移动互联网时代创业的机遇与挑战,传授他们建立微小企业、拓展业务、业务销售、新媒体营销等方面的知识与技能,激发他们为梦想奋斗的热情,帮助他们在实践中不断成长成才,从而实现人生价值。

参 考 文 献

[1] 杨辉军,陈立伟. 基于分形特征的植物识别[J]. 计算机工程与设计,2010,31(24):5321-5323.

[2] 袁银,黄稚清,丁释丰,等. 基于大数据分析的植物标本取样方法研究[J]. 现代农业科技. 2018(3):149-151.

[3] 张宁,刘文萍. 基于图像分析的植物叶片识别技术综述[J]. 计算机应用研究. 2011,28(11):4001-4007.

[4] 张涵钰,赵平. 基于Android的菌类识别APP的研发[J]. 科学技术创新,2020(7):64,65.

[5] 崔心怡. "美图系列"APP推广策略研究[D]. 河北大学,2016. DOI:10.7666/

  d. D01080977.

[6] 陈丽."互联网+教育"的创新本质与变革趋势[J].远程教育杂志.2016,34(4):3-8.
[7] 郑晓毅.高等学校移动互联网创业教育的思考[J].沈阳农业大学学报(社会科学版).2015,(4):449-451.

作者简介

周先军:男,1970年生,副教授,主要从事深度学习、无线网络等研究。

基于综合实战的电信类本科生实践能力培养探索

蔡希昌　黄　明　韩宇龙　武梦龙　白文乐

（北方工业大学信息学院，北京，100144）

摘　要：为了更好地实现电信类本科生的实践能力培养，通过一个涵盖硬件、软件、固件及FPGA编程的综合实战项目与本科学生课外活动相结合的方式，通过学生的前期训练、教师的引导、学生的合理分工与深入合作，以并行开发和分段研发作为主要实施策略，解决了开发过程中碰到的诸多技术难题，培养了团队合作精神，使得本科学生能够参与一定难度的实战项目，并深入解决技术问题，从而提高了学生的实践能力及协作精神，提高了学生的专业综合能力。

关键词：综合实战；分工与协助；实践能力；教师引导；前期训练

Exploration on the cultivation of practical ability for telecommunication students based on comprehensive practicalproject

Cai Xichang　Huang Ming　Han Yulong　Wu Menglong　Bai Wenle

(School of Information, North China University of Technology, Beijing 100144, China)

Abstract: In order to realize the cultivation of practical ability for telecommunication students, a comprehensive practical project covering hardware, software, firmware and FPGA programming is combined with extracurricular activities of undergraduate students. Through the preliminary training for students, the guidance of teachers, the reasonable division and deep cooperation, with the main implementation strategies being parallel development and segmented research and development, not only are many technical problems resolved but the spirit of teamwork is cultivated, so that undergraduate students can participate in a certain degree of difficulty in actual combat projects and in-depth solve technical problems, so as to improve the students' practical ability and cooperation spirit and improve the students' comprehensive professional ability.

Key words: comprehensive practical project ; reasonable division and deep cooperation;

practical ability; the guidance of teachers; the preliminary training

1 引言

电信类专业由于其实践性强、涉及面宽及应用广泛等特点,尤其重视学生的实践能力培养。在具体实施过程中,学生可以选择参与竞赛、课外小制作及参与实战项目等多种模式。应该看到,各种模式各有其优缺点,对于学生的培养起到积极的作用。其中,对于竞赛,学生往往会比较有兴趣,体现在竞赛获奖的激励及衍生的保研考研优势等;对于课外小制作,爱钻研及自学能力较强的学生常常会积极参与。但对于参加实战项目,应该说各方面的挑战会比较大,下面进行详细分析。

对于项目实战来讲,由于往往有一定的难度和综合性,对于本科学生来讲,参与的难度比较大。从另外一个角度来讲,项目实战更逼近于读研和工作的情况,对学生的综合素质锻炼更为深刻。由此,本文从一个较强综合性的项目出发,结合当前实验室的分组分层分角色培养模式[1],探讨了相关实施的思路及具体的举措,使得本科学生能够参与一定难度的实战项目,并深入解决技术问题,从而提高了学生的实践能力及协作精神,提高了学生的专业综合能力。

2 项目介绍

为了更好地阐述如何增强学生的实践能力,首先将项目的内容涉及的项目情况进行分析。本项目为一个典型的测量项目,通过传感器将光谱信号进行采集及显示,便于后续进行分析。由此,将项目划分为采集部分与存储显示部分。其中,采集部分是通过CCD将光信号转换为电信号,并进一步数字化,然后再通过USB 2.0接口传输到计算机上面;存储显示部分是以计算机作为平台,通过编程完成一个小型软件的开发。

经过分析,采集部分的方案为:传感器+FPGA+STM32+USB2.0模块+ADC(9826)+电源模块。整个系统框图及信号流图如图1所示。其中,IMON512为传感器;AD9826为ADC;STM32为系统控制器,完成ADC的控制控制与传输控制等;时序FPGA用于实现STM32与MOD6模块的通信,并实现传感器的时序与信号控制;MOD6模块用于实现与PC的USB2.0高速通信。

当采集数据时,IMON512将采集到的模拟信号经过AD转化成数字信号,数字信号通过D0~D7传递到时序FPGA。时序FPGA需要配置参考电平采样时钟、数据电平采样时钟、AD转换采样时钟。同时,控制传感器(IMON512)的复位和时钟。时序FPGA将收到的信号写入MOD6模块,并完成握手通信。最终,MOD6模块通过USB接口将数据传输到PC。其中,STM32通过串行接口SPI配置AD内部各个寄存器;通过RS232串口接收PC的命令,返回状态;并通过FSMC总线控制时序FPGA读取AD中的数据。

由此,把具体的设计任务确定为四部分,分别是电路设计、STM32设计(固件设计)、FPGA设计(逻辑设计)及软件开发四部分,涉及电路设计与调试、FPGA设计、STM32编程和LabView四个具体技术。该项目具有一定的综合性和难度,学生很难独立完成所有的设计。由此,将实验室的学生培养和综合实战进行结合,通过多种举措保证本科生也可以参与一定复杂度的项目实践。下面对具体思路及问题进行阐述。

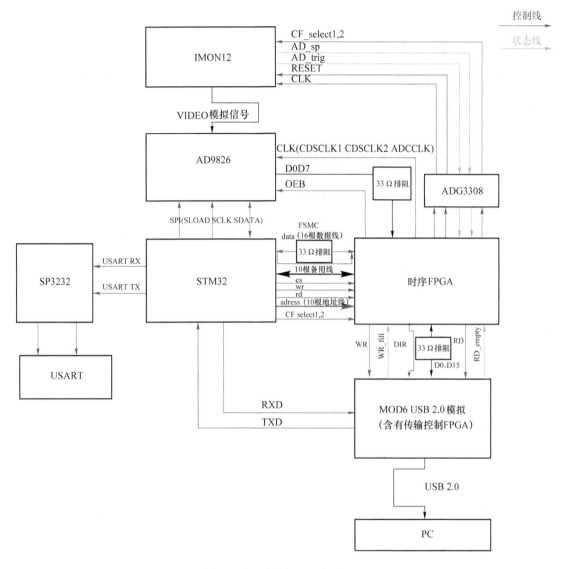

图 1　项目系统框图及信号流图

3　实施思路

如前面所述,这个项目既具有一定的综合性和工程实战的特点,也具有一定的难度。结合目前实验室的运行情况,通过学生的前期训练与选拔、教师的引导、学生的合理分工与深入合作等方式,可以保证项目进的实施和学生进行实践培养的初衷。下面进行详细阐述。

3.1　学生选拔

根据目前电信类本科生课外实践的特点,实验室内部的本科生分组确定为三个方向,分别是硬件组、固件组和软件组。三个组具有明确的学习范围及目标。其中,硬件组学习以电路原理、模拟电路和数字电路的课堂知识为基础,以动手实物制作电路为目标,并注重方法与工程应用的一系列活动。固件组学习以 C 语言、模拟电路、数字电路和微机原理等课堂知识为基础,以 C 语言编程实物功能为目标[2],并注重方法与工程应用的一系列活动。软件组以 C 语言、LabView 和面向对象程序设计等课堂知识为基础,以动手编写运行在计算机端的软件程序电路为目标,并注重方法与工程应用的一系列活动。

由此可以看到,目前实验室开展的学习与本项目的具体要求是非常匹配的,并且部分学生由于前期参与竞赛及课外小制作相对较多,具备了良好的开展基础,基本具备了项目实施的条件。由此,进行了如下的分工:电路设计、逻辑设计、固件设计和软件设计。考虑到电路设计需要进行电路及 PCB 设计,难度较大,所以不纳入本科学生的研发。但本科学生需要了解电路的组成及工作原理。由此本科学生确定开展逻辑设计(LD)、固件设计(FW)和软件设计(SW),分别和硬件组、固件组和软件组的学习方向一致。至此,进行明确的任务划分的工作已完成。经选拔后,具体参加的学生的姓名缩写分别为 WT/ZTY/ZJC。

3.2 分工协作

分工协作采用并行开发的模式,这样可以比较好地保证项目进度。通过周例会、周报的形式明确项目运行模式,明确目标,沟通进展。就具体设计采用 TOP-DOWN 模式,先形成总体方案,然后进行局部设计,最后进行总体调试。下面给出三个同学的具体分工。

其中,硬件组 WT 同学主要负责电路的调试与 FPGA 程序的编写。电路一共经历过两个版本的更迭,板卡主要由电源部分、CCD 部分、ADC 部分、逻辑部分、固件部分和 USB 2.0 部分组成。调试的主要思路是按功能模块分部进行。拿到焊接完成的板卡后,首先调试的是电源部分。电源是整个板卡正常运行的心脏,所以这部分的正确尤为重要。测试通过的标准是实测电源输出结果在理论值区间,并且纹波满足指标要求。然后调试的是 PA 和 PL 部分。这一部分是板卡的核心控制单元,相当于板卡的大脑。测试通过的标准是编程芯片正常下载和运行(往往利用点灯程序观察运行结果)。最后其他外围电路模块部分在编写相应的驱动程序后正常运行即可。FPGA 程序的编写也是按功能模块一步一步来,采用 Top-Down 的思路,在各个功能模块编写仿真测试通过后,下载到板卡进行验证。当所有的功能模块都实际测试通过后,再整合到一起进行系统级验证测试。

硬件组 ZTY 同学主要负责嵌入式系统设计以及全程参与项目的功能与性能测试。在项目预研阶段,负责嵌入式控制器固件程序的开发。嵌入式的功能主要可以分为三部分:一是监测光谱仪系统的工作情况,对异常情况进行报警;二是作为上位机 LabView 程序与图像信号处理器 AD9826 和并行转穿行模块 MOD6 的控制接口,实现通过上位机程序实时修改硬件配置参数;三是在硬件调试阶段作为仿真数据生成器,方便硬件电路进行连通性测试。最终在功能上,嵌入式控制器实现了系统上电自检、系统状态显示、图像信号处理器 AD9826 的控制、MOD6 模块的状态处理、仿真数据的生成、通过上位机(LabView)程序进行硬件参数配置(如 AD9826 增益和偏置控制)等功能。此外在系统硬件设计上,为嵌入式系统电路的设计提供了参考意见。在系统的调试和测试中,修复了软硬件上的各种 BUG,提升了系统稳定性。

软件组 ZJC 同学主要负责上位机 LabView 全部程序的编写,USB 传输模块 MOD6 的调试。在前期调试中,先进行了 USB 传输模块的调试,保证 MOD6 到上位机的数据流通稳定性。之后负责编写 LabView 程序与单片机同学的程序对接,协商串口协议,以期达到单片机/MOD6/上位机的整体数据流通,从而保证光谱仪数据能够稳定接入 PC 中。系统功能基本实现后,负责 LabView 程序的维护以及功能开发,配合 FPGA 同学进行系统功能完善与升级。

由此,三个方向的同学既相互独立,又明确了相互的接口与调试,并且通过版本控制明确各个单元测试及系统联调的功能及性能指标,保证了项目的实施和负责内容的深入研究。

3.3 教师引导

对综合实战项目,教师的引导作用非常重要:一方面是在开发过程中,引导学生解决技术问题;另一方面是对学生进行正向激励,培养学生解决问题的韧性及抗压能力。具体措施有如下几个方面:

(1) 严格执行周计划、周报制度和周例会;
(2) 明确具体任务的职责与分工;
(3) 执行会议记录单、采购单和调试记录单制度;
(4) 针对问题,明确责任人、解决思路及时间节点;
(5) 注重对学生的正向激励,帮助学生克服畏难情绪。

通过措施(1),使学生建立起以周为单位的运行单元。必要时采用当天沟通的方式,便于跟踪调试进度,明确调试方向;通过措施(2),使学生明确自己的具体任务及在其中担任的职责,避免出现职责不清的情况,增强学生的责任心;通过措施(3),使学生建立起基本的流程概念,使得关键过程可以追溯;通过措施(4),引导学生解决具体问题和研究问题,增强工程意识和执行力。通过措施(5),引导学生正确面对困难,积极想办法解决问题。

4 典型问题

在此综合实战的过程中,出现了一系列技术问题及学生配合问题等,相关同学在老师的指导下,通过刻苦钻研及积极调整,积极地完成了项目实施,使自身的实践能力及综合素质得到很大提高。下面从几个方向进行阐述。

4.1 技术问题解决

下面给出硬件调试过程中发现的一个非常典型的自动双向电平转换器的驱动问题。项目一开始的设计使用了一款具有双向电平转换功能的电平转换芯片,用于实现1.8 V和3.3 V的电平转换。但在调试中发现,3.3 V到1.8 V的电平转换存在着转换失效问题,原因在于3.3 V的逻辑电平是由FPGA提供的,其驱动电流较弱,难以开启这个方向的电平转换芯片。其本质原因在该转换芯片的转换方向是由两侧的驱动电流大小决定的。后面换用了单向电平转换芯片来解决该问题。

通过这种问题的解决,使得学生明白了驱动电流的含义,尤其是FPGA驱动能力较弱的特点,增强了可靠性设计的理念。

4.2 学生协作问题

项目开发涉及三个同学之间的相互配合,尤其是涉及固件设计、FPGA设计和LabView设计的相互配合。为了较好地协调研究与开发,制定了一些基本规则,作为学生间协调的基本要求。

(1) 问题定位第一责任人制度:根据碰到的具体问题,明确第一责任人。举例来说,目前感觉STM32程序的问题可能比较大,则负责固件开发的ZTY作为第一责任人,负责召集大家调试与研究,直接与老师沟通。

(2) 建立版本控制机制:通过内部定义的各种软件版本,将相关的固件设计、FPGA设计和LabView设计通过版本进行整合和定义,通过文档来实现信息共享,避免由于版本不协调造成的各种调试问题。

（3）灵活的沟通方式：除周例会制度外，根据项目实施情况，可以采取当日沟通及限时沟通等方式，及时沟通项目进展，解决相关问题等。

4.3 学生心理疏导

在项目实战过程中，不可避免地存在自我情况管理不佳、时间分配不合理和沟通不到位的情况。这都需要老师进行合理的引导（以表扬和鼓励这种正向激励为主）。

典型情况在 USB 模块的使用问题：出现了较多的技术问题（包括冷热启动的缓冲区预读问题、USB 传输块的设置问题及 USB 读写速率匹配问题）。这些问题需要大量的测试来定位。后面通过多天的问题定位，并设计专门的测试程序设计及长时间的拷机验证，解决了相关传输问题。

5 学生收获

学生花费半年左右的时间，最终完成了样机制作。系统实物如图 2 所示。相关同学收获满满，目前参加项目的三位同学都在读研。下面是来自他们的声音。

WT：通过 Z607 这个项目，我深刻地认识到了做硬件必须要做到从理论中来，到实践中去。书本中一些理论计算的电路，如果直接拿到项目中去用，往往不能正常工作。参与项目要讲究实事求是，需要结合应用背景和实际环境选择合适的元件，设计合理的电路。期间也遇到了很多困难，在蔡老师的悉心指导下，这些困难和问题也都一一解决了。遇到问题并不可怕，可怕的是不能静下心来，半途而废。当这些问题被解决时，内心真地充满了成就感。很感谢和我一起参与项目的同学，参与项目的过程使我明白了团队合作和沟通的重要性。真地非常感谢蔡老师给我这次实际参与项目的机会。

ZTY：在参与项目的过程中，我一边学习一边实践，在实践过程中我逐渐掌握和熟悉了嵌入式系统的工作原理和程序编写的方法。我也遇到了诸如 AD9826 芯片的配置问题、MOD6 模块的数据传输问题、STM32 与上位机的通信问题等各种问题。在解决问题的过程中，我充分体会到项目研发的艰辛，项目研发锻炼了我解决问题的能力，让我体会到了通过自己努力化解难题的成就感。同时，参与项目的过程让我对于整个电子系统工程有了更加深入的认识，也更深刻地体会到越是复杂的工作越需要整个团队通力合作，这样才能攻克难关，达成目的。

ZJC：这是我本科阶段参与度最高的一个项目，在项目研发中我深刻体会到了工程化的思想，我学习了项目开发与运行维护的基本流程，我将实验室所学知识充分应用于实践，在学习实践中我的能力得到了提升。在前期对 MOD6 的调试中我遇到了许多问题，这导致了多周内项目没有明显进展，最后在老师的帮助以及组内成员的共同努力下，我们成功解决了问题，在此过程中我的自主学习能力得到很大提升，这是一段宝贵的经历。

6 总结

综合实践对学生的培养是一个深刻的过程，本文阐述了一个涵盖硬件、软件、固件及 FPGA 编程的综合实战项目的实施思路与具体问题梳理，通过学生的前期训练、教师的引导、学生的合理分工与深入合作，以并行开发和分段研发作为主要实施策略，解决了开发过程中碰到的诸多技术难题，培养了团队合作精神。实践证明，参加此类活动能够提高学生的实践能力及协作精神，提高学生的专业综合能力。

参 考 文 献

[1] 曲洪权,蔡希昌,黄明.电信类实验室本科生分组分层分角色培养模式探索[J].实验技术与管理,2019,36(10):15-17.
[2] 蔡希昌,崔健,黄明,等.基于美科创新套件的大一电信类新生工程思想的培养探索[J].教育教学论坛,2019,38(9):137-138.

作者简介

蔡希昌:男,1980年生,高级工程师,主要从事微弱信号处理及系统设计研究。

新工科下地方高校人才创新实践能力培养研究

程　钦[①]　钱志文[①]　肖淑艳[①]

(江苏理工学院电气信息工程学院,常州,213001)

摘　要：围绕新工科下地方高校工科人才创新实践能力的培养,以云教学工具推进移动信息化理论教学创新,以在线实践教学仿真平台推进实践教学改革,以"大唐杯"等专业竞赛促进学生实践能力创新,探索了以传统教学体系为依托,信息化理论与实践教学为载体,学科竞赛为驱动的地方高校人才创新实践能力培养模式。多年的实践表明,能够通过学科竞赛平台加强校企合作,提升专业教师的人才创新能力,增强企业教育创新产品的研发水平,促进全体学生的创新实践能力和团队协作能力的培养。

关键词：新工科；人才创新实践；校企合作

On the Cultivation of Innovative Practical Ability of Local Colleges under the Emergent Engineering

Cheng Qin[①]　Qian Zhiwen[①]　Xiao Shuyan[①]

[①](School of Electrical and Information Engineering, Jiangsu University of Technology, Changzhou 213001, China)

Abstract: Focusing on the cultivation of innovative practical ability of engineering talents in local colleges under the emergent engineering, the innovation of mobile information theory teaching is improved with cloud teaching tools, the reform of practical teaching is promoted by using online practical simulation platform, and the innovation of students' practical ability is promoted by "Datang Cup" and other competitions. The information theory and practical teaching are explored based on the traditional system; The training mode of innovative practical ability of local university talents is driven by subject competition. Practice results show that it can strengthen the cooperation of school and enterprise, improve the ability of professional teachers' innovation, enhance the research and development level of enterprise education innovation products, and promote the cultivation of innovation practice ability and team cooperation ability of all students.

Key words：Emergent Engineering；Innovative Practice of Talents；Cooperation of School and Enterprise

自 2014 年以来，作为通信领域内有影响力的专业学科赛事，在工业和信息化部、中国通信学会、全国工业和信息化职业教育教学指导委员会等政府部门、行业学会和教指委的大力支持下，"大唐杯"移动通信大赛至今已举办六届。通过该项赛事的举办，增强了高等学校与通信、电子与物联网等相关企业之间的专业人才培养交流，在专业教师与企业研发工程师之间建立了纽带，促进了学生专业理论与工程实践问题的学习，满足了新工科下地方高校人才创新实践能力的需求。

江苏理工学院是一所省属地方普通高等学校，电气信息工程学院是我校最早成立的理工科院系之一。现有一个国家级特色专业（电子信息工程），并于 2019 年通过了国家工程教育认证；一个江苏省特色专业（通信工程）；此外还包括物联网工程、电气工程及其自动化、测控技术与仪器和自动化专业等四个相关专业。

1 基于云信息化教学工具和云教材的理论教学探索

以电信学院的专业核心基础课程"通信原理"为例，传统教学包括理论教学和实践教学两部分。理论教学主要采用板书加多媒体课件相结合的授课方式，采用泛雅课堂作为网络教学辅助平台，开展"通信原理"课程资源建设[1]，与学生在线答疑和讨论互动。通信原理课程理论性强，概念抽象，计算量大。

随着移动信息化教学的兴起，微课、MOOC 等新型教学方式陆续出现并不断发展，北京蓝墨公司的云班课[2]应运而生。2020 年 3 月 13 日，联合国教科文组织向全球发布了远程教学解决方案，蓝墨云班课与爱课程网等其他三个平台一起成为我国首批入选平台。通过蓝墨云班课，课程教师从教学手段、教学方法、教学内容等多方面对"通信原理"课堂教学进行了教学实践。根据"通信原理"课程特点和学生学情分析，在教学设计过程中，课程组保留课件和板书讲授相结合，采用包括思维导图、音视频在内的多种教学手段。同时，课程组还与蓝墨公司合作，于 2019 年年底制作出版了通信原理云教材，如图 2 所示。在疫情期间，通信原理云教材发

图 1 2013 级学生使用手机进行课堂测验

图 2 通信原理云教材

挥了重要的教学辅助作用,丰富了教学内容的呈现形式,有效地帮助学生及时完成课前预习、课堂学习与课后复习。截止目前为止,该教材已有超过980人次的在线学习记录,取得了良好的社会效益。实践表明,使用云班课和云教材组织教学提升了学生的学习效果,提升教师的教学质量,能够带动全体师生的共同进步。

2 以赛促练,全面提升教师与学生实践创新能力培养

近几年"大唐杯"围绕国家战略需求,紧跟行业与技术发展,聚焦移动通信4G、5G移动通信网络理论与实践方向,陆续开展面向高校多个层面的移动通信理论赛、网络优化实践赛和教师赛,取得了良好的社会反响。

2017年和2019年笔者两次带领学生参加"大唐杯"移动通信大赛学生赛和教师赛。除比赛成绩外,指导教师和学生都反映收获颇丰。通过比赛,不仅能增强学生专业实践创新能力,而且能满足教师对工程实践创新再提升的需求。大赛以通信原理、移动通信方面理论为基础,面向电子信息工程、通信工程和物联网工程专业学生报名,参与的两届大赛省赛共计18名同学,6名同学参加了决赛阶段的比赛。组队时充分考虑专业交叉,既能考验团队合作意识,同时还能够增进了不同高校学生之间的交流,扩大了学生的视野。

3 以"大唐杯"为纽带,不断扩大高校人才创新实践能力培养的校企合作

每届"大唐杯"省赛和决赛均吸引了众多高校师生以及通信企业的积极参与。在紧张的大赛比拼的同时,组织方还组织了多场座谈会和招聘会,为学生与企业间建立了就业渠道,为专业教师探讨专业教学与人才培养,为教师与企业切磋如何更好地研发人才创新教育产品提供了纽带。

2019年"大唐杯",与大赛协办方武汉凌特公司负责同志进行了技术交流,达成了良好的合作意向。以2019—2020年第二学期"现代交换技术"课程为例,由于疫情需要,课程采用了线上理论与实践教学方式,武汉凌特公司克服网络访问量大的压力,从技术上给予了大力支持,实践教学部分采用其通信专业课程在线实践平台"实验工坊"[3],高质量地完成了交换网络技术实践教学,取得了良好的教学效果。经统计,本课程授课班级2017通信1、2班共计80名学生,除要求指定完成的4次验证性与设计性实验外,还有11名同学完成了13项软交换网络设计与故障排除等拓展性实验,并提交了相应的实验报告。实验报告撰写规范性好,分析质量高,如图3所示。学生普遍反映,远程在线交换实验的操作具有很强的现场体验感,能够加深其对交换网络拓扑建立、信令流程等抽象理论的理解。通过工程实践操作,提高了对工程问题的探究兴趣,增强了对软交换网络设备故障的排除能力。

综上,新工科时代下的"大唐杯"竞赛平台和云学唐[4]为高校师生和通信企业搭建了一座专业交流与学习的桥梁,更新了专业一线教师的新工科理念,拓展了学生的专业知识体系。

我们正面临着第四次工业革命、智能制造的新时代,这需要我们不断培养能够适应未来的卓越工程创新型人才,这就需要我们更加注重专业和产业的对接,更加注重交叉学科的理论与实践知识传授,更加注重创新创业育人体系建设,以学生为中心,培养具有全球视野、家国情怀的创新人才。

图 3 "现代交换技术"课程学生拓展实验报告截图

参 考 文 献

[1] 樊昌信,曹丽娜.通信原理[M].6 版.北京:国防工业出版社,2008.
[2] http://www.mosoteach.cn/
[3] https://lab.fmaster.cn/
[4] https://dtmobile.yunxuetang.cn/

作者简介

程　钦:男,1979 年生,讲师,主要从事无线传感器网络定位研究。
钱志文:女,1964 年生,副教授,主要从事通信理论教学研究。
肖淑艳:女,1987 年生,讲师,主要从事物联网技术研究。

以学科竞赛为抓手,推进通信工程专业的教学改革

张 静 苏 颖 王 斌

(上海师范大学信息与机电工程学院,上海,200234)

摘 要:激励大学生参与学科竞赛锻炼实践创新能力是加强大学生技能培养的一条有效途径。参加通信学科竞赛推进了通信工程专业的教学改革并影响了课程体系。本文阐述了学科竞赛对学生培养和专业建设的作用,通过分析参加"大唐杯"移动通信创新大赛的实际效果,探讨了课程体系和人才培养模式的改革方法。

关键词:创新创业;学科竞赛;教学改革;课程体系;人才培养

Promoting Teaching Reform of Communication Engineering Specialty by Discipline Competition

Zhang Jing Su Ying Wang Bin

(College of Information, Mechanical and Electrical Engineering,
Shanghai Normal University, Shanghai 200234, China)

Abstract: It is an effective way to encourage college students to participate in subject competition and practice innovation ability. Participating in the communication discipline competition promotes the teaching reform of communication engineering specialty and affects the curriculum system. The paper expounds the role of competition in the cultivation of students and professional construction. Through the actual effect of participating in Datang Cup mobile communication innovation competition, it discusses the reform methods of curriculum system and talent training mode.

Key words: Innovation and entrepreneurship; Discipline competition; Teaching Reform; curriculum system; talent training

1 创新实践是培养学生科研能力的重要环节

通信产业是近 20 年来发展最迅猛的行业。当前,随着第五代移动通信(5G)的应用,各种产品和服务的创新应用层出不穷。5G 系统不仅与工业物联网、车联网相结合来满足智能制造、智能交通等场景的需求,而且与智慧农业、智慧城市等技术融合使相关行业步入新的发展模式。通信产业需要既具有一定的理论知识又具有较强实践能力的高素质人才,高校对人才的培养应与社会需求相适应。5G 系统的商用以及 5G 所依托的新技术和新平台促使我校在通信工程专业的课程体系上做出调整,以更好地适应区域经济和产业发展对人才的需求。

由于通信和信息产业既是技术密集型产业也是技术快速革新的产业,对人才的要求不仅需要扎实的专业基础知识,而且需要根据技术的变革迅速进行知识更新和技能提升。为使学生跟上通信技术的新发展,在通信工程专业的培养方案制订中不仅需要增设一些反映前沿领域的理论选修课,而且需要开展有效的实践训练,技能培养已然是学生能力培养的重要环节。但是,我校的实验设备还与前沿的通信设备存在严重的脱节,而更新实验设备又需要花费高额的经费,仅靠学校的科研经费投入无法跟上通信产业日新月异的设备创新。在这种背景下,另辟蹊径探寻针对本科生的有效的实践途径成为教学改革的必经之路。与此同时,根据 2016 年 11 月教育部印发的《关于做好 2017 届全国普通高等学校毕业生就业创业工作的通知》,创新实践已成为教育改革的突破口。该文件明确指出高校应利用各种实践方式增强学生的创新精神和创新意识,产教融合和校企融合会是学生感受通信前沿领域并开展实践活动的有效手段。将高校人才培养与社会实际需求和企业开发应用相结合,探索专业建设和实践课程体系发展的新思路和新模式,构建以培养学生创新能力为核心的教育体系已成为教学改革的重点。

在国家的创新理念思想的指引下,结合我校的具体情况,我们在通信工程专业的教学改革中,多环节齐头并进,不仅积极通过校企合作协同育人,而且参与具有行业鲜明特点的"大唐杯"移动通信创新应用大赛,通过竞赛实践环节将 5G 通信与专业教学有机地结合起来。在参与竞赛的过程中,学生可通过实践操作来加强对通信技术和网络的认识进而提升实践技能,甚至可参观到实物体验到信息通信领域的最新发展,这对提升我校通信工程专业学生的培养具有重要意义[1-3]。

2 课程体系的发展与完善

2.1 课程体系的形成

在对培养方案的历次修订中,行业专家对我校通信工程专业的培养方案提出了很多意见,并可总结得出他们对学生的知识和能力的要求,主要包括:在专业知识方面,要求掌握电路与信号分析、通信网和通信设备、多媒体技术和应用的深入知识;在应用技能方面,要求具备相关的工程设计、调测、维护运行的能力;在计算机应用方面,要求熟悉计算机知识并能熟练操作,具有计算机软硬件设计和开发的能力;在外语方面,要求具备信息检索和熟练阅读信息与通信工程专业外文资料的能力;在人文方面,要求具有较高的综合素质,并具有团队合作精神、较好的待人接物和为人处世的基本素质,并具备严谨的科学作风和独立工作能力以及以自我知识更新能力为主的职业素质。

我校是以文科为主的地方重点高校,工科专业数量少且涵盖多个不同的大类。通信类设备具有比较鲜明的专业特点,且往往价格昂贵,特别是在以文科为主的地方院校,靠以设备投入为主培养学生的应用技能受到很大的局限,而且所招收的学生水平处于中等位置。因而,与重点高校和一般院校的培养模式对比,采用了宽口径的理论知识体系以及基本与理论课程配套的实践课程体系。在实践课程体系中主要有独立实验课程和课内实验两大部分。实践类课程的学分约占全部课程的四分之一,学时约占到了总学时的三分之一。除毕业论文(设计)、课程设计等综合类实践课程外,其他独立设课或课内实验多以验证性实验为主,缺乏实效性也与社会实践脱节,还远不能满足对通信类人才培养的需求。

2.2　学科竞赛对学生实践能力的培养效果

为锻炼学生的实践技能,通信工程专业学生已多次参加全国大学生电子设计竞赛和嵌入式系统设计竞赛,极大地激发了学生的自主创新意识、锻炼了学生的项目开发能力。参与过这些竞赛的学生,在就业和考研中都表现出较大的专业优势,但这些赛事主要衡量学生的电子应用能力,发挥通信工程专业特长的实践技能得不到锻炼。由于缺乏合适的平台,通信工程专业的学生只能借助智能小车、无人机等平台在各类竞赛中锻炼动手能力,或者通过手机软件开发或其他系统系统软件开发来参与实践活动,通信工程专业学生的知识特点被淹没在其他电类专业的实践中。缺乏通信系统的实践锻炼导致学生的知识结构特点不突出,学生对从事通信系统领域工作的自信心不强,并且使通信工程专业在校内和校外的影响力都较弱。

为改善这一现状以加强专业特色,发挥专业师生在通信相关理论的特长,参加针对通信工程专业特点的学科竞赛对培养学生必定具有积极的促进作用,可加强学生对通信知识的理解并锻炼在不同通信场景下的应用能力。当前,面向通信工程专业的特色赛事主要为"大唐杯"全国大学生移动通信应用创新大赛。该赛事依托了校企合作的虚拟仿真平台,学生在该平台上接受基础训练后自由发挥,就可设计出具有实际应用背景的创新项目。这些项目不断积累形成案例库,就可为后续开展通信实践和训练提供支撑。我校的 40 多名师生于 2019 年首次参加了第六届"大唐杯"应用创新大赛,获得了一项上海市级一等奖和一项市级二等奖,并获得了多项市级三等奖。这些学生中的大部分已于 2020 年顺利毕业和就业,有一些同学被录取为重点高校的研究生,在学生中造成了很好的反响。

2.3　以学科竞赛推进教学改革

相比于以教师参与为主的产教融合和校企融合,学科竞赛主要面向学生,为学生搭建了一个锻炼的平台。免费赛事可使学生的参与度更高,是一条行之有效的培养学生创新能力的途径。因此,为鼓励学生积极参与赛事,丰富创新实践课程的实施途径并弥补通信工程专业学生实验平台欠缺的不足,学院已将"大唐杯"竞赛列为获得创新实践课程学分的类别中,若学生参加该赛事并获奖,就可获得 2 个创新实践学分。

专业竞赛也推动了本科培养方案的调整及其他的教学改革措施。为与竞赛内容相对应并形成我校通信工程专业的培养特色,将逐步增加面向第五代、第六代移动通信技术的专业课;同时借鉴其他高校以及本学院其他专业开展的新型培养模式,逐步形成特色培养方法,并探索与校外师资合作培养学生的模式。

在教学改革中,我们正在逐步推行导师制,在每年年底组织专业评估测试,选拔 20 名左右的优秀学生,经由师生双向选择实行 1 对 1 或 1 对 2 结对后,由导师负责学生在竞赛、考研、课外实践、就业等多方面的个性化指导。同时,也在组建竞赛团队,除积极组织师生参加各类相关的国家级竞赛外,还积极引导师生参加"大唐杯"竞赛项目。在参加学科竞赛时倡导学以致用,将社会需求和专业建设有机结合起来,除鼓励学生参加大学生创新创业等国家级和市级项目外,还以创新能力培养为导向,在日常教育模式中,通过开启小班化教学、创新班等分班教学以及项目式教学等多种教学手段,构建起创新实践教育体系。

3 扩展学科竞赛的辐射范围

"大唐杯"大赛目前多由通信工程和电子信息工程相关专业的师生参加,其辐射范围有限,其他专业的学生因专业壁垒参与进来比较困难。各专业的学科竞赛体系之间相对独立,各自为战,无法形成一个较完整的以项目应用开发为目标的创新平台。而且各类国家级、市级甚至国际级赛事都在我校师生中积极倡导。将通信学科竞赛融入到各个专业学生的培养方案中去,扩展"大唐杯"大赛的辐射范围,不仅会增强通信工程专业的学科影响力,而且会使其他专业学生迈入到通信技术应用的领域,并衍生出融合各专业和学科特长的创新应用。就像计算机率先在大众中普及一样,5G技术也必然会被更广泛的高校师生接纳和使用。因此,将"大唐杯"竞赛推广到我校其他专业,形成多专业共享的竞赛机制,开展跨专业、跨学科的创新竞赛,势必会激发学生积极学习和掌握相关专业知识的主动性,促进学生灵活应用所学专业知识,扩大5G应用的场景。

当然,学科竞赛在人才培养环节中只占较少的比重,在竞赛中获奖与专业学习成绩优秀不能等同,对学生能力的评价和选拔优秀学生参与科研项目还有待进一步实践摸索。教师在指导学生参加与企业和产业融合的通信工程专业学科竞赛中,需要将前沿通信技术融于课堂教学和实践环节教学中,对教师的能力水平提出了较高的要求。建设一支水平高超的教师竞赛团队可为学生的竞赛乃至创新实践提供强大的保障。

4 结语

通过学科竞赛来提高学生的创新实践能力是促进我校通信工程专业各项教学改革的有效抓手,本文阐述学科竞赛对学生能力培养的积极作用,分析了学科竞赛对课程体系和教学改革的影响。

参 考 文 献

[1] 李黎,俞孟君,于敏章. 地方师范院校大学生学科竞赛的现状分析与策略研究[J]. 黑龙江教育(理论与实践),2020,(6):28-30.

[2] 周永海,钟立华,邓保青. 新形势下电子信息工程专业综合改革思路与探索[J]. 中国电子教育,2020,(2):63-67.

[3] 李红星,李长凯,张伟伟. 以学科竞赛与创新创业为驱动的应用型人才培养模式探索——以安徽新华学院电子通信工程学院为例[J]. 科技视界,2019,(28):121,122.

作者简介

张静,女,1971年生,副教授,主要研究方向为移动通信中的信号处理新技术。

线上线下混合式翻转课堂教学方法探索与实践

苏 飞[*][①]　张 涛[②]

[①](天津理工大学电气电子工程学院,天津,300384)

[②](天津大学电气自动化与信息工程学院,天津,300372)

摘　要：信息技术的高速发展使知识的获取方式、传授方式、教和学的关系都发生了一系列革命性的变化,客观上激发了线下教育模式的改革,而今年新冠疫情的爆发,则加速了线上教学改革探索的进程,使线上线下混合式教学进入常态化。如何在后疫情时代,通过凝练前期师生教学改革的经验,规范化线上线下混合式教学模式,实现教学模式的转型升级,是教育主管部门需要重点规划的工作。本论文结合课程改革的实践经验,详细介绍了翻转课堂教学模式、考核方式、教学运作的设计思路,提出了基于知识点分解和时间片划分的教学活动思维方式;提出了基于学情数据的"3循环+1反馈"动态教学管理机制。最后,根据改革的实践效果,给出线上线下混合式教学改革建设的四点建议。

关键词：新工科;线上线下混合式;翻转课堂;时间片;学情数据

Exploration And Practice on Hybrid Online And Offline Teaching Method of Flipped Classroom

Su Fei[*][①]　Zhang Tao[②]

[①](School of Electrical and Electronic Engineering, Tianjin University of Technology, Tianjin, 300384)

[②](School of Electrical Automation and Information Engineering, Tianjin University, Tianjin, 300372)

Abstract: With the rapid development of information technology, either the means to acquire acknowledge or to teach students or the relation between teaching and learning has been changing remarkably, which incites the emergence of massive education under the circumstance of evolved engineering. Additionally, the breakthrough of COVID-19 actually accelerates the process of investigation on online teaching innovation, making online and offline hybrid teaching into normalization. Therefore, how to conclude and refine experience of teaching and learning in the early stage is becoming the key plan of education administering department, thereby regularizing the mode of online and offline teaching to realize transformation and upgrading of teaching. In terms of the actual experience in course reform, this paper describes in detail flipped-room teaching mode and the idea to design teaching operation. The way of thinking in teaching activities based on knowledge points decomposition and time slice division is presented as well. In addition, a novel dynamic teaching management mechanism as called "3 loops plus 1 feedback" based on learning status data is proposed. Finally, four suggestions on online and offline hybrid teaching reform according to practical effect are put forward.

Key words: Evolved Engineering; On-Off-line Hybrid; Flipped Room; Time Slice; Learning Status Data

1 引言

新工科教育全面推动改革和创新工程教育,它是新工科专业和领域、新理念、新模式、新质量、新方法、新内容的一种工程教育模式,其中新工科教育的手段是关键[1,2]。MOOC/SPOC和翻转课堂是目前教学方法改革的两种主要趋势,是大教育模式实现的手段上的改革,这种模式的关键是鼓励学生主动、自主和自觉学习,并且强调以产出效果为评价指标,方式上由传统的线下考试转变为采用课程设计、专业设计等实践过程考核形式,既强调训练学生的综合专业技能,也注重提高学生团队协作力[3,4]。目前翻转课堂即线上线下混合式教学改革的研究处于起步阶段,主要存在两个方面的问题:一是往往只在教学手段上或者教学方法上进行改革,如由传统的现场教学变更为视频辅助教学,或者增加课堂互动实现一定程度的翻转。如何将两者有效地结合,在不降低培养学生能力和自主性效果的前提下提高翻转度是需要深入讨论的问题;二是未形成系统的翻转方案,教师和学生的角色如何调整,在新教育模式下考核和管理的机制如何设计,是另一个需要关注的内容[5-8]。

本文结合课程教学实践,首先对线上线下混合式教学改革提出了具体实施的三个步骤,详细介绍了线上课堂建设的基本思路、实施的方案及综合的考核方式;其次根据改革实践效果,总结线上线下混合式教学改革的四条建议。

2 教学改革设计思路

目前国内外有很多学校开展了翻转课堂模式的研究,也出现很多好的翻转课堂教学模式,但很多翻转课堂教学模式都在学校类型、学段以及学科上有较强的针对性,也有比较普遍适用的翻转课堂教学模式,各环节大都比较粗略[9,10]。为了提高我校线上线下混合式教学的实际效果,经过近两年的实践与探索,修正与反思,设计出了如图1所示的教学模式。

整体改革分三个阶段推进:前期调研,中期设计,后期上线。

前期调研主要完成两个目标:一是通过参加培训、研讨会学习新工科、思政课、MOOC/SPOC和金课的概念与形式;二是了解并尝试使用多种翻转课堂平台,确立从操作简易性和功能完备性两个方面进行对比评价并做出选择。

中期设计分成两个步骤完成。第一个步骤是教学文件改革,主要包括教学大纲(教学+实践)、教学日历、教案和讲义四个部分。其中,教学大纲改革的内容有:(1)课程的基本信息部分,增加网络平台信息、网络课程信息、翻转度信息;(2)翻转课堂的知识点分解;(3)课堂讲授

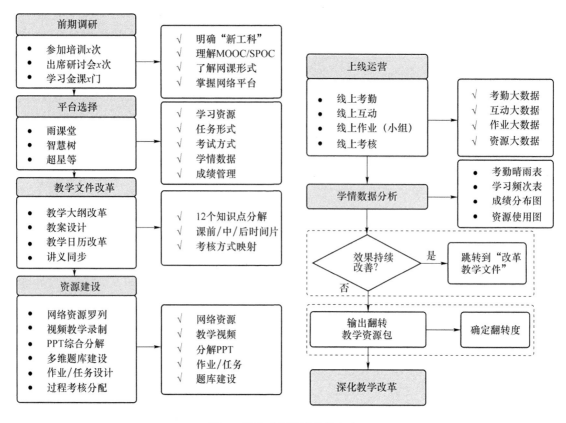

图1 教学改革设计总体方案

方式改革为线上和线下按照2∶3的时间比进行分配,线上部分强调过程考核环节;(4)实验教学环节中考勤、测试和实践信息发布、报告的提交均以线上方式进行管理;(5)课外作业与答疑部分,改革的内容是线上发布,每次课后发布练习题以巩固学习效果;(6)考核方式方面,线上部分设计为"考勤+作业+过程"。具体分配比如图2所示。第二个步骤是多元素教学资源的建设。首先是教学视频资源的建立。按照知识点的划分,共完成"解密高级语言""数据在内存中的形态""如何设计结构化程序""函数的剖析""解密指针"和"文件编程"六个视频的设计、录制和编辑。其次是试题库的建立。按照知识点、题型和难度三个维度进行组织管理,重点是客观题的设计。

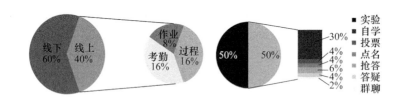

图2 线上、线下考核分配比

后期上线是所有资源上线。根据前期参与的教学平台的培训情况,选择智慧树作为改革的平台。申请账号、建设课堂,把前期准备的PPT、网页资源、视频及题库全部导入线上课堂,完成线上课堂的整体建设。

3 教学运作

为了有效地开展教学,在建设好线上教学资源的前提下,更要构建基于信息化的教学体系,这里重点介绍教学团队组建、教学活动的四维分解以及"3循环+1反馈"动态管理机制。

3.1 教学团队组建

教学活动相关的角色主要有课程负责人、任课教师、教师助理和平台运营四部分。在我们的教学改革中,四个角色的分工如图3所示。

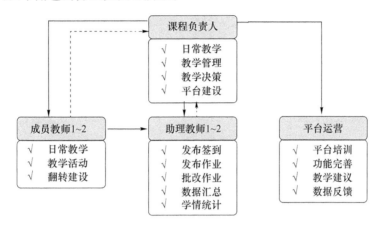

图3 教学团队分工

课程负责人日程教学管理和决策,课程组的其他成员教师负责日程教学、参与教研活动和信息反馈;选择1~2名学生作为助教,协助教师完成发布签到、作业发布、作业批改、学情数据汇总等工作;此外,与平台运营商技术管理人员建立长效沟通渠道,在线上教学启动前,邀请运营服务人员对学生进行平台操作上的基础培训,及进解决在教学推进过程中涉及的平台疑问。更重要的是,平台运营在掌握海量线上教学数据的基础上,对我们的教学可以提出合理化改革建议。

3.2 教学活动的四维分解

按照知识点、课前/课中/课后时间片、角色(学生/教师)和线上/线下模式几个维度对教学活动进行分解。

首先是课程知识点的分解,彻底改变传统线下按照章节的讲课思路,以培养目标为基准,以复杂工程案例映射的课程内容为出发点,经过细致的梳理,完成课程内容的横向贯通、纵向联系的细致裁剪和划分。

其次是把学习时间拆分成课前、课中和课后三段。课前学习任务由学生主动完成,课中通过学习反馈以互动翻转的形式展开探讨式讲学,可以激发学生竞争式学习的局面。课后主要是学习知识的巩固和工程应用的延伸学习。每个时间段的教学任务按照教师和学生的角色进行分配,有利于学生充分利用时间碎片,提高学习效率。实施的方式分为"线上""线上+线下""线下"三种方式。我的课程活动四维分解如图4所示。

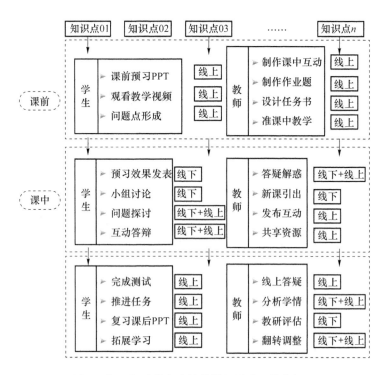

图 4　线上线下混合式教学课程活动四维分解图

3.3 "3循环＋1反馈"动态管理机制

基于互动平台的线上学习为教和学的过程提供了丰富的学情数据,如线上课堂可以提供教案 PPT、教学动画、教学视频、网络链接等学习资源,并借助互动平台设定学习的属性,如必学和选学,从而影响学生学习平时分的积累。学习的形式可以有考勤、作业、任务和测试,实现的方式可以有独立完成(如投票、抢答和点名),或者是头脑风暴,或者是小组作业,也可以是 PBL 等,平台均提供了具体到每位学生的学情数据。这些数据具有时变性和班级属性,通过周期性分析学情数据,根据各种学情数据的综合信息,智能地调整资源的分配属性及考核加权值的设定,确保时效性和班级的最佳匹配性。

经过两个学期的教学实践,学生端方面在出勤率、积极性、学习主动性、学习效果等方面都比传统教学方式要好;教师端方面,利用平台提供的学情数据管理,可以更方便地进行考勤和成绩记录,真正实现了无纸化、高效率;可以整体把握作业,学生自学,资源利用等系统统计动态,时时调整课程的进度和难度的分配;发现活动性差的同学,及时进行督促管理,因材施教。

4 教学改革建议

在逐步进入后疫情时代的背景下,线上/线下混合式教学模式将成为新常态,教学改革的步伐加快。借助于互联网＋、VR、5G 等信息技术,线上教育模式改革也会出现多种形态。笔者认为,无论如何改革,都应满足新工科大教育背景下对人才的培养目标,能够产生适合时代发展、承载先进多媒体信息技术的良好教学效果。结合本课程实践效果,提出四点改革建议。

(1) 教学内容要"新"

教学的内容要破旧立新,既要有课本内基础知识,又要有课本外拓展知识;既要有理论知

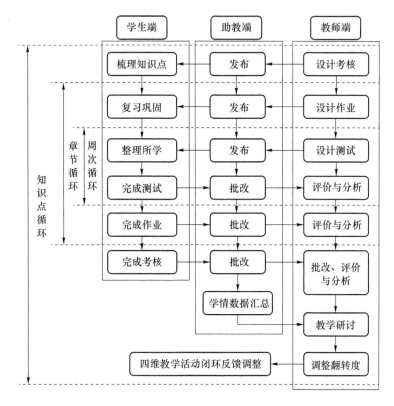

图 5 "3 循环+1 反馈"动态教学活动调整机制

识的介绍,又要有复杂工程问题的分析讲解;既要有微观知识点的阐述,又要有宏观的知识架构体系的说明。在改革初期,需要对传统教学内容进行全面地、系统性地梳理,按照知识点进行分解组织。

(2)教学手段要"多"

新工科建设要求推进科教融合,让学生尽早参与和融入科研,提高学生科研实践能力和创新创业能力。翻转课堂改革应大幅度增加实践教学份量,如鼓励学生参加学业竞赛,适度参与科学研究、发明创造、发表论文等。在手段的实现上,可以是学生自选课题后,教师进行指导,也可以结合教师的科研课题对学生进行训练。

(3)思政要素要"显"

创新实践要与劳动教育、伦理教育相结合,引导学生在创新创业中感受劳动之艰,体味劳动之美,谨遵科学规范,正视工程伦理,弘扬劳动精神和工匠精神,造就艰苦奋斗、锲而不舍的进取精神,爱国敬业,精益求精。在知识点中要融入思政要素,如开拓者的探索之曲折和不舍之路,应用者的伦理之困境和规避之法等,也可以引经据典说明方法论、哲学观和创新思维。

(4)教学评价要有"度"

在新工科建设的大背景下,智能化信息技术发展催生的大教育理念的提出,客观上促进了MOOC、SPOC、翻转课堂等教学改革的实施,可以从三个"度"去衡量改革效果:一是课程改革内容对人才培养目标达成的支撑度,这是从工程教育认证维度的评价;二是课程的考核方法和内容的设计与学生学情的适应度,避免考核过难使大比例学生无法适应,或者考核简单化而无法区分良莠;三是学生对课程改革的满意度,课程结束后,面向全体学生发布民调以得到反馈。

5 结语

本文结合课程教学改革实践效果,首先详细介绍了基于线上、线下混合式翻转课堂教学改革的整体方案,分成前期调研和平台选择,中期教学文件设计和线上课堂资源建设,后期上线运营和学情数据分析反馈。其次说明了线上线下混合式教学活动运作管理的方法,创造性地提出按照知识点单元,课前/课中/课后时间片、角色(学生/教师)和线上/线下模式四个维度对教学活动进行分解的管理模式,创造性地提出"3 循环+1 反馈"动态教学活动调整机制,达到"因班施教,因材施教"的良好效果。最后笔者根据教学改革的实践经验,对于后疫情时代的教学改革提出四点建议。本论文提出的教学改革设计方案,对于 MOOC/SPOC 等线上教育模式也具有一定的参考意义。

参 考 文 献

[1] 王静. 新工科背景下高校教师教学思路的转变[J]. 教育教学论坛,2018,47(11):21-24.

[2] 徐晓飞,李廉,战德臣,等. 新工科的新视角:面向可持续竞争力的敏捷教学体系[J]. 中国大学教学,2018,(10):44-49.

[3] 韩鹏. 对新工科教育理念的思考[J]. 黑龙江高教研究,2018,292(8):58-60.

[4] 姜晓坤,朱泓,李志义. 新工科人才培养新模式[J]. 高教发展与评估,2018,34(2):17-24.

[5] 毛朝玉,汪栋春,许洋,等. 教育综合改革背景下对"翻转课堂"的一些思考[J]. 创新教育研究,2018,6(5):407-410.

[6] 苌梦可. 翻转课堂视角下教师角色的转变[J]. 社会科学前沿,2018,7(8):1374-1379.

[7] 黄小花. 翻转课堂教学模式研究与实践[J]. 文理导航·教育研究与实践,2018,11(1):13-14.

[8] 梁勤珍,常承阳. 浅谈基于微信小程序的翻转课堂教学模式[C]. 第 9 届全球华人探究学习创新应用大会,兰州 2018:472-475.

[9] 关凤岩. 翻转课堂对高校课堂教学改革的启示[J]. 产学研经济,2018,11(1):229-231.

[10] 张曙光. 过程性评价的哲学诠释[J]. 齐鲁学刊,2012,4(1):69-72.

作者简介

苏飞:男,1975 年生,天津理工大学电气电子工程学院副教授,博士,主要从事科研和教学相关的理论与方法研究。

张涛:男,1975 年生,天津大学电气自动化与信息工程学院副教授,博士,主要从事科研和教学相关的理论与方法研究。

基于工程教育专业认证的创新型导论课课程达成度评价方法研究

潘 峰[①②] 吴振宇[①] 纪 阳[①]

[①]（北京邮电大学信息与通信工程学院，北京，100876）
[②]（包头师范学院信息科学与技术学院，包头，014030）

摘 要：专业导论课一般以知识概述的形式来引导学生对专业产生认知，但由于缺乏实践和训练，课程的教学效果往往不甚理想。本文介绍了北京邮电大学以"实践带动认知"的导论课教学改革模式，并在工程教育专业认证评价框架下，设计了分阶段的课程目标达成度评价体系。通过课程达成度的计算和分析，验证了本课程能够支撑毕业要求相应指标点。同时，针对工程认证持续改进环节反馈周期较长的问题，利用授课过程中的各类反馈信息，在教学周期内对教学方式进行及时调整，大大缩短了持续改进的周期。

关键词：导论课改革；课程达成度评价；持续改进

Research on the Achievement Evaluation of A Novel Introduction Courseware under Engineering Education Professional Certification

Pan Feng[①②]　Wu Zhenyu[①]　Ji Yang[①]

[①](School of Information and Communication Engineering, Beijing University of Posts and Telecommunications, Beijing 100876, China)
[②](School of Information Science and Technology, Baotou Teachers' College, Baotou 014030, China)

Abstract: In general, the professional introduction courseware is set up to guide students' professional cognition in the form of an overview of the knowledge. However, due to the absence of practice and training, the teaching effect of the course is often unsatisfactory. This paper introduces a novel teaching reform mode called "Practice-Driven Cognition" in Beijing University of Posts and Telecommunications, and designs a phased evaluation system for course objective achievement scale under the framework of engineering education professional certification. By the calculation and analysis of the achievement scale, it is verified that this course can support the corresponding index points of graduation requirements. Meanwhile, aiming at the time-consuming in feedback cycle of continuous improvement in engineering certification, the teaching method is adjusted timely in the teaching cycle by using various feedback information in the teaching process, which greatly shortens the cycle of continuous improvement.

Key words: Introductory Course Reform; Achievement Evaluation; Continuous Improvement

1 引言

众多国内高校在设计专业人才培养方案时，都会在大一阶段开设一门专业导论或学科导论课程（以下统称专业导论课），旨在引导大学新生了解专业培养目标、专业发展状况和课程体系架构，并对专业涉及的基础知识、典型技术和具体应用等有一个全面的了解。专业导论课具有引导性、概括性和前沿性，对于帮助学生掌握所学专业总体概貌、把握课程体系脉络、培养学生学习兴趣具有极其重要的意义[1]。

由于专业导论课的教学内容涉及的知识面广、内容多，在一门课程中对所授内容进行详细阐述存在一定困难，故专业导论课一般采用概要性介绍的方式对一些专业名词进行解释说明。但陌生、晦涩的专业名词很难激发学生的学习兴趣，走马灯式的概念铺陈也很难给学生留下深刻印象，因此学生即便学习了相关概念，其对专业知识和课程体系的认知仍然模糊不清，对如何开展专业知识的学习仍会感觉无从下手，即课程的人才培养质量往往无法满足课程人才培养目标的要求[2]。

要想加深学生对专业的认识，就需要创设实验环境，使学生在实践训练中认知专业概念，在动手试错中加深对专业的理解[3]。北京邮电大学信息与通信工程学院自2015年起，以"信息与通信工程专业导论"（以下简称导论课）为实验田，开展了一系列教学改革。导论课一改以往"知识传递"型的授课模式，采用"课堂引导＋线上自学"的混合式学习模式，将以往分布于信息、电子、计算机类专业中的各专业课程核心知识，以及物联网、云计算、移动互联网、人工智能等前沿领域的知识汇聚于一门课程之内，以实验为枢纽，通过"做中学"的方式来引导学生对工程和专业进行认知[4]。

这门课取得了令人满意的教学效果。大一新生在仅仅10周的时间内，从完全零基础开始，到对专业基础知识体系与当前最新的产业实践都有了一定程度的涉猎。尽管过程之中会遇到各类困难和迷惘，但每一次突破的取得都让学生的信心和兴趣得到提升。学生的专业视野被打开，创造力被显著激活，对工程创新进行了初步的体验，综合能力得到了充分的培养。迄今为止，北邮信通院5届共约4 000名学生参与了导论课的学习，目前已经积累了500多个大一学生在进入大学后第一个学期完成的创新作品。

课程的成功实施需要一套系统、科学的评价体系，以衡量课程落实人才培养目标、评价课程的人才培养质量。从文献调研结果来看，以往各类专业导论课的评价一般采用考试、提交报告等总结性评价方法[5]，缺乏面向混合式教学的过程性评价方法。借助导论课参与工程教育专业认证的契机，导论课课程组详细梳理了课程评价体系和相应测评指标，在工程教育认证评价框架内构建了符合导论课特点的课程评价方法，不仅为所在专业的工程教育认证提供支撑，而且为混合学习模式下的课程过程性考核方法提供了可借鉴的经验。

2 导论课课程达成度评价设计

导论课的课程要求达成度评价秉承工程教育专业认证的"成果导向""以学生为中心""教育质量持续改进"的教育理念[6],其达成度评价的设计遵循现有的工程专业认证评价框架,具体可划分为设计(Plan)、实施(Do)、检查(Check)、行动(Act)四个阶段,各阶段的工作保证了评价机制和教学活动的有效开展,其执行流程如图1所示。

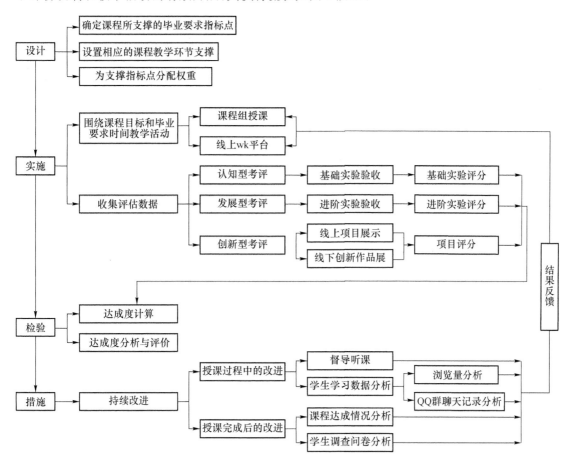

图1 导论课毕业要求达成度评价体系

2.1 支撑关系设计

工程教育专业认证的评价指标由12条毕业要求组成,每条毕业要求又可分解为2~4个指标点,每个指标点由专业内3~5门课程支撑。具体到一门课程之内,又由各单元教学内容支撑若干指标点。而明确教学内容与指标点之间的支撑关系,不仅关乎课程的直接评价,更为计算毕业要求达成度提供了计算基础。

导论课的课程大纲中明确了其具体支撑信息与通信工程专业毕业要求指标点中的六项,分别为2.1、5.1、9.2、9.3、11.1和11.2。之后需要构建各单元教学内容与其所支撑毕业要求指标的对应关系,由2~8项的课程内容支撑1个指标点,再根据每一支撑指标点在其课程体系中对毕业能力达成的贡献度赋予相应的权重。在构建每个指标点教学内容支撑体系和确定支撑权重时,应根据教学大纲、知识体系结构、课程内容特点等综合考虑确定,且所有指标点的支撑比例之和应为1。导论课所支撑的毕业要求指标点及对应权重如表1所示。

表1 本课程所支撑的毕业要求指标点与本课程的教学内容对应关系

序号	本课程所支撑的毕业要求	本课程教学内容	权重
1	支撑毕业要求指标点2.1 本课程为搭建端到端信息通信系统提供编程、微机、电子、网络和复杂工程相关基础知识和基本操作技能,包括相关概念、一般原理,能够对复杂工程问题进行认知、识别和初步的建模、表达、分析。	开源硬件与Web编程入门基础及实验 计算机与微机入门基础及实验 电路入门基础及实验 网络入门基础及实验 端到端复杂工程及实验 计算机与微机入门进阶及实验 电路入门进阶及实验 网络入门进阶及实验 复杂工程创新与应用	0.1
2	支撑毕业要求指标点5.1 本课程为研究信息通信领域复杂工程问题提供现代工程工具和信息技术工具,包括利用互联网工具和服务进行问题、原理、开源方案的检索等。	开源硬件与Web编程入门基础及实验 计算机与微机入门基础及实验 电路入门基础及实验 网络入门基础及实验 端到端复杂工程及实验 计算机与微机入门进阶及实验 电路入门进阶及实验 网络入门进阶及实验 复杂工程创新与应用	0.1
3	支撑毕业要求指标点9.2 本课程为研究信息通信领域复杂工程问题提供团队沟通的技能训练,包括撰写报告和设计文稿、陈述发言、清晰表达创意方案等。	端到端复杂工程及实验 复杂工程创新与应用	0.3
4	支撑毕业要求指标点9.3 本课程为研究信息通信领域复杂工程问题提供团队协作的工具和技能训练,包括团队的任务分工和社会化学习技能和利用互联网社区进行团队协作的技能等。	端到端复杂工程及实验 复杂工程创新与应用	0.3
5	支撑毕业要求指标点11.1 本课程为研究信息通信领域复杂工程问题提供工程项目管理的方法和工具,包括精益敏捷项目管理方法和开源项目管理工具等。	端到端复杂工程及实验 复杂工程创新与应用	0.1
6	支撑毕业要求指标点11.2 本课程为研究信息通信领域复杂工程问题提供工程项目管理的方法和工具的实践应用,包括面向端到端信息通信系统设计开发的项目管理实战等。	端到端复杂工程及实验 复杂工程创新与应用	0.1

2.2 达成度评价实施

2.2.1 教学活动实施

导论课大量的知识内容和倡导自主学习的教学形式,会给从应试教育走出的大一新生带来一定的压力。为帮助学生快速适应导论课的教学模式,课程组根据学生的认知特点将课程教学内容划分为三个不同的阶段,而不同阶段的教学活动,其侧重点以及对学生能力达成的要求也不同。

在第一阶段的基础级实验中,学生通过实验,需要完成工具认知、器材认知、技能认知和学科认知等基本认知,主要涉及电路、计算机和网络等几个学科。这一阶段侧重于关注学生是否能够完成基础实验的规定动作,并能够理解实验的基本原理。教学活动以"线上+线下"的形式同步进行。

在第二阶段的进阶实验中,我们会让学生接触到一个完整的端到端信息与通信系统,这个实验的复杂度相对较高,个人很难独立完成,需要团队成员各司其职才能实现系统的搭建。这一阶段是一个"从局部到整体的"过程,需要学生理解系统各组件之间联调联运的方法,并综合运用所学知识完成系统的集成。其教学活动仍从线上线下同时展开,但要加强对学生动态的监控,及时了解并帮助学生解决在进阶过程中产生的困难和疑问。

在第三阶段的复杂工程创新与应用中,学生需要基于对生活的观察自拟题目,以团队形式开发出创意作品原型,并将项目方案分享到火花空间,将作品代码分享到 Github。这一阶段侧重于关注学生是否能够根据所学习到的实验举一反三,在具体方向上产生创新。这个阶段会为学生安排创客马拉松和新生作品展,这些活动能够激发学生的系统思维、创意思维和设计思维,对学生表达沟通能力和团队协作能力也有相当大的促进作用。

2.2.2 收集评估数据

导论课的授课形式与传统的课堂讲授型课程存在一定区别,其总评成绩也不宜采用试卷或报告等终结性评价方法来考察学生的能力达成情况。因此,针对导论课的三个教学阶段,分别设计了认知型考评、发展型考评、创新型考评的分段考评方法,从学生的知识认知、知识应用和创新能力三个方面对学生的知识掌握和技能应用进行考核,并以此作为总评成绩的评判依据。

(1) 认知型考评:针对开源硬件及编程、计算机及微机、电子电路和计算机网络四个单元的基础实验内容组织验收,学生以 4 人组成团队的方式在规定时间内完成实验的规定动作,其中规定实验是根据基础实验内容进行了功能上的小幅改动,每个题目包括两个考察点,4 位学生分成 2 组,分别解决一个考查点问题,每个考查点需要在对实验原理有一定认知的基础上,并通过一定的协作才能顺利完成。

(2) 发展型考评:针对开源硬件及编程、计算机及微机、电子电路和计算机网络四个单元的进阶实验内容组织验收,学生以 4 人组成团队的方式在规定时间内完成相应单元进阶实验的规定动作和自选动作,进阶实验是在基础实验基础之上重点引导同学们对相关单元知识开展应用实践而设置,自选动作在规定动作基础上又增加了一些应用功能的组合,需要学生们在具体知识点上有一定的微创新和灵活应用的能力。

(3) 创新型考评:在基础实验和进阶实验的学习任务完成后,导论课分配了 4 周左右时间,用于学生开展复杂工程创新综合实验。学生需要在 4 周时间内,围绕实际生活中的切身需求,利用开源、开放资源完成端到端系统的应用创新,并最终完成作品原型的实现、线上展示以及项目文档、原理代码、作品视频的开源共享。优秀学生作品会受邀参加线下的导论课作品展,在现场进行演示讲解,以促进交流分享。对创新实验的考评,侧重于考察学生在整体的创造力、团队的协作等综合能力方面的成长。最终考核按照 A、B、C、D、E 五个等级,由老师给出等级分数,重点考量创意的新颖性、可行性,在开源基础上的创新增量,团队展示的效果,文档梳理的规范性与团队分工协作的合理性等指标。

各阶段的考评成绩经过量化打分后,为毕业要求达成度分析提供计算依据。

2.3 达成度检验

2.3.1 达成度计算

利用分阶段的课程考核方法所得到的分项成绩,再通过分项权重进行加权计算就可得到导论课的总评成绩。每个学生的总成绩由 54% 的平时实验成绩和 46% 的创新型考评成绩组成,其中平时实验成绩由各单元的基础实验和进阶实验成绩组成,由每个班级的任课教师独立验收评定;创新型考评由创新综合实验成绩决定,由课程组所有教师参与,随机分配作品进行评定。

导论课课程考核中的基础实验、进阶实验、综合创新实验与毕业要求指标点的对应关系如表 2 所示。

表 2 导论课各阶段考核方式、考核内容与毕业要求指标点对应关系表

实践考核内容		分值	毕业要求指标点						按考核内容统计平均得分	平均得分率(%)
			2.1	5.1	9.2	9.3	11.1	11.2		
认知型考评	(1) 开源硬件与 Web 编程基础实验	8	√	√					6	75
	(2) 计算机与微机基础实验	6	√	√					5.24	87.3
	(3) 电路基础实验	6	√	√					5.53	92.2
	(4) 网络基础实验	6	√	√					5.74	95.7
	(5) 复杂工程基础实验	10			√	√			7.19	71.9
发展型考评	(6) 计算机与微机进阶实验	6	√	√					5.3	88.3
	(7) 电路进阶实验	6	√	√					5.44	90.7
	(8) 网络进阶实验	6	√	√					5.42	90.7
创新型考评	(9) 复杂工程创新综合实验	46			√	√	√	√	36.91	80.2
分指标点目标分值(满分)			44	44	56	56	46	46		
按毕业要求指标点统计平均得分			38.67	38.67	44.1	44.1	36.91	36.91		
指标点课程支撑值			0.88	0.88	0.79	0.79	0.80	0.80		

课程评分先通过百分制计算总成绩后自动根据等级规则转换为等级成绩。以导论课 2018—2019 学年第 I 学期课程实验成绩为例,学生的考核得分情况如表 2 所示,总评成绩平均为 82.77 分,标准差 8.90 分,等级分为良好。

利用课程各教学环节的学生实际得分数,可以计算出课程所支撑指标点的课程支撑值,以此评价支撑指标点的达成情况。具体计算方法为:某项指标点的课程支撑值 = 该指标点对应的各教学环节中所有样本学生的实际得分均值之和÷各教学环节应得分总和。导论课的指标点课程支撑值计算结果如表2所示。

2.3.2 达成度分析与评价

导论课总评成绩中的54%由平时实验成绩构成。从基础实验和进阶实验的评测成绩来看,大部分同学能够自主完成编程、微机、电路、网络和复杂端到端系统专业知识的认知和实践,能够利用Wiki、开源管理软件、互联网问答社区和MOOC等现代化工具进行自学。一小部分同学能思考一些超出课程讲授的知识内容并开始尝试一些微创新。

导论课总评成绩的46%由复杂工程创新综合实验成绩构成。从创新实验验收情况来看,大部分小组能够通过合理的分工协作,对创意进行需求的分析,系统的设计和利用开源开放API资源进行实验,最终通过作品展示较清晰的陈述自己作品的亮点和原理,同时通过拍摄视频、撰写开源文档等将自己作品在在线平台上分享出来。这部分的得分率达到80%,说明学生对本课的知识和技能较好的掌握。

得分率相对低一些的是开源硬件与Web编程基础实验、复杂工程基础实验以及复杂工程创新综合实验。这说明新生刚学习编程时入门门槛较高,认知周期较长,需要进行更加细粒度的引导。而复杂工程实验涉及到信息与通信系统端到端相关知识,对于系统观的认知和动手能力要求较高,也需要同学们以团队方式协作学习才能完成,认知周期较长。创新部分由于涉及较为综合的自主学习、组织协调和探索能力,所以对大一新生要求较高,但是从得分率来看,仍然体现出绝大多数大一新生是有能力完成创新实验的,小部分团队的作品质量甚至达到了高年级同学的水平。

课程达成度为课程中所有指标点支撑值中的最小值。一般课程达成度大于0.65时表明支撑该指标点的所有课程目标是达成的。如果课程达成度小于0.65,则需要分析其中原因,进行课程综合评价和课程方面的持续改进。导论课所支撑的6项指标点支撑值最小为0.79,大于0.65的阈值,可以认为本课程达成了对专业毕业要求指标点2.1、5.1、9.2、9.3、11.1、11.2的支撑,课程达成度良好。

2.4 持续改进措施

持续改进是工程教育认证的落脚点,关乎专业建设效果的评判。分析现有文献的持续改进措施,一般是在授课结束后依照达成度评价反馈结果进行教学工作改进[7],其中存在改进周期较长、反馈效果相对滞后的问题。针对这种情况,我们将"敏捷迭代"思想[4]融入到持续改进中,在课程开展过程中,一方面听取教学督导所反馈的课程评价信息,另一方面利用在线学习平台记录的学生学习行为数据和课程QQ群的学生聊天文本数据[8],对学生的动态学习过程进行分析,并将反馈意见和分析结果及时向课程组教师进行反馈,以帮助教师在授课过程中对教学方式进行有针对性地调优,使课程本身保持持续进化的状态,大大缩短了课程优化改进的周期。

授课完成后,课程组从课程达成情况的客观分析结果和学生调查问卷的主观评价结果两个角度出发,分析课程存在的问题,并将改进措施写进新的课程大纲,以达到工程教育认证的最终目标。

3 总结

本文结合北京邮电大学"信息与通信工程专业导论"课程在支撑专业工程教育认证申报工作中的相关经验,介绍了混合学习模式下的课程考核方法,以分阶段、过程性、面向学生认知能力发展特点的考核方式构建课程达成度评价。通过课程达成度的计算和分析,验证了本课程能够支撑工程认证毕业要求指标点 2.1、5.1、9.2、9.3、11.1、11.3,课程教学过程合理。同时,利用学生学习过程中的信息反馈,及时对课程进行改进和优化,有效地支撑了工程教育专业认证的持续改进目标。

在工程认证毕业要求达成评价体系下,课程达成度评价实现了对课程学习和专业培养、学生最终的能力达成情况的评价。课程评价是途径和手段,学生能力的获得才是最终的落脚点。以学生能力发展作为评估课程和专业培养的标尺,对于促进专业培养思路转变、促进专业建设发展具有重要意义。

参 考 文 献

[1] 纪阳,吴振宇,尹长川. 新生工程教育问题与引导方式创新[J]. 高等工程教育研究,2018(4):55-60.

[2] 孙晶,张伟,任宗金,等. 工程教育专业认证毕业要求达成度的成果导向评价[J]. 清华大学教育研究, 2017, 38(4):117-124.

[3] 纪阳,吴振宇,尹长川. 适变能力、工程认知与敏捷教改[J]. 高等工程教育研究,2018(6):139-144.

[4] 纪阳,汪文俊,秦征,等. 敏捷教改和产教学一体化学习共同体建设探索[J]. 工业和信息化教育,2018(11):1-5.

[5] 穆浩志,薛立军,徐艳,等. 基于工程教育专业认证的《工程制图》课程达成度评价研究与实践[J]. 模具工业,2017,43(5):71-77.

[6] 工程教育认证标准[EB/OL]. [2017-11]. http://www.ceeaa.org.cn/main! newsList4Top.w? menuID=01010702.

[7] 王红军. 基于工程教育专业认证 OBE 理念的毕业要求达成度评价解析[J]. 教育现代化,2017,4(49):162-166.

[8] Zhang H, Pan F, Wu Z, et al. Analysis and Visualization of Students' Learning Based on Multi-Topic Chat Text[C]. 2018 IEEE 6th International Conference on MOOCs, Innovation and Technology in Education (MITE), Hyderabad, India, 2018:90-97.

作者简介

潘峰:男,1984 年生,讲师,现从事教育数据挖掘及高等工程教育研究。

吴振宇:男,1987 年生,副教授,现从事物联网技术与服务、情境感知与智能服务系统、工业 4.0 技术与服务、移动互联网技术与服务、创新方法与开源生态的科研和教学工作。

纪阳:男,1972 年生,教授,现从事高等工程教育、创业创业方法与理论研究。

面向科研创新的应急通信技术教学模式改革探索

李 岷 王荣海 钟乐海 罗金生 赵丽梅

(绵阳职业技术学院,绵阳,621000)

摘 要:通信专业涉及的技术体系较多,其理论概念和数据处理过程相对复杂,因此学生在学习过程中常常耗费大量时间,但仍然无法较好地理解相关概念知识,同时也难以有效地从事技术实践工作。面对这种困境,本文以应急通信科研为基本背景,在理论教学的基础上,将探究性实验、工程案例教学和学生的课程设计等作为专业教学环节的拓展,对常规教学、工程实践、科研思维培养和创新意识激发等内容进行有机融合,通过应急状态下通信网络建设的方案设计、边界数据测量与分析、多种通信手段的接驳和传输配置等练习来培养学生的科研思维和创新意识。相关的教学实践证明了这种教学模式在学生专业知识学习、科研能力和创新意识培养方面的有效性。

关键词:应急通信;科研创新;人才培养;教学模式;科研成果

Exploration on Teaching Mode Reform of Communication Major Facing Scientific Research and Innovation in the Field of Emergency Communication

Li Min Wang Ronghai Zhong Lehai Luo Jinsheng Zhao Limei

(Mianyang Polytechnic, Mianyang 621000, China)

Abstract: Communication major involves many technical systems, and its theoretical concepts and data processing process are relatively complex; therefore, students often spend a lot of time to study, but still can't fully understand the relevant conceptual knowledge and can't engage in technical practice effectively. Facing the dilemma, this paper takes the research in emergency communication as the basic background, regards inquiry experiment, case teaching and students' curriculum design as the expansion of professional courses on the basis of theoretical teaching; organically integrates conventional teaching, engineering practice, cultivation of scientific research thinking and stimulation of innovative consciousness, through the practice of scheme design of communication network, measurement and analysis of boundary data, connection and transmission configuration of various communication means, to cultivate students' scientific thinking and innovative consciousness. Relevant teaching practice has proved that the teaching mode is effective for students' professional knowledge learning, the cultivation of scientific research ability and innovative consciousness.

Key words：Emergency communication；Scientific research innovation；Personnel training；Teaching mode；Scientific research achievements

1 引言

科技创新是引领发展，是建设和实现现代化国家的重要战略支撑，而高等院校所培养的具有科研探索能力和创新意识的合格大学生，是实现战略支撑的重要保障，而"培养创新型人才具有相当的重要性和紧迫性[1]"。在通信专业学生的学习过程中，由于通信技术历经多年发展，已产生了多种技术体系和制式标准，其涉及的理论知识、算法和信息处理过程较复杂，因此出现了学生花费大量时间也不一定理解基本概念的含义，而在从事通信工程实践时无从下手的困境。激发学生的创新观念，将科研创新意识引入专业课程教学环节，引导学生在应用知识的过程中去领会其含义这种主动探寻式的教学模式，是对传统通信专业教学改革的一种有益尝试。本文介绍了以应急通信科研为基本背景，将科研思维和工程实践引入专业教学中的模式创新。通过教学实践可以看到，这种教学模式在学生专业知识学习、科研能力和创新意识培养方面的有效性。

2 问题分析

在目前大多数高校的通信专业教学中，无论是理论教学还是工程实践环节，从体系上来讲都相对齐备完善，而基本师资力量和实验实训环境也至少能达到合格的要求。但从实际教学效果上来看，学生对于专业知识的理解以及学生的工程实践能力都差强人意，与相关企事业单位的实际要求有相当的差距，专业方向的就业质量较低。这种情况并不是单一原因造成的，和教学设计、教学实施和工程实践环节都有关。

（1）传统教学设计情况

传统教学设计的核心是知识点本身，特别在以数学为基本背景的通信相关知识点的讲授过程中，容易让学生纠结于数学逻辑的推演，而忽略了这些知识点应用于通信工程的实际含义。

（2）传统教学实施情况

在传统教学实施环节，由于之前倾向性的教学设计理念，加之理论知识点的理解需要有较高的数学基础、逻辑分析和抽象思维能力，教学过程中的学生参与性较低；那些主动参与的学生，也有可能在这种缺乏科研探索性的教学环节中机械地演练和记忆，知识的实际消化和领会程度低。

(3) 传统实验实施情况

实验活动是理解通信理论知识和信息传输运行规律的重要手段,但传统实验教学中常见的实验课程以验证性实验为主,缺乏贯穿于其中的科研探索思维。当只是强调实现某种预定的实验结果时,学生会以结果呈现为导向,而不去深入探究条件与结果之间的科学联系,不能有效建立知识与认知活动之间的关联,从而影响学生创新思维和知识应用能力的培养。

(4) 工程实践情况

由于教学设计和实施方面存在的问题,学生对于通信设备系统构成、数据传输业务类型以及组网原理和协议等内容的理论知识点的内涵与外延未能充分理解,在面对需要综合性专业能力的工程实践环节,难以通过对理论知识的理解和实验动手方面的磨练来实现对工程实践技能的支撑。

3 科技创新能力解析

随着人类的发展进步,科技创新已成为提高综合国力的关键支撑力量,引领着社会生活的不断变革和改善。在人们不断追求美好生活的过程中,需要依靠科学思维和创造力来面对各种已知或未知的困难,发挥科技创新能力,开拓前进。而创新则意味着一种有别于常规的见解和思想,通过现有的物质和知识去改进和创造新的事物、方法和环境。科技创新基于概念、工具和精神,其实质是人类思维活动和科研探索的过程。在科研探索中,需要坚持认识的客观性、辩证性和科学性,而求实与创新是其中主要的内涵体现。

从以上的解析中可以看到,对于学生科技创新能力的启发和引导,是高等教育的重要内容。而传统教学中的教学设计、教学实验和工程实践环节都存在被动式学习、填鸭式教学的情况,没有引导和启发学生主动思考和探索,学生难以产生较深刻的理解和认知,从而影响科技创新能力的培养。

4 设计与实施

4.1 课程规划与设计

应急通信是通信专业领域的一个分支方向,它是一种应用于突发事件处理的通信手段,具有机动灵活、快速响应的特点,在各种程度的通信阻滞、中断和毁损情况中,应急通信系统穷尽整合各种通信资源和技术手段,以维持各种级别的应急信息的持续流通。它在参数、标准和应用侧重点上与传统通信技术有不同之处,但两者一脉相承并密切关联。在进行通信技术教学模式的创新与改革的探索中,我们尝试将应急通信科研与教学相结合,在教学和工程实践环节,引入参与性教学方法和探索式课题设计,在完成知识性内容讲授的同时,启发和培养学生的科研创新能力。

应急通信侧重于在特殊背景下的信息传输保障,与通信技术在通用领域的情况相比,它在参数设置、标准考量和应用侧重等方面有所不同;同时,传统通信技术中诸如短波、微波、卫星传输以及低功率广域网等都可在应急通信中应用并发挥重要作用。在进行课程规划设计时,需考虑通信技术基本知识点与应急通信侧重面的有效融合。学生使用的教材通常为国家规划标准教材,这类教材从基础知识框架来讲,其覆盖较全面且其体系逻辑合理,可作为课程规划和讲授的基本线索。但这类标准教材相对滞后,不能展现较新的通信技术科研发展动态,在教材、教案、讲义以及授课计划等方面,需要将基础知识和拓展应用相结合,并以布置启发性科研课题的方式给予学生思考探索的方向和空间,从而以科研创新的思路进行课程规划。

比如在讲授传统通信调制、解调、编码以及传输知识点的基础上,从应急通信应用的角度设计以下课题作为课程的拓展内容:

(1) 传统通信与应急通信应用环境的对比;
(2) 如何快速搭建临时通信网络;
(3) 应急通信工程设备材料的特点;
(4) 通用网络规划与设计在应急通信方面的应用对比;
(5) 公用通信网络与应急临时性网络的兼容性分析。

通过将基础知识点与应急通信领域拓展内容有机结合,并给学生布置适当的科研课题作为思考拓展的线索,可兼顾基础知识学习和科研思维的培养,提升学生的创新能力。

4.2 课程实施

理论教学以多媒体环境下的讲授为主,其基本内容包括通信技术基本知识,应急通信系统与特征分析,短波应急通信系统,微波应急通信系统,卫星应急通信系统,应急通信网络搭建、维护与调测等。在讲解过程中,基础知识点在应急通信环境下的特征变化和应用设计的结合讲解是重点;预留一些应用方面问题给学生,以引导学生进行科研探索。

在通常情况下,电子通信类实验是验证性实验,实验结果是已知的,而学生通过预定的操作步骤,就可以完成整个过程。在实际教学过程中,笔者观察到的现象往往是学生不假思索地模仿操作步骤,如果能顺利地得到预定结果,就满意地停止操作,认为自己已完成了任务。如果学生机械地模仿操作步骤,得到一个预先已知的结果,这并不是培养科研创新能力的正确过程。从问题的提出,到实验的进行,不断地思考和探索,最后得到某种结果,再对结果进行确认和知识的归纳总结,提炼出普遍性规律,是科研创新活动中的必要过程。因此,对培养科研创新能力而言,在老师的引导下,进行探究性实验是重要的方法和手段。比如,在进行通信网络的布设与测试的过程中,可以让学生思考在实际基站数目不够的情况下,如何最大限度地在应急通信状态下发挥基站的信息传输功能,测量和探索基站工作状况的边界数据,引导学生独立地在操作中思考,梳理理论知识,启发创新式思维,才能更好地培养学生创造性地解决问题的能力,养成有助于科研创新的思维方式和习惯。

在教学模式设计的工程实践环节,强调要培养学生运用科学分析方法来解决实际问题的能力。这个阶段主要以课程设计的方式进行,以上文所述的"课程规划与设计"章节中的拓展内容作为科研切入点和学生课程设计的选题。学生需通过自行搜集资料、小组成员讨论、实践验证以及报告撰写的方式来完成该环节的训练。在该阶段,学生进行科学研究所面对的问题是源于实践的,这些问题可提升学生的学习兴趣;应用所学知识,经过科学思维来解决现实问题,学生将会从中获得更多成就感。从教学模式设计的考评环节来说,需要将工程实践和课程拓展设计环节也纳入学生成绩考核体系中,这将会对学生的知识融合能力和科研创新能力进行更全面地检验。

5 结语

本文以应急通信技术为例,介绍了通信专业教学改革在促进学生科研创新能力培养方面的一些经验和建议。随着"科技创新是国家重要战略支撑"这一理念的提出,以培养学生科研创新能力为核心,结合专业技术领域热点应用内容,不断探索新的教学方法,在理论教学的基础上,合理开展验证性实验、探索性实验和课程设计,是通信专业这类工科专业教学模式改革的趋势。从面向科研创新的通信专业教学模式改革在我校开展的情况来看,教学效果良好。课程实施结合课题组在应急通信方面的科研成果,较好地激发了学生的学习兴趣。通过应急状态下通信网络建设的方案设计、边界数据测量与分析、多种通信手段的接驳和传输配置,锻炼了学生的科学思维和理论联系实际的能力,这一教学模式改革是培养学生科研创新素质和能力的有益探索。

参 考 文 献

[1] 国家中长期教育改革和发展规划纲要(2010-2020 年)[S]. 国家中长期教育改革和发展规划纲要工作小组办公室,2010. 信息索引:360A01-02-2010-0268-1.

[2] 蒋家琼,郑惠文,龚慧云.加拿大高校学生学习成果评估的内容、方法及启示[J].大学教育科学,2020(3):111-116.

[3] 蔡红红,姚利民.人文社科本科生科研效能的现状及影响因素研究[J].大学教育科学,2020(3):73-81.

[4] 刘徐湘.论世界一流大学的精神特质[J].大学教育科学,2020(2):19-25.

[5] 刘亚雷.区域空间应急通信系统中数据库系统的结构设计与应用开发[D].北京邮电大学,2011.

[6] Li Yunbo, Liu Sheng, Wang Lei. Satellite Communication Application in Emergency Communication[C]. General Assembly & Scientific Symposium. 2014:16-23.

[7] Romano Fantacci, Dania Marabissi, Daniele Tarchi. A novel communication infrastructure for emergency management: the In. Sy. Eme. vision[C]. Wireless communications & mobile computing. 2011:43-47.

[8] FanZifu, Sun Hong, Wang Lihua. Research of the Classification Model Based on Dominance Rough Set Approach for China Emergency Communication [C]. Mathematical Problems in Engineering. 2015(3):1-8.

[9] Zongzhe Nie, Wei Zhu, Ruopeng Yang, et al. An Intelligent Network Planning Algorithm for Emergency. Communication with Deep Learning[C]. Mechatronics Engineering and Information Technology. 2019:34-37.

[10] Athanasios D Panagopoulos, Sandro Scalise, Bjorn Ottersten, et al. Special issue on satellite communication systems and networking[C]. EURASIP Journal on Wireless Communications and Networking. 2012:283.

作者简介

李岷:男,1976 年生,讲师,主要从事应急通信、人工智能研究。

新工科现代学徒制育人新模式的探索

张庆海

（南京工业职业技术大学，南京，210023）

摘 要：以探索建立校企联合招生、联合培养、一体化育人的机制为主要目标，探索新工科现代学徒制育人新模式。在 ICT 行业创新基地建设基础上，通过不断完善现代学徒培养的标准；实行混编师资队伍建设；改革人才培养模式；完善考核评价机制，逐步建立现代学徒制育人新模式，实现了校企融合、科技驱动、社会服务、师资培养、合作机制等多个创新亮点。

关键词：现代学徒制；协同育人；校企合作；创新基地

Exploration on the new mode of modern apprenticeship in new engineering

Zhang Qinghai

(Nanjing Vocational University of Industry Technology, Nanjing 210023)

Abstract: In order to explore the establishment of school enterprise joint enrollment, joint training, integrated education mechanism as the main goal, to explore a new mode of modern apprenticeship education in new engineering. On the basis of the construction of ICT industry innovation base, through constantly improving the standards of modern apprenticeship training; implementing the construction of mixed teaching staff; reforming the talent training mode; improving the evaluation mechanism, gradually establishing a new mode of modern apprenticeship education, which has achieved many innovative highlights, such as school enterprise integration, science and technology drive, social service, teacher training, cooperation mechanism and so on.

Key words: Modern apprenticeship; collaborative education; school enterprise cooperation; Base construction

1　背景

2013年9月,教育部与中兴通讯股份有限公司签署了关于"教育部与中兴通讯ICT行业创新基地"《战略合作框架协议》。ICT行业创新基地建设以此为背景,以信息产业应用创新科研合作为基础,开展了全面推动高职院校与行业龙头企业的深度合作。2014年7月,在"高等职业院校科研能力建设研讨会"上,中兴通讯与18所高职院校正式签署合作意向协议。南京工业职业技术学院作为首批合作高职院校之一,在全国率先启动了ICT行业创新基地的建设。2014年年底,国家出台《国务院关于加快发展现代职业教育的决定》(国发〔2014〕19号)。2015年,随着国家现代学徒制试点的帷幕拉开,我国很多职业院校开始在部分专业开展"现代学徒制试点"工作。我校列为首批现代学徒制试点院校,通信技术专业为我校试点专业之一。

现代学徒制有利于促进行业、企业参与职业教育人才培养全过程,实现专业设置与产业需求对接,课程内容与职业标准对接,教学过程与生产过程对接,毕业证书与职业资格证书对接,职业教育与终身学习对接,提高人才培养质量和针对性。但是,在我国现代学徒制提出之初,很多企业由于认识不足等原因,普遍对现代学徒制缺乏足够的积极性;而学校也由于缺乏条件,没有成熟的教学模式支撑。新工科作为我国高等教育的创新,迫切需要引入教育新理念,探索新模式,而现代学徒制则成为一种备选方案。借助国家宏观政策东风,我们抢抓机遇,积极探索与企业的融合机制,在ICT行业创新基地建设基础上,经过多年的建设与发展,探索新工科现代学徒制育人新模式,在校企协同育人等方面取得了初步成效。

2　实施方法

现代学徒制需要通过学校、企业深度合作,教师、师傅联合传授,对学生实现以技能培养为主的现代人才培养模式。它是在传统学徒制基础上融入了学校教育因素的一种职业教育,是职业教育校企合作不断深化的一种新的形式。要实现这种模式,主要实施方法如下。

2.1　建设实体环境

实施新工科现代学徒制,首先需要建设实体环境。我校与中兴通讯公司共同投资了1 500万元左右,针对新工科人才培养的需要,建设了ICT行业创新基地,主要包括云计算、LTE、数据通信、光通信等多个通信专业方向的实训中心。为下一步培养模式奠定了基础。

2.2　成立运营机构

为保障机制运行,学校与企业共同成立了中兴通信学院,实行"准股份制"运营。与合作企业签订实施现代学徒制合作协议,明确校企双方职责、分工,推进校企紧密合作、协同育人。完善校企联合招生、分段育人、多方参与评价的双主体育人机制。企业方派驻有多年工作经验的一线通信工程师进行现场教学,参与学生管理,并定期同校方举办联合教研会议。学校每年也派出教师参观企业,了解行业最新动向,进行教研教改等交流活动。双方协同并进,努力探索出更好的人才培养机制。

2.3　建立校企协同育人机制

现代学徒制更加注重技能的传承,由校企共同主导人才培养,设立规范化的企业课程标准、考核方案等,体现了校企合作的深度融合。经过几年来的实践与探索,积极以建立校企联合招生、联合培养、一体化育人的机制为主要目标,通过完善学徒培养的教学文件、管理制度及相关标准,推进专兼结合、校企互聘共用的师资队伍建设,建立学校、企业、行业和社会中介机构参与的评价机制,切实提升学生岗位技能,提高学生就业的专业对口率。健全现代学徒制的支持政策,保障学生的合法权益和合理报酬,逐步建立起政府引导、行业参与、社会支持、企业和职业院校双主体育人的现代学徒制育人模式。

2.4 推进招生招工一体化的进一步落实

与合作企业签订了联合办学协议,企业建立就业"资源池",负责合作专业的学生就业,且提供三个以上的岗位。根据企业的具体需求结合专业方向以及具体的工作内容,设置特色鲜明、紧跟潮流、贴近市场的工作岗位。在招生宣传时,突出行业优势和专业特色,结合具体的工作岗位,向考生展示良好的职业蓝图。在后续的人才培养和实习就业过程中,一以贯之,发挥我们的优势和特色,打造了良好的就业态势。在就业过程中我们梳理中兴通讯、中兴全资或入股子公司、中兴设备应用商、中兴设备集成商等为毕业的学生提供相应的对口岗位进行顶岗实习和推荐就业。

2.5 改革人才培养模式

企业主导设计人才培养方案,共同制订专业教学标准、课程标准、岗位标准、企业师傅标准、质量监控标准及相应实施方案。校企共同建设基于工作内容的专业课程和基于典型工作过程的专业课程体系,开发基于岗位工作内容、融入国家职业资格标准的专业教学内容和教材。学生实习实施企业班组化管理模式,根据专业的特点,企业有10多名工程师常驻学校,承担专业核心课程及实训课程教学,指导顶岗实习和毕业设计,在校实现了"1个师傅带多个徒弟",组成学习小组,确保学生熟练掌握每个轮训岗位所需的技能。

2.6 共建"混编"师资队伍

适应人才培养需求,针对学校老师和企业工程师各自长处,建设并完善了双导师制。课堂实施时,实施"一课双师"模式教学,在具体实施时,企业工程师更加关注实践教学,而校内老师主要关注理论教学。同时,不断健全双导师的选拔、培养、考核、激励制度,形成校企互聘共用的管理机制。试点专业将指导教师的企业实践和技术服务纳入教师考核并作为晋升专业技术职务的重要依据。

2.7 建立全方位多元化考核评价机制

从实训课开始,引入项目案例教学和现代企业管理情景式教学,最大程度地激发学生主体能动性,让他们自我评价、互相评价。成立科创工作室,入驻创业园孵化,鼓励更多的学生积极发明专利、创新创业。通过引入外部企业,对学生的产品成果进行评估、扶持甚至购买,更加全面的培养、考核和激励学生。

3 建设成效

通过ICT行业创新基地的建设,实施现代学徒制育人新模式,取得的建设成效如下:

(1)校企共同投入建立了可在线运行的5个实训中心。实训中心由企业和学校共同规划,围绕智慧企业和现代通信系统,从核心网、承载网、传输网、接入网进行了简化配置和全程全网建设,设立了智慧企业解决方案"体验区",形成了全新的"教学设备在线运行,前区应用感受效果"的开放实验实训模式,同时学校和企业将持续投入和更新,使校内教学硬件设施国内一流。

（2）成立了政、校、企、行参与的专业建设委员会进行协同育人，在大量行业企业调研的基础上，企业主导制订了以"任务驱动""项目教学"为特色的人才培养方案和课程标准。

（3）引入了企业与学校联合教学的方法和授课方式，由学校和企业共同担任同一门课程教学，采用"一课双师"等手段，即企业工程师侧重实践教学，校内老师侧重理论教学，较好地实施了理实一体化教学。

（4）校企合作共建教学资源。主要包括共建专业课程、共建微课视频、共编教材等。目前已开发课程8门，综合实训8门，完成专业微课和视频500多个，合作开发出版教材5本，建设了2个教学资源库子项目，形成了一批专业教学资源。

（5）在学生人才培养方面，成立了中兴通信创新团队。目前已建成5个创客工作室和一个创新平台，开展丰富多彩的"准职业人"实践活动，学生连续三年获得全国职业技能大赛通信类赛项一等奖；参加各种行业比赛获得国赛一等奖、二等奖等荣誉；参加发明创新等各类比赛也多次取得省级以上多项奖项。

（6）积极开展教师培训，提高了教师专业技术水平。先后组织30多人次参加了专项培训和学习，10多人获得职业认证证书，1名教师代表赴国外进行客户培训。承担智慧教育、国家技能大赛说明会、暑期学习培训班等专项培训，先后参与人员5 000多人次。

（7）以我校合作为基础，积极推广实施模式，形成了较好的示范效应，在全国高职院校和应用型本科院校已形成较大规模的职业教育生态圈。

4　创新点

新工科现代学徒制育人新模式具有多个创新亮点：

（1）校企深度融合创新，它改写了过去传统企业单一的合作驱动模式，充分调动企业在行业内的各项资源，协助高校全面提升办学能力。

（2）企业与高职院校基于应用技术科研为驱动的校企深度合作创新，引导高校主动参与行业应用技术发展，全面融入行业的核心体系。

（3）高职院校服务行业发展和区域经济方式的创新，不仅可以为学生提供就业的机会，也可以丰富高职院校的社会化服务职能，提升高职院校社会影响力与地位。

（4）师资培养方式的创新，通过科研项目的培训与实际参与，从本质上提升教师的技术能力。

（5）校企合作机制的创新。建立了具有企业基因的管理模式，建立和企业保持一致的管理制度。

通过各类创新举措，使校企合作能够加快专业跟随行业发展的步伐，使专业和学校可以迅速融入行业的核心体系，使合作高校真正做到了职业教育所要求的"业内的大学、业内的团队、业内的专业"。

5　结论与思考

ICT行业创新基地不仅是职业教育的培训基地，也是职业人才培养的创新试验田，是现代学徒制育人的创新基地。通过一系列实施举措，不仅提高了学生的教育质量，也同时提高了教师的职业素质。通过校企深度融合,创新出一条现代职业教育培养的新模式,建立起一种新工科现代学徒制育人新模式,形成了校企融合、科技驱动、社会服务、师资培养、合作机制等多个创新亮点。

通信行业是一个发展飞速、机遇与调制并存的行业,需要与时俱进不断创新。随着建设工作的不断推进,面对职业教育新形态,也引发我们一系列思考:应在更高层面进一步完善体现现代学徒制特点的管理制度。要进一步细化校企专业教学标准、课程标准、岗位标准、企业师傅标准、质量监控标准及相应实施方案等。应进一步加强信息化建设,通过统一共享平台、大数据建设、专业运营中心等先进的信息化手段及平台,加强校企、区域以及整个产业链的信息共享和资源互补,推动现代职业教育的高质量现代化发展。

参 考 文 献

[1] 周祖才,胡佳. 教育部—中兴通讯ICT行业创新基地校企合作模式的探索——以湖北交通职业技术学院为例[J]. 中国教育技术装备,2014,22:77.

[2] 史玉琢. 高职院校现代学徒制实施中存在的问题与解决对策[J]. 天津市财贸管理干部学院学报,2019(7):84-87.

[3] 吴建设. 高职教育推行现代学徒制亟待解决的五大难题[J]. 高等教育研究,2014(7):41-43.

[4] 成玉莲,张传慧. 现代学徒制人才培养教学方案的研究与实践[J]. 科技创新导报,2016(11):119.

[5] 周雪峰. 基于"互联网+"的现代学徒制建设思考[J]. 职教通讯,2016(20):004.

[6] 漆军,吴念香,李海东. 现代学徒制与职业教育形态. 中国职业技术教育,2016(31):41-44.

作者简介

张庆海:男,1968年,教授,主要研究方向为通信技术、广播电视技术。

电磁场课程教学方法探索

杨 志

(华北电力大学电子与通信工程系,河北保定,071003)

摘 要:电磁场课程是电气与电子工程类专业的理论基础课,在电气与电子工程类专业的课程体系中具有非常重要的地位。然而学生在学习过程中往往感到该课程枯燥乏味,学习兴趣不高,甚至有畏难情绪。本人在讲授该课程过程中,注重将理论与实际应用相结合,通过实际应用案例的讲解,进而激发学生学习的热情。

关键词:电磁场;教学方法;应用案例

TheExploration of Teaching Methodology of Electromagnetic Field

Yang Zhi

(Department ofElectronic and Communication Engineering,
North China Electric Power University,Baoding Hebei,071003)

Abstract: Electromagnetic field course is the theory fundamental course of electric and electronic engineering major, and it has a very high standing in the courses system of electric and electronic engineering major. But the students usually feel dull, lack interest, and enven fear of difficulty. I lay emphasis on the combination of the theories of electromagnetic field and their applications during my teaching, and the enthusiasms of the students are stimulated through the electromagnetic field application case interpret.

Key words: electromagnetic field; teaching methodology; application case

1 引言

电磁场理论提供解决所有电气与电子工程问题的根本计算方法和理论,电磁场课程在电气电子类专业的课程体系中具有非常重要的地位。然而学生在学习过程中往往感到该课程抽象、枯燥,有畏难情绪,学习兴趣不高。因此如何调动学生的学习积极性是本课程教学的难点。

本人在讲授该课的开始,首先向学生介绍物理学中的两种世界观:接触作用与超距作用。"接触作用"观点认为,作用是需要媒介的。电荷之间发生力的作用,按照"接触作用"的观点,这个媒介就是电场,因此电场是一种实实在在的物质,磁场也是类似的,这样可以使学生不再觉得电磁场抽象与虚无缥缈。本人在讲课过程中,注重将理论与实际应用相结合,并将课堂思政融入实际应用案例的讲解,有些案例是我国大科学装置,在激发学生的学习兴趣和科学探索精神的同时,也起到爱国主义教育的目的。本文主要介绍电磁场理论教学过程中采用的一些案例,分析案例中蕴含的电磁场基本理论。

2 超导磁悬浮的电磁场基本原理

1911年,荷兰科学家海克·卡末林·昂内斯(Heike Kamerlingh Onnes)等人发现,汞在极低的温度下,其电阻消失,呈超导状态。由于超导体的极大应用前景,对超导机理和更高温度的超导体的研究探索一直持续不断,至今已有10位物理学家在超导领域获得诺贝尔奖。我国科学家在超导领域也做出了杰出贡献。中科院赵忠贤院士在1987年年初,与同事们一起发现了液氮温区超导体Ba-Y-Cu-O,引起世界轰动,这一发现验证了柏诺兹(J. Georg Bednorz)和缪勒(Karl A. Muller)所提出的Ba-La-Cu-O系统中高Tc超导电性,使得此二人共同分享了1987年度诺贝尔物理学奖。

超导体具有抗磁性,在超导演示实验中,我们经常会看到超导磁悬浮现象,如图1所示。

(a) (b)

图 1 超导磁悬浮

当超导体处于液氮低温状态时,将磁体放于超导体上方就会悬浮起来,如图1(a)所示,这是由于当磁体靠近超导体时,超导体内磁感应强度增强,根据法拉第电磁感应定律,超导体内感应出电场,由于超导体内电阻为零,使得超导体内产生足够大的电流,而且该电流阻止超导体内磁感应强度变化,即超导体内电流产生的磁场与上方磁体磁场相斥,使得磁体悬浮于超导体上方。当磁体被向上提起时,同样由于法拉第电磁感应定律,超导体内感应出电流阻止超导体内磁感应强度的变化,感应电流所产生的磁场与上方磁体相吸引,使得超导体被吸引上来,如图1(b)所示。通过超导视频演示实验,将法拉第电磁感应定律直观地体现出来,既学习了电磁场的基本原理,又了解了超导科学的前沿发展。

3 "中国天眼"FAST 观测脉冲星的电磁场基本原理

人类对宇宙的观测主要通过天文望远镜进行的,射电天文望远镜可以接收宇宙深处发来的电磁波信号,用来研究那些光学望远镜观测不到的天体。我国的 500 米口径球面射电望远镜(Five-hundred-meter Aperture Spherical Telescope),简称 FAST,位于贵州省黔南布依族苗族自治州平塘县克度镇大窝凼的喀斯特洼坑中,工程为国家重大科技基础设施,即国家大科学装置,被誉为"中国天眼"。该工程由我国天文学家南仁东于 1994 年提出构想,历时 22 年建设,于 2016 年 9 月 25 日落成启用,并于 2017 年 8 月 22 日、25 日在南天银道面通过漂移扫描首次发现两颗脉冲星,一颗自转周期为 1.83 秒,据估算距离地球 1.6 万光年;一颗自转周期 0.59 秒,据估算距离地球约 4100 光年。

图 2 我国 500 米口径球面射电望远镜

那么科学家们是如何计算脉冲星到地球的距离呢?答案就是利用了电磁波在导电媒质中传播的色散现象。均匀平面电磁波在导电媒质中的相速度公式为:

$$v_p = \frac{\omega}{\beta} = \frac{1}{\sqrt{\varepsilon\mu}} \frac{\sqrt{2}}{\left[\sqrt{1+\left(\frac{\sigma}{\omega\varepsilon}\right)^2}+1\right]^{1/2}} \tag{1}$$

其中,ε、μ 和 σ 分别是媒质的介电常数、磁导率和电导率。我们可以看出,相速度是角频率 ω 的函数,因此导电媒质是色散媒质。由于恒星等星体的喷发,宇宙当中充满自由电荷,因此宇宙空间对于长距离传播的电磁波来讲就是导电媒质。(1)式中随着频率的增大,电磁波相速度也变大,因此,当脉冲星的射电信号到达"天眼"接收机时,高频率的信号先到达,低频信号后到达,由两个不同频率信号的时延差,就可以计算出脉冲星到地球的距离。

自落成启用以来,"中国天眼"共发现一百多颗脉冲星,其中 90 多颗已被确认为新脉冲星。然而"天眼"之父南仁东先生却积劳成疾,在 FAST 建成一年后不幸因病去世。2019 年 9 月 17 日,国家主席习近平签署主席令,授予南仁东"人民科学家"国家荣誉称号。通过对科学家南仁东事迹的介绍,弘扬了科学家们刻苦专研、勇攀高峰的科学精神,也激励了学生刻苦学习、报效祖国的远大理想。

4 上海同步辐射光源的电磁场基本原理

"上海同步辐射光源"于 2004 年 12 月 25 日由中国科学院上海应用物理研究所承建,于 2010 年 1 月 19 日在上海通过国家验收,正式对科研用户开放。该工程所建装置也是我国的大科学装置,简称"上海光源"。在我国,第一代同步辐射光源是"北京光源",第二代光源是合肥国家同步辐射实验室,第三代光源就是"上海光源"。

高速运动的电子在磁场中作环形运动,当改变运动方向时,根据麦克斯韦电磁场理论,产生电磁辐射,由于最早是在同步加速器中发现的,也叫同步辐射。

图 3 为同步辐射示意图,当电子在高速运动时,在垂直运动方向上施加磁场时,由于电子受到洛伦兹力而产生圆周运动,进而在区域中产生变化的电场与磁场。

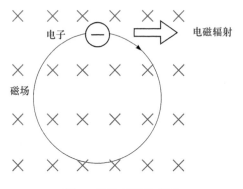

图 3 同步辐射示意图

$$\nabla \times \boldsymbol{H} = \boldsymbol{J} + \frac{\partial \boldsymbol{D}}{\partial t} \tag{2}$$

$$\nabla \times \boldsymbol{E} = -\frac{\partial \boldsymbol{B}}{\partial t} \tag{3}$$

(2)式和(3)式为麦克斯韦方程组第一和第二方程的微分形式,分别被称为动电生磁和动磁生电,因此在电子运动方向变化时会使电场和磁场互相激励并在电子运动方向上辐射出电磁波。由于同步辐射造成的能量损失,极大地阻碍了高能加速器能量的提高。后来,人们发现同步辐射具有常规光源不可比拟的优良性能,如高准直性、高极化性、高相干性、宽频谱范围、高光谱亮度和高光子通量等。从 20 世纪 70 年代开始,发达国家逐步开展了同步辐射的应用研究,其卓越的性能为人们开展科学研究和应用研究带来了广阔的前景。在国际上已经建成的 20 台第三代同步辐射光源中,"上海光源"的能量居世界第四,仅次于日本、美国、欧洲的有关设施。上海光源具有波长范围宽、高强度、高亮度、高准直性、高偏振与准相干性、可准确计算、高稳定性等一系列比其他人工光源更优异的特性,可用于生命科学、材料科学、环境科学、信息科学、凝聚态物理、原子分子物理、团簇物理、化学、医学、药学、地质学等多学科的前沿基础研究,以及微电子、医药、石油、化工、生物工程、医疗诊断和微加工等高技术的开发应用的实验研究。

上海光源晶体学线站近年来在抗击禽流感(H1N1、H7N9 等)、严重急性呼吸综合症(MERS)、寨卡、埃博拉病毒等重大传染病研究中都发挥了积极作用,及时帮助科研人员阐明病毒入侵细胞的分子机制,争分夺秒与病毒"赛跑",为抗击疫情提供利器。在今年的新冠疫情爆发期间,上海光源助力破解新冠肺炎病毒关键蛋白结构,为抗疫斗争做出了很大贡献。

5　总结

电磁场理论是近现代科技的重要基础理论之一,/学好这门课程,对于大学电类专业学生整体素质的提升,以及促进我国科学技术水平的提升具有重要意义。本人在教学过程中通过案例式教学,特别是通过对我国重大科技成就的讲解,将课堂思政与实际应用案例相结合,提高了学生学习的兴趣、积极性和主动性,同时,也进行了爱国主义教育,增强了大学生对于我国科学成就的自豪感和使命感。

参 考 文 献

[1] ZHAO ZHONGXIAN, CHEN LIQUAN, YANG QIANSHENG, et al. Superconductivty Above Liquid Nitrogen Temperature in Ba-Y-Cu Oxides[J]. Science Bulletin,1987(10):661-664.
[2] 张承民. 中国天眼的梦想与超越[N]. 中国科学报,2019-03-12(008).
[3] 李浩虎,余笑寒,何建华. 上海光源介绍[J]. 现代物理知识,2010,22(3):14-19.
[4] 毕岗. 电磁场与微波技术[M]. 杭州:浙江大学出版社,2014.
[5] 上海同步辐射光源:http://ssrf.sinap.cas.cn/
[6] 谢处方,饶克谨. 电磁场与电磁波[M]. 北京:高等教育出版社,2006.

作者简介

杨志:男,1972年生,副教授,主要从事光纤传感研究。

留学生专业教学融入中国文化的方法研究

崔鸿雁　张　瑞　白雪涵　杨鸿文

（北京邮电大学网络与交换技术国家重点实验室，北京，100876）

摘　要：留学生是我国和世界交流的窗口，担任着传播中国文化，让世界了解中国的重要使命。设计紧跟时代，与当前时事相结合的留学生人才培养模式是重要的科学问题。本文创新提出了留学生教学模式的新思路、新方法，促进专业课程内容和中国文化的无缝结合，树立人类命运共同体意识。本文提出的三阶段 & 五部曲教学模式包括：①中文语言传播，②专业原理结合中国历史文化，③与留学生生活结合的活学活用，④认知中国科技发展，⑤身心关怀。五方面融会贯通在课前、课中和课后。通过"通信网理论基础"课程教学实践证明：本文提出的留学生教学新方法打造了一个更加有趣而高效的授课环境，符合目前留学生需要的国际环境，实现了在提高留学生学习状况的同时，在教育领域开辟了一个具备创新元素的文化输出平台，可以加强跨文化交流，提高中国国际影响力，促进中国文化的传播。

关键词：教学模式；留学生；中国文化；一带一路；通信网理论基础

A Study on the Ideological and Political Methods of International Students'Specialized Course

Cui Hongyan　Zhang Rui　Bai Xuehan　Yang Hongwen

(State Key Lab. of Networking & Switching Tech. Beijing University of the Posts and Telecommunications, Beijing 100876, China)

Abstract: International students are the window of communication between my country and the world, and undertake important missions to spread Chinese culture and let the world understand China. Designing the training mode for international students to keep up with the times and combine with current events is an important scientific issue. This article innovatively proposes new ideas and methods for the teaching mode of foreign students, which promotes the seamless integration of professional curriculum content and Chinese culture, and establishes the consciousness of the community of human destiny. The proposed three-stage & five-part teaching mode includes: 1) Chinese language communication, 2) professional knowledge combined with Chinese history and culture, 3) learning and applying the knowledge to the life of international students, 4) cognition of Chinese technology's development 5) care about their physical and mental. The five aspects of integration will be through before, during and after class. Through the teaching practice of the "Communication Network Theory Foundation" course, the new teaching method for international students proposed in this article meets the needs of current international students and the international environment to create a more interesting and efficient teaching environment; while improving the learning status of international students, it has opened up a cultural output platform in education field with innovative elements that can strengthen cross-cultural exchanges, ease the pressure of China's international public opinion, increase China's international influence, and promote the spread of Chinese culture.

Key words: Teaching mode; International students; Curriculum ideology and politics; The Belt and Road; Communication network theoretical basis

1 引言

教育部2018年发布的《来华留学生高等教育质量规范》中的人才培养目标规定：①学科专业水平与中国学生一致；②对中国的认识和理解；③语言能力；④跨文化和全球胜任力[1]。目标要求来华留学生具备使用中文从事本专业相关工作的能力；熟悉中国历史、地理、社会、经济等中国国情和文化，了解中国政治制度和外交政策，理解中国社会主流价值观和公共道德观；能够在不同民族、社会和国家之间的相互尊重、理解和团结中发挥作用，在多个国家的实际环境中运用专业知识和技能。习近平总书记在给北京科技大学全体巴基斯坦留学生的回信[2]中，表达了对留学生能够多了解中国、多向世界讲讲看到的中国，多同中国青年交流，同世界各国青年一道，携手为促进民心相通，推动构建人类命运共同体贡献力量的希望。可见，留学生是中国和世界交流的窗口之一，是中国文化跨出国门走向世界的重要途径，是世界了解中国的渠道。建设有效的留学生教学模式是亟待解决的问题。

在中国文化的传播方面，文献[3]提出了在一带一路背景下的中国文化传播需要实现将多元文化多样化、多角度地传播。文献[4]提出基于因材施教，根据不同国家留学生文化差异，多元化地建设有中国特色的课程，增加留学生对中国的认识和归属感，为"一带一路"国家提供本土化人才。文献[5]提出通过改善留学生接触人群素质和提高留学生中国文化教育来提高中国的国际形象。文献[6]探讨了"一带一路"政策下，留学生课程设置安排。文献[7]提出了结合各地区的地域优势，进行合理的留学生文化课开展方案。文献[8]提出了根据留学生对中国文化的了解程度，来判断中国的文化软实力方案。文献[9]通过研究中国传统节日在留学生中的传播，验证了对于在留学生中进行文化传播的必要性和可行性。文献[10]给出了来华中亚留学生跨文化适应危机的成因：有文化环境之间的差异、饮食习惯差异、风俗禁忌之间的差异。文献[11]提出结合中西方文化，对留学生实行跨文化的教育。文献[12]调查了留学生使用汉语交际的强烈程度，得出多数留学生交流意愿低，"汉语水平与恐惧"是两个主要影响因素。文献[13]通过调查北京地区留学生的留学情况，得出需要建立良好的留学环境才能更好地吸引国际人才，从而完善我国高等教育体系，提升国际竞争力。文献[14]研究了留学生如何从文化差异导致的矛盾到逐步融入的过程,实现帮助留学生降低心理压力,了解文化,融入中国的方法。

传统的留学生教育往往只重视对于留学生的专业知识的讲授,而忽略了对留学生的语言、文化思想上的教育,使得教学课程流于表面,也难以增强留学生的融入感。加之大多数留学生在到中国留学之前缺乏对中国的了解,文献[15]统计发现,只有少量留学生在留学前对中国有所了解,甚至大部分留学生无法听懂中文。由于对中文和中国文化了解匮乏,课上又缺乏使用环境和机会,使得留学生在中国反而缺乏学习中文、了解中国的机会。这导致多数留学生经过了多年在中国的留学生活,无法熟练掌握中文,无法融入中国的社会环境,同时对于中国的文化、历史、政策、哲学思想等都缺乏足够的认识,不利于扩大中国在世界上的影响力。北京邮电大学积极响应教育部在疫情防控期间的各项工作要求,高度重视,认真部署,探索特殊时期双创教育工作新模式,并制定了相关工作的应对方案。开展"双创教学不停,云端授业科技战疫"行动,给留学生创造了良好的中文学习和交流机会,给世界了解中国的疫情应对成效打开了一扇窗[16]。

通过以上研究,我们得到一个共识:从留学生国家多元文化特点和身心入手,设计专业知识与中国文化有机结合的教学方法和体系,激励留学生中文交流积极性,创造中文交流机会,将会获得更好的留学生教育效果。

在当前变换多端的国际形势下,结合科学前沿传播中国文化思想,增强留学生国家对中国的认同感和友谊是非常紧要的。留学生是国际了解中国声音和中国情况的窗口,需要发挥更加重要的作用。因此,留学生课程改革不仅有重要性,也有必要性。本文研究探索了这样一条留学生课程融入中国文化改革的有效途径,提出了"三阶段 & 五部曲"解决方案。本文第二部分给出专业教学课程融入中国文化的总体方案和培养目标。第三部分给出了教学中的实现方法实例。第四部分通过教学实践验证,给出实践效果和总结。

2 留学生专业教学课程方案

2.1 培养目标

面向来自世界各地的留学生群体,我们的教学体系培养目标是:(1)讲好中国故事,做好中国科技文化输出,加强国内外文化的相互理解与沟通。通过课程的交互,让留学生感受到中国的关怀,加强留学生与中国师生的感情,促进中国的国际关系良性发展,提升中国在国际上的认同度。(2)为中国的战略合作伙伴培养人才,为"一带一路"伙伴国家培养人才,进一步深化中国与各国的友谊,提升中国国际地位。

2.2 "三阶段"总体方案

为了设计出更符合目前留学生需求,符合国际环境的留学生教学新方法,建设多文化、多价值共存的留学生课堂,发挥"润物细无声"的作用,我们的专业课程教学模式设计主要分为三个阶段,课前、课中、课后三者并重,提高教学内容实效。各阶段任务如图1所示。

第一阶段:课前引导预习,激发兴趣。本着"兴趣是最好的老师"的原则,在课前,教师引导学生调研范围,激发留学生兴趣,增强对课堂教学的求知欲。

第二阶段:课中多要素融合、互动。在教学过程中,教师的课堂形式、教具、实例、语言是非常重要的,是学生学习中文,融入中国文化环境最主要的途径。因此,在课堂上我们教师使用中文进行授课,培养学生的中文研究逻辑。另外,将中国历史文化、制度和政策与专业理论知识有机无缝贯通,使留学生在潜移默化中接受中国思想文化教育,增强对中国的认同感。在这一过程中穿插对留学生的成长、生活、发展的关怀互动增进相互了解,会取得更好的效果。

第三阶段:课后延申、引导。课后通过趣味练习,激发兴趣,建立学生良好的复习习惯,加强知识理解和记忆。后期激发学生传播中文和中国文化的源动力,引导留学生将自己所学到的知识应用到本国的建设中,在科学研究、事务管理工作中借鉴"中国经验"。这必将促进留学生结合本国国情,为本国教育、科技发展提供更多"中国智慧",搭建起中外友谊和交流的桥梁。

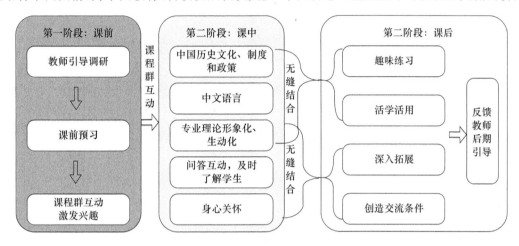

图 1 三阶段任务图

2.3 "五部曲"方案

为了在各阶段更好地实现教学目标,我们将以下五部分内容贯穿到教学各个环节。

(1)中文语言传播:在留学生课堂中用中文授课,为留学生创造中文的交流环境。

(2)专业原理结合中国历史文化:与课程内容相结合,在课程中穿插成语、历史典故等中国优秀文化,通过线上、线下交流互动,帮助留学生更好地了解中国,与中国青年心心相通,建立人类命运共同体意识,共同携手,建设好"一带一路",提高中国的国际地位和文化软实力。

(3)与留学生生活结合的活学活用:考虑多语言文化,结合留学生切身生活设计教学习题,促进留学生学以致用和学习热情。

(4)认知中国科技发展:通过激发学生对中国的兴趣,推动学生通过主动调研,进一步深入了解企业和技术,促进留学生中国情节。

(5)身心关怀:结合当前实事,关心学生生活、学习、思想,让留学生体会到中国的关环,促进中国情节。

五部曲思路如图 2 所示。

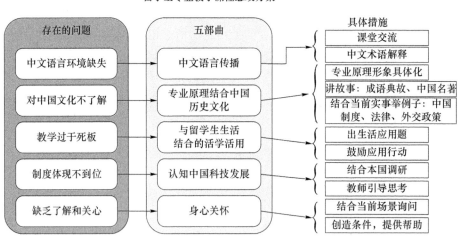

图 2 五部曲思路图

3 课程实现方法

3.1 中文语言传播

以往为了降低留学生的语言学习压力,常用英语教学。用英语教学的优点是能够降低留学生学习中文的语言压力。但是,如果留学生对中文的掌握程度很低,自然会与周围中国青年人交流困难,从而导致留学生只局限在留学生的小圈子交流,无法融入中国环境。而且,很多留学生由于中文水平有限,很少自发地学习中文或者使用中文与他人交流,从而导致留学生缺失中文的语言环境,无法了解中文语言的博大精深,无法融入中国社会。而课堂正是给留学生提供一个中文语言环境的机会,在课堂中给留学生创造一个中文语言环境,可以帮助留学生学会用中文思考、表达。通过课堂上的中文教学,可使留学生在学习专业知识的同时提高中文水平,为课下留学生融入中文语言环境,与中国青年交流提供良好的基础和支撑。

在实际授课中,我们做出了如下的尝试和努力:

(1) 为了使留学生能够理解课程中复杂的理论推导,采用了第一阶段的教师引导调研方式,早在开课前就和留学生开班会,将本课程中涉及的高等数学和概率论知识用中文整理给留学生,便于他们在开课前预习已学过的基础知识,从而为后续的教学打好扎实的基础,增强留学生学习本课程的信心。

(2) 向留学生详细介绍了课程的教学大纲以及授课方式,激发留学生对课程的浓厚兴趣。并且详细地征求了留学生对教学方式的意见,对于留学生在学习中遇到的一些困惑和疑虑进行了解答,扫除了留学生的心理障碍。

(3) 在中国传统节日时,讲中国故事。向留学生介绍中国传统节日的由来、中国的习俗,在拉近老师和留学生距离的同时,也促进了留学生对中国传统文化的深入了解。

3.2 专业理论结合中国文化

中国作为世界上唯一一个历史从未断绝的文明古国,有着丰富的历史文化。对于留学生,如何在学习专业技术知识的同时,了解中国的政治制度和外交策略是教学的重中之重。通过在授课的过程中引用包括典故、历史、名人事迹、诗词甚至影视美术作品等中国文化,加深留学生对中国传统文化的了解,提高留学生对中国文化的兴趣,甚至实现激发留学生主动探索中国文化,实现听得懂中国故事,会讲中国故事,讲得好中国故事。以在留学生中传播中国传统文化为突破口,促进中国文化在世界范围内的广泛传播,从而提高中国的国际影响力、国际感召力和国际塑造力。

以实际的"通信网理论基础"授课为例,在讲解 ALOHA 协议工作原理时,由于该协议同时只允许一个用户发送信息,当两个发送方同时发送数据,发生碰撞,产生冲突时,两个发送方将随机退避一段时间,再进行重传。基于它的深层次原理,我们引入了《易·谦》中的"谦谦君子"这一成语,通过形象地讲"中国故事",让学生理解专业原理。

在讲解寻找最小支撑树的 Kruskal 算法时,由于 Kruskal 算法按照边的大小从小到大取边,在这个过程中保证并入边后,不构成圈,因此,也称避圈法。我们引用了《左传·僖公二十三年》中的"退避三舍"典故,它是中国古代春秋时期,晋楚之间进行的城濮之战。这个典故完美地融合了军礼与谋略。晋文公说:若两国不幸要打仗,他会让晋军后退三舍,避免交战。通过讲故事,不仅让留学生理解中国礼仪之邦文化源远流长,还让留学生更深入地理解的专业课理论。

利用传统典故,可使看似枯燥的内容变得有趣,同时更好地扩大了留学生的词汇量,丰富了留学生的语言表达,帮助留学生了解相应的汉语文化,把专业知识和中华文明一起收入怀中。

3.3 活学活用

通过与留学生交流我们发现,大多数留学生对于所学课程只能使用英语来描述,对于其中的专业术语或者内容,无法使用中文,甚至母语描述。这显示出很多留学生学习内容仅限于考试,而没有真正地掌握那些知识,并应用它。因此,在授课过程中,我们与生活相结合设置思考题,促进留学生使用中文传播专业知识,进一步应用专业知识。

在课程最后,我们设置了让留学生给他人讲解知识点的环节,鼓励留学生学以致用,主动运用中文分享知识,主动传播知识。

3.4 认知中国科技发展

仅通过课堂使用中文,介绍中国文化是远远不够的。现代的中国,不仅仅有着深厚的文化历史渊源,也在国际事务中发挥越来越重要的作用,只通过有限的上课时间来介绍是不够的。因此,本文提出通过鼓励留学生课下对家乡的相关科技企业和相关高科技技术进行调研,了解在留学生家乡的中国企业的贡献和中国技术的应用。这种方法不仅加强了留学生对先进科技的了解,对中国企业的了解,而且有利于树立中国良好的国际形象。

4 教学效果总结

本项目充分利用网上教学模式在互联网上传播的有利方面,使留学生教育也能寓教于乐,增强留学生对祖国和中国的感情,提高了留学生学习的积极性。通过鼓励留学生用中文翻转课堂内容,将中国的文化科技进一步传播给"一带一路"国家,体现我国的深厚友谊。本文提出方案有以下创新点:

(1) 将中国文化和思想融入专业课教学,做到课程内容和文化教育并进;

(2) 提出的"三阶段 & 五部曲"思路上有特色;

(3) 方案取自实践调研,再通过实践验证结果反馈,进一步修正教改方案。

本方案结合留学生"通信网理论基础"课程,通过实践验证了本方案取得了良好的效果。通过本课程,大部分留学生进行了知识的二次传播实践。同学们都对中国产生了兴趣。学生上课后比上课前对中国的认知更加深入、全面。从仅仅知道四大发明,到了解中国的传统节日,更加完善了对中国文化的认识,看到了中国的快速发展。全部留学生对老师采取的教学方法都是满意的。

显然,通过中文授课,融合中国文化,中文教学和鼓励学生调研的方式,显著提高了留学生的汉语水平和对中国社会的融入程度,有效地提高了留学生对中国的了解程度,加强了同留学生国家的联系,深化了中国与各国的友谊,有助于中国国际地位提升。通过留学生这扇窗口,弘扬了中国文化,在世界范围内发出了中国声音,有助于"一带一路"政策的良好实施,提高了中国的国际影响力、国际感召力、国际塑造力。而这些正是中国在世界中发挥越来越重要的作用的不可或缺的文化软实力。因此,本文提出的留学生专业课程方案是符合留学生需求、符合国家需求、符合时代潮流的有效合理的方式,是一条留学生教学模式改革的新思路。

参 考 文 献

[1] 教育部.中华人民共和国教育部.来华留学生高等教育质量规范(试行)[S].高等教育,2018(10):1-7.

[2] 习近平给北京科技大学全体巴基斯坦留学生回信[OL].2020.5.

[3] 侯丽枚."一带一路"背景下中国文化的传播[J].现代交际,2020(10):82-83.

[4] 薛梅."一带一路"倡议下来华留学生思想教育的探索与实践研究[J].科技风,2020(17):41-42.

[5] 宋以凤,朴思蒙.中国国家形象在来华留学生中传播的问题与对策[J].国际公关,2020(5):28-30.

[6] 叶瑶君."一带一路"背景下的留学生文化课程设置[J].国际公关,2019(12):39-40.

[7] 王薇佳.结合地域优势,探索留学生文化课教学——以荆楚文化为例[J].智库时代,2018(45):272-274.

[8] 叶淑兰.中国文化软实力评估:基于对上海外国留学生的调查[J].社会科学,2019(1):14-25.

[9] 罗晨.中国传统节日文化在来华留学生教育中的传播与建构[J].海外英语,2019(1):155,156.

[10] 王冰一,赵国栋.来华中亚留学生跨文化适应危机及对策[J].黑龙江高教研究,2019,37(2):35-38.

[11] 周红."一带一路"倡议背景下来华留学生教育双向文化融通策略探研[J].辽宁师专学报(社会科学版),2020(2):100,101.

[12] 于晓日.留学生汉语交际意愿及其影响因素研究[D].南京大学,2013.

[13] 文雯,陈丽,白羽,曹慧思.北京地区来华留学生就读经验和满意度国际比较研究[J].北京社会科学,2013(2):63-70.

[14] 常悦珠,陈慧.来华留学生跨文化适应阶段研究[C].北京高校来华留学生教育研究,北

京.2008:287-297.
[15] 李晶,马静静.高校留学生教学满意度调查研究——以江苏省某高校为例[J].科教文汇(中旬刊),2015(9):27,28.
[16] 疫情之下:高校线上教学模式选择[OL]. http://shandong.hexun.com/2020-03-16/200638601.html 2020.6.

作者简介

崔鸿雁:女,1977年生,副教授,主要从事未来网络资源管理、人工智能、区块链研究。
张瑞:男,1997年生,硕士研究生,主要从事无人机组网、协同通信研究。
白雪涵:男,1996年生,硕士研究生,主要从事机器学习算法、大数据研究。
杨鸿文:男,1964年生,教授,主要从事无线通信研究。

计算机视觉类课程思政建设方案探究

姜竹青　门爱东　尹长川　苏菲

（北京邮电大学，北京，100876）

摘　要：本文在梳理计算机视觉类课程特点的基础上，面向该类课程思政建设的紧迫现状，提出了专业与思政并行交织的"双螺旋"结构教学内容体系，并由此形成该类课程的思政建设方案。

关键词：课程思政；计算机视觉；课程改革

Research on the ideological and political construction scheme of computer vision courses

Jiang Zhuqing　Men Aidong　Yin Changchuan　Su Fei

(School of Information and Communication Engineering, Beijing University of Posts and Telecommunications, Beijing, 100876, China)

Abstract: With characteristics of computer vision courses and urgent need of ideological and political reform, this paper puts forward a "double helix" content structure which is parallel and interwoven between specialty and ideological and political construction, and thus forms the ideological and political construction plan.

Key words: ideological and political course; computer vision; new engineering; course reform

1　机器视觉类课程特点

机器视觉类课程脱胎于传统的多媒体类课程（如"数字图像处理""多媒体技术""视频压缩与编码"），融合统计学习、模式识别与人工智能等学科背景，旨在帮助学生掌握计算机视觉的基础理论、基本方法和实用算法。此类课程旨在拓宽学生视野，帮助其了解专业发展前沿，培养其工程能力。该类课程有如下三个特点：

（1）这是一门交叉学科。计算机视觉类课程作为多媒体和人工智能的交叉学科，既包含传统多媒体课程研究人的视听器官的感知特性和音视频信号的处理，又涉及源于统计学习的人工智能，是新一轮产业革命的支柱门类，属于新工科教育中的重要组成部分。

（2）该类课程贴近生活。计算机视觉以其全天候工作、响应快速、结果准确的特点，正逐渐渗透到生活的各个领域，我们日常所见的身份验证、交通抓拍、自动驾驶、医疗图像处理和影视资源翻新等，均是计算机视觉的应用领域，其广泛应用大大提高了我们的生产效率和生活质量。

（3）该类课程引发社会关注。正因其广泛应用的特点，计算机视觉具有很强的话题性。诸多行业都在试图引入计算机视觉解决其存量问题，其高技术含量也引入了诸如经济、政治和伦理等话题，因此计算机视觉长期在新闻媒介中占有一席之地，比如法制节目中利用监控智能破案，某科学家获得高薪聘请，美国将海康威视列入实体清单，特斯拉自动驾驶等。

从上述特点可以看出该类课程蕴含有丰富的思政资源，作为新工科教育的课题之一，研究计算机视觉类的课程思政建设方案既是"新矿"，又是"富矿"，具有一定的代表意义。

2 课程思政的必要性和迫切性

自 2016 年全国高校思想政治工作会议召开以来，"立德树人"作为高校培养人才的根本任务，思想政治工作作为主要线索，将教育教学全过程贯穿起来。自此，"教书"和"育人"对立统一的哲学关系融合在"课程思政"的概念之中。[1]

北京邮电大学作为电子与信息为特色的理工科高校，必然面临着"价值教育"与"知识教育"难兼顾的"两张皮"状况——以专业知识传授、实践能力训练为中心的知识教育与以端正价值取向、培养道德情操为根本的价值教育存在一定程度脱节。一方面，思政类课程不被学生所重视（体现在学生对待出勤、作业、实践和考查的敷衍态度）。而另一方面，所谓"热门""强势"专业的核心课程，由于贴近考研，或者为用人市场所急需，出现一座难求的情况。一"冷"一"热"的差异本质上反映出多数的价值取向情况。

与此同时，机器的运算、存储、传输能力的提升给人工智能、大数据、智能制造、机器视觉等工业应用带来巨大的发展机遇和发展动力。面对高等工程教育在此次浪潮中的契机，教育部积极推进"新工科"建设。在"新工科"教育中思政课程亦大有可为。"新工科"专业课程中蕴含着丰富的思想政治教育资源元素，通过把握新工科核心素养，在课堂中有机融入家国情怀、知行合一、工匠精神、伦理道德等思政元素，可以提升新工科人才人文软实力。[2]

3 课程思政建设方案

课程思政建设方案分成"对人"和"对事"两方面，如图1所示。一方面，教师作为课程思政建设核心，是建设效果的决定因素；另一方面，教学设计定义了课程建设的全部要素，包括教学目标、教学内容、和教学方法等，它勾勒出教学目标的具象愿景，描绘了教学目标的可达路径，同时圈定了与之相配套的教学方法。

3.1 提升教师政治素质

要实现"课程思政"首先要实现"教师思政"。教师的政治素质，就是看教师能否理解党在新时期社会主义的总方针总路线，能否贯彻党对教育事业的指导思想，能否在日常工作中体现社会主义核心价值观。

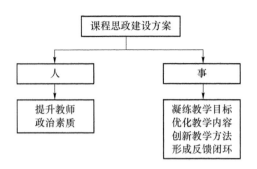

图 1 课程思政建设方案概略

宋代哲学家李觏在《广潜书》中提到"善之本在教,教之本在师。"阐述了教师在学生德育中的核心地位。2014 年 9 月习近平总书记在北京师范大学看望师生时指出:"传道、授业、解惑,教师职责第一位的就应该是'传道'。"教师和学生都是富有感情的、活生生的人,不是刻板的发射接收设备。教师的世界观、人生观和价值观,将通过课堂内外的一言一行直接影响学生;教师的思想高度和政治素质,将作为榜样留存于学生心目中。教师的理想信念,将随着一件件小事润物无声地浸染着学生。[3]

提高教师的政治素质,首先要提高教师对于中国共产党领导下中华民族伟大复兴的使命感的认知。全面建设小康社会,乃至实现中华民族伟大复兴,是全国各族人民百年来的共同梦想。作为教育工作者,作为社会主义事业接班人的培育力量,理应将自身的价值体系同国家民族的命运联系在一起。2020 年疫情期间极少数高校教师在社交媒体上恶意攻击党的领导和中国人民抗击疫情的努力,究其根源就是自身价值观出现问题,戴上有色眼镜,歪曲解读中国的伟大事业。

提高教师的政治素质,还要明确划定"课程思政"的内涵和外延。"课程思政"只有四个字,在教师的实际操作中,需要更加具体的定义。"课程思政"中的"思政"不是将《马克思主义基本原理》《中国近现代史纲要》《思想道德基础与法律基础》中的内容与专业课程中的知识点低水平耦合。"课程思政"是从"育人"的本质要求出发,一切与"德育"有关的教育教学全过程。"新工科"教育中的"课程思政"包括但不限于人类科技发展的曲折过程、科技的潮汐式发展与人类历史和国家命运的密切关系、近现代中国仁人志士"实干兴邦"的励志事迹、当前中国发展面临的"卡脖子"科技问题,科技与伦理的匹配逻辑等。

提高教师的政治素质,更要加强对教师的思政能力培训。多数工科教师从高中开始,便很少接受面向选拔考试的文科(历史、地理和政治)教育。涉水"课程思政"时感到力不从心,大到一门课程思政体系的建立,小到可能发掘思政元素的知识点,往往陷入无意识困境——意识不到问题存在,也就找不到解决方法。因此,有必要根据专业特色和学校特点,尤其是结合上述课程思政的外延,针对"新工科"课程思政中常见问题进行梳理,借助集中授课、观看影视资料、实地考察学习和教学研讨会等各种形式,对教师的思政能力进行培训。

3.2 凝练教学目标

当前诸多专业面向中国工程教育认证的毕业要求及指标分解,制订各门课程的教学目标。以北京邮电大学电子信息工程专业 12 点毕业要求为例,其中的第 6～12 条,分别从社会影响、可持续发展、人文素养、团队协作、表达能力、管理能力和自主学习 6 个方面对培养的"育人"效果订立标准。这也是工程教育认证对"育人"效果的要求。本文以上述毕业要求的 6～8 条为例,剖析如何基于课程思政的要求凝练教学目标。

"第6条:基于电子信息工程专业相关背景知识,能够合理分析和评价本专业相关的工程实践和复杂工程问题解决方案可能对社会、健康、安全、法律、文化带来的影响,并理解因实施解决方案可能产生的后果及应承担的责任。"

剖析:计算机视觉的根本目标是让机器代替人类的视觉感知和理解能力,那么基于人类思想和行为的现行伦理、法律和文化等一切上层建筑,在机器时代都要面临重塑。比如说,自动驾驶汽车保险是否应该赔付?无处不在的监控设备,在维护治安和公民隐私之前的界限何在?计算机视觉为人类服务,让社会服务更加全面、安全和便捷,其解决方案就不可能脱离人类社会的约束并形而上地存在。

"第7条:了解信息通信与广播电视产业有关环境保护和可持续发展等方面的方针、政策和法律、法规,能够理解和评价针对复杂工程问题的工程实践对环境、社会可持续发展的影响。"

剖析:计算机视觉虽然可以缓解教育不平等,或在宜居城市等方面发挥作用,但是其对能源的消耗不容小觑,电力需求激增就违背了确保人人获得可负担的、可持续的现代能源的目标。另外,一些算法不加批判地选择材料训练,将无意间学习到现实社会对女性或少数族群的偏见,继而嵌入其决策系统中。最近在国外社交媒体上有关图灵奖获得者Yann是否歧视非裔族群的争论,就是非常鲜活的例子。计算机视觉是没有感情的工具,但使用者是有血有肉的人,工具对主体目标的潜在负面效应,是设计工程方案时应该预见并设计预案的对象。

"第8条:具有人文社会科学素养、社会责任感,具备健康的身体和良好的心理素质,能够在工程实践中遵守工程职业道德和规范,并适应职业发展。"

剖析:当前的计算机视觉基本是基于大数据训练学习,从业人员将面对大量用户信息,其中多数涉及隐私。因此,一名身心健康、有良好职业道德的从业工程师,是企业能够长期存续的保证。而一个具有人文素养和社会责任感的工程师群体,不盲从权威,善于思辨,目光长远,有家国情怀,则是中国建设公民社会的有生力量。

通过以上例子的剖析可以看出,培养方案的毕业要求和课程思政的建设目标,具有内在一致性,并行不悖。因此依据培养方案的要求,结合学科特点,探究思政建设方向,是凝练教学目标的有效方法。

3.3 优化教学内容

在课程思政建设中,教学设计分为两个方面:一是发掘课程思政要素;二是思政和专业教学内容,交叉归并,有机融合。

3.3.1 发掘课程思政要素

课程思政的基础是要有丰富的思政内容做支撑。而课程中的思政资源是需要下力气发掘的。下边用例子说明计算机视觉类课程的思政要素。

"图像处理基础"涵盖人类图像被人类所记录、传输和处理的历史,其实是人类二次工业革命的一个缩影。由此衍生出的新行业——广播电视、医疗影像、遥感影像、电影娱乐等,拉动全球经济发展,增加世界人民的福祉。这说明科技的增量才能做大经济的蛋糕,否则对存量的反复分割是非常危险的。

"计算机视觉的常见任务"中很重要的部分是人脸识别,其广泛应用增强了对违法行为的威慑,降低治安管理成本,保障人民安居乐业,我国为此先后推进了"天网工程""雪亮工程"等基础设施建设。但在一些领域此技术存在被滥用的风险,公民隐私暴露在无处不在的摄像头之下。东西方文化对此矛盾的不同理解,产生了截然不同的社会效应,引发学生对矛盾一体两面的思考。

3.3.2 思政和专业教学内容的有机融合

专业教学内容原本自成体系,但当前的诸多课程思政建设中,重视内容发掘,忽略内容整合。这样就出现两条课程线索:一条专业明线逻辑缜密,脉络清晰;另一条思政伏线东拼西凑,一盘散沙。[4]因此在思政改革中作者提出了"双螺旋式建设思路"——明线和伏线类似于DNA双螺旋结构,均有各自清晰的发展走向,同时专业内容和思政内容就是"碱基对",将两条主线粘合在一起。两条线均相对独立和完整,便于学生理解、掌握和融会贯通。专业和思政的"双螺旋"结构如图2所示。

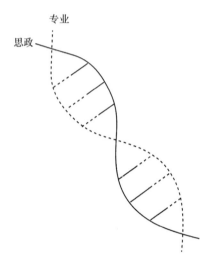

图 2 专业和思政的"双螺旋"结构

表 1 专业和思政内容体系的对应关系

专业内容	思政内容
图像基础	人类科技发展的脉络,以及对社会发展的影响
图像增强	利用科技"求美"
图像复原	利用科技"求真"
计算机视觉常见任务	利用科技"求善"
图像压缩	"真"与"美"的平衡
特征提取与比对	"真"与"善"的平衡
深度学习促进图像处理	科技伦理,科技与人的全面发展

如表1所示,计算机视觉技术的最终受体是人。而"真善美"作为人的追求目标,人在追求真善美的过程中,真善美也通过人得到了实现。这种对立统一的哲学关系,作为此类课程的思想核心,统摄全部教学内容的组织——计算机视觉技术,从专业课程角度,是真善美通过科技得以实现,从思政课角度,是科技帮助人类追求真善美。专业课程的教学内容体系,按照从"低层次"到"中层次"到"高层次"计算机视觉的思路,安排教学内容。从思政的教学内容,按照"科技对人类的影响""利用科技追求真善美""真善美的约束与平衡""人类如何面对和驾驭科技的变革",从客观到主观,从简单到综合,从矛盾的一个方面转到对立面。

3.4 创新教学方法

新的教学内容体系对教学形式提出要求。首先,运用在线开放课程(Massive Open Online Course,MOOC)。近年国内外 MOOC 发展方兴未艾,大量中英文视音频素材提供了丰富而系统的课程思政资源,拓展了教学活动的时空维度。由于课时限制和主讲教师的专业属性,双主线结构的教学内容难以在课堂上完全呈现。因此,一部分教学内容利用 MOOC 平台学习:(1)可以减轻课堂授课压力,教师有充足的时间阐明重点难点;(2)可以延展学生视野,在自学 MOOC 过程中,大量接触各种素材,效果超过由任课教师单一讲授;(3)可以获得良好的视听体验,更加感性地理解课程内容。

同时,为了完成让学生从"入耳入眼"到"入脑入心"的转变,从理解客观知识上升到发挥主观能动,在思政讨论环节引入"翻转课堂"方法。翻转课堂 2007 年起源于美国,其形式在 MOOC 上更进一步,利用学生的课余时间网上学习,课堂时间进行讨论。其内在核心是西方教学模式中"以教导学"思想而非"以教摄学"。翻转课堂在中国大学中的课堂落地必须考虑中国的教育实际。

(1)翻转课堂的初衷是面向缺课学生补课,本身就是课堂教育的补充手段;同时要求学生利用课下时间完成高质量预习,包括学习和思考,这在学业紧张的大二大三是很大的挑战。

(2)课程思政的主要目的是育人,一切教学模式服从于教学目的,翻转课堂既要保持正确的价值观导向,又要激发学生的探究能动性,对教师能力提出了更高要求。

(3)中国的大学生是在东方"师道尊严"的教育环境下成长起来的,绝大多数中国的高校教师在长达 10 余年的基础教育甚至高等教育阶段也是成长于同样的环境,如果全盘照搬必然会引起水土不服,比如面对纷繁芜杂的资料,学生自学抓不到重点,面对学生千奇百怪的问题,教师引导不知从何下手。

所以,面对教学实际,专业课仍然采取传统的课堂教学模式,思政课堂在部分具有思辨内容的话题讨论中引入翻转课堂,比如关于"人工智能"的伦理,到底要不要发展强人工智能,人工智能对人类的未来是利大于弊还是弊大于利,这些难以有准确答案的问题适合采用翻转课堂的教学模式。

3.5 形成反馈闭环

采用多种方式对教学过程进行评价,专业课的教学效果易于显性量化考核,而思政课的考核则相反,思政课的教学目的是将"德育"内化为价值观,并指导其外在行为。但很难通过观察行为反推并量化其价值观情况,遑论书面答题的形式。因此,采用匿名问卷调查和委托第三方与部分学生一对一谈话,共同对课程思政情况定性评估。

3.5.1 匿名问卷调查

匿名问卷调查可以获取比较客观准确的学生评价,在问卷设计过程中注意以下问题:(1)学生在结课后再次参与课堂调查的意愿普遍不足,同时本次调查侧重定性收集,因此问卷题目不宜过多,选项不必过细。建议在 8 道题以内,选项分为"优""良""中""差"四个等级,题目描述尽量简单。(2)最后增加一个主观题,以收集选择题无法覆盖的意见,并提供几个可能的备选项,一是给填写意见以指导,二是减少学生打字。

3.5.2 第三方评测

学生在面对任课教师时,存在顾虑往往不能提供准确的、尤其是负面的意见。因此聘请辅导员背靠背收集学生意见,此类评测在期末考试结束后进行,根据学生成绩采用分层抽样,主要通过一对一谈话的形式,收集主观意见,形成非格式化结果,在反馈给任课教师时做匿名处理,作为教师的辅助参考。

4 结束语

对中国的青年来讲,21世纪第三个十年的开幕礼,绝对不是"爱与和平"——贸易争端、全球流行病、边境摩擦、科技封锁、天气灾害……这些名词不再仅是新闻头条的"爆款",而是切切实实地影响着每一位青年人的生活——它可能是找工作变得困难,或是家庭收入减少,或是整个学期在家上网课,或是某款仿真软件的许可证过期,或是学术交流行程被取消……所有这些都表明,科技无法取得巨大突破,生产力没有质变提升的今天,不同文明之间、不同发展程度的集团之间、相同发展程度的集团内部已经进入残酷的"存量搏杀"。因此,当下高等教育培养的人才,不仅要有过硬的专业本领,更要具有长时间跨度、广空间维度和多事件角度的思辨能力。唯此才能熟悉人类社会发展的基本规律,才能真正认识到中国共产党领导下的中华民族的伟大复兴,是符合中国人民共同利益、从而惠及全人类的正确选择。因此,教师在课程思政的建设时须做到精益求精,真正能够帮助大学生树立正确的世界观、人生观和价值观,把立德树人做到润物无声,为中华民族培养一批有理想有担当的青年人才。学校层面也做好"顶层设计",党委统一领导,整合资源,各部门齐抓共管,形成合力。[5]课程思政改革是中国一流高校未来的攻坚方向,改革过程中必然会有弯路和挫折,我们要坚定信心,不懈努力,走出一条符合专业特色的课程建设路径,为社会主义建设源源不断地输送合格人才。

参 考 文 献

[1] 唐芳云.立德树人:高校"课程思政"价值定位的哲学审视[J].思想文化教育,2020,(2):121-124.

[2] 施永清,顾振宇,王向阳.新工科愿景下课程思政协同改革路径探索[J].科教文汇(上旬刊),2019,(7):4,5,36.

[3] 庄梅兰."课程思政"背景下高校教师思政工作创新思考[J].湖北理工学院学报(人文社会科学版),2020,37(1):77-82,86.

[4] 黄琼丹,卢光跃,陈怡君.理工科"课程思政"教学方法研究[J].教书育人(高教论坛),2019,(27):101-103.

[5] 朱春凤,宫晓群.浅谈《遗传学实验》课程思政教育的设计与实践[J].高教学刊,2020,(8):102-104.

关于电信专业人才培养融入精准扶贫工作的实践探索

吴妮妮

（长江职业学院，武汉，43007）

摘 要：习近平总书记提出精准扶贫战略思想，这是中国扶贫史上的理论创新，是高端的顶层设计。全面建成小康社会需要深入开展打好精准脱贫攻坚战，同时"扶贫必扶智"，教育扶贫是脱贫攻坚战的重要维度，高等职业教育是教育扶贫中必不可少的重要环节。本文以长江职业学院电信系为例，尝试结合专业建设课程体系、人才培养模式、实践支持平台等各种方法来对接精准扶贫活动，达到帮助贫困学生提升职业资本，从而帮扶其贫困家庭阻断贫困代际传递的目的。

关键词：精准扶贫；职业教育；人才培养

On the Practical Exploration of Integrating Targeted Poverty Alleviation into the Cultivation of Telecom Professional Personnel

Wu Nini

(ChangJiang Polytechnic, Wuhan 430074, China)

Abstract: General Secretary Xi Jinping has put forward the strategic thought of targeted poverty alleviation, which is a theoretical innovation in the history of Poverty alleviation in China. To build a moderately prosperous society in all respects, it is necessary for us to carry out a thorough and effective fight against poverty. Educational poverty alleviation is an important dimension in the fight against poverty and higher vocational education is an essential link in educational poverty alleviation. Taking the Department of Telecommunications of Changjiang polytechnic as an example, this paper tries to use various methods to connect targeted poverty alleviation activities in combination with professional construction, so as to help poor students get rid of poverty.

Key words: Targeted poverty Alleviation; Vocational Education; Talent Cultivation;

1 精准扶贫的背景

一直以来党和国家十分关心和重视扶贫工作,不断在全国范围大规模地实施有计划、有决策、有组织的开发式扶贫,我国贫困人口相对改革开放初期已经大幅度减少,部分贫困地区面貌显著变化,基本脱贫。2013年习近平总书记到湖南湘西考察时首次提出的"实事求是、因地制宜、分类指导、精准扶贫"的重要思想,从此"精准扶贫"这一概念开始被广泛转载并引发社会各界热议。"精准扶贫"这一关键词的工作机制重点是指通过精确瞄准贫困人口,采取一系列极具针对性的战略措施实施脱贫。我党在十八大以后,明确指出要把扶贫开发工作纳入"四个全面"战略布局,摆在非常突出的位置,强调将大力实施精准扶贫作为实现我国第一个百年奋斗目标的重点工作,对新时期扶贫工作提出了新挑战与新要求,精准扶贫发展成效将成为我国是否能全面建成小康社会,并实现中华民族伟大复兴的"中国梦"的重要标准和保障。

2 高职院校教育扶贫的意义

"治贫先治愚,扶贫先扶智",其中"治愚"和"扶智"都要靠发展教育来实现。在打赢脱贫攻坚战过程中,"教育扶贫"已成为最有效的手段之一,是指通过对贫困地区、贫困人口进行教育投入和教育资助,提高贫困人口科学文化素质,帮助他们掌握脱贫致富的相关技能使他们摆脱贫困、最终消除贫困促进经济发展的一种扶贫方式。

国务院发布的"十三五"脱贫攻坚计划中,把教育扶贫作为全国脱贫攻坚重要举措和治本之策。高校作为教育领域"精准扶贫"的前线阵地,在帮扶贫困学生解决实际经济困难、圆梦大学等具体工作上肩负重要使命。其中高职院校参与精准扶贫又具有先天的优势,因为职业教育是摆脱贫困最直接、最高效的手段,贫困家庭的孩子可以通过高职三年系统的学习迅速掌握一门专业技能,实现高质量就业,带动一个家庭实现脱贫致富,甚至长远带动家乡一个组、村实现脱贫。

正确认识高职教育是脱贫攻坚战中的重要组成部分,发挥现代职业教育在精准扶贫工作中关键作用,在新时代经济形势下深化改革,可以更好地促进精准扶贫目标的实现。同时高职院校精准扶贫与专业建设有着非常紧密的联系,如何在专业人才培养过程中结合具体专业特色,通过设计科学的课程体系、建立规范的制度保障、明确核心的能力培养等多维度精准扶贫育人模式,是非常具有挑战意义的实践。本文将尝试结合长江职业学院电子信息工程技术专业现有条件和特点,分析专业建设对接精准扶贫工作方法的可操作性,探索对贫困学生进行"扶智"加"扶志"的具体措施。

3 高职院校教育扶贫的现状

(1)高职院校教育扶贫的优势

高等职业教育重视"职业性"培养,职业教育人才培养可以根据市场实际需求进行岗位对接,帮助贫困学生在尽可能短时间内进行技能强化,在脱贫致富路上"投入少,见效快",具有帮助贫困家庭实现智力扶贫、教育扶贫功能。

2019年上海市教育科学研究院和麦可思研究院共同编制的《2019中国高等职业教育质量

年度报告》中显示,高职毕业生半年后就业率持续稳定在92%,毕业3年后月收入增幅达到76.2%,毕业生本地就业率接近60%,到中小微企业等基层单位服务的比例保持在60%以上,高职教育对于扩大就业和促进学生发展作用日益显现。因此,高职院校在助力乡村振兴、脱贫攻坚方面持续发力,在消除贫困、阻断贫困代际传递的恶性循环中发挥了重要作用,具有突出优势。

(2)高职院校对教育扶贫的现态

高职院校作为培养现代化高技能、高素质应用型人才的摇篮,均已积极响党和国家关于精准扶贫,乡村振兴等号召,不断履行学校资助育人尤其是精准扶贫育人的职责。目前,我国对职业院校贫困学生的资助已经形成了涵盖了"奖、助、贷、勤、补、免"六个方面,以及"入学绿色通道"等多元化混合模式的资助体系。虽然目前高职院校在扶贫实践中已经探索了一些经验,但是也暴露出一些问题。

问题1:对贫困生的经济资助方式简单

目前高职院校对学生资助主要是经济补偿,学生通过填写家庭情况调查表,附上相应的支撑材料,并结合助学金申请文件填写家庭经济困难学生认定申请表,由班级、院系、学校逐级审核确定资助等级,即可获得一定数目的经济补偿。这种单一的福利性资助缺乏延续性,一旦学生毕业就不再具有申请资格,不能从根本上解决学生贫困问题。同时学校对贫困学生后续管理还缺乏一定力度,没有持续关注其心理状态,导致学生不止有经济贫困,还普遍存在精神贫困、学业贫困、就业贫困的现象。比如部分贫困学生学习不努力,贫困资助上存在"等、靠、要"的现象,专业技能不够熟练导致毕业后短时间找不到合适的工作,面临一毕业就失业的困境,没有真正的解决脱贫。因此高职院校的精准扶贫方式还有待改进和提高。

问题2:对扶贫的内涵理解不够

很多高职院校的教师对精准扶贫的理解,还停留在依靠国家政策进行对贫困家庭、贫困生进行资助的层面,认为高校没有研究精准扶贫的必要,这将导致教师对精准扶贫的参与度不高,缺乏主动对扶贫对象、扶贫项目、扶贫效果等方面进行跟进,不能将专业建设、人才培养、课程体系等具体环节融入精准扶贫的思想,更谈不上建立科学的论证体系,全面地把控扶贫项目的可行性和操作性。因此要结合专业特点创新扶贫人才培养模式,完善职业技能扶贫训练的课程体系,提升专业建设的教育扶贫能力,不断履行专业育人、实现精准扶贫的突破等问题有待解决。

4 专业人才培养融入精准扶贫的策略分析——以长江职业学院电信专业为例

(1)学生背景分析

以湖北省长江职业学院为例,结合每年新生报到提供的生源地资料调查,以及学工处建档数据分析显示,近两年来电信专业每年新生入学比例中约有75%来自农村地区,25%来自城镇,其中来自城镇的学生大部分也是来自县城,省会城市比例约为6%~8%;在新生入学初期缴纳贫困证明等相关材料比例达到了15%~20%,其中通过绿色通道入学的比例约为2%~4%。通过以上数据可见,目前我校电信专业高职新生中,贫困生的比例不容小觑,做好贫困生的管理工作意义重大,开展对贫困生的精准扶贫工作显得尤为重要。

(2)专业对接精准扶贫的实践

如何结合电信专业学生背景,从专业特点出发,在人才培养模式上寻求对贫困学生开展精准扶贫工作的突破是待解决的重点。经过不断尝试最后明确以"能力培养为核心,精神扶贫为基础,政策落实为保障,校企合作为共赢"的思路,对专业服务于精准扶贫新形势下培养模式、保障机制、课程体系、支撑平台等进行探索实践。通过对学生在校期间专业教育改变一个贫困生的机遇,来逐渐实现改变一个贫困家庭,甚至影响一个贫困农村的良性循环。

① 能力培养

专业教育的精准扶贫功能,实质上在于提高学生脱贫致富能力,也就是培育学生的核心职业竞争力,寄希望其成为乡村振兴战略的人才主力。因此我校电信专业定位于培养学生适应于电子产品设计、生产、销售及服务一线需要,具有电子线路基本理论知识,熟悉电子产品工艺,具备电子产品生产测试设备操作维护能力和智能产品软硬件初步设计能力,能胜任智能制造、"互联网+"行业智能产品整体方案实施工作的高素质技术技能型人才。

在课程体系设计上,对接电子行业经济发展岗位需求,大力推进校企合作、工学结合、协同育人,尤其是实训基地的建设要注重训练学生的实践应用能力,将前期的专项技术能力培训转向综合技能的培训,特别是要培养学生的创新创业能力,凸显学生自主学习的探究精神,最典型的举措就是"以赛促创"来实现"扶贫先扶智"。参考竞赛过程和企业真实工作过程,以学生为主体、能力训练为目的开展项目导向、任务驱动的教学。这种方式增加了学生的专业自信并拓展专业视野,通过竞赛还可获得优秀企业的工作机会,有些突出的学生在校时就被企业提前预定且就业层次较高。这种培养方式将教育培训的导向性与实用性相结合,学生除了学习专业技能还提高了就业创业能力,是进行教育扶贫的重要内容。

② 精神支持

专业教育的精准扶贫功能除具备"职业性"外,还应具有"教育性"。职业性帮助学生掌握职业技能,教育性帮助学生成就终生成长。培养一个合格的社会劳动者要具备劳动技能和职业素养,包括职业纪律、职业道德、职业操守等内容,这些都决定了劳动者的职业迁徙能力和持续学习能力,是将技能型教育转化为发展型教育的关键因素。因此在专业教育中要关注学生健康的心理、丰富的精神、稳定的情绪、积极的状态,尊重理解贫困学生的各种差异性和个性化的帮扶需求,树立需求导向的扶助理念。

电信专业教育中的精准扶贫目标要考虑长远的持续性影响,重点加强对贫困学生的精神支持和人文关怀,真正实现"扶贫需扶志"。要充分认识发挥专业教育在跟进扶贫对象、扶贫效果中的内涵作用,有针对性的在课程体系中融入对社会使命感教育,帮助贫困学子树立正确的劳动观、价值观、荣辱观,引导贫困学生正确面对各种困难,通过自身努力完成学业并改变命运;要加强对学生诚信、感恩、责任感的思想教育工作,注重培养学生爱家爱国情怀和担当意识,引导激励贫困学生回乡就业或创业、为家乡发展做出贡献,以点带面通过个人带动家庭,影响当地村民共同脱贫致富,让精准扶贫效果呈现,获得良性社会效益。

③ 政策落实

现阶段国家对高职的扶贫教育体制在持续的改进和完善,并且各种扶贫监管制度、追责制度也在逐步健全。但是各项政策的熟悉掌握与落地执行还存在一定偏差,比如教师教育扶贫经验不足,职教理论与扶贫理论融合不深,对扶贫行政命令的被动机械执行等。为保证教育公平性对贫困学生精准资助和帮扶,从院校领导、行政人员到专业教师均在贫困学生资助与育人等方面肩负重要使命。电信系领导与教师在搞好教育教学管理工作的同时,认真学习各种扶贫政策,强调"思想上重视,行动上落实",不搞粗放式扶贫,不搞形式上扶贫,确保真扶贫、扶真贫,注重对贫困学生帮扶体系不断完善。

首先是熟悉国家对贫困学生资助的"奖、助、贷、勤、补、免"的六覆盖政策,了解湖北省入学绿色通道手续和流程,并结合省内对贫困地区的认定范围等进行针对性资助。再就是积极对接各种特殊政策,比如士官生项目、大学生村官项目、乡镇教师等项目,鼓励学生在大学期间结合自己优势和兴趣多途径地选择学业完成形式。而这些项目大多是国家减免学费,很大程度上减轻了求学期间费用的压力,同时也提供了对口就业、继续深造的机会帮助学生可持续发展,非常符合家庭贫困的学生的实际需求,也是教育扶贫的一种新选择和新局面。

④ 校企合作

增强职业教育精准扶贫的影响力除依靠国家、政府外也需要其他社会群体参与。本专业明确了由电子行业领域长期合作的企业共同参与,通过"帮扶合作"实现"校企双赢"的扶贫机制,让优质企业深入参与院系扶贫工作,推进专业建设助力学生脱贫、地方致富实现区域乡村振兴。

具体在实施策略上采取了以下合作方式:

① 企业参与人才培养:本专业培养什么样的人、训练什么样的技能,这些都要对接产业发展需求,因此企业参与本专业的课程体系设置、职业能力培养、实训基地建设等全过程,强化对接产业工作岗位的技能型人才培养,实现对贫困生最高效的技能脱贫。

② 订单班合作:本校电信系已经与部分有实力的企业合作开发了"吉利班""京东方班""天马班"等多个订单班。订单班是学校与企业之间优势互补、互惠共赢的合作,学院为企业量身打造技术人才,企业接纳学生进行实习和对口就业,特别是对贫困学生搭建了一条稳定的就业道路,缩小毕业与就业的时间差。

③企业奖助学金:主要是由合作企业用于奖励和扶持本专业品学兼优的学生和家庭贫困学生的专项奖金,目前吉利集团、京东方集团等均在本校电信专业设立有专项企业奖学金项目,贫困学生通过自己的努力"以学养学"缓解部分经济压力。

④ 技术服务企业:我校电信专业目前有国家级创新协同中心,通过这个创新平台引入大量企业合作项目,教师引导专业技能突出的贫困学生帮助企业进行有偿技术服务为企业解决难题获得一定报酬。同时这些学生在校期间通过大量的企业项目迅速提升专业技能获得企业认可,毕业时可跳过实习期考核提前进入企业转正。还有小部分学生与企业合作力度不断深入,待条件成熟后带动同学一起成立公司进行自主创业。这些学生最终摆脱贫困的前景可期。

5 结语

自国家精准扶贫战略提出后,高等职业教育在精准扶贫工作中的重要作用已经凸显。对于职业教育与精准扶贫关系的微观研究,特别是不同学科领域通过专业特色人才培养帮助贫困学生实现"长智、涨志、脱贫"的具体实践仍需继续探索。

参 考 文 献

[1] 丁正荣,刘文庆.新常态下高校学生"精准扶贫"问题分析与实施策略[J].机械职业教育,2016,(6):29-31.
[2] 王红春,宾杨帆.高职教育与精准扶贫的对接[J].高教论坛,2016,(23):16-17.
[3] 李柱朋,毕宪顺.我国高等职业院校精准扶贫的价值与路径[J].职业技术教育,2017,

(13):34-38.

[4] 王大江,孙雯雯,闫志利.职业教育精准扶贫:理论基础、实践效能与推进措施[J].职业技术教育,2016,37(34):47-51.

作者简介

吴妮妮:女,1983年生,副教授,主要从事电子信息科学、通信技术等方向的研究。

探寻5G新基建大潮中校企合作新契机

孙中亮　刘洹君　王　福　闫光辉　袁　兴　夏成龙

（大唐移动通信设备有限公司，北京，100083）

摘　要：2018年年末中央经济工作会议提出"新基建"概念以来，5G基建作为九大基础设施建设领域之首，终于迎来移动通信5G网络大规模建设的新发展阶段，同时促进了社会生活诸多方面的改变。移动通信技术与计算机技术、物联网技术的深度融合为校企深度合作提供了广阔的发展空间。未来校企合作将从单一教学合作模式向综合性产业学院及校企合作基地模式转型，从传统授课方式向5G工程实践仿真平台、工程实践体验平台、ICT融合应用场景解决方案等教学平台化方向转型，从本校教师培养向校企合作双师认证培养方式转型。共谋、共建、共享、共进将成为未来校企合作创新的新思路。

关键词：5G新基建；ICT融合创新；5G工程实践仿真平台；双师；产业学院

Exploring new opportunities for school enterprise cooperation based the trend of 5G new infrastructure construction

Sun Zhongliang　Liu Huanjun　Wang Fu　Yan Guanghui　Yuan Xing　Xia Chenglong

(Datang Mobile Communications Equipment CO. ,LTD. ,Beijing 100083,China)

Abstract：Since the concept of "Construction of new infrastructure" was put forward by the Central Economic work Conference in late 2018. As the first of the nine major infrastructure construction fields, 5G has finally ushered in a new stage of development in the large-scale construction of mobile communications 5G networks. At the same time promoting change in many aspects of social life. The deep integration of communication technology with computer technology and Internet of things technology provides a broad development space for the deep cooperation between schools and enterprises. The future cooperation between school and enterprise will be transformed from single teaching cooperation mode to comprehensive industrial college and school-enterprise cooperation base mode, from traditional teaching mode to 5G engineering practice simulation platform, engineering practice experience platform, ICT integration application scene solution and so on. The Transformation of Teacher Training from School-Enterprise Cooperation to Double-teacher Certification Will become a reality. Conspiracy, co-construction, sharing and common progress will become a new idea of cooperation and innovation between schools and enterprises in the future.

Key words：5G new infrastructure construction；ICT integration and innovation；5g engineering practice simulation platform；the training of double - professional teachers；Industrial College

1 5G 领跑"新基建"撬动社会变革

新型基础设施根植于新一轮科技革命和产业变革,决定了国家的创新水平和经济发展素质,支撑了现代化经济体系的建设。5G 作为中国数字经济发展重要驱动力,不仅可以提升我国的数字产业化能力还将大力拉动产业的数字化进程。从产业规模来看,预计到 2025 年,5G 将带动 6.3 万亿总产出、1.1 万亿经济增加值和 400 万个就业机会。

1.1 新一代移动通信核心技术

随着 5G 网络深入部署,5G 的发展实现从传统的电信基础业务转向垂直行业应用,连接数将从几十亿扩展到数百亿。5G 发展要经过从政策驱动到业务驱动再到商业驱动的阶段。2020 年,第一波 5G 收入将依赖在 eMBB；2022 年后,mMTC 和 uRLLC 才会逐步成熟。5G 在垂直行业市场空间更大,但需要长期培育。业务驱动下,5G 正赋能千行百业的基础设施建设。

国际电信联盟 ITU 定义的 5G 应用场景(如图 1 所示)各自具特色。增强移动宽带场景 eMBB 的特性在于高速率、大带宽、高频谱效率方面,与 4G 相比频谱效率增强 3~5 倍[1]。低功耗大连接场景 mMTC,体现出功耗低、成本低、用户连接数大的特征。低时延高可靠场景的 uRLLC,体现出时延低、可靠性高、移动性强的特征,广泛应用于时延低、可靠性高的移动性场景。

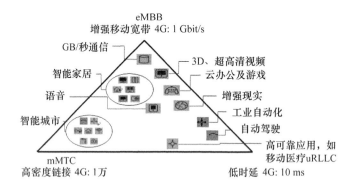

图 1　5G 技术核心应用场景

1.1.1　高带宽技术及其应用场景

大带宽应用的特点在于对速率的要求,主要表现为如下三大类应用场景。

(1) eMBB 场景-4K/8K 高清视频

据研究表明,在线观看高清视频的用户至少需要 25 Mbit/s 的速率。依此类推,8K 电视高清观看需要 100 Mbit/s 传输速率支撑。例如,日本东京奥运会,现有的 4G 网络速率无法满足需求,5G 的大带宽速率才能满足应用。因此 5G 增强性带宽的应用已经到来。

(2) VR/AR 虚拟现实 & 增强现实

在 eMBB 场景中,VR/AR 涉及的应用比较广泛,包括 VR/AR+教育科普,主要涉及虚拟教室、虚拟课件、在线互动教育等;VR/AR 的弱交互主要以大带宽速率需求为主,体验沉浸感的方式的优越感在某种程度上依靠视频分辨率的大幅度提高。VR/AR 强交互在使用中,依赖于带宽和时延的双需求准则,入门体验阶段将达到带宽 200 M 左右,时延 10 ms 左右。只有充分发挥 5G 技术特性,在某种程度上才能真正达到业务的体验效果。

(3) 网联无人机

网联无人机应用场景包括消费级与工业级。消费级应用包括直播和编队飞行,直播主要用于体育赛事、演艺活动等大型活动以及广告、新闻等商业活动拍摄中,编队飞行主要是让无人机队形呈现出图案、文字等进行表演,主要适用于政府或者企业的大型宣传项目。工业级应用主要体现在物流与巡检、救援与安防、自主飞行上,最重要的是在物流上需要精确地定位和同步时间,并用来克服外部带来的干扰,分为"干线-支线-末端"三段式空运网络架构,需要监控、定位和网络图传能力。自主飞行从起飞、巡航、探测、回巢、充电、分析等方面体现出自主的能力。

表 1 高带宽应用场景的网络指标

业务类型	对网络指标的要求	网络
4K 高清视频业务	单个用户感知速率至少需要 30~120 Mbit/s	4G
8K 高清视频业务	单个用户下行感知速率至少需要 1 Gbit/s,单小区则要满足 10 Gbit/s 以上更高的吞吐量	5G
VR 业务	典型:40 Mbit/s 的实时速率,<40 ms 的时延,时延太大会有眩晕 挑战:100 Mbit/s 的实时速率,<20 ms 的时延 极致:1 000 Mbit/s 的实时速率,<2 ms 的时延	5G
AR 业务	典型:20 Mbit/s 的实时速率,<100 ms 的时延 挑战:40 Mbit/s 的实时速率,<50 ms 的时延 极致:200 Mbit/s 的实时速率,<5 ms 的时延	5G
高清回传	单个用户上行回传速率至少需要 50~120 Mbit/s,端到端时延控制在 40 ms	4G/5G
无人机视频监控	单个用户上行回传速率至少需要 50~120 Mbit/s,端到端时延控制在 20 ms,无人机覆盖范围在 150~500 m,定位精度在 1 m	5G

1.1.2 低时延技术及其应用场景

低时延场景重点应用与智慧网联汽车、智能制造、智慧电力和智慧医疗等领域。其中车联网是 uRLLC 场景下的典型应用,其终级目标是实现无人驾驶,要实现这个目标,则需要技术融合与产业相互促进,即网联化和智能化。网联化的发展路径是从采用 V2X 网联来实现传感增强、辅助驾驶到 MEC+V2X 实现安全控制与车辆数据分析,最终通过 5G NR 网络支撑业务能力飞跃达到无人驾驶。智能化的发展路径是从单车传感器的识别技术到人工智能单车计算能力与传感器产业发展,最终安全与商用实现无人驾驶。车联网的应用从内容上划分信息娱乐类、安全与效率类、协同类场景。实现这些应用需满足相应的性能(如表 2 所示)。

表 2　低时延应用场景的网络指标

业务类型		对网络指标的要求	网络
智能网联汽车	道路安全	车路协同时延最大不超过 3～5 ms,可靠性大于 99.999%,高精度定位在 0.1 m	MEC+V2X/5G
	地图下载	高清地图上下行速率要求 25 Mbit/s～1 Gbit/s,端到端时延为 1 000 ms	4G/5G
智能制造	远程控制	空口时延的要求为 1～10 ms,可靠性大于 99.999%	5G
	工业自动化	流程自动化对闭环时延要求不超过 10～100 ms,可靠性大于 99.999%	5G
智慧电力	配电	配电自动化时延在 7～15 ms,可靠率 99.999%	5G
	自动化	电力流传输带宽达到 Gbit/s 以上,满足接入传输网数量庞大的不勤按电站和控制中的带宽要求	5G
	精准负荷控制	精准负荷控制时延为毫秒级,终端并发数量将达到 10 万级	5G
智慧医疗	远程视频医疗	远程视频医疗要求速率至少需要 50～120 Mbit/s	4G/5G
	远程控制	空口时延不超过 1 ms,可靠性接近 100%;定位精度 10～20 cm	5G

1.1.3　海量连接技术及其应用场景

据分析在未来的社会发展中,物联网的应用将会更加广泛。主要实现方式为以 5G 网络为基础,将各城市园区的不同类型终端设备互联,并且在业务基础、网络连接两大平台完成各种应用,真正打造智慧园区。

智慧园区包含三大类,分别为公共安全、公共管理、公共服务。公共安全应用包括:应急广播与视频监控、电梯监控与楼宇消防、智慧井盖与巡更等。公共管理包括:楼宇设备监控、智能垃圾桶监测、能源管理、智慧照明、环境监控、智慧绿化等。公共服务包括:智能停车、远程抄表、无线信号覆盖、信息发布、智能充电插排、智慧路灯等。大唐移动智慧园区应用案例如图 2 所示。

图 2　智慧园区应用案例

2 ICT 融合创新催生校企合作新平台

5G 发展的驱动力是:移动互联网和物联网。作为场景连接的 5G,相对于已有的移动通信系统的概念有三大方面的拓展。一是 5G 的网络空间(社会形态)。既有增强移动宽带,也有物联网。网络空间与人类社会及物理世界有着更为紧密的相互作用和耦合关系。二是 5G 的商业模式(使能技术)。既有公众消费应用,也有垂直行业应用,包括公共安全、交通运输、汽车、电力、农业、制造、教育、健康等。从公众消费到垂直行业,需要有创新的商业模式来支持。三是 5G 的研发模式(产业生态)。移动通信技术加信息技术,特征是"电信 IT 化,通信技术与信息技术深度融合",趋势有"平台化""软件化"和"智能化"。[2]

在上述三大方面的拓展下,5G 将成为大数据、云计算、人工智能的基础支撑技术、垂直行业创新发展的使能技术,必将广泛而深刻地影响人类社会的发展。ICT 融合将成为当前和未来围绕 5G 通信、移动互联网、"互联网+"、大数据、人工智能等前沿行业的未来发展趋势。结合企业创新性产品,聚合高校跨专业发展,将其转化为产品和产业优势,形成在行业领域乃至全国各院校单位具有显著行业特色和综合竞争力的优势学科和优势产学研平台已成为当今校企合作发展势在必行的发展趋势。

2.1 智能网络优化仿真平台

5G 业务首先聚焦 eMBB、uRRLC、mMTC,并逐步成熟。eMBB 的主要特征是高带宽,高 QoS,低时延,此类应用场景将沿着 4G 演进的个人消费领域,如超高清视频、沉浸式游戏等,并促进流量大幅增长,但无法改变运营商当前增量不增收的现状[3]。

2.2 移动通信 5G 工程实践仿真平台

现阶段高校移动通信工程实践课程主要是基于校企合建试实验室进行,此模式效率低、成本高、灵活性差的弊端制约着 5G 工程技术人才的培养,工程实践教学模式改革成为趋势,借助于 5G 技术、云计算和大数据实现工程实践仿真教学的模式得到了业界专家的高度认可。工程实践虚拟仿真系统拓扑如图 3 所示。

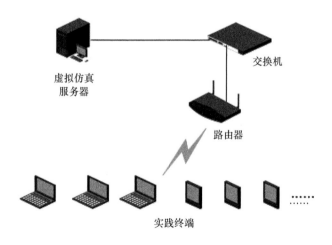

图 3 工程实践虚拟仿真系统拓扑

2.2.1 工程实践仿真教学的基本概念

工程实践仿真教学是利用计算机建模和仿真技术来呈现某些工作和实践活动,形成虚拟实践系统,并利用网络技术实现实践系统的网络化,为学生提供一种可供他们体验和参与的环境,产生各种与实际工作相类似的现象,提升学生对工作实践的认识。

2.2.2 5G 工程实践仿真系统架构及发展现状

大唐移动 5G 工程实践仿真教学平台基于 B/S 架构,支持云化部署和局域网本地部署两种部署方案。相比云化部署,采用本地部署方案的建设成本和维护成本较高,5G 工程实践仿真平台部署结构图如图 4 所示。5G 工程技术仿真实践平台的基本结构包括实践导入、情景模拟、情景交互、控制模型、系统反馈、退出系统 6 个基本组成单元。

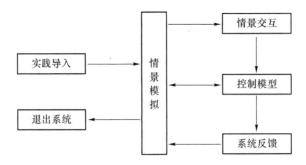

图 4　5G 工程实践仿真平台部署结构图

实践导入:基于移动通信实际工作进行总结,形成模拟实践案例,并导入模拟系统。

情景模拟:模拟情景设计即用计算机程序创设虚拟实践环境,如 5G 技术的规划、建设、维护和优化场景等。

情景交互:情景交互是指通过计算机输入、输出设备,以有效的方式实现人与计算机互动通信并交换信息的技术,常见的交互方式有单击对象、菜单、条件判断、按键等。

控制模型:控制模型主要有逻辑模型、连续模型和离散模型。

系统反馈:反馈是控制系统把信息输出后,学生基于系统反馈的信息进行分析,并确定下一步的操作方法。

模拟退出:当学生已经成功或失败地经过了某一模拟实践的全过程时,模拟就完成了,这时学生可以退出实践。

大唐移动培训中心团队开发的 5G 工程实践仿真平台,已经实现 5G 工程模块的仿真实践,可以满足本科及高职的 5G 工程实践课程交付,实践内容的深度可以根据学生基础知识掌握情况进行调整。图 5 为"大唐杯"工程实践仿真考试平台,平台实现 5G 工程技术的勘察规划、网络部署、开通调测、业务验证四大技术模块,各个模块可基于实际工作设计实践案例,实践老师可通过管理员账号实现理论学习、实践演练、实践考核的集中控制。

随着 5G 技术与云计算、大数据的融合发展,5G 工程实践仿真教学必将迎来新的发展机遇,和大数据人工智能的融合实现网元功能的虚拟化,使实践案例的编写更加容易;和 5G 低时延高带宽性能的融合实现基于 VR/AR 的 5G 工程技术仿真,达到沉浸式的实践效果。

2.3　5G＋垂直行业应用教学平台

大唐移动培训中心结合教育教学发展需求,构建起 5G＋垂直产业应用教学云端平台。该平台提供即插即用的模块化功能,提供大量的物联网接口,可实现万物互联共平台解决方案。

该平台的突出应用方向为智能机器人、车联网、VR 等场景。

图 5　5G 工程实践仿真平台

2.3.1　5G+人工智能教学平台

5G+机器人应用场景将成为未来 5G 垂直产业应用的最大亮点。诸多企业已成功拥抱 5G 并相继推出了可自主避障、巡逻、播放安全防范知识的 5G 警务机器人、可在蔬果大棚全天候生产巡检的 5G 农业机器人、可在 5G 网络的环境下人体可穿戴且具备用户端信息回传的 5G 网络仿生机器人、传输时延 0.1 s 左右可实时同步操作的 5G 外科手术机器人[4]。

教学平台可提供机器人的远程控制服务实现本地机器人与远程云端的实时交互。因此一个强大的人工智能支撑平台是实现 5G 技术在各各行业深入应用的基本条件。标准化通信模块与将教学平台相连,教学平台不仅要提供机器人通信接口,还要通过命令对机器人动作进行控制,教学内容可实现不同的应用场景训练机器人行为模型,并通过大数据训练使得机器人能够按照实验要求执行相应指令。人工智能技术中机器学习和深度学习算法模块化封装,为教学平台的应用和增量开发提供了开放的教学环境。可编程和模块化满足了高职、本科、研究生的不同学习需求,对于嵌入式硬件开发感兴趣的学生也可以做深入了解。5G+垂直行业应用教学平台如图 6 所示。

2.3.2　5G+车联网教学平台

车联网包括狭义的 V2X 车路协同和广义的车内娱乐。V2X 车路协同是单车智能化延伸,是自动驾驶的刚需。产品形态包括路侧基站、车载模块。产业链条包括上游芯片厂商(华为、高通等),中游设备厂商(华为、大唐等)、下游集成商和客户。国内三大运营商纷纷打造"多模通信、人车路协同、车云同步"的云网协同一体化网络,开展了自动驾驶、5G 远程驾驶、调度监控系统等新技术[5]。

5G+车联网教学平台可提供 5G 车联网的云端服务,用于对"车辆"(智能机器人)的云端控制,模拟真实场景下车与车之间的通信、车与云端网络的通信,并根据不同的应用场景做到车路协同。比如,车辆如何避开障碍物,车辆如何按照事先规定的轨迹进行自动驾驶。标准通信接口的开发可为学校提供增量场景应用和开发的教学环境,可实现车辆模型与教学操作平台之间按标准的通信协议进行交互。同时可配置可编程,可根据授课实验需要进行编程设计,既可满足高校教学实践需要,也可满足学生对于 5G+车联网技术的深入了解。

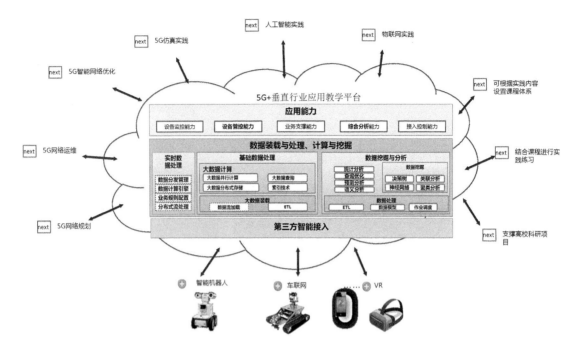

图 6　5G+垂直行业应用教学平台

2.3.3　5G+VR 教学平台

5G+VR 构造了一种身临其境的虚拟场景,目前在游戏领域、商场购物、看房买房、智慧园区有着广泛应用。5G+VR 的实现方式有两种:一种是佩戴 VR 设备,另一种是用 Web 平台来呈现。VR 设备呈现的方式需要购买 VR 设备,如果用 Web 平台方式呈现需要搭建 VR 的虚拟化场景,教学平台可以根据不同的场景构建虚拟化场景。

3　构建产学研用校企合作新生态

我国 5G 新基建的战略发展目标的实现不仅包括 5G 技术的创新应用发展落地,还对产业链及国家区域经济发展布局提出了更高的要求。校企合作的未来趋势更应在拉通产学研用各环节基础上不断构建良性发展的合作新生态圈。

3.1　5G 产业赋予校企合作新机遇

校企合作新生态将以行业人才服务为宗旨。构建生产实训开放平台,为高校提供工程技术型人才的成长环境。移动通信技术与计算机技术及物联网技术的融合发展,为校企合作培养 ICT 和 IOT 新型人才提供了新机遇。同时为我国高等教育"新工科"建设提供了新的发展思路,为职业化教育改革良性发展提供了新方向。

校企合作新生态将迎来高校产业学院及产业基地创新发展的根本性转变。5G 技术将不断改变行业特色应用场景。多行业、多专业、多应用场景方案的融合为高校一体化综合产业基地建设提供了技术平台。作为不同应用场景的承载平台,5G 网络建设方案必将成为未来高校云智慧课堂、智慧校园、智能仿真等一体化教育教学平台的奠基石。使得创新实训基地在未来较长时间中保持示范引领作用;成为未来基于 5G 新基建下的智慧应用方案创意孵化中心,打造 5G 垂直产业应用生态圈。

3.2 创新校企合作模式

大唐移动在5G技术发展中,仅仅围绕关键技术研究,占据新技术发展的领先优势。积极拓展5G垂直产业应用场景,尤其校企合作领域将成为公司重点业务发展板块。因此创新校企合作模式将成公司业务发展的关键路径。以行业企业典型工作岗位为基础,建立企业人员能力素质模型,开展与高校人才培养的深度全方位合作。

共建优势专业:学校为主,校企共管,需求驱动,实践育人

共撰精品教材:课证融合,课岗融合

共施实践教学:教学与实践零距离

共培"双师型"教师:双师研修认证,人才行业认证

共同开展科研:联合开发创新课题,共同申报国家项目

共推培训服务:共同宣传组织,共同管理教学

共创产业生态链:建设产学研基地,孵化创新应用,引领行业标准,发展区域经济

2020年是我国5G网络大规模部署,全面进入移动通信新发展阶段的起始年,这一年,受疫情与新基建的影响,社会各界进一步看到了5G与经济社会各领域融合发展的巨大潜在效益。2020年也是我国正式发牌的一周年,一年以来,在国家政策的大力支持下,产学研用单位相互融合,我国5G发展取得明显成效。这一年,中国移动通信网络迎来了快速发展。5G典型应用与教育教学相结合,在教育、医疗、工业、车联网等多个领域重点布局。技术融合将带来社会诸多方面的改变,尤其对校企合作的深度与广度上都孕育了新的发展契机。平台、场景、案例化教学将成为未来教育教学新模式;共谋、共建、共享、共进将成为未来校企合作创新的新思路。

参 考 文 献

[1] 刘晓峰,孙绍辉,等.5G无线系统设计与国际标准[M].北京:中国工信出版集团,人民邮电出版社,2019.

[2] 谭仕勇,倪慧,等.5G标准之网络架构—构建万物互联的智能世界[M].北京:中国工信出版集团,2018.

[3] 杨燕玲,李华,等.5G关键技术及网络部署[M].北京:北京邮电大学出版社,2017.

[4] E. Onggosanusi, et al. Modular and high-resolution channel state information and beam management for 5G new radio[J]. IEEE Commun, 2018,(3):56-80.

[5] Lee J, et al. Spectrum for 5G: global status challenges, and enabling technologies[J]. IEEE Commun,2018,(3): 6-102.

高职通信人才培养模式改革与实践

李 雪

(武汉职业技术学院,武汉,430074)

摘 要:高职通信技术专业人才培养模式的改革与实践是高素质技术技能人才培养的基础,武汉职业技术学院在准确定位5G通信人才培养目标的基础上,构建了"岗证课训赛"五位一体的人才培养模式,通过探索和实践,通信技术专业构建了模块化课程体系,创新了教学手段和评价方式,培养了双师型教学团队,人才培养质量明显提升。

关键词:通信技术专业;人才培养模式;岗证课训赛

Reform and practice of Higher Vocational Communication Talents Training Mode

Li Xue

(Wuhan Polytechnic, Wuhan 430074, China)

Abstract: The reform and practice of Higher Vocational Communication Talents Training Mode Based on the five in one of post certificate course training competition. The reform and practice of Higher Vocational communication technology personnel training mode is the basis of high-quality technical and skilled personnel training. Based on the accurate positioning of 5g communication talents training goal, Wuhan vocational and Technical College has constructed the "Post Certificate Course Training Competition" five in one talent training mode With practice, the communication technology major has constructed a modular curriculum system, innovated teaching means and evaluation methods, and cultivated a double qualified teaching team, which significantly improved the quality of personnel training.

Key words: Communication technology major; personnel training mode; post certificate course training competition

为贯彻落实全国职业教育工作会议精神和《国务院关于加快发展现代职业教育的决定》要求,深化职业教育教学改革,全面提高人才培养质量,教育部在关于深化职业教育教学改革全面提高人才培养质量的若干意见中提出深化职业教育教学改革,是适应经济发展新常态和技术技能人才成长成才的需要。随着高职院校教学改革的不断深入,许多高职院校在人才培养模式方面进行了积极的探索和实践,取得了明显成效。武汉职业技术学院通信技术专业,自2011年获得"中央财政支持高等职业学校提升专业服务产业发展能力项目"以来,对通信技术专业的人才培养进行了一系列改革和实践,通过实施"岗证课训赛"五位一体的工学结合人才培养模式,专业人才培养质量不断提升。

1 人才培养目标的定位

结合武汉职业技术学院通信技术专业毕业生的就业状况,湖北区域经济发展对5G通信人才的需求,参考对行业、企业、同类院校、毕业生调研的数据,确定本专业的人才培养目标为:培养面向通信运营商、通信工程公司、通信设备制造商、大中型企事业单位,具备通信工程的设计规划勘测能力、通信工程项目的管理能力、5G基站维护能力、移动通信网络优化能力、数据通信设备的开通与维护能力、传输设备的开通与维护能力、室分系统的设计与施工能力、能够完成通信工程的方案规划与设计、会工程勘测、能够进行概预算编制和设计文件的编制、能够进行通信工程的监理、能够组织实施工程项目并进行各种管理工作,适合在通信及其相关行业企业从事通信技术方面的生产、建设、管理、服务第一线,具有"品德高尚、技艺精湛,踏实肯干、敢为人先,家国情怀、走向世界"特质的高素质技术技能型人才。

2 人才培养模式的内涵

"岗证课训赛"五位一体工学结合人才培养模式中的"岗"指5G技术应用岗位群,"证"指通信类"1+X"职业技能等级证书或通信工程师等职业资格证书,"课"指通信技术专业的课程体系,"训"指5G移动网络运维技能实训项目,"赛"指各类通信类职业技能比赛。我们是在开展人才需求调研和毕业生调研的基础上,广泛征求行业企业专家建议,针对5G技术应用岗位群的任职要求,参照与5G通信行业相关的职业技能标准和岗位能力要求,并将职业技能大赛项目嵌入课程内容中,科学设计课程体系,合理确定教学内容,把课程与5G技术应用岗位的工作过程相融合,课程与职业技能等级证书及实践能力训练相融合,以赛促学,以赛促教,教学手段上虚实结合,线上与线下等多种方式相结合,全面提升了专业人才的培养质量。

一是将5G岗位技能要求融入课程,即以岗定课,体现5G技术应用岗位群需求和职业发展规律。通信技术专业要以培养高端技术技能型人才为目标,校企合作开发为基础,依据知识、能力和素养的要求来确定学习情境和对应的岗位任务的学习内容。

二是将职业技能等级证书的考证内容融入课程体系,实现课证融通。课程标准、教学设计、教材选编与5G职业技能等级各类相关证书考试相结合,实现专业教学与职业技能等级标准的"零距离"。

三是以提升学生职业能力为目标,结合5G网络运维相关岗位的工作任务对能力的要求,构建5G网络运维职业能力模块,确定实训课程体系,在课程改革中坚持理论知识与实践操作并重的原则,实现教学做一体化。

四是将通信类技能大赛作为提升教学质量的手段,根据技能大赛中对通信技术专业核心能力的要求,结合行业企业对通信专业人才需求的变化,动态调整专业能力要求,制定适应市场需求的通信技术专业人才培养方案。

3 人才培养模式的实施

3.1 深化思政创新,有效落实立德树人

全覆盖全过程挖掘提炼各类课程蕴含的思政元素和育人功能,推动"课程教学"向"课程思政"延伸,推动"专业教育"向"专业育人"转化,结合疫情期间通信人的责任与担当,聚焦新基建,将通信专业理论知识传授、5G 岗位能力培养与价值引领有机统一。"课程思政"纳入评教评学、目标管理和绩效考核。以"匠心中国""文化中国""美丽中国"为主题组织举办大师巡讲、集体备课、教学展示、故事大会。

开展"悦读书香"及道德主题教育活动,举办大型"道德讲堂"和优秀校友报告会,培育重大典型,打造群星方阵,开展多种节日纪念活动,多途径全方位传承人文精神、科学精神、工匠精神和劳模精神,促进师生德技并修。

建立基于大数据的智能化和定制化"学程指引"系统,建设由生涯规划导师、专业教师、辅导员、企业导师等组成的"学程导师团队"。通过对学生学习行为的数据采集和分析,面向全体学生量身定制"入学素质技能测评、学业发展规划引导、精准教育教学供给、就业创业向导、毕业素质技能复评"的求学全过程教育引导服务。

3.2 分类制定人才培养方案,构建"岗证课训赛"深度融合的模块化课程体系

一是针对普通高考生源、技能高考生源、退役军人、下岗失业人员、农民工和新型职业农民等不同基础、不同经历、不同兴趣特长、不同能力禀赋的培养对象,采取有针对性的培养方式,以宽口径为基础,注重交叉融合、一专多能型人才打造,制定符合学生职业生涯发展的"基础+个性化"的人才培养方案,实施"英才计划"和"创新创业计划"等教育教学改革项目,推进学生分类培养。

二是根据分类培养需求,以工作任务为导向,以职业岗位能力和素质培养为核心,将 5G 技术应用职业岗位能力、5G 移动网络运维等职业技能等级证书考证内容、职业技能竞赛项目等纳入专业核心课程,重点突出学生岗位专用能力、行业通用能力和 8 项职业核心能力(与人交流能力、与人合作能力、解决问题能力、自我学习能力、信息处理能力、革新创造能力、数字应用能力和外语应用能力)的培养,根据 5G 产业链、岗位群组能力需求,优化通信技术专业核心课程模块;结合创新创业能力需求,完善拓展方向课程模块,建成适应分类培养和学生个性化成长的"课程模块超市",为学生提供多样化学习选择,破解教育教学"两张皮"的难题,强化专业教学第一课堂,升级校内活动第二课堂,拓展社会实践第三课堂,加强国际交流第四课堂,建设网络学习第五课堂,深化双创训练营第六课堂,实现"六个课堂"全面贯通育人。具体框架如图 1 所示。

三是依托产业集群,打造校内外两大实践教学平台,实现校内与校外相结合、线上与线下相结合、虚实结合、工学结合的模式,搭建基于通用能力培养层和职业能力培养层的双层次结构,形成"两大平台、四个结合、两个层次"的实践教学体系,如图 2 所示。

图 1　高职通信技术专业"岗证课训赛"深度融合课程体系

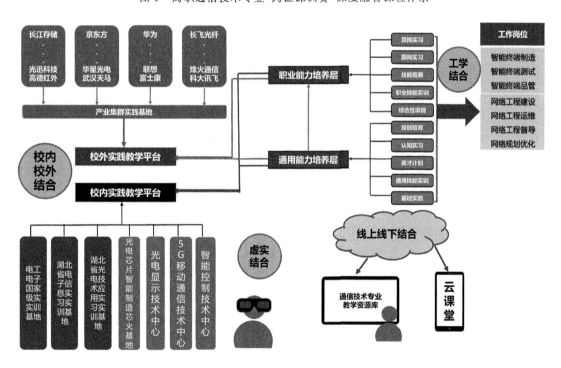

图 2　"两大平台、四个结合、两个层次"的实践教学体系

依据区域产业转型升级和经济发展需求,学院坚持校企合作、共建共享原则,与中兴通讯、中国信科集团、湖北君信达科技股份有限公司等 9 家企业共建实训基地建设,已建成通信技术中心,中心总使用面积 3 584 平方米,提供 340 个工位,设备总值 1 253.94 万元,已建成电信机

房、数据通信网络实训室、承载网工程实训室、光纤通信实训室、无线通信工程施工实训室、通信原理实训室、无线网络优化实训室、ICT行业新技术实训室、LTE全网建设实训室共9大实训室,每个实训室140平方米。实训设备设施可以开设"移动基站建设""全网建设技术""承载网技术""无线网络规划与优化""通信工程勘测与概预算""数据通信网络组建""接入网技术""现代交换技术""通信工程管理与监理"等专业核心课程,课程体系建设较为完善。

本专业还与企业协同开发了一套虚实结合、3D全景高度仿真的在线虚拟实训平台,包含移动基站建设虚拟实训室、承载网虚拟实训室、光纤通信虚拟实训室、手机测试虚拟实训室等虚拟实训室,在此基础上经过二次开发,针对不同应用需求的虚拟实训室软件,可在PC端、头盔式虚拟显示设备、智能终端多种类型设备上协同使用,满足不同的教学需求。

我们充分发挥人才培养和社会服务双功能,最大限度地实现通信技术中心的开放和共享,近三年专业年均面向企业和社会开展职业培训人次达700人·天以上,实现了"教学、培训、科研、考证"四位一体功效。通信技术中心自建成以来,承接过多次企业新员工入职培训、行业大赛、国际交流与短期培训等。

3.3 创新教学手段与评价方式

2015年我们就参与建设了国家通信技术专业教学资源库,在此基础上,全部专业核心课程借助智慧职教平台开展了线上线下混合式教学,专业课程的实践教学借助校企合作开发的虚拟仿真实训平台开展了虚实结合、训战结合的教学。我们以学生为中心,改革教学方式,大力推广项目教学、行动导向教学,充分激发学生的学习兴趣和积极性,改造"全网建设技术"课程教学,采用BOPPPS有效教学。

改革学生学习评价体系,通过智慧职教的大数据功能对学生日常学习的过程考核和目标考核相结合的评价方式,根据不同专业课程的特点和要求分别采取资源库题库抽题考试、实训平台实践操作考核、竞赛、提交总结报告并演示讲解等形式的评价方式。例如,将通信技术专业课程考核与通信类职业技能竞赛证书互通,根据赛事级别和名次来替代相关课程的成绩,获得相应课程学分。

3.4 培育和锻炼一支双师型教学队伍

通信技术专业现有专任教师13人,硕士以上人员占比达72.22%,高级职称人员达到10人,外出培训教师占90%以上,年均到企业实习锻炼或进修教师比例约为80%以上,"双师"素质教师占专业课教师的比例达到90%以上,校内专业带头人1人,具有行业工作经验的校外专业带头人1人,工信部行指委通信类专指委专业教学标准和实训教学条件建设标准制定专家1人,出国进修教师3人,全国优秀教师1名,国家级、省级裁判3人,通信与广电国家一级建造师1人。团队教师具备较强的信息化教学能力,曾多次在国家级和省级教师教学能力大赛中获奖,具备全日制国际留学生(缅甸)学历教育培养及专业教学经验,是一个积极向上、精通业务、素质过硬、勇攀高峰的团队。

根据学校"双高"建设规划,遵循高端化、复合化、结构化的要求,创建一支由1名首席教学名师、1名首席技能名师、1名首席思政名师和若干名(即"3+X")多专业交叉融合的骨干教师共同组成的高水平结构化双师团队,开展模块化教学和技术研发,引领教育教学模式改革创新,推进人才培养质量持续提升。从学校和专业两个层面协同建设高水平双师队伍,分级打造教学名师、专业带头人、青年骨干教师等高层次人才队伍。以专业教学为重点,突出"德行""学识""技能""业绩"四维度选拔教学名师;以工匠技艺为重点,突出服务高端产业和产业高端选拔技术技能大师;以学术造诣为重点,突出社会服务和技术研发选拔学术技术带头人;以创新创业能力为重点,突出双创教育教学实践选拔创业导师;以思政工作专业化为重点,突出立德树人选拔专家型辅导员。

3.5 实施专业教学质量诊改,不断提高人才培养质量

建设多元化、多维度、全程化质量评价机制,对人才培养的各环节、各方面,特别是学生的培养质量,进行全方位评价。按照多样化的原则分类制定不同专业、不同来源学生培养质量评价方式。校企双方结合学生入学时能力和素质水平,依据岗位群能力标准及学生自我发展需要量身定制高于国家要求的人才培养质量标准。在教育教学过程中实施全要素实时监测、过程与结果双重控制、全方位即时整改。学生毕业时,校企双方共同开展毕业学生质量评价。通过实施全方位的质量管理,促进人才培养质量的全面提升。

我校通信技术专业学生就业竞争力强,在华为、中兴、中国信科集团、贝斯特等国内外知名通信企业实现了高质量就业,近5年专业毕业生半年后就业率达到了98.49%,初始薪酬人均约4 000元/月,学生通过自身的努力和公司的培养,一般在入职2~3年内,能够成为公司的技术骨干或者企业中层管理人员。

近年来,学生参加通信类全国职业院校技能大赛获得佳绩,其中国赛一等奖1项、二等奖1项;全国大学生"大唐杯"通信行业大赛国家一等奖2项,二等奖2项,省级一等奖2项,二等奖1项;全国大学生"IUV杯"技能大赛全国二等奖1项,三等奖1项,如表1所示。

表1 学生近5年各类大赛获奖情况

比赛项目	获奖等级	获奖时间
全国职业院校技能大赛"4G全网建设技术"项目	全国一等奖	2016.05
全国职业院校技能大赛"4G全网建设技术"项目	全国二等奖	2019.05
全国大学生"大唐杯"通信行业大赛"移动通信应用创新"项目	全国一等奖	2018.10
全国大学生"大唐杯"通信行业大赛"移动通信应用创新"项目	全国一等奖	2019.10
全国大学生"大唐杯"通信行业大赛"移动通信应用创新"项目	全国二等奖	2017.09
全国大学生"IUV杯"技能大赛"智慧城域网部署与应用"项目	全国二等奖	2017.10
全国大学生"IUV杯"技能大赛"智慧城域网部署与应用"项目	全国三等奖	2018.10
全国大学生"大唐杯"通信行业大赛"移动通信应用创新"项目	湖北省一等奖	2017.08
全国大学生"大唐杯"通信行业大赛"移动通信应用创新"项目	湖北省一等奖	2018.07
全国大学生"大唐杯"通信行业大赛"移动通信应用创新"项目	湖北省二等奖	2019.06

4 结语

"岗证课训赛"五位一体工学结合人才培养模式是学校通信技术专业人才培养的核心,通过课程体系的重构,搭建人才培养的基础平台,强化高水平师资队伍建设,保障人才培养工作的顺利实施,通过使用多种信息化手段和教学方法相结合的方式,让学生的职业能力和职业素养得到全面提升,把教学质量诊断改进工作落到实处,以培育出更多符合社会需求的高素质技术技能型5G通信人才。我们还将进一步拓展第一课堂,面向学生实施人人须参与的以"思想道德培育、文化素质提升、社会工作体验、社会实践锤炼、创新创业实践、素质竞赛比拼、专长特

长培养和公益劳动历练"为主要内容的"人人成才"学生综合素质拓展计划,建立"人人成才"计划教育成果的评价考核机制,让每个学生至少都能从事一份兼职、培养一个特长、参加一次比赛、参与一个双创项目,得到全面锻炼,受到全面熏陶,实现"人人都有舞台、个个都能出彩",促进每一个学生接受更高质量、更加公平、更加多元、更加灵活、更有效益的综合素质教育,促进学生素质能力全面发展。

参 考 文 献

[1] 黄林冲,戚小童.新时代高校人才培养模式对学生的全面培养探讨——基于虚拟仿真实验教学项目的载体作用[J].实验技术与管理,2020,37(6):1-4.

[2] 夏茂林,聂贤苗.习近平总书记"五大发展理念"的教育意蕴探析[J].教育理论与实践,2020,40(13):3-7.

[3] 陈恩伦,马健云."双高计划"背景下高水平高职学校人才培养模式改革[J].高校教育管理,2020,14(3):19-29.

[4] 李雪.通信技术专业建设研究与实践——以武汉职业技术学院为例[J].辽宁高职学报,2019,21(5):33-37,55.

[5] 李雪.虚拟现实技术在职教实训教学中的应用研究[J].实验室研究与探索,2018,37(7):256-260.

[6] 盛强.基于"岗证课训赛"五位一体的高职会计人才培养模式改革与实践[J].职业技术教育,2018,39(11):32-35.

作者简介

李雪:女,1981年生,副教授,主要从事移动通信技术、高职教学改革研究。

疫情背景下信息学院创新人才的教、学、考三位一体培养模式的探索与实践

——以"EDA 技术与 FPGA 系统设计"与"创新创业基础"课程为例

宋 娜 刘剑武 陈 玮

(莆田学院,福建莆田,351100)

摘 要:为响应教育部疫情防控期间"停课不停教、不停学"的号召,积极开展线上教学的教法、学法和过程化考核方法的三位一体培养模式的实践与探索。先从案例引导式、混合式、精细化课堂环节设置的教学法与学习小组型学习法进行实践改革,从而推动多元化考核方式的探索。在本学期的两门课程实践中取得了良好反馈,有效地激发了学生的学习兴趣、实践创新能力和团队协作能力。

关键词:创新人才培养;教学改革;过程化考核

The Exploration and Practice of Trinity Training Model
——The Teaching, Learning, and Evaluation of Innovative Talents in the Information College During COVID-19
A case study of "EDA technology and FPGA system design" and "Innovation and Entrepreneurship Foundation"

Song Na Liu Jianwu Chen Wei

(School of Information Engineering, Putian University, Putian 351100, China)

Abstract: In response to the call of the Ministry of Education for "non-stop teaching and learning" during the global COVID-19 pandemic, the exploration and practice of the trinity training model of online teaching, learning and assessment was actively carried out. The practical reform started with the case-guided, mixed, refined course arrangement and the group-based learning method, which in turn pushed forward the probe into diversified assessment methods. The training model worked well while being implemented in two courses in this semester:"EDA Technology and FPGA System Design" and "Introduction to Innovation and Entrepreneurship". The practice of the two courses received numerous positive feedback, which effectively motivated students and improved their practical innovation and teamwork.

Key words:Innovative talent training;Teaching reform;Process assessment

1 引言

2020年年初的一场疫情,对学校是一场全新的挑战,在教育部"停课不停教、不停学"的总体方针下,莆田学院积极响应号召,寒假伊始展开线上教学的各项筹备活动,从教师在线教学培训、教学平台推荐、课程录制、优质资源选取、学生课程群组建等多方面着手[1],为保障疫情防控期间"停课不停教、不停学"做了大量的工作。任务虽艰巨,使命乃光荣。按照习近平总书记的重要指示和党中央、国务院的决策部署,同舟共济、共克时艰,圆满完成疫情防控间的教学任务。

高校是建设创新型国家的主要力量,传统的培养模式在线上教学时显露出诸多弊端,构建以学生为中心的教-学-考三位一体的综合素质培养体系,激发学生的自主学习能力,是需要高校教师深入思考和实践的问题,也是高校教育改革的重要方向。

莆田学院信息工程学院本学期开展线上教学以来,开展以学生为中心的教-学-考三位一体的综合培养过程改革,教学过程强调引导式、自主学习模式,把知识的传授和能力的培养有机结合,着重培养学生的学习力、思考力、操作力和三创能力。经过实践证明,这种模式能有效激发学生的学习动力和兴趣、促进师生的交流、提升团队的学习意识。

2 创新人才案例式、混合式教学法

本学期的主要授课课程有"EDA技术与FPGA系统设计"必修课和"创新创业基础训练"选修课,之前采用线下为主的授课方式,本学期开展线上、线下混合式教学方法的尝试,主要从原来"讲授式为主"的课堂变为"引导式为主"的课堂,教师的角色也从原来的"教导者"变为"陪伴者",通过不同教学模式的设计,引发同学思考,进一步培养实践能力。

2.1 课前主题情景创设,引发进一步思考

这两门课程虽然课程性质不同,但都是以培养学生实践、团队协作能力为主,因此每次课前发放预习单,说明课程的学习目标和内容、建议的学习方法和课前的准备等,如"EDA技术与FPGA系统设计"第七周的课前任务单(如图1所示),学生在课前拿到任务单后,以学习小组[2,3]为单位,从生活场景中利用发散性思维去检索不同场景下使用密码的案例,并根据生活经验思考如何去验证一个给定的密码,进而引发学习兴趣,激发学习动力,提升团队协作能力。

2.2 课中实施案例式教学,加强理论与实践结合

这两门课程都是实践性非常强的课程,每堂课中都先以一个实际的案例引入。例如"EDA技术与FPGA系统设计"以生活中常见的扫地机器人为例,帮助学生理解有限状态机的设计思路,用娱乐节目"笑傲江湖"创设评委情景,帮助学生学会实际问题的抽象过程,并学会使用parameter和for循环语句设计投票表决电路。

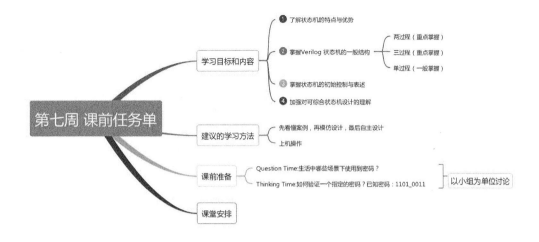

图 1 课前任务单示例

"创新创业基础训练"课程中应用的实际案例就更加丰富。例如,小米商业帝国的创建,帮助学生了解创新思维的培养;可口可乐公司识别度很高的"弧形瓶"案例,帮助学生了解创新方法的含义和分类;还有共享经济大类的案例,如共享单车、共享汽车、共享充电宝等,引导学生更加深入地去思索商业模式背后的演变与创新。

实践表明,以案例分析切入,有利于加强理论与实践的关联性,激发学生讨论与学习的热情,拓宽知识面。

2.3 丰富的课堂环节设计,了解学生掌握情况

此次采用的主要授课平台有两个:一个是"中国大学 MOOC",另一个是"超星泛雅"。两个平台都能较好地构建"网络课堂""在线测试""电子作业与报告""在线交流"等模块,配合腾讯课堂的直播互动,形成了全方位的课堂氛围,通过签到、问题引入、实践讲授、学习小组讨论、课堂反馈、上机练习、互动问答、知识梳理等环节保障课堂内容的顺利开展,尤其是"在线测试"模块,随时测试,自动批改,可以方便及时地了解学生当次课程内容的掌握情况,随时可进行复习。平台的"在线交流"板块,突破了常规的时空限制,包括但不限于 QQ 等的即时交流,拓展和延伸了师生互动的渠道。

3 创新人才学习法实践

学生是学习的主体,以学生的视角去设计整个教与学的环节,激发学生的深入思考能力,鼓励协作意识的培养,引导实践能力的提高[4,5]。设计开放性、探索性问题,尤其要引导学生自主、自助、团队的学习能力。这两门课程在学期初便组建了"学习小组",通过一个学期的实践,有效提高了学生之间的交流以及对学习内容的整理加工能力。

3.1 小组组建的前期调研与准备工作

正式上课之前,先在班级干部中采用无记名方式展开调研,普遍反映的问题是存在部分同学在小组中不积极参与的情况,因此在组建小组之前,先用课前的 10 分钟做了一次动员,用自己亲身的学习经历讲述学习小组给我在学习生涯中带来的好处与体会,在思想上先让学生们认识到学习小组有益的一面。

3.2 小组组建与手段保障

此次授课的对象为大二本科学生,学生之间有一定的了解,因此采用自由组队的方式,每3~5个人为一个小组,每个小组选举一名组长,采用"组员协商＋组长负责"制,包括每次到课提醒、实践讨论和任务协作。

最初小组成员之间的配合并不是很顺利,因此组建了组长群,可以及时地把同学存在的问题反馈到群里,组长之间进行心得交流。同时,课堂的设计方面也考虑到小组的合作,每次课前,采用课前预习单的形式,精心准备一道开放式的问题,由小组讨论共同完成。课上由每组选取一位代表发言,将小组讨论的结果展示出来,表达清晰、准备充分的小组,全体组员全部加分,这也充分地调动了学生们参与的热情和积极性,为实施小组学习提供了良好的手段保障。

3.3 项目式案例教学促小组互动

这两门课程都是实践性比较强的课程,每节课都是以案例引入,在案例教学后总结相应的知识点,再提出开放式问题引发学生们进行小组讨论、思考[6]。尤其在疫情防控期间,虽不能面对面,但线上的交流给了同学们更多的灵感,也更加勇于表达自己的观点。

每组中还有个别学生没有带计算机回家,对于实验的仿真无法进行。在学习小组的帮助下,将无计算机的学生的程序交由同组有计算机学生验证仿真,加强了团队的凝聚力,利用不同组员的优势,能够较好地分工协作完成一个一个的小任务,有效提高了同学分析问题、解决问题的能力。

3.4 开放式考核方式促小组协作

全过程考核都与学习小组的整体相关,每个项目式课题都有明确分工,权责明确,既有统领全局的组织者,也有详细实施的工作者,在考核的压力和团队荣誉的指引下,更好地促进小组间的协作。

4 创新人才考核方式改革

教与学的改革,必定推动考核方式的多元化发展,主要以过程化的考核方式为主,建立学习过程评价与学习效果相结合的考核体系。

"EDA技术与FPGA系统设计"的期末考核成绩构成包括:平时课堂成绩(20%)、平时实验成绩(30%)、期末知识点考核(20%)、期末实践考核与答辩(30%)。尤其是期末实践考核过程,分为A/B两类,A类最高只能申请良好,B类最高可以申请优秀,A/B类的确定由平时课堂和平时实践的前50%来划分,如果跨组考核的话,可以申请,需全组答辩。

"创新创业基础训练"课程的期末成绩构成为:平时成绩(50%)、期末大论文(50%)。期末大论文也是由小组分工协作完成,根据整个课程的各个部分的学习,完成一份完整的创新创业商业计划书的撰写,并派1~2名同学进行路演答辩。

这种过程化、团队化的考核方式既激发了学生们平时学习的热情,也促进了学生们在整个考核过程中更加主动地去学习。通过期末实践项目式考核的实施,尤其是综合考核中解决一个个遇到的问题,有效提升了学生分析、判断、协作的能力。

5 改革成效及结论

在疫情背景下,通过线上的教学,激发了老师教学法改革,也促进了学生的学习法改变,必然地推动了考核方法的变革、课程模式的转变。最直观的改变就是课堂的互动次数明显增加,期中及期末的问卷调查中表明,学生有了积极的参与感与良好的体验感,与传统课堂相比,线上线下混合式教学更能促进学生的学习主观能动性。表1从两个学期的期末考核成绩对比改革的成效,从表中的数据可以看出,学生成绩有稳步的提升。

表1 课程改革成效

课程名称	改革前16级平均分	改革中17级平均分	改革后18级平均分
EDA技术与FPGA系统设计	65.90	75.00	78.41

这一系列的变化,让教师转变了角色,学生真正成为了学习的主体和中心,激发了学生的内驱力。在学习这场长跑中,教师既是领跑者也是陪跑者。及时聆听学生的建议及期望,调整教与学的节奏,通过课前的预习单、课上丰富的教学环节和案例引导式教学,课后及时地反馈,整个教学闭环通道的打通,结合学习小组和过程化的考核方式,真正地提升通信专业创新人才的培养,实现学生核心能力的培养,真正实现以学生为中心。

参 考 文 献

[1] 董晓松.问题导向学习小组的协作规制研究[J].教学与管理(理论版),2018,(12):14-16.
[2] 李艳燕,彭禹,康佳,等.在线协作学习中小组学习投入的分析模型构建及应用[J].中国远程教育,2020,(2):40-48,77.
[3] 蔡溢,黄俊辉,陈力信.基于中文学生实践应用能力提升的课外学习小组模式研究——五邑大学文学院实证分析报告[J].科教导刊,2020,(1):42-44.
[4] 赵炬明,高筱卉.关于实施"以学生为中心"的本科教学改革的思考[J].中国高教研究,2017,(8):36-40.
[5] 杜文海,李爱琴,吴波.以学生为中心、以项目为导向的教学改革与实践——以新能源技术及应用课程为例[J].化工高等教育,2020,37(2):97-102.
[6] 宋娜.现代交换原理课程教学方法改革及实践探索[J].廊坊师范学院学报(自然科学版),2014,14(1):123,124.

作者简介

宋娜:女,1981年生,讲师,研究方向为智能信息处理、区块链技术。

"互联网+教育"背景下应用型人才的职业素质培养

章 慧[①]　蒋 峰[②]

[①]（淮阴工学院计算机与软件工程学院，淮安，223001）
[②]（北京华晟经世信息技术有限公司，北京，100088）

摘　要：本文探讨了"互联网+教育"背景下专科学生和应用型本科学生职业素质培养的需求现状、存在的问题以及采取的措施，旨在寻求适应行业和区域经济社会一线工作需要的高素质应用型人才培养模式。

关键词：互联网+教育；应用型人才；培养方案；职业素质

Professional Quality Training of applied talents under the background of "Internet ＋ Education"

Zhang Hui[①]　Jiang Feng[②]

[①](School of Computer and Software Engineering, Huaiyin Institute of Technology, Huai'an 223001, China)
[②](Beijing Vollsun Information Technology Co., LTD, Beijing 100088, China)

Abstract: This paper discusses the current situation, existing problems and measures of vocational quality training for college students and applied undergraduates under the background of "Internet ＋ education", in order to find a high-quality applied talent training mode that meets the needs of the industry and the front-line work of regional economy and society.

Key words: Internet ＋ Education; Application-oriented talents; Cultivation scheme; Professional quality

1 "互联网+教育"背景下应用型人才职业素质方面的需求现状

中国作为世界制造业大国，当前正处于第三次工业革命的前沿，但中国制造业与发达国家还存在一定的差距。李克强总理于 2015 年在国务院常务会议上强调,互联网＋双创＋中国制造 2025,彼此结合起来进行工业创新,将会催生一场"新工业革命"。这场革命就是推动中国制造业发展的过程,也是弥补差距的过程。在这场革命中,企业对"创新技术型"人才的需求有所增加,但考虑到我国当前的国情,对"应用技术型"人才的需求还是占据主要部分,并且对不同层次的应用型人才,如在专科教育中培养的中低等水平人员(技术员、中级管理人员等)以及大学本科水平的中高级岗位的工程师和技术师的需求的不同侧重点日益显现。

目前低端劳动密集型产业在我国还占主导地位,中高端技术和资金密集型产业正逐步崛起。对于专科毕业生,企业提供的岗位大多存在于低端劳动密集型产业中,从事简单加工型工作,职业流动性大。职业素质方面,企业对这一部分员工更侧重于要求拥有踏实的职业理想、良好的职业道德和一定的职业适应能力,即拥有一定的职业规划能力、较强的责任感以及再学习能力。企业为应用型本科毕业生提供的岗位大多数为中级岗位的工程人员和技术人员,部分为高级管理者。这就要求应用型本科生在业务能力水平较专科生提升的基础上,有敬业精神与团队精神,动手能力、学习能力、沟通能力、适应环境能力、执行能力和职业生涯规划能力等综合素质方面有更好的体现。但目前,在制定人才培养方案时,与相关用人单位、技术应用企业的沟通不够充分,没有充分将用人单位的人才需求规格考虑进去;人才需求市场的变化快于人才培养方案执行与调整周期。

2 应用型人才职业素质培养中存在的问题

2.1 缺乏明确职业追求和理性的职业定位

据调查显示,大多数的专科学生并没有或者只有模糊的职业追求,对自己未来的职业没有或只有模糊的规划。这种长远职业规划的缺失,造成大多数专科学生对自己是否符合职业的要求不了解,就算自己与职业要求不相符合,也没有自觉的意识去提升自己的专业能力以适应职业的需求。还有部分专科学生瞄准了"专升本"视专科为本科的铺垫,对所学的专业没有认同感和归属感,更谈不上职业追求了。而应用型本科生则比较尴尬,处在专科生与研究型本科之间,他们大多数学习态度积极、思想活跃、思维敏捷,但创新能力和学习能力略有缺欠;在择业时,都希望到知名度高、规模大、效益好的企业或者行政事业单位工作,没有理性地寻找与自己专业、性格、特长等匹配的企业和岗位,最后往往得到"眼高手低"的评价。同时,也有部分应用型本科生逃避就业压力而选择考研,学习目的和职业目标不明确,这其实也反映出职业规划能力的欠缺。

2.2 缺乏主动学习意识和踏实的执行能力

部分专科学校过于注重高职的特殊性,单纯进行专业技能的训练而忽视全面素质的培养,加之学生自身控制力较差,并不会主动去学习这方面的知识,也没有养成良好的学习习惯。反映到工作当中,表现出的问题是个人动手能力尚可但综合素质较低,主动学习的意识薄弱。目前专科生的能力素质仅限于"实用、够用的技术技能",这样的毕业生最多是粗浅的从业者,没有能力更好地去面对职业中的各种复杂的挑战,即所说的不具备"工匠精神"。反观地方、民办本科院校当前大多数属于转型期,由于传统的重理论轻实践的应试教育模式,逐渐向培养应用型人才转变。学校在专业教学方面轻车熟路,实践方面任在摸索当中,对学生没有做过多的硬性要求。大多数本科学生就利用实习之机联系工作单位,忽视真正的实习过程,最终只开一个实习证明向学校交差;或在日常生活中,多数本科生根据学到的理论设置明确的目标,也制订了行动计划,但没有将计划付诸实践,出现"拖延症"现象。待毕业工作时,应用型本科学生对专业理论有所掌握,但在理论与实践的对接方面还较为缺乏,出现贯彻、执行欠缺现象。

2.3 缺乏较强的敬业精神与团队协作精神

心态决定工作状态。专科学生和应用型本科学生在刚毕业时大多数均从事企业内的基础性工作,上升通道较窄,职业认同感较低,对不同的角色在团队中的价值没有全面的认识,容易产生浮躁、急慢、不负责任等心态。加之当今宏观社会背景的变化,职业流动性加剧,年轻人主动或被动地频繁跳槽,没有较强的敬业精神。而一部分应用型本科属于"偏才",即某些方面能力特别突出,其他方面较薄弱,这才导致高考后未能进入研究型高校学习。他们有一定的个人能力,但自我意识较强烈,不善于与他人协作,团队协作精神略欠缺。今天的企业已经不是过去那种个体单干的小作坊,3D数字制造技术、能源互联网、信息化与全球化的趋势要求企业员工必须协同作战,要有团队合作精神,上升到"中国制造2025""互联网+""双创"这些发展战略,无一不强调团队共同研发和协作执行的重要性。因此,是否能够在一个团队中相互配合,共同完成工作也是专科学生和应用型本科学生职业素质的重要组成部分。

3 应用型人才职业素质培养的措施

3.1 培养学生职业生涯规划的能力

职业生涯规划教育活动应该贯穿于个人发展的一生。然而,目前无论是专科院校还是应用型本科院校,职业生涯规划教育都没有形成系统,经常以就业指导课、思想政治理论课中的职业道德教育课、心理健康课的形式出现,导致学生接收到的职业生涯规划指导碎片化且十分有限。学校应完善职业生涯规划课程体系,使学生对职业生涯规划形成正确认识,引起学生的充分重视,了解职业生涯规划的意义和价值,为进一步具体规划职业生涯奠定基础。

在此方面,专科院校更应侧重于明确学生的人才培养目标,就是将学生培养成具有高水平的专业技能与素质,同时综合能力强的专业型人。在具体的职业生涯规划上面,重视对学生职业未来的介绍,如行业趋势、行业内主要岗位、不同薪资待遇等,培养学生树立切实的职业追求;辅助以职业兴趣测评等教学手段,引导学生发现自身的学习兴趣,进而有明确的职业目标;最终以简历制作、面试训练、经验分享、实习及工作机会推荐收尾,形成完整的职业生涯规划训练课程。

应用型本科院校的学生对理论知识的要求更高,更注重了解和分析一个行动背后的理论支撑,需要知道"怎么做"以及"为什么要这么做"。在职业生涯规划教育方面,从刚入学开始,给予最基础的素质教育培训,有团队的概念、能够很好的表达自己、有效沟通、协力合作、善于运用周围的资源达到目标;进而给予专业的职业认知、职业定位与职业规划训练,让学生了解在接下来的时间学习的侧重点以及学习的目标,并制订好学习目标计划和管理,有效地实施计划;最后,在就业阶段给予特殊的集中式训练,从简历、个人面试到小组面试,从心态到仪表到举止,从邀请企业方来给出建议,帮助学生掌握职业化的着装、赏心悦目的简历、得体的面试礼仪及技巧等,帮助学生在职业生涯第一战中穿上艳丽的铠装,使其具备主动职业、就业的能力,达成职业生涯规划的初步目标。

3.2 贯穿"工匠精神"至教学内容和教学方式的改革

美国学者亚力克·福奇认为"工匠精神"实质是一种思维方式,针对的工匠是一种思维状态,而不是指向未来的一些兴趣或技能集合。职业素质教育中的"工匠思维"要包含劳动思维、自主劳动思维、品质劳动思维和创新劳动思维。教师在设置具体教学内容时,应将这些思维方式的培养贯彻其中,有意识地培养学生发挥主体能动性,追求精益求精的品质以及锻炼创造性的思维;选择教学方式时,教师应该综合运用丰富多样的教学方法和教学形式优化教学成果,激活学生的学习积极性。

专科教育在这方面应更加侧重于自主劳动思维的锻炼,培养学生的主动性和激发学生的个人潜能。"工匠精神"此时强调的是一种把工作视为实现人生价值与理想的方式和自主自发把任务做好的思维。教学内容方面,学校的职业素质教育可以增加强化敬业精神方面的内容,通过单独设置课程或是举办"名家讲堂"活动进行强化、树立榜样。同时,学校可以多指导学生参加各项升级或国家级,甚至国际级的职业技能比赛来增强学生对自我的认可,增强工作的荣誉感和使命感。

应用型本科教育方面则更偏向品质劳动思维和创新劳动思维的提升,培养学生工作中追求精益求精、专注严谨的品质和态度以及通过不断思考、改进技术从而解决问题,推动工作向前发展的创新能力。教学内容侧重于团队合作精神、沟通表达能力、适应环境能力、学习能力、研究能力的培养。教学方式则除教师讲授理论这一基本的教学方法外,还应运用角色扮演、案例分析、实战模拟、分组演练等实践环节,训练学生将追求品质和创新融入日常的思考、行动中,形成良好的习惯。

通过产教融合发挥校企双方的互补优势,通过教育企业平台走上国际化教学,让学生迈出国门,体验国外校园的风貌以及文化色彩和教育理念,促进学生对国际化教育核心思想的认知。

3.3 以"互联网＋""双创"为载体提供创新创业指导

随着国务院总理李克强"大众创业、万众创新"口号的提出,年轻学生的创业备受国家以及社会关注,国家为学生创业提供了许多优惠的条件,学生集体进入创业热潮。

专科院校由于学生的专业知识所限,创业时更多倾向于较低准入门槛的产业,如服务业、流水生产等行业,如 2016 年中国"互联网＋"大学生创新创业大赛中湖北工业职业技术学院获得种子轮投资的项目"互联网＋一站式户外烧烤定制服务俱乐部",技术创新部分较少。专科院校的职业素质教育此时可能需要提供给学生更多的创业基础指导,从创业案例分享、创业抗压心态的强化、意志力等职业素质的培养等多方面入手。

应用型本科院校更偏向于鼓励学生在科研创新的基础上进行创业,有一定的技术创新,如在 2016 年中国"互联网＋康复医学"——康复医疗 APP,武汉设计工程学院获得天使轮投资的"啤酒工作室",都是在科学技术方面取得了一定的成果,通过"互联网＋"创业大赛进行产学研的转化。本科院校的职业素质教育在这部分的创业指导,更多偏向开展校园内创新创业比赛,介绍最新的创新创业优惠政策,丰富学生的创业知识,着重培养学生的创业心理素质,联合院校及企业资源建立创业基地、创业基金会、创业协会等,为学生创业提供平台和支持,提升学生的创业能力。

以本科院校淮阴工学院通信类应用型人才创新创业指导为例,如图1所示。学院坚持以兴趣为导向,以学生为主体,以教师为主导,推动大学生创新与学科竞赛的工作思路,发挥由学工办、学生会、学生科技协会骨干及行业企业组成的"学科竞赛服务中心"在组织动员学生参赛中的积极作用。学院学生在各级各类创新创业与学科竞赛中成绩斐然,仅2017年学生参赛获得省级以上获奖是131项。计算机学院的创新实践工作多次在省内计算机学科教学工作会议上作为先进典型交流经验做法,其中在2016年江苏品牌专业建设领军者会议上入选优秀案例。徐州工程学院、淮阴师范学院、盐城师范学院等同类高校先后来考察交流,对学院创新创业人才培养模式取得的成效给予了较高评价。人民网、中国青年网、新华网、中国江苏网、江苏教育网、江苏教育新闻网、江苏共青团网等多家新闻媒体对学院相关工作进行了报道和推介。

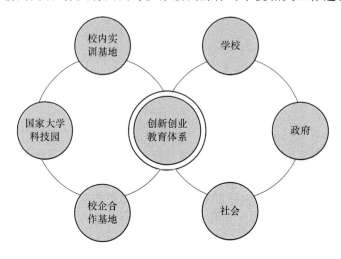

图1 创新创业教育体系

4 结束语

本文探讨了在"互联网+教育"背景下,应用型人才职业生涯规划的能力的培养、贯穿"工匠精神"至教学内容和教学方式的改革、以"互联网+""双创"为载体提供的创新创业指导的应用型人才培养模式,以期培养出适应社会主义市场经济需要的应用型人才。

参 考 文 献

[1] 宋克慧,田圣会,彭庆文.应用型人才的知识、能力、素质结构及其培养[J].高等教育研究,2012:95-98.

[2] 杜才平.美国高等院校应用型人才培养及其启示[J].教育研究与实,2012:17-20.

作者简介

章慧:女,1970年生,教授,主持研发了四品一械(食品、药品、保健品、化妆品及医疗器械)远程监管系统,帮助淮安市8个县区药监部门顺利通过了省示范区(县)验收,获得市科技进步三等奖。其具有自主知识产权的基于GPRS的阴凉区温湿度自动采集仪,实现了无人值守的药店阴凉区温湿度远程监测及控制,获得发明专利1项、实用专利5项。其撰写了30多篇论文,指导学生参加省互联网大赛,获得三等奖。

蒋峰:男,1978年生,高级工程师,主要研究通信工程数据通信方向,在行业做过区域总经理,对学生职业能力提升具有独到眼光,对新入职人员职业规划发展提出"德、谦、勤、钻"四要素理念。在产教融合背景下发表过"产教融合人培方案——课程思维模式"在国内知名期刊发表。

通信工程专业教学改革的探索与思考

李春晖

（大连海洋大学信息工程学院，大连，116023）

摘　要：随着信息技术的飞速发展，通信工程专业的教学改革势在必行。本文从通信工程专业教学改革的目标出发，从充分利用网络资源，线下线上相结合，以学科竞赛促进学习，以专业证书冲抵学分，充分利用仿真软件等对教学改革的方法及手段展开了深入探讨，最后比较分析教学改革前与教学改革后的学生成绩，事实表明教学改革具显著成效。

关键词：通信工程；教学改革；专业知识；系统

Exploration and reflection on teaching reform of Communication Engineering Specialty

Li Chunhui

(Institute of Information Engineering, Dalian Ocean University, Dalian 116023, China)

Abstract: With the rapid development of information technology, the teaching reform of communication engineering is imperative. This paper starts from the goal of teaching reform of Communication Engineering Specialty, from making full use of network resources, combining offline with online, promoting learning by subject competition, offsetting credits by professional certificates, this paper makes full use of the simulation software to discuss the methods and means of the teaching reform, and finally compares the students' achievements before and after the teaching reform, which proves that the teaching reform has significant effect.

Key words: communication engineering; Teaching reform; Professional knowledge; System

1 通信工程专业教学改革的必要性

信息时代,通信技术飞速发展,很大程度上推动了经济和社会生活的发展,而高等教育也需与时俱进,积极探索教育教学的新思路、新方法、新理念。传统的教学存在问题有:(1)书本知识滞后于科技的发展,仅仅"照本宣科"不能传递给学生新技术;(2)理论知识较为艰涩,不能与实践技能无缝连接。因此,推动通信工程专业教学改革势在必行。

教学改革,顾名思义,乃是旨在促进教育进步,提高教学质量而进行的教学内容、方法、制度等方面的改革。在科技高速发展的今天,在"互联网+"的时代背景下,教学改革更要不断摸索,大胆创新。众所周知,教育教学的目的是促进学生的学习和发展,因此,教学改革最根本的是要改进支持学生学习和发展的体系和实践。

2 通信工程专业教学改革的目标

首先,完善课程体系建设。使学生建立起"系统"的观念,理解各门课程之间的联系,在整个通信系统中的作用。例如,"通信原理"是整个通信系统的各功能模块的基本组成,"信号与系统"讨论的是通信系统中传输的信号的时域与频域的分析,"高频电子线路"则主要讨论模拟通信系统的电路及基本原理。明晰每门课程与其他课程的联系。例如,"通信原理"课程的先修及后续课程如图1所示,据此进行科学合理的课程体系建设,让学生理解并掌握各种知识之间的联系与区别。[1]

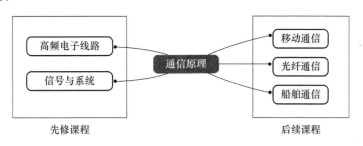

图1 "通信原理"与其他课程的关系

其次,改进考核方式。目前的考核方式,虽然平时成绩和实验成绩占了一定比例,但期末考试仍然占据最大的权重。导致部分学生有"临阵抱佛脚"的心态,依靠考前突击,机械记忆,而并未深入理解专业知识。考核应为理论与平时相结合,平时成绩的考核以多样性为原则,丰富考核方式,调整成绩权重。以考察学生是否实际理解专业知识为原则。

通信技术飞速发展,而我们的教材跟不上新技术的发展。所以,在传授基础知识的同时,应考虑设法将新知识、新理念传递给学生。而学生是课堂的主体,教学改革应以学生为中心开展:

(1)以学生发展为中心。以学生当前的发展状态为基础,以促进学生发展为目的。

(2)以学生学习为中心。明确教是手段,学是目的,不能把手段当目的。

(3)以学习效果为中心。关注学习效果,提供及时反馈和控制,可以保证学生达成有效学习。

3 通信工程专业教学改革的基本思路

3.1 充分利用网络平台

在教师充分建设好泛雅平台后,学生可以利用它课前预习,课后复习,充分理解,融会贯通。为了起到督促和监督作用,教师可以利用泛雅平台对学生进行过程性考核及评价,让学生坚持学习,不再"临阵磨枪"。可利用泛雅平台上传微课,传授新技术,并展开讨论。在留作业时注意留一些开放性题目,如我国移动通信的发展现状等,由学生搜集资料,整理后提交,由教师给出成绩评定,作为总评成绩的一部分。在课堂上,可以充分利用泛雅平台的投屏功能进行授课。

在课堂教学过程中,充分利用"雨课堂"等先进的教育教学模式。在网络时代,学生中的"低头族"屡禁不止。"雨课堂"可以有效地化"堵"为"疏"。学生在上课时扫码签到,教师在课堂中抛出问题,与学生实时互动,通过统计正确率的报表及时处理学生在课堂上没有理解的问题,通过答题情况观察学生学习状态,及时纠偏。

利用好微信公众平台。微信公众平台可以为教师灵活开展课上及课后教学提供帮助。它也可以为学生学习活动提供教学资源。教师可以通过微信公众平台上传与课程相关的资料,学生关注公众号,并在留言区和教师互动。近年来,通信技术飞速发展,可以通过微信公众平台推荐介绍先进技术的文章、书目,开阔他们的眼界,提高他们的学习兴趣。同时,鼓励学有所长的学生写一些小文章,发表在微信公众平台上,在适当的时候组织学生讨论,以达到共同学习,共同进步的目的。

3.2 以大赛促学习

通信工程专业理论性较强,我们需要将其理论知识"落地"。目前与通信专业密切相关的比赛都是以理论和仿真为主,而仿真是我们在理论课上没有学习过的。通过教师和学生的共同研究学习,利用课余时间学习网络优化、故障排查等相关知识,对教师来说,能起到"教学相长"的作用,对学生来说,进一步学习了课堂上没有学到的专业知识,并明确了自身的职业方向,学习更有动力。

3.3 建立"系统"观念

通信工程的所有专业课构成了整个通信系统的各个知识模块,每一部分在通信系统中都不是独立存在的。在教学过程中,注意时刻提醒学生本门课程与其他课程的联系,让他们在头脑中逐步理解通信系统中各个组成部分的工作模式。会把书"变厚",即能扩展;也能把书"变薄",即能提炼。

3.4 课程思政

将"思政元素"融入课堂教学中,适时向学生传递正能量。例如,在课程内容相关环节穿插钱学森、钱伟长、钱三强等爱国科学家的感人故事和家国情怀,以及新形势下国家战略和科技发展前沿,如互联网＋、一带一路等。以激励学生树立远大理想和正确价值观、人生观,心向国家,把自我成长与国家发展紧密相连,将理想信念教育、社会主义核心价值观、中华优秀传统文化和革命文化、社会主义先进文化等思想政治教育内容融入课程教学全过程。我国在移动通信领域做出了重大贡献,3G标准之一"TD-SCDMA"是以我国知识产权为主的、被国际上广泛接受和认可的无线通信国际标准,是我国电信史上重要的里程碑。网络信息技术是全球技术创新的竞争高地,也是数字中国建设的重要内容。这些年中国移动大力推进我国主导的4G TD-LTE技术创新和国际化发展,在信息通信领域首次实现中国主导技术、全球规模应用的局面。[3]十九大报告中提出"建设知识型、技能型、创新型劳动者大军,弘扬劳模精神和工匠精神,营造劳动光荣的社会风尚和精益求精的敬业风气"。正是科学家们的不懈努力才铸就了中国在通信史上写下辉煌的篇章。

4 教学效果分析

以通信工程2016级本科生和2017级本科生为研究对象,2016级本科生采用传统教学模式,在对2017级本科生的教学中融入了教学改革的基本思路,从"通信原理"课程期末考试卷面成绩以及其平均值和标准差作以比较,其结果如表1所示。

表1 2016级和2017级本科学生成绩比较

成绩等级	90~100（优秀）	80~89（良好）	70~79（中等）	60~69（及格）	<60（不及格）	平均值	标准差
2016	3.39%	11.86%	5.08%	13.56%	66.10%	51.17	22.86%
2017	1.47%	20.59%	36.76%	30.88%	10.29%	71.93	9.01%

从成绩比较结果看,2017级学生良好、中等、及格水平的学生比例大大提升,而标准差从22.86降低到9.01,说明学生成绩个体差异显著变小,教学改革卓有成效。

参 考 文 献

[1] 蔡曙.新形势下通信工程课程教学改革与实践[J].教育教学论坛,2016,46:76.
[2] 殷冬顺.浅谈高校通信工程专业教学改革[J].中国新通信,2013,15(18):35-36.
[3] 凤凰网财经.TD-SCDMA[EB/OL].http://finance.ifeng.com/3g/t_news/20090121/1126577.shtml,2009.1.21.

研究生专业主干课科研创新能力培养初探

缪 旻

(北京信息科技大学信息与通信工程学院,北京,100101)

摘 要:科研创新能力培养在理工科研究生培养体系中居于中心地位。本文针对当前研究生基础课程教学普遍忽视科研创新能力养成的现状,结合文献调研、所属的电子通信类学科研究生教学和指导的多年亲身实践,提出了将研究生科研创新能力培养环节前推至基础课的观点,初步探讨了可行性和相应实施的切入点及实施路径。

关键词:人才培养模式改革;研究生教学;课程建设;科研创新能力培养

Preliminary Considerations on Development of Research Innovation Capabilities for Postgraduates during Basic Courses Teaching

Miao Min

(Schol of Informatin is Communication Engineering, Beijing Information Science and Technolgy University, Beijing 100101, China)

Abstract: The postgraduate cultivation system centers around the development of research innovation capability. Considering the current situations that the basic courses are always taught majorly by sharing knowledge and skills rather than inspiring research innovation urges, based on the literature survey and personal practice in teaching and supervising postgraduates for many years, it is proposed that the start point of research innovation capability cultivation be advanced to the period of course learning, with the feasibility argued, the application and breakthrough points identified, and the path suggested.

Key words: Reform in Talent Cultivation Mode; Teaching for Postgraduates; Course Construction; Reform of Teaching Methods; Development of Research Innovation Capability

1 前言

科研创新能力培养是理工科研究生培养的核心,也是近年各相关学科学位点研究生培养模式改革研究与实践的重点关注对象之一。从广泛的文献调研来看,目前的改革重心放在顶层设计上,例如学科建设与培养方案设计[1-3]、导师制改革与导师素养提升[4,5]、校—院—企联合培养[6,7]、国际化培养[8,9]、跨学科培养[10]以及国际比较研究与借鉴[11,12]等。在课程教学与科研能力培养的协同方面,有研究关注了教学—科研一体化、双维度协同培养的潜在价值[13],其研究结果对培养方案的优化、培养质量评估体系的改革有重要启发价值;有的研究借鉴国际先进经验提出在课程体系设计上加入和优化科研创新能力养成环节和课程[14],建立和完善面向科研的实践教学/学习平台支撑[15],取得了积极成效。而在课程建设这一偏"微观"和"执行"的层面上,是否可以践行科研实践能力的培养,或者说将科研的培养环节前推至专业基础、主干课教学,是作者在电子通信类学科学位点长期指导研究生、从事相关课程教学及学科规划建设过程中一直在思考的问题,下面结合文献调研和作者的亲身实践对此进行探讨。

2 研究生科研创新能力及其培养维度的解构

关于研究生科研创新能力的高水平论文可谓汗牛充栋,本文参考文献俱是其中的代表。结合作者亲身实践来看,研究生科研创新能力可归结为对现有知识的再创造以及跳出现有技术窠臼的新路径规划,通常以点状突破为主,涵盖新机理的发现和现有机理的新解读、技术实现方法的改革以及新的评价方法的提出等维度。研究生入学前往往缺乏本学科相关实际工作经验,为将其培养成一个能独立承担科学研究或技术研发任务的理工科高级人才,必须让高层次专业基础知识及技能的掌握与创新动力/能力的养成融为一个整体;当下很多国内高校的培养体系在研究生综合素质的解构与相应的培养措施设置方面都取得了巨大的进步。不过,从作者的观察来看,其中科研能力的养成环节普遍都安排在学位论文研究工作阶段,似乎过晚。

从实践来看,一方面,高层次专业基础知识的课程学习是培养研究生层次高水平学术性和应用型人才必不可少的环节,这是国内外高校的共识;另一方面,基础知识,特别是冠名"高等×××"、理论性强的专业课程的规划、建设和教学,是否都需要着眼在枯燥的板书/PPT展示以及理论的推导、灌输上呢?而且考虑到研究生课程学时数往往比本科阶段学时数更少,高等课程用传统的讲授法根本无法完成基本的教学进度。此外,相对本科生而言,研究生普遍都有积极主动学习的动力和习惯,"满堂灌"很可能会挫伤其学习积极性和创造精神。上述分析表明,研究生的理论性、基础类课程的教学组织与课程建设本身也需要进行深度改革,而且课程教学老师和研究生指导团队必须密切合作,建立一条高效率的、老师与学生都容易接受的教学-科研一体化培养路径。作者认为,其中科研环节的培养可以前推到理论课教学中,不仅需要把反转课堂、案例化教学等面向主动式学习的教学法真正贯彻起来,并辅以网络化学习资源的支持,而且还应该把未来研究生论文工作的调研乃至理论性与仿真等研究环节都提前至基础课阶段,以科研项目来作为案例化学习的载体和创新能力培养的催化剂。近年来,作者所带领的科研团队已经进行了相关实践,实现了论文科研工作环节在团队所有研究生一年级阶段的实施,甚至在计划本硕连读学生的大三、大四课外科技活动和创新实践项目学分学习中的实施,初步展示了令人鼓舞的积极效果。

3 当前理论课和实践教学课程的案例化教学对科研创新能力培养的积极意义和存在的不足

理论性基础课中引入案例化教学的重要价值,以及完善和加强案例化实践教学课程及其支撑平台建设的重大意义,已为作者及许多专家的研究与实践所证实,在此不再赘述。但从文献调研、走访调研和亲身实践来看,对案例教学的理解普遍并不统一;很多时候所实现的仅仅是案例化的讲授,或让学生简单重复某些工程案例研发环节,而非以研究分析为载体和以科研实践目标为牵引的主动式学习,而且这些案例往往来源于已经公开报道的校内外科研实践,与研究生下一步科研工作关联性很低,也没有做到对每位研究生的差异化定制,因此不利于研究生学习积极性和总体培养质量的进一步提升。

4 基础课课程建设中科研创新培养环节可能的实现方式

综合调研和亲身实践表明,理工科研究生核心主干课应该被重新定位为理论与科研创新工作的桥梁,其课程整体设计应当以科研创新能力形成为导向,以理论教学-科研能力培养一体化为主线,以完成来自在研科研项目的实战化案例题目的研究型学习为学习模式改革抓手,以研究生个性化培养为指引,最终形成全新的课程体系,为研究生整体培养质量乃至学科发展水平的提升提供有力支撑。

考虑到研究生差异化培养理念和选课学生的研究方向与课程的相关性较高等因素,这一新做法的实施不但具有其必要性,也存在可行性。作者所带领的科研与研究生指导团队自2016年指导新入学的三年制硕士研究生开始,就上述理念的实践进行了积极尝试,参与的课程教学老师都同时是硕士研究生导师,共计2名教授,3名副教授、高级实验师等。虽然学生们普遍反映学习压力较大,但是科研水平的提升和在毕业阶段的积极反馈评价是有目共睹的。近年来学校要求所有毕业阶段学生的毕业论文全部进行盲审,本团队2016、2017年入学的每位毕业研究生的两位盲审专家意见都在良以上,每一届学生中75%的学生的盲审意见至少有一位专家给出优秀评价,每一届至少1人入选校级优秀论文(限额为全学院应届毕业生的10%)。

基于上述思考和成功经验,对科研环节的前推改革的抓手和实施路径进行了如下进一步的规划:

(1) 明确以科研创新能力培养导向下的课程建设路径,完成课程内容、教学方法、课程评价、培养规范等课程要素的系统化设计。

(2) 建成以在研项目研制子任务为主题的实战化案例分析题目库,做到一人一题。

(3) 围绕研究生个性化培养、因材施教方针的落实,建成课程导师制和一对一指导规范,在科研创新能力培养的框架下实现科研教学相互促进。

(4) 完成对教学团队的内部培训,并引导成员积极参加外部培训,注重引进高水平专家指导团队。

(5) 积极参与走访调研和同行交流,通过借鉴先进经验提升课程建设水平。

(6) 在教学实践中检验项目的创新思路与建设成果,在此基础上优化出包括课件、教辅讲义、教学用案例库、网络资源在内的课程资源和支撑体系。

5 结论

科研创新能力培养在理工科研究生培养体系中居于中心地位。本文针对基础课程教学中以知识和专业技能传授为主而普遍忽视科研创新能力养成的现状,结合文献调研、电子通信类学科研究生教学和指导的多年亲身实践,提出了将研究生科研创新能力培养环节前推至基础课的观点。从高水平人才培养的角度看,这一方案有望提升学生学习兴趣和针对性、归属感,提升基础课教学效果,同时提高研究生在有限培养期内的学习效率与培养质量,具有重要的理论和实践价值。文中进一步探讨了可行性和相应实施的切入点、及可能的路径。其更大规模的实践正稳步展开,相关结果将在后续的论文中予以详细介绍与分析、探讨。

参考文献

[1] 吴春雷,李克文,俞继仙,等. 行业特色高校信息学科专业学位研究生培养模式改革与实践[J]. 学位与研究生教育,2018,(4):45-49.

[2] 梁传杰,麦立强,范涛. "双一流"建设背景下团队式研究生培养模式的探索与实践[J]. 学位与研究生教育,2018,(5):11-18.

[3] 孙怀林,肖鹏. 基于实践能力提升的专业学位硕士研究生培养模式研究[J]. 黑龙江高教研究,2018,(8):95-98.

[4] 陆道坤. 论研究生导师专业发展:内涵、维度与路径[J]. 研究生教育研究,2017,(2):62-68.

[5] 吴宜灿. 基于团队多维协同的创新型人才培养实践与思考[J]. 研究生教育研究,2017,(2):35-39.

[6] 赵康,杨媛,李峰,等. 基于产学研联合培养体系的专业学位研究生培养模式探索[J]. 学位与研究生教育,2017,(3):44-49.

[7] 冯丹娃,张睿. 基于"政产学研用"的研究生协同培养模式研究[J]. 江苏高教,2017,(2):52-54.

[8] 蒋琦玮. "双一流"建设高校研究生教育国际化探究[J]. 现代大学教育,2019,(4):30-37.

[9] 杜勇,阳海棠,张利军,等. 研究生创新能力培养模式研究——以中南大学中德联合实验室研究生培养为例[J]. 现代大学教育,2017,(5):95-101.

[10] 李占华,朱艳,姚霞,等. "双一流"建设背景下交叉学科研究生培养的探索与启示[J]. 学位与研究生教育,2020,(4):17-23.

[11] 郭月兰,汪霞. 研究生教育现代化的中国维度:内涵、特征与走向[J]. 研究生教育研究,2019,(6):21-25,34.

[12] 王铭,黄瑶,黄珊. 世界一流大学跨学科人才培养路径研究[J]. 高教探索,2019,(4):61-67.

[13] 黄建洪,张洋阳. 研究生人才培养的"教学—科研"一体化模式研究[J]. 研究生教育研究,2018,(6):30-34.

[14] 王嘉铭,白逸仙. 培养一流人才:以科教融合实现人才培养模式变革[J]. 高校教育管

理,2018,12(3):109-115.

[15] 王秀芳,高丙坤,姜春雷,等. 新工科背景下提高研究生创新能力的培养模式研究[J]. 中国现代教育装备,2020,(3):38-39,42.

作者简介

缪旻:男,1973年生,教授,长期从事电磁场类课程本科及研究生主干课教学、集成电路、微纳米异质集成和高速信号传输方向的研究。

新工科建设背景下基于创新创业项目平台的纺织特色人才培养体系研究

张 轶　肖 适　李 劲　王 骏　夏 舸　丁 磊

(武汉纺织大学电子与电气工程学院,武汉,430200)

摘　要：各类各级创新创业能力培养是对高等院校教学工作的评测,对学校而言更是改革与发展的基础与源动力。学校高度重视,坚持以教育部《关于进一步加强普通高等学校教学工作的若干意见》和《普通高等学校本科专业教学合格评估方案》为依据,对推动人才培养模式改革有重要意义,能够进一步转变教育思想观念,改革人才培养模式,强化创新创业能力训练,增强高校学生的创新能力和创业能力。将教学评价体系与学生创新能力培养相融合,将会对高等院校办学工作有极大的促进,并且对改革成果有较大的巩固。

关键词：教学质量；创新创业训练计划项目；教学研究；培养体系

Cultivation of textile features talents based on innovation training platform in the view of new engineering education

Zhang Yi　Xiao Shi　Li Jin　Wang Jun　Xia Ge　Ding Lei

(School of Electronic and Electrical Engineering, Wuhan Textile University, Wuhan 430200)

Abstract: College students' innovation and entrepreneurship project is take cultivating college students' innovative conscious and improving the ability of college on the basis of innovative. The aim of this project is to cultivate the consciousness of scientific research. The universities adhere to the document of the Ministry of education as the basis. There are some opinions on further strengthening the teaching work and teaching qualification evaluation plan of undergraduate major in colleges and universities. Thereby, it will be possible to enhance the innovative of the project contents and the success rate of the project operation, and promote the ability of innovative and entrepreneurship of college.

Key words: Teaching qualification evaluation; Innovation and entrepreneurship training program; Teaching research; Culture system

1 面向网络信息市场需求定位,科学规划专业发展

秉承崇真尚美的校训,坚持自强不息的奋斗精神、求真务实的科学精神、开拓创新的发展精神和彰显特色的执着精神,如何进一步更新教育观念,从严治教,强化教学管理,建立起教学工作高效有序的运行机制;培养能主动适应社会主义市场经济发展需要的通信技术人才,提高教学质量和教学管理水平,为创建有影响、有特色的品牌专业和学科是当下我国高校需要深入思考和研究的。

在教学实践环节,以实验室模拟电子线路实验室、数字电路实验室、微机原理与接口实验室、通信原理实验室、高频电路实验室、单片机实验室、EDA 实验室、通信实训平台、微电子实验室、光电子实验室、传感器实验室等实验室或平台为基础,在基本满足本科教学需要的同时,应加强实习、实训环节的教学,加大对外联系,建立一批实习、实训基地,用于提高学生实际动手能力和创新能力。坚持统一要求和发展个性相结合的原则,调动学生的学习积极性,充分挖掘其创造潜能,以下几个方面定位培养目标:

(1) 使学生通过实践性项目环节的训练具备较强的实际动手开发能力;掌握一定的本专业相关领域基本理论和知识,了解本学科前沿及发展趋势;掌握通信系统的分析和设计基本方法,具有分析与解决工程实际问题的能力。

(2) 培养全面的、面向从事实际工作、底层硬件和软件开发的综合素质人才。

(3) 本专业培养德、智、体、美诸方面得到发展,具有扎实基础理论、知识面宽、具有创新精神、能适应通信技术发展需要、能从事通信系统结构设计和优化应用型人才。培养目标示意图如图 1 所示。

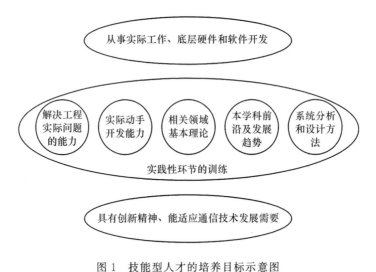

图 1 技能型人才的培养目标示意图

2 以教学为中心,加强教学管理

积极开展教学管理及改革的研究,鼓励和支持教学管理人员撰写论文、参加学术会议,积极开展教学及管理研究。

积极开展教学管理及改革的实践,进一步完善和改革教学管理体制,明确院、教研室管理

职责,强化职能。改善教学管理手段,加快教学管理的信息化建设。为了加强对教学质量的管理,积极开展课程评估,学生评教,教学督导等,使得教学管理工作更趋科学、规范。

加强课堂教学管理,根据学院人才培养目标,参照教育部提出的课程教学基本要求和学院教学计划的要求,组织编写各课程教学大纲。各任课教师按教学大纲要求,认真钻研教材,撰写教案和讲课提纲,保证课堂教学质量目标的实现。

严格大创项目管理,把好大学生创新创业训练计划项目质量关,认真做好项目质量分析,以利于进一步改进和提高专业教学工作。教学管理关系如图 2 所示。

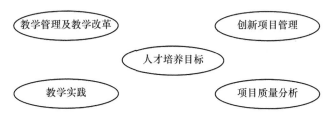

图 2　以人才培养为目标的教学管理关系图

3　创新项目训练教案与辅助材料的选用

在已有学科发展规划的基础上,把握本专业的研究方向,确定教材,深入研究。通过教学实践摸索、总结经验,合理调整学科发展方向,优化培养方案,努力做好项目定位的调整。在培训教材与辅导材料的配备方面,需要遵循适用性原则、先进性原则、科学性原则、多样性原则。主要选用高水平、高质量的全国优秀规划本科教材和教学参考书,选用的教材大都是高等教育、清华大学、人民邮电、水利水电等出版社的优秀教材。特别选用一批理论加实践的辅导教材。

4　提高综合素质,促进人才全面发展

针对通信专业培养目标,以课程改革为基础,进行必要的课程整合,打破学科之间的界限,以强化设计开发能力为宗旨;更新教学内容,改革教学方法、教学手段。充分利用良好的实验实训基地条件,设置实践教学内容,强化应用能力的培养。

通信技术专业的学生学习包括毛泽东思想和中国特色社会主义理论体系概况,思想道德修养与法律基础,计算机基础,具有良好的思想品德、职业道德,文字表达能力和扎实的自然科学基础知识。以此为发展根基,学习高数、大学物理、电路、模电、数电、微机、C 语言、单片机等课程,以便具有获取专业知识的能力;学习移动通信、光纤通信、程控交换、宽带接入网、现代通信网等课程,使学生获取现代通信网领域的专业知识以打下扎实的专业基础;学习大学生职业发展与就业指导、创业理论与务实,使学生对个人发展和职业规划有个初步认识;深入掌握专业英语,增加获取知识的渠道,如图 3 所示。

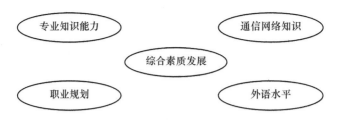

图 3 综合素质能力培养课程体系

5 注重实训环节,提高实际动手能力

通过制订工作计划,加大管理力度,严格评定。加强实训环节质量监控。实行指导教师负责制,严格管理、规范操作、加强指导,严格遵照答辩程序。提高实训环节质量的措施包括:

(1) 前提——认真选题

实训项目课题的选择得是否合适,直接影响着实训课题的质量。如果题目选得太简单,没有新意,激发不起学生的兴趣,学生得不到锻炼。如果题目选得太大、太难,不仅时间不允许,而且学生无从下手,产生畏难情绪,最终完不成任务,学生将失去信心和兴趣。因此题目应该紧密结合本专业的培养目标及教学要求,最好覆盖本专业的主干课程、专业基础课程、专业课程等,另外还应有一定的工程、生产方面的知识,使学生在实训的过程中,对学过的知识和技能能够结合实际综合分析和灵活运用,题目难度要适中。

(2) 关键——细心指导、严格要求、严格管理

细心指导、严格要求对提高实训质量起着关键性的作用。项目任务书下达后,指导老师要逐步指导学生进入状态。整个指导过程可分为初期的任务布置、中期检查和末期的验收三个阶段。初期要求学生结合选题进行文献资料和查阅;收集与设计课题有关的数据、图表等资料;了解国内外有关的先进的技术及发展趋势,特别注意查阅外文资料;调查了解与课题有关的设计过程及所有技术;调查了解与设计课题有关环节中存有的问题与不足之处,解决这些问题的初步设想;提出课题的总体规划及要求,并根据课题要求提出设计方案及方案论证。

具体而言,项目最终要达成的目标,即要设计、生产、检测出什么样的合格产品,具体的技术指标是哪些。目标明确,方向才会正确。整合该项目涉及的理论知识,预见到可能出现的问题,做好问题应急预案,以便及时解决学生的疑问。

在根据项目内容查阅相关资料阶段,收集完成项目所需的信息;包括建立微信群或者其他交流平台,邀请相关项目导师进群指导学生,帮助学生了解更多、更新的行业动态和专业知识。将学生分为几个小组,分别对要用到的设备、仪器、编程方法、评价方法、市场应用进行调查,对相应的问题进行分析,提出对策,并写出项目的实施方案。

在前期的准备工作中,需要从不同侧面把已有的经验和知识表达出来,包括论证项目实施的条件和方法、分析项目完成的可能性等。在讨论中逐步完善自己的合成与检验方法,提高对项目的兴趣和信心。举例说明,在无线通信模块设计和检测项目的讨论中,掌握不同信道的通信方式、调制模式、配置速率和功率的方法,并进一步了解相同模块的不同应用环境和条件的选择原则,并对实际调试中可能出现的问题确定解决方案。在讨论中需要将设计、调试和维护的重点知识融合进来,如图 4 所示。

(3) 重要手段——严格答辩要求、科学评定成绩

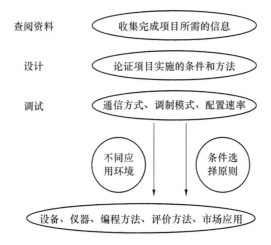

图 4　项目准备中的注意事项

成绩评定是本环节的最后一个步骤,是对学生工作的整体评价和全面检查设计质量的重要手段,是对报告进行审定的依据,是一项极其严肃的工作,具有很强的导向性。此环节工作的好坏不仅对本届设计成绩产生直接的影响,也对今后的设计工作带来一定的影响,如果设计成绩偏高或答辩过于容易通过,会降低下一届学生对设计的重视程度,给今后的设计工作带来一定的负面影响,实践环节规划如图 5 所示。

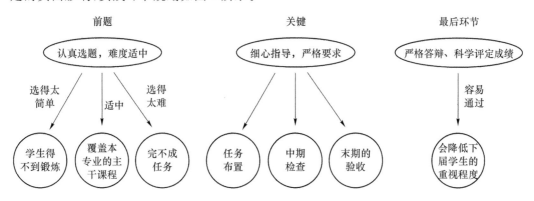

图 5　课题设计质量与实践环节关键步骤

参 考 文 献

[1] A dogma in need of a reformation.[J]. Wagner Carston R. Molecular pharmaceutics. 2004,(4).

[2] The 'Hortus Palatinus' at Heidelberg and the reformation of the World part Ⅱ: culture as science[J]. Richard Patterson. 2012,(2).

[3] The National Academy of Medicine's Vision: Leadership, Innovation, and Impact for a Healthier Future.[J]. Dzau Victor J. JAMA. 2015,(20).

[4] Kansas City Medical Society: Leadership, Innovation, Advocacy. [J]. Missouri medicine. 2016,(3).

[5] Blackwell Thomas A,Powell D W. Internal medicine reformation[J]. The American journal of medicine,2004,(2).

作者简介

张轶:男,1980年生,副教授,主要研究方向为信息技术。

物联网专业"1+X"书证融通路径探索与实践

陈 锋

(安徽职业技术学院,合肥,230000)

摘 要:本文从职业教育"1+X"证书制度的实施背景和目的出发,以物联网应用技术专业的专业改革、课程建设、人才培养与"1+X"传感网应用开发职业技能等级标准的融合为目标,对"1+X"书证融通路径进行探索实践,并对"1+X"书证融通过程中存在的问题进行了分析。

关键词:1+X证书;书证融通;专业改革

Internet of Things "1+x" Exploration and practice on the path of Documentary evidence accommodation

Chen Feng

(Anhui Vocational and Technical College, Hefei 230000, China)

Abstract: This article from the vocational education system of "1+X" certificate of the implementation of the background and purpose, with the Internet of things application technology professional of professional reform, curriculum construction, talent cultivation and 1+X sensor network application development professional skill level convergence of standards as the goal, to "1+X" path to explore the practice of financing by documentary evidence and documentary evidence "1+X" financing problems in the process are analyzed.

Key words: 1+X certificate; Documentary evidence accommodation; speciality reform

1 职业教育"1+X"证书制度实施背景与目的

"1+X"证书制度作为"指导职业教育教学改革,提高人才培养质量,畅通技术技能人才成长通道,拓展就业创业本领"的重要手段[1]。"1+X"证书制度是指1个毕业证和若干职业技能等级证书或行业证书。一方面,学生通过在校期间系统的学习专业知识获取毕业证书;另一方面,学生通过培训并考取由受到行业企业认可的机构组织开发的职业技能等级证书,从而获得专业岗位的核心技能水平。

高职院校作为推动和实施"1＋X"证书制度试点的主体单位,如何把"学历证书"和"职业技能等级证书"有机的结合在一起,如何深化专业人才培养和专业评价改革,就成为专业和课程建设改革面临的主要问题。

2 物联网应用与技术专业书证融通路径的实践

2.1 修订专业培养方案,完善课程标准

人才培养方案包括人才培养目标、过程、方法以及考核。具体包含专业基本信息、就业岗位、教学计划、教学要求、师资和实训环境等。修订专业人才培养方案,需要将职业技能等级要求和教学标准相互统一,职业技能标准是教学标准的制定准则,教学标准是职业技能标准的实施体现,两个标准相辅相成,统一为人才培养标准[2]。

2017年,安徽职业技术学院设置物联网应用与技术专业,同时制订了物联网专业人才培养方案,在专业职业技能等级证书的设置方面,没有与专业课程学习内容和学生专业水平一致的职业技能等级证书,课程中包含嵌入式应用开发和无线传感网技术两门核心课程。在2019年新的专业人才培养方案修订时,对旧版培养方案中的两门课程内容和标准进行完善和补充。将嵌入式应用开发中的STM32处理器应用部分内容调整为CAN总线应用和485总线应用,将无线传感网技术课程内容由之前单纯地介绍Zigbee无线传感网,进行扩展和补充,增加了NB-IOT和LORA无线通信内容,课程教学内容的修改分别与传感网应用开发职业技能等级证书的考核项目模块相对应,将职业技能模块中要求的职业技能点、知识点对接到课程教学任务中,使课程教学内容与职业等级标准对接。在此基础上,调整理论和实验实训课时,制订教学实施方案,将传感网应用开发职业技能培训和考核认证等环节融入教学实施中,让学生在获取课程相应学分的同时,取得传感网应用开发技能等级证书,从而推进1＋X证书制度改革,实现真正的书证融通。

2.2 整合各类教学资源,实现实训教学的标准化建设

实训教学的标准化建设应以满足职业等级(中级)的教学、培训、考试为目标,实训设备的数量、功能、管理应满足对应的课程教学项目,同时兼顾考虑教学资源的充分合理利用,避免资源浪费。统筹考虑学习项目模块的难易程度、班级学生数、实训设备套数,课程学时等条件,对专业班级学生分组。以传感网实训室建设为例,实训室建设为培养学生无线传感网应用设计和开发专业能力,实训室的建设能满足"传感网应用开发职业等级"(中级)中各个模块培训项目的实施。培训项目如表1所示。

表1 "传感网应用开发职业等级"(中级)模块培训项目

项目一	STM32基础开发
项目二	485总线的应用
项目三	CAN总线的应用开发
项目四	Zigbee无线传输与应用开发
项目五	WiFi无线传输与应用开发
项目六	NB-IOT无线传输与应用开发
项目七	LORA无线传输与应用开发

实训室配备实训设备 30 套(1 套教师使用,25 套用于学生分组教学,4 套备用),每套实训设备可以满足所有模块项目的实践教学。同时,实训室按照"传感网应用开发职业等级"中级考试标准建设,承担了中级考试的考点工作。

2.3 创新教学和管理模式,多元课程考核方式

传统的课堂教学模式以教师为主体,学生在下面听,学生的学习效果较差,参照"1+X"证书制度,对传感网技术和嵌入式应用开发专业课程配置升级改造,采用以学生为主体,教师来主导的新模式。将课程标准、职业标准、企业标准、设备标准全面合理融通,通过项目案例实施教学,课前学生独立实施项目案例,课中对过程中出现的问题答疑,讲解项目中的核心知识点,课后开放实验实训场所,供学生课后实验和兴趣创新,真正做到"做中学,学中做"[3]。由于传感网实验设备较多且杂,在管理过程中由授课教师统一管理,设备责任到每个学生。这样能够使设备在不出现遗失的前提下,让学生尽可能多做多练,提高了设备的利用率。学生最后通过专业课程的学习,就能够参加传感网应用开发职业技能资格证书考试,成绩作为嵌入式应用开发和传感网技术两门课程的重要依据,对于已经取得证书的,可以面试部分课程内容,改变了以往单一课程考核方式,实现了将证书与部分专业课程学分的互换。

2.4 增强"双师型"师资团队建设

全面贯彻落实"1+X"证书制度改革,需要一支由师德水平高尚、专业技术扎实的青年骨干教师、专业带头人等高层次的专业教师队伍。根据教育部"1+X"证书制度改革的要求,学院与传感网应用开发职业等级证书培训评价组织紧密合作,对应初、中、高三级培训师的资质要求,丰富专业教师的"双师"标准内涵[4],组织教师参加传感网应用开发证书的技术技能培训,在培训中掌握传感网证书要求的内容,同时积极申报师资培训点和证书考试考点,提升教师实施高含金量证书的培训教学能力。

2.5 创新专业人才培养效果突出

安徽职业技术学院信息工程学院物联网应用于技术专业于 2017 年首批招生,共有在校生 189 人。近年来,通过对物联网专业人才培养的不断探索以及"1+X"证书制度改革,不断地提升专业在省内院校中的影响力。近三年在安徽省各类专业竞赛中,专业学生获奖 10 余次,2019 年 11 月学院承担了"全国传感网应用开发中级师资培训"工作。在 2020 年 1 月首批全国传感网应用开发职业技能等级中级技能考试中,专业学生通过率达 44%,居全国高校前列。

3 对"1+X"证书制度实践过程中的一些建议

3.1 提高"1+X"国家职业技能等级证书专业课程的覆盖率

"1+X"证书制度改革,将专业和课程的标准化建设作为职业教育发展的突破口[2],为了在物联网应用技术专业形成一套完整的国家职业技能等级标准,现有的传感网应用开发等级证书只能覆盖物联网部分专业课程,还需要推广到其他的专业核心课,才能真正体现毕业生的专业职业技能水平,实现学历证书与职业等级证书 1+X 的真正融合。

3.2 加强教学资源与教学材料的开发

"1+X"证书制度改革的实施对高职院校、专业教师、培训评价组织以及学生都是一个新的挑战。在试行初期,应将完善和丰富教学资源作为一项重要的任务,教材的制定应根据课程

标准完成，充分体现任务引领、实践导向的设计原则，通过典型的活动项目驱动任务完成，突出实用性，避免纯粹的技能操作，具有一定的前瞻性[5]。同时开发多媒体课件、录像等教学资源，努力实现高校间的教学资源共享。

4 总结

"1+X"证书书证融通是推动职业教育教学改革的有力措施，是深化复合型技术技能人才培养模式改革的重要举措。安徽职业技术学院通过传感网应用开发职业技能证书的引入，加强了物联网应用技术专业的人才培养方案设计，促使专业课教师不断提高自身的专业水平，提升了师资队伍建设，使学生更好地贴合物联网企业对人才需求的标准，拓宽了学生未来就业和创业的道路。在证书的实施过程中，也会不可避免的遇到了各种各样的问题，相信最终都会得到解决，满足《国家职业教育改革实施方案》的要求，构建出更高水平的职业教育人才培养体系。

参 考 文 献

[1] 赵志群,孙钰林,罗喜娜."1+X"证书制度建设对技术技能人才评价的挑战——世界技能大赛试题的启发[J].中国电化教育,2020,(2):8-14.

[2] 代新雷.汽车电子技术专业"1+X"课证融合路径探索与实践[J].机械职业教育,2020,(2):20-24.

[3] 魏扬,杜卫芳.基于1+X证书制度的高职高速铁路客运乘务专业人才培养模式改革[J].中外企业家,2020,(6):177,178.

[4] 黄加敏,张建飞.基于1+X证书制度的成人教育职业化人才培养范式研究——以浙江省为例[J].中国成人教育,2019,(23):67-71.

[5] 王伟.高职计算机应用专业"1+X"证书试点人才培养方案探究[J].花炮科技与市场,2019,(4):188,189.

[6] 陈芳芳.基于雨课堂的数字电子技术课程混合式教学研究与实践[D].贵州师范大学,2019.

作者简介

陈锋:男,1987年生,讲师,主要从事通信物联网研究。

新冠疫情下武汉高职学生顶岗实习与就业现状调查
——基于对705名学生的调研与分析

曲箫扬

（长江职业学院，武汉，430074）

摘　要：顶岗实习作为高职实践教学体系的最终环节，既起到了对学生三年高等职业教育中所学理论与所做实践的总结与验收，又衔接了学生未来职业生涯的开启与展望。在新冠疫情冲击下，武汉高职学生的顶岗实习发生巨大变化，这一问题值得深入观察与研究。本文分析了705名信息大类与机械大类高职学生的顶岗实习与就业情况，总结了存在的问题，并提出了改善与建议。

关键词：新冠疫情；高职院校；顶岗实习；信息大类与机械大类专业

Investigation on internship and Employment status of Polytechnic Students in Wuhan under coVID-19 —— Based on the investigation and analysis of 705 students

Qu Xiaoyang

(Changjiang Polytechnic Wuhan, 430074)

Abstract: As the final link of the practical teaching system in polytechnic, in-post practice not only summarizes and accepts the theories and practices that students have learned in three years of education, but also connects the opening and prospect of students' future career. Under the impact of coVID-19, the in-post internship of polytechnic students in Wuhan has undergone great changes, which is worth in-depth observation and research. This paper analyzes 705 students from IT major and machinery major, summarizes the existing problems, and puts forward some suggestions for improvement.

Key words: coVID-19; polytechnic; in-post internship; IT major and machinery major

1 存在的问题

高职院校人才培养方案中的实践教学体系一般包含三类：见习实习、跟岗实习、顶岗实习。[1]顶岗实习作为实践教学体系的最终环节,既起到了对学生三年高等职业教育中所学理论与所做实践的总结与验收,又衔接了学生未来职业生涯的开启与展望[3],同时,学生在顶岗实习中的对口实习率、在岗时间长度、顶岗实习所在岗位与毕业后1~3年所从事职业岗位的相关度等,也能够一定程度地反映出该专业人才培养方案制定的合理性、与当地经济发展和人才需求结合的紧密性。[4,5]由此可见,顶岗实习其重要性非同一般。

2020年伊始,新冠肺炎突袭武汉,全省封禁,疫情波及全球。疫情爆发之时,恰逢武汉高职院校大三学生赴各地顶岗实习,突发疫情事件让顶岗实习学生滞留外地无法返家过节,疫情延续时间之长超乎预期,对学生顶岗实习期间的心理状态、实习内容、实习工作与生活规律、师生互动等影响巨大,同时也增加了学生在顶岗实习后期的就业难度,深刻影响了学生在顶岗实习阶段的各个方面。[2]

尤其在新冠肺炎事件冲击下的高职院校顶岗实习教学,产生了不同以往的巨大变化,高职学生如何在疫情常态化的环境中安全参与顶岗实习进而完成专业人才培养目标,这一问题应给予深度观察与认真研究,同时总结出应对策略,指导顶岗实习教学的开展,帮助大三学生顺利度过顶岗实习阶段,最大限度地降低疫情负面影响。本研究以疫情中心地区的武汉高职院校信息大类与机械大类705名学生为样本,调查了其顶岗实习与就业情况,剖析了疫情常态化管理下,顶岗实习过程中存在的问题,并为后期顶岗实习的开展给出改善建议。

2 数据搜集与统计

通过与高职院校实习实训科负责人、辅导员、学生科管理人员、企业人力资源代表、顶岗实习指导老师的深度访谈,最终确定本次问卷的3个内容:一是是否正在参与顶岗实习,二是是否已经签订就业协议或合同,三是未就业原因。因疫情原因,本次调查采用QQ在线文档的方式收集数据,截止2020年4月10日,对705位信息大类和机械大类的大三学生发出QQ在线文档,共搜集到637名学生关于顶岗实习调查的有效问卷,现将搜集到的问卷数据导入Excel进行分析和处理,从而找寻出疫情中心区域武汉高职学生顶岗实习的大体情况和存在问题。

3 调查结果分析

本次调查共向705位信息大类与机械大类高职大三学生发出问卷,被调查学生的专业分布如图1所示:其中信息大类包括通信技术、电子信息工程技术、物联网应用技术、智能交通技术4个专业,共占比28%。机械大类包括机电一体化技术、工业机器人、模具、电气自动化、汽车电子技术、汽车服务与营销技术,汽车检测与维修、新能源汽车技术共8个专业,占比72%。

图2为各专业截止2020年4月10日参与顶岗实习的绝对人数分布,在岗实习人数超过未在岗实习人数的专业共有5个,分别是通信技术、电子信息工程技术、工业机器人、机电一体化技术、汽车电子技术。其中,学生总数最多的机电一体化技术专业,正在顶岗实习的学生总数也最多。另外,未在岗人数超过在岗人数的专业共有7个,其中,学生总数排名第二的物联网应用技术专业,未在顶岗实习的学生总数最多。通过与物联网应用技术专业辅导员、实习指导老师、部分学生深度访谈,分别从主观与客观角度、共性与个性角度,分析得出以下若干原因。客观上,共性的原因是新冠疫情影响企业用工需求,大部分企业减少或暂不接纳顶岗实习学生;个性上的原因,一是该专业成立时间较短,在校企合作实训基地建设方面,存在实习企业

类型单一,数量不足的问题,二是学校地处的武汉市在疫情尚未发生前,物联网应用发展尚处在起步阶段,能够提供物联网专业对口就业岗位的武汉本地企业较少。主观上,共性的原因一是新冠疫情让家长与学生对实习过程中的安全问题极其担忧,倾向于选择暂时居家不外出参与实习,共性的原因二是部分学生对顶岗实习认知存在偏差,对自身未来职业发展毫无规划,存在逃避实习、逃避工作的心态;个性上的原因,主要是因完全对口实习岗位较少,部分学生不愿意入职对口度不高的岗位实习,因而虽被企业录用为实习生,但其主动选择放弃不对口的顶岗实习机会。

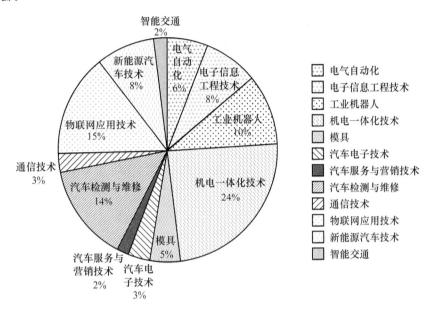

图1 专业人数百分比分布图

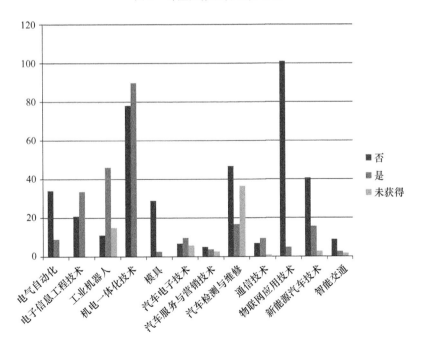

图2 各专业顶岗实习参与绝对人数柱状图

图 3 反映出电气自动化、电子信息工程技术等 12 个专业在岗实习人数,未在岗实习人数与未搜集到顶岗实习信息的人数之比。其中,在岗人数百分比最高的前三个专业分别是:工业机器人、电子信息工程技术、通信技术。这说明第一,以上专业所在的产业在疫情期间,用人需求依旧旺盛;第二,专业本身的校企合作顶岗实习基地比较成熟,能够较大程度地满足学生顶岗实习需求;第三,以上专业所在行业,相对其他行业,可能受到的疫情冲击较弱,复工复产速度较快;第四,以上专业提供的顶岗实习待遇与职业发展较为符合学生预期,学生接受度较高。

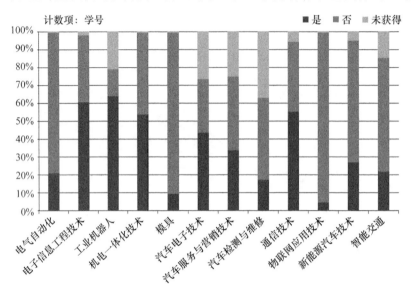

图 3　各专业顶岗实习参与人数百分比柱状图

图 4 反映的是 705 名学生是否实习与是否已签订劳动合同之间的关联。在未在岗实习的学生中,超过 80% 自然是未与企业签订劳动合同,剩下接近 20% 未反馈这一项信息。在已在岗实习的学生中,有 11% 左右比例的学生未签订劳动合同,有 64% 左右的学生未签订劳动合同,有 25% 的学生已签订劳动合同。关于未获得是否顶岗实习情况的学生,自然也就无从得知其是否签订劳动合同。总体来看,正在顶岗实习中的学生有四分之三,都未签订劳动合同。这背后的客观原因包括,疫情影响导致企业在目前经济形势尚在复苏阶段时,只愿意招收实习生,但在招收正式员工时表现十分谨慎。主观原因包括,部分学生对实习岗位的对口度、薪酬、劳动强度与劳动时长、实习岗位所在地等不满意,因此不愿意签订正式劳动合同,只考虑在完成顶岗实习后就离职,重新再找工作。

图 5 反映的是各类学生未就业原因,将疫情爆发后的未就业原因与往年的未就业原因进行对比,依然从客观和主观、共性和个性两个角度进行分析。客观上,疫情爆发前后导致未就业的共性原因包括休学、自主离职、身体原因暂无法就业、拟参军、拟考警、拟升学、求职中、自主创业等。疫情后导致未就业的个性原因包括企业用工需求暂时下降,学生更倾向于参军、考警、升学、自主创业,因此这几项导致未就业原因与往年原因占比相比较,出现升高。同时,因疫情原因,在家待业、无法求职、无法返岗、被迫辞职的情况激增。主观上,疫情爆发前后导致未就业的共性原因包括不满意工作内容、工作地点、工作报酬和劳动规律等导致的自主离职,实习中尚未签订劳动合同。其中尚未签订劳动合同这一原因,在疫情爆发后表现为一部分是学生不愿意主动签订,另一部分则是企业暂时不愿招收正式员工导致学生无法签订劳动合同。

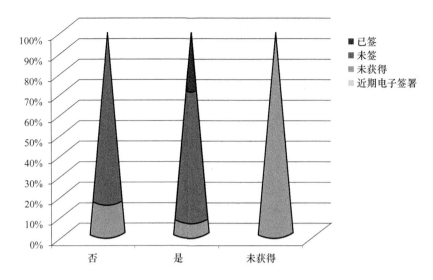

图 4　是否实习与是否已签订劳动合同百分比堆积圆锥图

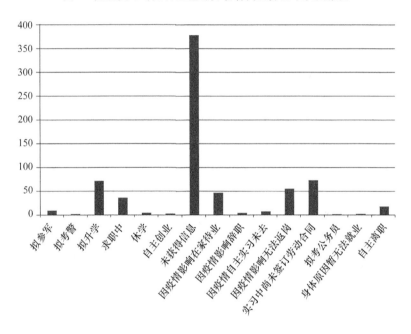

图 5　未就业原因柱状图

4　应对措施

首先,政府层面,武汉市政府办公厅于 2020 年 4 月 20 日印发的《市人民政府办公厅关于应对新冠肺炎疫情影响做好高校毕业生留汉就业创业工作的通知》(武政办[2020]20 号)一文指出"今、明两年各组织毕业生 5 700 人见习,见习标准提高为最低工资标准,扩大面向武汉地区高校应届毕业生招募规模,将'三支一扶'岗位增加至 500 个。将高校毕业生见习基地建设范围扩大至事业单位、高校、各类创业园区和基层社区,新建实习实训基地 300 家、就业见习基地 100 家以上。支持企业、政府投资项目,科研项目设立见习岗位。落实武汉市青年见习三年行动计划(2019—2021年),2020年、2021年每年分别组织高校毕业生见习5 700人。对见习期满留用见习人员达到50%的单位,2020年12月31日前,将其阶段性见习补贴标准由原来当地最低工资标准的80%提高至100%。"该通知反映出武汉市政府重视新冠肺炎疫情影响下的武汉高校毕业生顶岗实习,想方设法创造学生顶岗实习机会,保证学生顶岗实习待遇的决心。同时,武汉市为每位毕业学生提供了一次性就业补贴,打入学生缴纳学费的银行账户,据了解已于2020年6月29日到账。其次,学校层面,因疫情原因,将线下招聘会开到线上,积极协调用人企业,组织了多场网络面试,保证为每位学生提供6次网络面试机会。最后,教师层面,辅导员与实习指导老师通过蘑菇丁、QQ、微信、电话等实时跟进学生顶岗实习与就业情况、心理和思想动态,关爱学生与帮扶学生齐头并进,让身处疫情中心的毕业生顺利完成顶岗实习,走上工作岗位,开启职业生涯第一步。

5 小结

在新冠疫情影响下的武汉高职院校大三毕业生,顶岗实习的完成度、顶岗实习后衔接就业的比例以及与就业企业签订正式劳动合同的比例较往年下降较多,除主观原因外,更多是因疫情影响导致尚未全面复工复产,企业暂时不需要实习生或需要数目明显下降。同时外地企业因疫情防控尚未能来武汉招聘,因此对湖北籍毕业生有所影响。本届毕业生在顶岗实习结束后,较往届相比,更多地选择了参军、专升本、考警等非直接就业的选项。针对以上情况,学校与武汉市政府分别相应出台了应对措施,全力保障今年应届毕业生的就业。

参 考 文 献

[1] 刘晓,黄金.抗疫背景下职业院校顶岗实习助推企业复工复产的现状调查[J].职教论坛,2020,36(4):117-124.

[2] 付静.新冠疫情下高职学生顶岗实习存在的问题及对策研究—以建筑装饰工程技术专业为例[J].中国建设信息化,2020,26(7):72-73.

[3] 陈向阳.职业学校学生实习现状的实证研究——基于31省(市、自治区)学生的调查[J].教育发展研究,2018,38(1):52-60.

[4] 王晓红.实习新规视域下高职学生顶岗实习的问题与对策[J].职教论坛,2017,33(32):87-90.

[5] 刘玲.高职院校顶岗实习政策的执行情况分析——基于省市29个专业样本的实证分析[J].浙江工商职业技术学院学报,2017,16(2):45-49,54.

作者简介

曲箫扬:女,1983年生,副教授,主要从事移动网络优化研究。

浅析应用型本科高校师资队伍建设问题及改进措施

汪普庆

(江西应用科技学院人工智能学院,南昌,330010)

摘 要：师资队伍建设是应用型本科高校可持续发展的重要保障。本文分析了应用型本科高校师资队伍建设的背景及存在的困境,提出应用型本科高校在师资队伍优化、校企合作、专业群建设等方面的改进措施,对应用型本科高校开展专业师资队伍建设,提升工程人才培养水平具有重要意义。

关键词：师资队伍；建设；改进

The preliminary analysis on the problems and the measures in improving the construction of teaching staff in application-oriented universities

Wang Puqing

(Jiangxi University of Applied Science, Nanchang, 330010)

Abstract: The construction of teaching staff is an important guarantee of sustainable development in application-oriented universities. In the paper, the background and the existent predicament about the organization of teaching team in application-oriented universities is analyzed, some measures are brought forward in optimizing the structure of the teachers, in improving the pattern of school-enterprise cooperation, in constructing specialty group, etc., It is of great significance to carry out the construction of professional teaching staff in application-oriented undergraduate programs and improve the training level of engineering talents。

Key words: teaching team, construction, improvement

"应用型本科高校"的概念提出是我国高等教育进入大众化,也是高等教育发达国家和地区教育发展的普遍趋势,原教育部副部长鲁昕在2014年全国职业教育工作会议上指出：中国解决结构性失业矛盾的核心是教育改革,中国将以建设现代职业教育体系为突破口,对教育结构实施战略性调整,调整的重点是600多所地方本科高校由普通本科教育向应用型本科教育转型。学校转型的根本任务是人才培养目标定位的转变,这必然对师资队伍建设带来新的挑战。

1 应用型本科高校师资队伍建设的背景

哈佛大学原校长科南特曾说过:"大学的荣誉不在它的校舍和人数,而在于一代又一代的教师质量。"伯克利加州大学原校长田长霖认为:"教师是一个学校的灵魂。"办好一所大学,特别是本科高校师资队伍是第一。我国学者说过"大学可以无大楼,但不可无大师"。这充分说明教师的重要地位。而不同类型的高校决定了其教师队伍建设的不同要求,应用型本科高校是一种以理论教学和技能训练并重的教学模式,作为一种新兴的高等教育结构必然有其发展的特性,这种特性也就直接决定了应用型本科院校师资队伍的特殊性,不但要具有普通高校的学历结构、职称结构等要素,同时还要具有职业院校的技能等级证书和实践能力。

新建应用型本科院校发展时间不长,师资队伍建设还不够完善,导致没有从根本上体现应用功能,教师还是沿用传统的教学模式,没有进行及时的创新改革,也缺乏创新意识,没能及时调整应用型本科高校的教学结构,很大程度上阻碍了应用型本科高校教师队伍建设。应用型本科高校的研究是当前高等教育领域的重点,作为一种高等教育模式,大家探讨比较多的是发展定位、人才培养、学科建设等具有代表性的问题,而忽视教师队伍建设。

2 应用型本科高校师资的困境

(1) 师资数量不够,结构不合理。由于应用型本科高校发展才几十年,这些师资大多毕业于普通师范大学、综合大学或者职业师范学校,并且都是直接高校到高校,虽然具有丰富的专业知识,但是相关专业实践能力却严重缺失。院校发展与师资队伍建设存在的矛盾直接影响着教师数量和质量不达标。

(2) 配套政策不明确,校企合作难以开展。国外高校鼓励教师到对口企业从事调查研究,帮助其更新知识,我国高校在这方面没有制定相应的法律,大部分院校参照高职院校提出发展"双师型"教师,开展校企合作。对应用型本科高校,其最大的收益就是可以通过此途径提升教师的职业能力。但目前合作企业积极性不高,大部分企业靠"人情"关系勉强维持,合作过程中只是为了完成任务,效果不佳。

(3) 重学历,轻技能。应用型本科高校在人才招聘时普遍看中应聘者学历、职称,而那些技能型人才,实践动手能力强,却在学历、职称上无法满足应用型本科高校人才招聘条件。

(4) 薪资水平不合理。应用型本科高校对技能人才的重视不够,那些高技能人才由于技术娴熟,创新能力强,自然要求待遇高。

(5) 科研水平不高,科研氛围不浓。新建的应用型本科高校由于教师的科研基础较差,科研意识不强,再加上学校对科研重视程度不高,不利于吸引人才。

3 应用型本科高校师资改进措施

(1) 优化教师结构。国家在《关于地方本科高校转型发展的指导意见》会议文件中明确提出,加强双师型教师队伍建设,不仅要有计划选送教师到企业接受培训、挂职锻炼,还要引进优秀企业技术人员担任专兼职教师,可以看出,对于教师队伍的建设,不但要通过"内培",还要通过"外引",使教师队伍整体得到提高。

(2) 深度校企合作。开展校企深度合作,改变传统意义上校企合作,学校教师进入企业的单一模式,一方面实行企业人员参与学校发展定位、人才培养方案、课程设置的指定;另一方面优秀企业管理人员参与课程建设,参与专业建设调研以及专业委员会建设。这样不但有助于企业更好地了解学校。同时还能克服高校管理的封闭性、行政化。积极开展校企共建教学科研平台和实训基地,由企业技术人员和高校教师组建科研团队。通过实现产学研一体化的办学思路来培养"双师型"教师,随着校企合作的不断深入,专业教师有了更多深入生产一线参与企业生产与研发的机会,在从事教学的同时,能够跟上行业技术发展的步伐,参与新产品、新技术开发、利用和推广。通过校企合作,以科技项目为载体锻炼教师队伍,提高了教师的科研能力和创新意识,同时也可以促进教学改革,充实教学内容,提高教学质量。

(3) 构建专业群,共享师资。应用型本科高校专业群建设以专业基础扎实、特色鲜明的重点专业为核心。有若干个专业基础相同或相近的专业组成一个专业群,专业群里若干专业基础课程师资队伍可以互相通用。积极参与专业建设、课程建设、教材建设和实验室建设,以专业群为建设载体,打造优秀的教学团队。以学科方向、科研平台、科研项目为依托,鼓励组建学科团队。科技进步要求跨学科的交叉研究,跨学科的发展有利于创新人才的培养。以建设跨学科团队为目标,促进应用型本科高校的团队建设快速发展,带动师资队伍整体水平的提高。

(4) 崇尚工匠精神,创新人才队伍。培育'工匠精神'是当下应用型本科高校的根本使命。培育精益求精的"工匠精神",离不开高校人才培养模式的创新,"高水平的师资队伍是培育'工匠精神'的关键,教育教学能力和工作经验兼备的'双师型'教师是学校的一大特色。"应用型本科高校除需要一定数量的高职称教师队伍外,还需要那种精益求精、技术精湛的高技能人才,要崇尚工匠精神,高薪聘请高技能人才或者行业技术能手,这样才能培养出高技能毕业生。

(5) 加大继续教育力度,加大科研要求。要把教师的继续教育作为学校教师年度培养的一个重要内容,每年预留专项经费,按照师资队伍建设目标有计划、有重点地开展教师培训。学校营造学术氛围,开展科研活动,开展各项技能竞赛。

师资队伍建设事关应用型本科高校的教学质量,要想建设一支优秀而稳定的师资队伍,就必须不断增加师资队伍建设的投入。应当想方设法不断提高教师各种待遇,更新学校教学设备和科研设备,改善教师工作环境和生活环境,使教师有归宿感,以主人翁的态度积极主动投入工作中,同时完善竞争激励机制,充分发挥分配的导向激励机制,重实绩,重贡献,重奖励,充分调动广大教师教学科研的工作积极性,不断提高师资队伍的生机和活力。

参 考 文 献

[1] 魏小琳.后现代视野中的高校课程体系建设[J].高等教育研究,2007,(7):90-94.
[2] 吴愈晓,杜思佳.改革开放四十年来的中国高等教育发展[J].社会发展研究,2018,17

(2):5-25.

[3] 谢幼如.信息时代高等学校课程与教学设计[M].北京:北京师范大学出版社,2013.

作者简介

汪普庆:男,1976年生,硕士,副教授,主要研究方向为高等教育及计算机科学与技术。